古典文獻研究輯刊

二七編

潘美月・杜潔祥 主編

第23冊

《全元文》補正（第四冊）

陳開林 著

國家圖書館出版品預行編目資料

《全元文》補正（第四冊）／陳開林 著 — 初版 — 新北市：花
木蘭文化事業有限公司，2018〔民107〕

目 4+292 面；19×26 公分

（古典文獻研究輯刊 二七編；第23冊）

ISBN 978-986-485-581-0（精裝）

1. 全元文 2. 研究考訂

011.08　　　　　　　　　　　　　　　107012297

ISBN-978-986-485-581-0

古典文獻研究輯刊
二七編　第二三冊　　　　　　　ISBN：978-986-485-581-0

《全元文》補正（第四冊）

作　　者　陳開林
主　　編　潘美月　杜潔祥
總 編 輯　杜潔祥
副總編輯　楊嘉樂
編　　輯　許郁翎、王筑　美術編輯　陳逸婷
出　　版　花木蘭文化事業有限公司
發 行 人　高小娟
聯絡地址　235 新北市中和區中安街七二號十三樓
　　　　　電話：02-2923-1455／傳眞：02-2923-1452
網　　址　http://www.huamulan.tw 信箱 hml810518@gmail.com
印　　刷　普羅文化出版廣告事業
初　　版　2018 年 9 月
全書字數　844182 字
定　　價　二七編 24 冊（精裝）新台幣 46,000 元

《全元文》補正（第四冊）

陳開林 著

目

次

二、《全元文》失收 242 位作家佚文 320 篇

1. 李騏《重建縣學記》

按：文載清潘辰等纂修《康熙松陵縣志》卷十《藝文志》〔註275〕，錄文如下：

縣治東偏舊有學，宋景祐二年遷東山。後百餘年，又以林樾深僻廢。乾道九年，縣令尤杲移建於舊址，即今學也。由是闢齋舍、立講堂、鳩公田、增學廩，而士得教且養。湛盧巉蘗，石壁縈回，地靈而秀鍾焉。擢巍科居顯宦者，胥此出焉。大化消息，世復爲元。江南遺黎，初脫湯火，理義未暇治，賴斯文一脈，其光孤熒，其生枯朽，而不至泯絕也。大德辛丑，提舉朱泌獨建明倫堂，惜以役奪未完也。至大二年春，飛龍御天之明年，邑侯李榮昉尹是邦，虔謁文廟。入門則廊廡卑鄙，上雨旁風；升堂則土階壇漫，荊榛沮洳。心戚然不寧，乃屬其同僚而諗之曰：「自古設官以司州縣，非使利廩祿、低頭署紙尾而已也。蓋將明教化、勵風俗，使人知所勸，且知所尊。故余於是學惕焉者，以風化攸出也。天下通祀於社稷與夫子，而廟弊焉若是，安乎？苟庇乎民，雖舉國之弊，吾請得以更之，況茲邑乎？苟利於世，雖千載之廢，吾力得以興之，況茲學乎？」是時，有達魯花赤創兀概然樂相斯役。召公計木石多寡，捐俸倡同僚及諸生。以是年十月甲子鳩工，晨幕展力，越明年二月畢工。更瓴易甓而亂者整，葺欄立楯而斜者正，礱磚城石而垝者平，豎闌植戟而污者新。理不半歲，利垂千祀。暑天以涼，木蔭蘢蔥，青衿是遊，如瘏而起，如矇而瞭，如醒而醒（按：疑作「醒」）也。嗟乎。夫子之道固不大於覆幬照臨乎？自周靈王二十一年庚戌，至至大庚戌，殆一千八百六十一年矣。君臣父子之所以綱家國，天下之所以治，天地生民之所以立心立命，非父夫子之力而誰力與？飲必祭先，酒食必祭先。飯一飲一食尚不敢忘其先，矧聖人之教而可忘乎？然是學也，始毀於山林鋤耰之徒，繼壞於鄰邦蛙井之寇，而殿也巍然獨存，數也。宰是邦者凡幾，盼匕去之而不問職，斯教者姁姁安之而不悲。孰謂後三十年而得人焉。若李侯者，一更新之。雖數也，亦機也。數與機也，倘乎其相遭，故其鬼神巧力不能爲而爲之，天也。略於拘忌者，或病其放；急於寬閒者，多疑其迂。李侯之於是也，極力以底於成，

〔註275〕《中國方志叢書》華南地區第 232 號，臺灣成文出版社 1975 年版，第 632～637 頁。

放與迂不恤也。然則數乎？機乎？其天已乎？凡今新學之流，日夜相飭勵，少踰規矩，日甌改是。吾侯聞之，決不可。於意以導，則循以啓，則躍然者皆侯力也。善於政者，無赫然之譽；德於人者，有去後之思。今松川李公畏壘也，蒞事日淺，民雖未見尸社稷之事，而士已豆俎於賢人之間矣。今來占往，廢興成毀，每相尋於無窮，後之人有與侯同志者，嗣而葺之，雖百世可知也。侯，魯汶上人，明敏有廉潔，所至民皆賢之。是役也，縣尉張信、典史陳謙各捐俸資，與有力焉。落成，容可無記？仍繫以誦，曰：於昭黌宇，實爲化基。自惟兵毀，匪顛伊危。我侯聿來，經之營之。於安其脆，於繕其墜。我有紀綱，非侯孰持。我有俎豆，匪侯孰尸。曷修匪教，何迪匪彝。余之誦之，無愧是碑。

按：李侯至大二年（己酉）蒞官，並重修縣學，次年二月竣工。文中另有「自周靈王二十一年庚戌，至至大庚戌」的記載。則此文當作於至大三年，即 1310 年。

2. 龍沙爕理義化《重修南嶽書院記》（至正五年，1345 年）

按：明代彭簪《衡嶽志》卷五《文》、《光緒湖南通志》卷六十九《學校志八》，今據《衡嶽志》錄文〔註276〕：

南嶽書院者，唐李鄴侯讀書之所也。創始於南嶽之左，故宋寶慶年間運使張嗣可以其近市喧雜，地勢湫隘，徙之集賢峰下。由是書院之制始備。胡文定公父子講明《春秋》於此，宦遊於此。既而晦庵、南軒相與講道，倡酬其間，湖南道學於斯爲盛。國家龍興之初，太祖皇帝金戈鐵馬，削平西北。世祖皇帝風飛雷厲，混一海宇。天下龍蟠鳳逸之士興之，倡明道學於是。前代四大書院，聿然重興，具諸先儒過化之區，復賜舊額。斯文之盛，未有過於此時者也。至大曆戊申，今翰林學士楊公宗餘來爲山長，易敝更新，百廢具舉。後二十二年，爲至順庚午，衡山縣尹石抹允修創益備山長，何鼎復請尹記之，刻石具在。今十有餘年，繼之者屢非其人。上下兩旁，風雨侵凌，棟撓屋壞，視如傳舍。田奪於豪強，而師生無以自給，弦誦之聲幾至廢絕。至正三年秋，今翰林承直歐陽公從予述興教之初，奠謁先聖先師，顧瞻殿堂，問廡齋舍，庖庫亦皆傾犯。惕然於栗，曰：「學校之廢，責誠在我。」值歲荒，廩稍不給。白之郡縣，於允其請，乃捐己俸爲多。上倡新明倫之堂，甚盛舉

〔註276〕（明）彭簪撰《衡嶽志》，《四庫全書存目叢書》史部第 229 冊，齊魯書社 1996 年版，第 306～307 頁。

也。朝廷作新風，憲命勳舊重臣，分鎮諸道。湖南肅政廉訪使帖木兒不花公仗節來振風紀，首以學校之教，作養人材，移易風俗爲急務。郡縣學院無不修舉，委憲史譯史王必石溫日贊襄之。又以承直興學之言，語之山長。明年憲副劉公昱行部至邑，山長以其事聞。時湖南道宣慰司同知元帥赤剌馬丹、照磨歐陽遜天、臨路知府事顏普、知事楊文質，亦以代祀嶽廟，因造書院。憲副公相與督勸，下其事於縣。縣尉馬聰、典史謝斗祥承命而往。縣尹趙忠力疾復起，民懽趨之前。衡州路經歷埜石帖木兒、岳市巡檢朱文顯以相山長，度材鳩工，不踰月而燕居之堂、先賢之祠成。未幾，尹復謝事，縣丞黑沙督餉海運未還，改命主簿。李伯淵董役府，委其吏曹果繼促成之。殿門、堂廡、齋舍、庖庫、垣墉、黝堊、丹雘，不三月而煥然一新。衡雲增高、湘水飛立，山川爲之改觀矣。是役也，非山長以學校爲己任，不能以成其事；非憲府以勉厲爲己任，不能以化其下。上有好者，下必有甚焉。文學孔希舉記其始末，巡檢朱文顯踵門求文記之。

嗟夫！自三光五嶽之氣分，而天無全材。仲尼，聖人也，有德無位，乃刪《詩》、《書》，繫《周易》，作《春秋》，明先王之道以貽後世，其功有賢於堯舜者。孟軻氏學孔子也，亦不得其位，而周流諸國，空言無施。後之學者賴其言，尚知尊孔氏，談仁義，貴王賤霸，功不在禹下。秦始皇帝焚書坑儒，盡滅先王之道，以智力法律繩民，不足論也。漢有董仲舒、唐有韓愈，各以其學鳴於時。迨至宋時，周、程、朱、張諸儒，相繼而作，以續孔孟不傳之緒，而道以明。爲人臣者不知爲學，必以掊克私己爲務，事君必不忠；爲人子者不知爲學，必以悖逆爭鬩爲先，事親必不孝。夫婦無別也，長幼無序也，朋友無信也，是不知爲學之甚也，其可乎哉？傳曰：三代之學皆所以明人倫也。人倫明於上，小民親於下，此師道之所以立，學校之所以設。其有功於朝廷生民甚大。今茲書院也，聖人有宮，從祀有廡，先賢有祠，師生有室。而田入於豪強，廩稍之不給，尤不能不望於部使者。至正乙酉十月朔也。

3. 逯公《宋放翁先生晨起詩卷跋》（至正十一年，1351 年）

按：清代陸時化《吳越所見書畫錄》卷一有《宋放翁先生晨起詩卷》，備錄諸家題跋。逯公跋云〔註 277〕：

放翁先生暮年所作，可謂老而益壯者矣。其孫樞能珍藏之，抑亦有所觀

〔註 277〕（清）陸時化《吳越所見書畫錄》，《續修四庫全書》1068 冊，上海古籍出版社 1996 年版，第 42 頁。

感焉。至正十一年歲在辛卯九月丁未朔越十二日戊午，衛郡逯公謹書於會稽郡大通坊之吟嘯軒。

4. 秦裕伯二篇

《即墨先賢祠記》

按：據《山東通志》卷三十五《藝文志十九》錄文〔註278〕：

　　古莘董侯治即墨之二年，歲豐民和，改建先師孔子廟學，期而成，乃以故廟西廡易簷改塗爲先賢祠。自戰國及兩漢，以功名著茲土者得九人焉。即墨大夫三人、安平君田單、齊王田橫、諫議大夫王吉、吉之子京兆尹駿、膠東相王成、不其令童恢，皆假象，而祀之以少牢。恐邦人不能悉知其行，乃命裕伯記之。

　　謹按禮，有功烈於民，以死勤事者，配食於社。我國家以忠義詔天下，凡聖帝明王忠臣烈士載在祀典者，命有司䖍潔致祭。今即墨九賢之祀，所以奉明詔尊禮經也。予於是而有感焉。自東漢以迄於今，寥寥千載，鄉賢如王吉父子者，豈無其人？特貧而在下，不能自振於時者多矣。邑治之良，亦豈無如王成、如童恢者乎？不幸處海邦之地，其聲名不能自達於朝者，亦多矣。不然，毀言日至之大夫，苟不遇齊威之明，不見戮於朝也幸矣，其能有萬家之封乎？此古今之賢者所以不多見也。董侯此舉，所以表前修、望來哲者深矣。侯嘗爲國子助教，裕伯忝冑子，在成均，實與諸生之列。茲承先生之命，謹摭九賢之概，而爲之詩，俾邦人歌以祀之。詩曰：

　　即墨古城，實表東海。有美多賢，流光千載。齊當田氏，大夫三人。史載其事，名滅無聞。時維威王，登崇俊良。大夫侃侃，以寧東方。聲譽弗聞，不阿以正。益封萬家，以鴻厥慶。愍王之亂，燕軍來攻。大夫百戰，以死其忠。忠義在民，不忍開關。收合餘燼，以起田單。單也實賢，士卒同苦。弗私其孥，編於行伍。火牛之奔，兵車夜觸。齊城七十，一朝而復。乃輯其民，乃迎其君。安平有爵，莫賞其勳。秦滅諸侯，王建將朝。大夫諫止，以保宗祧。王卒不聽，國滅身死。大夫之賢，奚愧青史。劉頃之爭，田橫乃王。漢有天下，橫不忍降。殺身死義，眾客同亡。高風滄海，萬世允傷。皇虞有城，即墨下邑。山靈降祥，乃生王吉。爲諫大夫，氣剛以直。有子曰駿，勉肖其

〔註278〕　（清）杜詔、顧瀛纂《雍正山東通志》，景印文淵閣四庫全書第 541 冊，臺灣商務印書館 1986 年版，第 685～687 頁。

德。擢居京尹，比名趙張。英聲義烈，古今流芳。惟此即墨，膠東王國。在漢中興，有相王成。勞來流民，八萬餘口。璽書封侯，爲循吏首。縣治之西，古城不其。東漢縣令，姑幕童恢。忠孝廉平，信及猛虎。有詔褒榮，擢居郡府。凡此九賢，勳載遺編。生能濟世，死舍其天。載考禮經，法當從祭。廟享血食，以訓來世。維我董侯，氣剛色柔。三年政教，克配前修。既作斯堂，九賢允集。邦人屈指，侯來其十。我作歌詩，請刻諸石。春秋匪懈，祀享無斁。

5. 《王文澤墓銘》

按：明代顧清《正德松江府志》卷十七載「松江府學訓導王文澤墓在橫雲山，奉議大夫前行臺侍御史延平路總管兼管內勸農事秦裕伯銘」，其銘云：

吁嗟王氏，世篤吾仁。紹樹儒術，厥志彌敦。爲善弗報，天道無聞。天匪無聞，享有後人。

6. 王應午《石峽書院增田記》（至大三年，1310年）

按：今考明代方中續輯《蛟峰外集》，卷三錄有此文。今據以錄文〔註279〕：

學校養士之地，理義以養其心，廩粟以養其身。在《易》，象以養正，《蒙》養內也，《需》以飲食，《需》養外也，此《需》之所以次《蒙》。井田學校之設，先王君師天下之道蓋如。此石峽書院，故侍讀尙書蛟峰先生方公平居講道之所。公以魁彥，師表後進，東南之士多裹糧從之。教雖勤，未及於養。他日，公之子梁棟諸弟捐田二頃有畸，以成先志。然遠在吳會，歲入租不足贍。長此山者，率欲興舉，往往有其志無其時。至大己酉秋，淳安邑長愛祖丁承事，亦既新縣學，增學田矣。一日，謁先聖於書院，顧瞻久之，慨然曰：吾將以縣學成規行之。比會廉訪分司僉事吳公舉按部蒞止，有作新意，應午時承乏代庖，因以爲請。公即命邑長董其事，府檄下，亦如之，乃禮諭諸生，庀工繕修，視昔壯觀。士之裕於家者樂以田入，凡若干畝。春秋之祀，廩膳之資，修葺之費，胥此焉出。多士懽然，屬應午爲之記。竊惟道之大原出於天，而寄於人。明道以淑人，師儒之善教也。廣田以養士，賢大夫之善政也。士頻困征役，身且不暇養，況心乎？邑大夫能以庠序教養爲心，鄉所躪踐者折節而下之，鄉所腹削者繼粟而贍之，意氣感召，不令而從，爲書院立數千

〔註279〕 （宋）方逢辰《蛟峰集》，景印文淵閣四庫全書第1187冊，臺灣商務印書館1986年版，第622～623頁。

百年方來之規意亦勤矣。為士者可不知所以自養乎？子程子曰：古之人，耳之於樂，目之於禮，左右起居，動息皆有所養。今皆廢之，獨有義理之養心耳。遊於斯者，必禮畔義種，耨之以學，涵養其本心，以茂明先王之道，俾得展其大用，顧不偉歟。應午既述其始末，並以前山長方梁義士、徐洪父以下所助田租入之數，載於碑陰，以詒來者，永永無忘邑大夫之功。至大三年庚戌正月望日，權石峽書院事王應午記。

7. 陳忠《盧平陽哀辭》

按：按：文載宋代盧琦《圭峰集・附錄》，題署為「三山陳忠」〔註280〕。錄文如下：

予始從亡友余君子賢，識盧希韓氏，經學該貫，下筆無凝滯，而為人簡重。子賢每語余曰：「盧生在吾門十餘年，不見其有惰容。」既登進士第，居官所至，以循廉稱。閩中進士如希韓者，不多見也。晚以近臣，薦除守平陽州，命下而希韓歿矣。後三年，其門人陳中立哀其遺文，偕其子昺來訪予盧州。予歎曰：嗟夫！希韓死不可見矣。得見其子與其弟子，又得見其遺文，庸非予之願哉。抑希韓之不歿，非徒以文辭為也。予觀希韓，性孝友，奉父命，從學百里外，常惴惴如在親側。其在家也，溫被扇枕，侍湯藥而不解帶，居喪不近酒肉，不內寢，家人皁隸皆信之，事兄如事其父，愛諸弟甚於子。鄉閭率相戒，以盧君為法。初從師子賢君，試浙省，師道病卒，希韓不顧試期，與其友陳彥博經營大事以歸。迨得祿，視師之家如師在時，載其弟之官與分廩而食。希韓僅少予一歲，每別去，見必納拜，曰是吾師行也。嘗記在郡城，秋雨連日，與對榻彥博家，中夜劇談立己濟人之道。希韓奮然誓曰「某必不敢負師友」，卒果如其言。蓋其為政，有古人風。諸公所作碑銘，皆實錄無愧。予目擊其在三山提舉鹺事，番大商以貨得參省政，勢振中外，有咈意立箠殺之脅，戶部令奪下四，場引鹽自為市。希韓曰：「是上棄國課，下毒亭戶，及食鹽民，皆我所為。斷吾腕不署牒。」人為希韓危，希韓曰：「以是重得禍，固所宜。」竟堅執臥，不顧此，尤人所難者。昔欒子有言曰：「民生於三，惟其所在則致死焉」，希韓於是蓋兼之矣。世之士大夫以斯文名，惟務纂組粉澤為干譽取悅之具，要其所為，與詩書不啻秦越云。觀希韓海口祈晴，永春喻賊等，作言一出口，如天人之應，如響斯答，是果浮華之末所能致哉。

〔註280〕 （宋）盧琦《圭峰集》，景印文淵閣四庫全書第1214冊，臺灣商務印書館1986年版，第755～757頁。

然以希韓之學行，歷官二十年，未脫州郡，以片言屢弭寇變，而不一錄。切當民窮財匱之秋，天不界之年，以究所施，以拯斯世，而僅止中壽，此予所深哀也。今其門人之義，汲汲然爲求斯文於四方，惟恐散墜，亦可謂幸矣。於其再至而歸也，敢述此辭，泄予之哀，俾爲告於墓，既以痛斯文之澤，不得大被於時，又幸希韓施未究而見於文辭者，猶克傳於後也。希韓，名琦，泉之惠安人。宋乾道間舉。八行名瞻者，其祖也。中立，字誠中，莆田人，世號忠門云。辭曰：

猗希韓兮，粹美所鍾。惇孝友兮，實行諸躬。隆師篤義兮，靡間始終。有本如是兮，宜流之豐。嗟所美兮，豈文藻之爲工。牛刀小試兮，屢奏其庸。頌聲載路兮，何渢渢。使天假齡兮，騫以沖。福我民兮，流澤何窮。鸞鳳伏海兮，群鴞屬空。謂蚊之饒兮，孰可養而爲龍。玄雲八表兮，尚寐無聰。歌以哀之兮，夫孰知予之沖沖。

8. 盧果《恭人陳氏壙誌》

按：文載宋代盧琦《圭峰集・附錄》〔註281〕，無題署。傅璇琮主編《中國古代詩文名著提要》（金元卷）李軍所撰《圭峰集》提要，稱《恭人陳氏壙誌》作者爲盧果〔註282〕。錄文如下：

恭人姓陳氏，諱懿，字孤徽，世家惠安之烏石。曾祖諱嗣源，祖諱旃澤，父諱怡孫。母許氏。以至大己酉八月廿七日生，年二十八，我先君受於烏石之廟而歸於盧氏。先君諱琦，自號立齋，登元進士第，累官至漕司提舉，例始封恭人，歿時則大明洪武癸丑五月七日也，享年六十又五。子男四：長暹、次果、次昺、次晏。長蚤世。女三，皆殤。孫男三：源、汝、魁。女六。諸孤卜以次年八月廿八日辛酉，奉柩葬於龜鱉山之源，與平陽君合窆焉，尊治命也。恭人生而孝敬溫惠，幼涉書史，有載忠臣烈婦孝子順孫之行，未嘗不三復歎慕。既歸，奉吾祖南昌君視滫瀡，問燠寒唯謹。南昌君嘗語人曰：「自吾得新婦，增一孝女。」南昌君歿，脫簪珥以營葬事。春秋享祀盡禮，事平陽君三十年，始終賓敬如一日。恆鉄累黍約，以羨周貧乏，奉賓客間。遇事箴規，獻替弘多。故平陽君所至，以循廉稱，恭人實有助焉。平陽君歿，吏

〔註281〕 （宋）盧琦《圭峰集》，景印文淵閣四庫全書第 1214 冊，臺灣商務印書館 1986 年版，第 757～758 頁。
〔註282〕 傅璇琮主編《中國古代詩文名著提要》（金元卷），中華書局 2009 年版，第 296 頁。

民咸致奠賻，恭人曰「君生而不貨，死而貨之，非其志也」，一無所受。既葬，御續紝，課子孫讀書，常誨果等曰：「汝祖遺訓在家乘，汝父遺績在國史，汝兄弟勿替引之。」嗚呼！恭人已矣，尚復聞斯言哉。茲遠日有時，而孤等未克承紹，不敢圖死，又不敢請銘於當世君子。扳號摧痛，昊天罔極。敢述卒葬年月以納諸幽雲。孫果等泣血謹誌，莆田陳中填諱。

9. 孫伯延《立齋盧先生文集後語》

按：文載陸心源《皕宋樓藏書志》卷一百〇四〔註 283〕（亦載四庫本盧琦《圭峰集·附錄》，題署爲「延平孫伯延」〔註284〕）。錄文如下：

公諱琦，字希韓，號立齋，溫陵人。以詩明經領薦江浙，遂魁禮闈，登壬午進士第，授台州錄事。予時弱冠，始習舉子業，每觀公科文，未嘗不三複數歎，恨不得拜門下以從授業。比公調延平郡幕職，前鄉貢進士陳立大薦予於公，以教誨其諸子。始終三年，獲親炙焉。公以《詩經》啓發於予者，必盡其蘊。凡平日所爲詩文，亦必以示予。予見其矩度嚴整而旨意幽遠，近世作者鮮能及之。或謂公長於科文，而詩文尤工，公弗自以爲是也。至正庚寅秋，江浙省禮，公較文，予忝預選列。士大夫咸謂予之得所，傳其疑公之私者，公則曰：「師友傳授固欲學者之底於成，設有所私焉，亦因其可取而取之耳。」己亥秋，福建大比多士，公適任鹽司提舉，督課於莆，不與考試，予復預選。明年，公還署，予謁見，公笑曰：「君再捷科場，吾向者之謗可以白矣。」壬寅之春，予又與同郡尤英舉於鄉，公時寓海口，聞之喜曰：「尤英又中矣。」尤英嘗與予偕學於公者也。論者亦信夫公之有所傳矣。是年秋七月，公以疾終於所寓，歸葬惠安。於時賽甫丁搆難，官軍討之，道阻，予與尤英不得奔訃會葬，惟南望抱哀而已。歲乙巳二月，福建復大比，予掌捲簾內，公之子昺亦就試場屋。主文揭榜，得《詩經》一卷，經義頗佳，賦策尤善，以限榜額弗登名。逮出院，始知其爲昺之所作也。予既爲之悵惜，且喜公有子，能紹其家學矣。公之徒莆陽陳誠中氏適至三山，與予學同寓僧舍。誠中訪求得公所爲詩文而編次之，凡十三卷，將鋟梓以久其傳，且求諸名公爲之序。予請而讀之，既悲公之早歿，不及大用於時，使其文不得見之館閣，

〔註283〕 （清）陸心源《皕宋樓藏書志》，《續修四庫全書》第 929 冊，上海古籍出版社 1996 年版，第 488 頁。

〔註284〕 （宋）盧琦《圭峰集》，景印文淵閣四庫全書第 1214 冊，臺灣商務印書館 1986 年版，第 758～759 頁。

以黼黻皇家之盛治。猶幸餘膏賸馥之存，使誠中得以掇拾於亂離散失之後，以傳之不朽懿矣哉。誠中因書此以附於卷後，一以明夫公傳授之素，一以嘉夫誠中用心之勤。以公之子觀之，其亦知所勉哉，其亦知所慕哉。

10. 鄒次陳《二程遺書後序》（至治二年，1322 年）

按：文載《二程文集·附錄》。錄文如下〔註285〕：

右河南《程氏遺書》、《外書》，俱出程門弟子手記，考亭朱夫子家藏。類訪旁搜，先後次第爲此，世所刊本無不同者。獨二先生文集出，胡文定公家頗有改削，如《定性書》及明道《行述》、《上富公與謝帥書》中刪卻數十字，《辭官表》之顛倒次第，《易傳序》之改「沿」爲「泝」，《祭文》之改「姪」爲「猶子」。劉、張二公以是本刻之長沙，考亭定其所當改者數紙。《與共父劉帥書》及《與南軒張子厚書》，凜然承舛習訛。末流波蕩之爲懼，而卒亦莫之從也。今所傳文集，大率渾本，是固不能無餘論矣。臨川譚善心元之蚤讀二書，慮其傳本寖少，悉爲刻棗，而於文集復加詳，審與蜀郡虞槃叔常往復討論，以復乎考亭所改之舊，且注劉張本異同於其下。其餘遺文，凡集所未錄者，各以類附焉。至若《伊川經說》，其目見《近思錄》，其書見時氏本，特《易傳》止《繫辭》上篇，《春秋傳》止魯桓九年，《書解》止「舜格於文祖」，《詩解》止「四方以無拂」，《論語解》止「吾從下」，恨多誤字，不敢臆決。惟《易》係取《呂氏精義》所編，《春秋傳》取尹氏纂集所補，以舊板本審校先刊，而他書則俟求善本讎校續刻。此其爲意，固將以集程氏書文之全，明程朱授受之正，稽之往哲而不悖，傳之來裔而無窮。觀此書者，如挹座春而立門雪，俱非苟然爲之也。嗚呼！元之之用心，亦可謂勤也已。裝褫成帙，家學人誦，謹緝大意書於左方。至治二年壬戌之秋七月既望，臨川後學鄒次陳謹書。

11. 張士貞《張友諒墓誌》（至正十五年，1355 年）

按：張友諒墓誌於 1993 年出土，寧蔭棠、焦傳瑚《張友諒墓誌考》〔註286〕、李芳、張淑霞《元代張友諒墓誌銘考釋》〔註287〕可供參考。茲錄墓誌如下：

〔註285〕（北宋）程顥、程頤《二程文集》，景印文淵閣四庫全書第 1345 冊，臺北商務印書館 1986 年版，第 756～757 頁。

〔註286〕章丘市文史資料研究委員會編《章丘文史集粹》（上），2012 年版，第 352～352 頁。

〔註287〕山東省文物考古研究所編《海岱考古》第 4 輯，科學出版社 2011 年版，第 547～551 頁。

公諱友諒，字元樸，盤泉為自號也。曾祖諱仲、贈中奉大夫，遼陽等處行中書省參知政事，護軍，追封清河郡公。祖父諱澤，贈資善大夫江西等處行中書省左丞，上護軍，追封清河郡公。父諱斯和、贈榮祿大夫，江洲等處行中書省平章政事，柱國，追封齊國公。子友諒。公寡言笑，尚質素，不喜紛華，識者以公他日處為偉器。自大德三年辟為奉禮郎，至大改元除衛輝路總管府經歷，未任，除中都留守司都事不赴。除尚書省右司員外郎，尋復除尚書省左司都事延祐元年除江浙省都事。後丁母憂，去官。徽政院起復充都事，不赴。服闋，除吏部員外郎，改除監察御史。未幾，復出左司都事就升員外郎，權倖人相，報復私仇，公卒。以忠直獲免。除江浙行省左右司郎中，拜參議中書省事。復改除尚書。泰定二年，除浙西廉使，改除都水庸田使。乃考，除淮東廉使，復除江浙行省參知政事。天曆改元入參大政，以疾退。閒除南臺侍御史，不赴。除內臺侍御史。國家以公累朝元老舊人，故復出入參大政。繼受資善大夫中書正丞。至順二年，除翰林學士，三年除南臺中丞，未任，除山東廉使，到任未久，以病辭歸。至元六年除翰林學上承旨，至正七年特授商議中書平章政事。因以年老乞骨歸，就第，呈公遍歷省各所至有聲，朝廷以公有功於國，遣使馳驛賜酒及緞疋定等物，又以全俸養老於家。國家優禮功臣可謂至矣。至正十年冬十月十九日以疾終於正寢。享年八十有二。葬於錦川鄉之先塋。配李氏，再娶王氏皆封齊國夫人。一子，諱士貞，同知安豐路總管府事。女一，適州判段氏。孫男三人，曰鈞、曰欽、曰鏞。孫女二人，長適名族孟氏，次幼在室。銘曰：「陽丘蕞邑，民庶土膏，地靈山秀，產此英豪，見利不趨，遇害不逃。參贊皇猷。輔翼聖朝，鸞臺鳳閣，以遊以遨，唐之房杜，漢之蕭曹、公之清名、日月並高，子子孫孫，勿忘前勞。至正十五年八月中秋日，奉政大夫安豐路同知總管府事嗣子張士貞謹誌銘，姪男張士麟泣血百拜書，作頭高隱山刊。

12. 釋雲琛《元崇聖寺碑》（至元二十八年，1291年）

按：據《光緒嶧縣志》卷二十四《碑碣》錄文〔註288〕：

原夫性天廓落，覺地寬平。擾四圍總作伽藍，盡十方俱為淨土。離微杳曠、寂寞沖融、廣大悉備者，其惟先天真一之大道歟？可謂聖凡共託，染淨皆依，世出世間，貴乎一照。奇哉！承兮作蓋，踞乃為輿。界則區分萬域，

〔註288〕 （清）周鳳鳴修，王寶田纂《光緒嶧縣志》，光緒三十年刻本。

情而品列千差。六根減因緣之規，七情奔利害之場。不有妙覺，誰能拯斯溺乎？故我世尊現最後身，蘊大人相，下知足天降，中印土拾金。輪位紹華王座四十九年，法雨洪傾三百餘會，機緣勝契，皆蒙利益，不可不稱揚也。曇華始燦於竺乾，桂樹次青乎震旦。禪分五派，教演三宗。俾人人悟最上之一乘，比比信平地之本性。由是摩騰入漢，初標白馬之招提；羅什來秦，後飾逍遙之梵刹。厥後隨方建寺，設會度僧，法音清散諸方，佛子光揚天下。

　　爰有嶧峰，古鄪者乃鄪子之國邑也。東連散金川，二疏故址存焉。南視金陵山，碧漢雲煙覆頂；西接青檀翠嶺，子陵古蹟仍存；北倚抱犢靈峰，林巒蓊鬱擎天。其城艮方虛閒，甲地可建精藍。有本州耆僧暹公綱哲，俗姓侯氏，泉溝人也，祖係東阿縣侯相公族也。天資聰敏，性稟溫良，十歲出家，厭喧慕淨，禮中山府開元寺崇教院興公大德爲師，至於披剃，稟受近圓。教聽經閒，安心樂道，蒙上推任嶧州綱哲，管攝僧尼，故乃率徒於斯，撥土梵修，安心習誦。續次創建法堂一所，佛像三尊，十地菩薩眞儀，十六羅漢奇相，關王聖僧，香積雲堂，僧僚客舍，莊嚴具足。可謂門徒敬仰，檀越歸崇，朝焚香火，暮誦金文。報我佛之深恩，玄風不墜；祝吾皇之聖壽，玉燭恆明。一日，綱哲暹公專遺人持書禱余爲記，余暮年感此住持精勤，能了此事，故摭其實，於是乎書。佛教大師玉溪雲琛撰。元至元二十八年十一月立。

13. 方梓二篇
按：其父方鳳《存雅堂遺稿》卷三《牘》（續金華叢書本）〔註289〕附有其二文。錄文如下：

《壽吳良貴》（文題下注「輯《吳溪集》」）

　　宿耀斗箕，且迎弧矢。推大衍之數，宜學易之愈深。備《洪範》之疇，惟曰壽之居。始眉齊共介，膝侍增娛。某乏稱兕以寓誠，聊獻羔而伸祝。長於一歲，念螢窗兄弟之情；序屬三秋，羨蟾闕姮娥之會。飭毫箋而具瀆，徵鑒茹以爲榮。

14. 《壽吳立夫母夫人》（文題下注「輯《譜鈔》」）

　　女降祥花，甲式（按：此處疑脱一字）開於上壽；嫦娥駐彩，桂輪仍擬於中秋。雅宜萱背之稱歡，況復蘭孫之添秀。某託姻孔篤，趨賀末由。輒憑

〔註289〕　（南宋）方鳳《存雅堂遺稿》，《叢書集成續編》第 132 冊，新文豐出版公司1988 年版，第 578 頁。

柔牘之修，聊效美芹之獻。所懼牘瀆，切幸麾留。地老天長，益廣龜齡之算；壻榮嗣貴，會知鸞誥之貺。

15. 茍宗道《跋梅宛陵幹越亭送君石祕校詩》（文題自擬）

按：文載北宋梅堯臣《宛陵集・附錄》〔註290〕，錄文如下：

拜觀宛陵梅先生手書《寄題幹越亭送君石秘校尉河內》之作，詩律謹嚴，楷法莊重，蓋天稟仁厚，樂易發見於心聲心畫，自有不能掩者。歐陽公謂氣完力餘，益老以勁，斯二章足以當之矣。

16. 龔嘯《跋梅宛陵幹越亭送君石祕校詩》（文題自擬）

按：文亦載梅堯臣《宛陵集・附錄》〔註291〕，錄文如下：

去浮靡之習，超然於崑體極弊之際，存古淡之道，卓然於諸大家未起之先，此所以為梅都官詩也。當聲名文物之盛，有歐公為之依歸，而歐公收拾人才，識拔於科舉之外者，於先生與老泉可謂不遺餘力矣。雅道相與輝映千古，猶計官資，而曰不遇，是孰為有遇乎？尚論其世，誦其詩，讀其書，必知其人者，始足以語此。宛陵先生之鄉子孫在焉，叔章暇日出示真跡，使人歆慕無已。按尚書屯田員外郎當是階，官後遷都官耳，即元豐官制改後朝奉郎也。國子監直講，乃是職事官，宋初已置，常選通經有實行者為之。宜歐公以為公薦也，書局編修亦公關云。

17. 王璞二篇《與繼本廣文先生書》

按：文載元代李繼本《一山文集》卷七〔註292〕，附錄於李繼本《與董淶水書》文後。李繼本《祭王冰雪文》（60／1044）載「維洪武二十年歲次丁卯九月戊寅朔，越四日，辛巳將仕郎燕府紀善天台王璞遣甥應毅，以清酌時羞之奠敬祭於故友冰雪先生王君之靈」；《冰雪先生哀辭》（60／1052）又稱「文天台王璞蘊德、璞弟琦修」。未審與《全元文》13冊第75頁「王璞」是否為同一人，俟考。

〔註290〕（北宋）梅堯臣《宛陵集》，景印文淵閣四庫全書第1099冊，臺灣商務印書館1986年版，第437頁。

〔註291〕（北宋）梅堯臣《宛陵集》，景印文淵閣四庫全書第1099冊，臺灣商務印書館1986年版，第438～439頁。

〔註292〕（元）李繼本《一山文集》，景印文淵閣四庫全書第1217冊，臺灣商務印書館1986年版，第779～780頁。

《與繼本廣文先生書》

王璞端肅書奉繼本廣文先生尊契侍史：不奉言論，倏又數載。每閒獨中，思憶風采談議，一座盡傾，久闕披睹，企慕爲何如耶。近高弟劉耆來蒙，寄示新制，雄邈宏放，有一瀉千里之氣。因此獲稔吾兄，學之愈肆，養之愈充，橫逸縱态，無施不可，深足喜賀也。區區雖在散澹，然於此事日覺荒弛。每覽前人邁往之轍，惟興望塵之歎而已。舊歲得告還南，臘底返北，在郊城過歲。訓導申斯道，一見如故，相留數日，每置酒款洽，淋漓引酌，慷慨談笑，亦一代偉人也。自言與吾繼本甚快，且言我舊爲保斯道乞爲致意天涯故人如此有幾想爲憮然也。新寒，諒惟文候清佳，瞻晤未期。切冀自愛，不宣。

18. 《又與繼本廣文先生書》

八月二十日，聞高弟欲還館下，因作一書達左右。然高弟更不來茲，伯欽學正攜舍甥遊深州，因令其拜謁座下，就伸起居之敬。高弟領鄉薦，足見吾兄陶鑄之效，深可喜賀。冰雪翁死於道路，誠堪悲愴。吾兄祭文足伸其九原之氣，想冥冥中亦藉自慰也。僕令舍甥就致雞黍之奠，率撰一文，敘交誼之概，望爲一覽，便中冀示教爲幸。相見未期，惟希自愛。九月初四日，王璞簡奉繼本廣文契侍史。

19. 密古《趙臨褚書跋》

按：文載明代郁逢慶編《續書畫題跋記》卷五。文題依白珽跋（21／297）。錄文如下：

木生天地間，爲風霜之所夭折，不能竟其天年，不幸甚矣。而騷人名士形諸賦詠，著之翰墨，精彩百倍，垂於無窮，實枯中之榮也。余老且衰，撫卷爲重一慨。九山人密古。

20. 何異孫《十一經問對自序》（戊戌八月，1298 年）

按：《通志堂經解》本、《四庫全書》本《十一經問對》均無此序。盧文弨鈔本、嚴元照鈔本載有自序。陳鴻森《十一經問對考正》一文稱「嚴本多誤字，今據盧本迻錄」，文中附有考訂。〔註293〕錄文如下：

豐城開州治之八月，會曾、鄒二教諭於講堂，相與言曰：近府庠小學訓導爲學生承問失對而停職。叩其詳，則曰某日按察官下學口調，坐定，喚一

〔註293〕陳鴻森《十一經問對考正》，（臺灣）《國立中央圖書館館刊》1989 年第 1 期 ，第 13～14 頁。

長成學生，問之曰講何書？對曰：「《論語》。」問《論語》者何？對曰：「孔門師弟子討論文義之言語也。」問子曰者何？對曰：「孔子說的言語，聽者記之以爲『子曰』也。」問孔子生於何時？對曰：「生於魯襄公二十一年十一月庚子日。」問卒於何年？對曰：「卒於魯哀公十六年夏四月己丑日。」問孔子卒時有子無？對曰：「孔子止一子名鯉，字伯魚，先孔子亡。」問有孫無？對曰：「有一孫名伋，字子思，鯉所生也。」問孔子父爲誰？對曰：「叔梁紇。」問孔子母誰氏？對曰：「顏氏。」問孔子有兄弟無？對曰：「有兄名孟皮，而弟未聞，『南容三復白圭，孔子以其兄之子妻之』，是也。」同孔子有姊妹無？對曰：「有姊而妹未聞。《禮記・檀弓》：『孔子與門人立，拱而尚右，二三子亦皆尚右。孔子曰：二三子之嗜學也，我則有姊之喪故也。』」問孔子有女無？對曰：「有。『子謂公冶長可妻也，雖在縲絏之中，非其罪也。以其子妻之』，是也。」問孔子之妻、伯魚之母誰氏？對曰：「師傅未言及此。」按察遂責訓導云：「秀才教人子弟，怎不說盡？」取招停職。嘗聞劉玉源云：北官最善於問據，所問亦皆人所易知者。誤或（森按：『誤』字訛，嚴本此作『設使』）更問孔子之母是前母后母？孔子之兄是同母兄異母兄？孔子之姊幾人？孔子之妻一曰亓官氏，一曰上官氏，今闕里鄆國夫人殿何以止稱官氏？鯉也生幾歲而先孔子亡？自弗父何至孔子凡幾代？自孔子而上不知何以孔爲姓？自子木金至叔梁紇皆不稱孔姓者何？其先宋人，不知何時遷居於魯？倘承是問，其何以對？

雖然，小學之訓又不貴夫如此之纖細攎摭；特任訓導者，盍思夫職之所當盡，難疑答問，所宜詳悉以教人也。嘗有感於教諭之相與言，因就《六經》、《四書》、《十七史》、《左傳》、《通鑒文公綱目》，擇其可助蒙訓者，輯爲《小學問對》。福教熊天慵注小學書，盛行於世，詳小學之事辭，略小學之問對。蓋其所務者大，予之所集者小。小學之士（嚴本作『事』，疑非），能就問對中時切講究，以求夫所謂格物致知之學，則所學亦未曾不可大焉。近年徒規矩（森按：『矩』字誤，嚴本作『規規』，是也）於詩簡之習，至有音節未通於聲律，雕蟲寅效於甸疇。惟見教道日卑，蜀日騰謗。吁，此問對之所由作也。子游曰：『子夏之門人小子，當灑掃應封進退則可矣，抑末也。本之則無，如之何？』諒哉。

戊戌八月望，茂林何異孫自序。

21. 蕭方崖《使交錄序》

按：文載黎崱《安南志略》卷三〔註294〕，錄文如下：

　　皇帝御天之初，元至元甲午孟夏也。天地發揮，民物欣戴，仁風甘雨，遠邇均被。首罷南征，選使往諭。命禮部侍郎李思衍，而泰登亦與茲行。偃武修文，唐虞盛事，不惟親見之，又親任之。於彼原隰，萬里載驅，書生不能爲將，得爲使，此古人所志所榮，區區何修而辱此！受命戒途，夙夜祗若，凡經行見聞，輒加紀錄，不覺成集，歸以板行，以廣其傳。客有誚曰：「此子《使交錄》也，板行於世，將不免釣名之譏。」小廉曲謹，泯昌朝之盛事，臣子之大恥也。焉敢徇小節，甘大恥？三代以降，中國之盛，莫踰漢、唐。尉佗，故吏耳，僭稱名號，兵擾長沙，漢文帝卑辭奉書。高麗，封國耳，陸梁東方，不奉正朔，唐太宗至親征不克。天開景運，繼至聖世祖皇帝芟夷群雄，混一海宇，際天極地，莫不臣妾。今上皇帝體元居正，重明作離，大赦天下，以齎詔遣臣輩遠使絕域。山川險阻，天威赫然。及境而重出迓，返郭而式，國族跣足，及館而國王親訪，奔走駭汗，屏息聽詔，拜舞叩頭，如在闕廷，上表稱賀，罔敢後時。中國之隆，未有如斯！若不傳之永久，何以昭宣聖化？用自上都至安南，州郡山川，人物禮樂，異政殊俗，怪草奇花，人情治法，愈病藥方，逐日編次，通成一集。欽錄聖詔冠乎集首，次以安南世子回表貢物及朝中諸老送行詩章編次於後，間有行酬紀詠，亦借附集末，庶使後世知聖代臣妾萬國之盛，而出使爲官者亦有所考焉，非徒爲泰登遭遇之榮也。太史公跡遍天下，南渡江淮，北過涿鹿。泰登北自開平，南至交趾，茲遊奇絕，足冠平生之紀實也。

22. 駱天祐《玉靈聚義序》（泰定乙卯，1315年）

按：文載元代陸森《玉靈聚義》卷首〔註295〕，錄文如下：

　　夫龜者，開天闢地之□□也。伏羲畫八卦，定八方之成功，取動靜之妙氣，口陰陽之交馳，決戰爭之勝負，定天地之雨暘，非止一端。《書》曰：「九江納錫大龜，浮於江漢。」枚卜功臣惟吉之從。後有宋元君得大龜，長尺二

〔註294〕　（越）黎崱著：武尚清點校《安南志略》，中華書局 2000 年版，第 75～76
　　　　頁。另載顧宏義、李文整理標校《金元日記叢編》，上海書店出版社 2013 年
　　　　版，第 172～173 頁。
〔註295〕　（元）陸森《玉靈聚義》，《四庫全書存目叢書》子部第 66 冊，齊魯書社 1995
　　　　年版，第 3～4 頁。

寸，體禹天子之納錫大龜也，得博士衛平而配七十二灼，變化無窮，有褚先
生六十七條之妙決，其義難通。今陸君之解義，深涵斯理，運造化於掌上，
論玄奧於胸中，實後學之規範也。歲次乙卯上元日，敕授平江路陰陽教授駱
天祐序。

23. 范滲《玉靈聚義序》（泰定二年，1325 年）

按：文載元代陸森《玉靈聚義》卷首〔註296〕，錄文如下：

天下之至寶者，龜；萬物之至靈者，人。龜非人，孰能辨其寶？人非龜，
烏足通其靈？此龜卜興之而莫盡也。《書》曰：「擇建立卜筮人，乃命卜筮。」
蓋龜者至公無私，故能紹事之明；卜筮者之必至公無私，乃能通龜之无咎。
夫曰神曰知，祭必前列，非因人而明乎龜之寶與？曰吉曰凶，隨感而應，非
因龜而明人之靈與？郡人茂林陸君深能探索玄默，以至無私之心，葉至公無
私之物，察至公無私之事。如明鑒之洞開，如出水之澄澈。決疑斷惑，靡所
不應。乃曰靈則靈矣，豈若使天下皆知吾之靈而然者，由正己以感乎物也。
於是集其大義，會其妙旨，通為五卷，名曰《玉林聚義》。鋟梓以壽其傳，則
後來有所持守者，將猶按圖而索驥矣。得非龜中之至寶，人中之至靈者與？
子孫其寶之。泰定二禩盛春翌日，石湖後人范滲序。

24. 陸森《圖解校正玉靈聚義自序》（延祐二年，1315 年）

按：文載元代陸森《玉靈聚義》卷首〔註297〕，錄文如下：

龜者，太陰之化生也，上應玄武之宿，下應水位之精，天地一靈物耳。
禹王之世，神龜負文，故是以洛書出焉。聖人則之，因取其陰腹，灼以陽火。
陰陽激剝，而遂成文。法羲皇之卦爻，辯五龜於形象。占吉凶，明悔吝之道，
決狐疑動靜之機。至於以往未來、上天下地，纖毫靡不周鑒。龜卜之義大矣
哉！大抵靈其靈則神，神其神則聖。靈聖之道出乎智士。智士相繼，以垂於
今。非止龜之靈，因人之靈而合符口。茲以元龜之奧旨、褚毛之秘，集為五
卷，曰《玉林聚義》。從先聖之靈機，勵後人之高抬貴手。僕幼傳家學，長專
龜理，所傳奧旨三世於茲。至於陰陽隱秘卜筮玄妙，誠非書之常旨，珍藏考
之，未嘗不驗。後南陽駱先生留心精校，辭簡理明，吉凶動靜響應如神。雖

〔註296〕（元）陸森《玉靈聚義》，《四庫全書存目叢書》子部第 66 冊，齊魯書社 1995
年版，第 4～5 頁。

〔註297〕（元）陸森《玉靈聚義》，《四庫全書存目叢書》子部第 66 冊，齊魯書社 1995
年版，第 5～7 頁。

古之太史，預行歷代龜聖之文，閎達微妙，蘊奧難見。況近世龜卜之學，心口相傳，不記文字。苟以龜毛兔角之語，不究本源。設使訛訛相傳，禍福莫準。深輒不揆量，搜採群書，探摭玄妙，類成一集，分爲五卷。至於形端圖解，靡所不載，莫敢私藏。敬刊諸梓，用廣其傳。後之明者倘知遺闕，改而詳之，不亦宜乎？延祐二年九月望日，古吳陸森謹誌。

25. 陸晉之《困學紀聞後序》（泰定二年，1325 年）

按：文載《皕宋樓藏書志》卷五十六〔註298〕，錄文如下：

右厚齋王先生《困學紀聞》二十卷。先生諱應麟，字伯厚，自號深寧叟。曰厚齋云者，鄉人門弟子尊敬之者爲之也。先生平日多著述，是編於經傳子史各有考據評證，於後學足益見聞。得錄諸梓，則其益博其傳遠。工費浩，事未得遂。泰定二年冬十月，淛東道憲司官行部涖止。肅訪之暇，詢及是書，謂未有刊本，爲學校欠事。翰林學士袁先生亦專舉明爲宜傳，遠惠後學，於是具辭申請之。於總府轉達於憲司宣慰司都元帥府，咸是所請，乃鳩工度費，於學儲給焉。工食之粟，則翰林學士袁先生倡助之，本學官及岱山長共助，以足其用。凡書者、刊者、董者、觀者，莫不以是編得傳，爲大喜，幸翕然集事。嗟夫！王先生所爲書，久不有所遇。一旦得錄諸梓，王先生之志卒以遂，此蓋遇鑒識之明、主張之力、作成之功而然也。刊書成，謹識卷末，俾觀是書而有得者知所自云。泰定二年十二月癸卯，慶元路儒學教授吳郡陸晉之敘。

26. 周暕《湛淵靜語序》（至大庚戌，1310 年）

按：文載白珽《湛淵靜語》卷首〔註299〕，錄文如下：

湛淵先生有德有言人也。往予客江左，得相師友始取。惟文墨議論歷年多，且遊其里，久廼知文行之美出乎天性。五歲能屬對，八歲能賦小詩，十歲能刺股肉，起母之疾。既冠，益孤貧，依多書之家者二十年，晝縋夜讀，無大故不出戶庭，文聲獵獵起。既仕，喜推挽後來，成就寒隱濟人利物事，人能誦言之。所交南北知名士，如文本心、何潛齋、劉須溪、牟獻之、方萬

〔註298〕（清）陸心源《皕宋樓藏書志》，《續修四庫全書》第 928 冊，上海古籍出版社 1996 年版，第 623～624 頁。（按：整理本《困學紀聞》未載此序，見（宋）王應麟著，（清）翁元圻等注，欒保群，田松青，呂宗力校點《困學紀聞》，上海古籍出版社 2008 年版。）

〔註299〕（元）白珽《湛淵靜語》，景印文淵閣四庫全書第 866 冊，臺灣商務印書館1986 年版，第 285～286 頁。

里、夾谷士常、闍子靜、姚牧庵、盧處道諸公，莫不禮遇，相與爲忘年之遊，期於遠大。而先生泊然以退爲樂，將爲河爲海，欲爲川瀆而止可乎？二畝之宅，竹樹半之，嘗鼓一篋自隨。客至即屏去，一日，臥內見之，乃所著，有《余師經子類訓》、《集翠裘》等書也。引證嚴密，言論醇正，雖況說調笑，具有微意，非若今所謂雜說，無益於學徒，玩物喪志，惜污塗竄，益不加比緝。余哀其勤，慮其久致散軼，勉爲次第，並詩文合百卷，《靜語》其一也。湛淵名滿天下，嘗自謂平生受用全得謝上蔡去一矜字力。文章翰墨，所至傳誦，藏去如遇奇物。余老矣，尚懼美行爲文所掩，故因其索敘言之，庶知余取友之道不苟也。先生姓白氏，名珽，字廷玉，錢唐人。今年六十又三，湛淵其山居故扁云。至大庚戌夏四月二日，友生海陵周暕伯暘甫敘。

27. 熊太古《冀越集序》（至正乙未，1355 年）

按：熊太古《冀越集》二卷，收錄於《續修四庫全書》第 1166 冊，《四庫全書存目叢書》子部第 239 冊，均據清乾隆四十七年吳翌鳳鈔本影印。今據《四庫全書存目叢書》錄文〔註300〕：

天地爲極大，冀越爲極遠。觀夫物性，萬類惟驗。夫聲音者，可以盡博而守約也。且冀之地在北，越之地在南。北連沙漠，南止海隅，萬里無疆。所謂山川之險阻，風俗之淳漓，人物之偉雄，舟車之往來，自古及今，未有盛於此者也。察其奇花異果，山禽海錯，殊形詭狀，皆昔之所未見。自度力不能致，乃囊楮筆。隨所得見，則圖其形而歸，以爲娛親之具。平生兩至京師，達乎上京，得親碩老名儒、廣見洽聞之士，多方名述之賢言。世皇混一之初，制作之盛，規模之宏，前代所未有。掌故之藏，悉得覽之。奮然南歸，留滯於江之東西，馳騖於湖之南北，遊嬉於浙右，放浪於兩廣，導於海隅，極於交界。多者千餘次，少者二三焉。凡耳之所聞，目之所睹，旁稽於言論，因書以備遺忘。雖歷世變，幸而尚存。暇日批覽，了然如昔之所歷。然不觀物性，不足以盡其博；不求聲音，不足以守其約。所以觀夫物性而外有以博於物；驗夫聲音而內有以約於己。天地之大，猶不能達，況莫越乎？使後之覽者，不特可以資言談，亦足以助其學之博者焉。至正乙未，前史官至江西行省郎中豫章熊太古書。

〔註300〕 （元）熊太古《冀越集》，《四庫全書存目叢書》子部第 239 冊，齊魯書社 1995 年版，第 286～287 頁。

28. 楊仲弘《宋國史柴望詩集序》（至正四年，1344 年）

按：文載宋代柴望《柴氏四隱集》卷首〔註301〕、陸心源《皕宋樓藏書志》卷九十二〔註302〕，錄文如下：

詩莫盛於唐尚矣。唐之詩，燕、許、陳、宋肇其源，高、岑、王、孟暢（《藏書志》作「繼」）其流。嗣後纍纍迭出，爭相軋勝，非不傑然，皆名家也。然言唐詩者，類以李、杜爲稱首，何哉？蓋天寶之間，國事顛覆，太（《藏書志》作「李」）白、少陵目擊時艱，激烈於心而託之辭，直述興致，迫切情實。其間雖出入馳驟於煙霞水月之趣，而愛君憂國，其所根柢者居多。是故上參天道，下植人紀，中扶世道，風雅以後不可少也。二家以後言詩者，吾惑焉。西崑、香奩纖穠妖冶之音作，於是抽黃對白、掇花拾草者寖以昌焉，詩道於是乎亡矣。嗟乎！其尚有（尚有，《藏書志》作「孰」）知詩者哉。余讀宋紀柴國史詩集，而知詩道之有在也。公詩秉於忠義，而攄於危迫，摛詞琢句，動諧（《藏書志》作「譜」）音律，雄豪超逸，如天馬之騰（《藏書志》作「驟」）空；瀟灑清揚，如春花之映日。就其所造之深，直能卑視近代，而與唐之諸名家相上下矣。至其詩之所以至者，則又上抒（《藏書志》作「揖」）李、杜之精英，而性情法度，不啻自其胸中流出，蓋雖聲氣所鍾（《藏書志》作「種」），各自爲家，而其志之所之則皆出於時事之所激，而倫理之所關固有曠世而相感者也。誠以宋之季視唐之天寶爲逾危，而公之所遭遇於嫠（《藏書志》作「婺」）緯，黍離之思爲尤恫焉，宜其發之憤且激（《藏書志》作「惋」）也。然則公之詩豈可以淺淺觀（淺淺觀，《藏書志》作「淺視之」）哉？知公之詩者，要當知公之心，則太（《藏書志》作「李」）白、少陵不足問（《藏書志》作「間」）矣。予過江郎（《藏書志》作「鄉」），訪公遺跡，公從姪季武出公集若干卷，祈予（《藏書志》作「余」）敘。余（《藏書志》無）素慕（《藏書志》作「蒙」）公高義，又嘉季武之請，因遂書之。公詩有《道州臺衣集》、《詠史詩》、《涼州鼓吹》，在公生時已盛傳於世。兵燹日久，散逸不次，茲錄其遺存者若此云。至正四年七月既望，襄陽楊仲弘（《藏書志》作「陽仲弦」）敘。

〔註301〕 （宋）柴望《柴氏四隱集》，景印文淵閣四庫全書第 1364 冊，臺灣商務印書館 1986 年版，第 874～875 頁。

〔註302〕 （清）陸心源《皕宋樓藏書志》，《續修四庫全書》第 929 冊，上海古籍出版社 1996 年版，第 356～357 頁。（按：《皕宋樓藏書志》著錄宋國史秋堂柴望撰舊抄本《秋堂詩集》三卷，文題當作「《秋水詩集序》」，文末題署作「陽仲弦」。）

29. 夏溥《江月松風集序》（至元五年，1339 年）

按：文載張金吾《愛日精廬藏書志》卷三十四〔註303〕、陸心源《皕宋樓藏書志》卷 107〔註304〕。《清風室叢書》本《江月松風集》卷首亦有此序，題爲《錢思復先生詩卷序》〔註305〕。今以《皕宋樓藏書志》錄文如下：

詩工於景物，至晚唐四靈殆已無可掇拾。皇宋涉於議論，遂謂議論非唐詩。少陵就口時事議論亦多耳論者，若置少陵於唐詩外，豈《三百篇》性情議論者非耶？常人狃於所習，近時又倡爲對偶排比以爲律政，如木偶人衣冠儼然而無生氣流動，謂可以與言詩乎？錢思復所作特妙，未嘗不議論而不口於議論，未嘗不景物而不晚唐四靈於景物，亦浣花溪上見白頭亂髮兩耳人耶。予嘗謂少陵詩，詩則律，意則不律，以詩律其不律之意，以不律之意律其詩，莊生斵輪手，蓋自有不可言傳者。至論格高語響，如居仁邠老，猶是第二義耳。有能於此觀思復者，自是一流具法眼人。至元五年春三月十六日，淳安夏溥書。

30. 王介《玉海序》（至正辛卯，1351 年）

按：文載陸心源《皕宋樓藏書志》卷六十一〔註306〕，錄文如下：

天下事若緩而寔急者，學校是也。惟知治本者，每切切而不暇以風化之美、人材之盛於是乎出。四明郡學甲東淛，所職非所任，而氣象日萎薾凋謝。至正己丑春，太守嘉議公來領是邦，雖郡事鞅掌，必時造論堂而扶衰拯弊加於昔，士君子賴焉。今年夏，因閱《玉海》數百卷，於魯魚亥豕之繆，命參校而正訂之者數萬言，使學者無惑於討論。是雖治教中之一事，然以海氛煽虐之秋，不以調給爲煩，且優游於文治，其急於學校可知。夫朝廷以執政大臣職，郡守六事以學校先意有在也，往往有緩視之而不切於己，在公獨惓惓，三年如一日，非深知治本者其若是乎？惜乎瞻承之晚，今也於《玉海》之刊

〔註303〕（清）張金吾《愛日精廬藏書志》，上海古籍出版社 2014 年版，第 687～688 頁。

〔註304〕（清）陸心源《皕宋樓藏書志》，《續修四庫全書》第 929 冊，上海古籍出版社 1996 年版，第 517～518 頁。

〔註305〕（元）錢惟善《江月松風集》，《叢書集成續編》第 110 冊，上海書店出版社 1994 年版，第 351 頁。（按：四庫本、臺灣新文豐出版公司《叢書集成續編》第 136 冊所收《江月松風集》乃武林往哲遺書本，均無此序。）

〔註306〕（清）陸心源《皕宋樓藏書志》，《續修四庫全書》第 929 冊，上海古籍出版社 1996 年版，第 2～3 頁。

誤有所感，故不可不推夫平日作新之盛心，以爲來者告。至正辛卯七月既望，儒學正王介謹識。

31. 阿殷圖埜堂《玉海序》（至正十一年，1351 年）

按：文載陸心源《皕宋樓藏書志》卷六十一〔註307〕，錄文如下：

至正九年，余來守四明。公事之暇，因得遍觀郡學書籍，其所謂《玉海》者，宋尙書王公厚齋之所著述也。公以碩學耆德爲儒者宗，著述之書逾三十種，已鋟梓於郡學者凡十有四，《玉海》其一也。惜其間訛誤者多，歷十餘年未有能正之者。余迺命公之孫厚孫重加校讎，得誤漏六萬字，鳩工修補，再閱月而成。夫性命道德之學，發明於先儒，表章於盛世者至精且詳矣。若夫制度、典故、記事、纂言，備討論而資考索者，亦學者所當務也。公之學傳於眞文忠公，而《玉海》之書寔本於博學宏辭，蓋公嘗擢是科，故其匯次最爲詠洽。其他諸書，扶遺經之絕學，紬正史之要義，綜括於天道地理，辨徵於禮樂文章，明小學而廣異聞。既已登名於朝廷，志列史諜，則其書之已刊者，不可以不究觀者，不可以不悉也。然則是書之成，固學者所共願也。因列其目於編首，又識其始末以告來者，俾敬守勿壞。至正十一年六月初吉，嘉議大夫慶元路總管阿殷圖埜堂謹序。

32. 王厚孫《玉海序》（至元六年，1340 年）

按：文載陸心源《皕宋樓藏書志》卷六十一〔註308〕，錄文如下：

右先祖尙書公《玉海》跋語。《玉海》者，公習博學宏詞科編類之書也。是科擬題爲文，專務強記，雖小而月日名數不可遺缺。惟衰世事變，不以命題，此書事類該廣，援據淵洽，非但施於科目而已。公甚愛玩，且謂未脫稿，難以示學者，故藏於家。後爲人竊去，先人白之憲司，書得復歸而散軼頗多。鈔錄者又復訛舛，懼無以承先志。於是裒輯緒次，成卷如右。公著書大小三十餘種，此以失而復得，名尤著於時。浙東都事牟公始建議板行，今元帥資德公既至，即命刊布，又刊《詩考》、《詩地理考》、《漢藝文志考》、《通鑑地理通釋》、《集解踐阼篇》、《補注急就篇》、《王會篇》、《漢制考》、《小學紺珠》、《姓氏篇》、《六經天文編》、《康成易注》、《通鑑答問》諸書，厚孫等承命校

〔註307〕（清）陸心源《皕宋樓藏書志》，《續修四庫全書》第 929 冊，上海古籍出版社 1996 年版，第 3 頁。

〔註308〕（清）陸心源《皕宋樓藏書志》，《續修四庫全書》第 929 冊，上海古籍出版社 1996 年版，第 6 頁。

勘唯謹，而董役者弗爲修改。遺誤具在，觀者審焉。至元六年庚辰四月一日，孫厚孫百拜謹識。

33. 薛元德《玉海序》（至元六年，1340 年）

按：文載陸心源《皕宋樓藏書志》卷六十一〔註 309〕、王棻《光緒永嘉縣志》（清光緒八年刻本卷三十二《藝文志八》〔註 310〕，二書文字同。錄文如下：

　　鴻蒙既判，六經載道，歷代諸儒著述辨析。至宋而道復大明，事類之書亦至宋而益廣其述者，厚齋先生爲最焉。先生由詞科擢登秘府，讀天下之書而識於一心，以一心之所識而著述。《玉海》之一書，極天地萬物與夫古今禮樂制度，咸備於此，祕藏於家，迨今百有餘載。至元丁丑歲，浙東宣閫都元帥資德公知是書，而發其祕，俾鋟梓以廣其傳。是時，經歷賈君亨、都事耿君、朶羅歹來贊賓幕，俱篤意斯文，以是書爲己任，盡心協力，克成厥功。而元德寔奉檄董其事，閱二載而刊始完。嗟夫！是書也，昔爲王氏家藏之書，今則爲天下之書矣。以先生一心之微，博覽天下之書而著於一書，今復以是書而行於天下，其惠後學也豈小補哉。若夫論著書之旨，要已見於序文，愚不復贅。姑記刊書歲月之始末於卷後，庶使後學之士知是書之幸傳於世不易也。至元六年四月朔日，（按：以下，《縣志》無）鄞縣文學正東嘉薛元德序。

34. 陳元善《新編通用啟札截江網序》（延祐六年，1319 年）

按：文載陸心源《皕宋樓藏書志》卷六十一〔註 311〕，錄文如下：

　　觀呂望得兵鈐書於魚腹中，以輔周室，然後知魚之可以致書也。又觀葛玄附丹書於魚口中，以達河伯，然後知魚之亦可以傳書也。故古詩云「呼童煮鯉魚，中有尺素書」，所以傳千里之忞忞者，信不我誣矣。然臨淵羨魚，不如結網，此截江網之所由設歟。所謂截江網者，取一網打盡之義云爾。蓋書翰者，千里之面目也，帳下兒讀之，則無所事。此如張子布輩見之，則不可草草。□□搜羅，口故寔綱維□□類文采備具，足爲趙緘之式者，然後下筆口人三過盥讀十襲珍藏，見謂賢於十部從事可也。近年兩坊所刊翰墨啟札多矣，類皆得其一而遺其二，詳於此而略於彼，未免有漏網之失。惟熊君晦仲

〔註 309〕　（清）陸心源《皕宋樓藏書志》，《續修四庫全書》第 929 冊，上海古籍出版社 1996 年版，第 6～7 頁。
〔註 310〕　（清）王棻《光緒永嘉縣志》，清光緒八年刻本。
〔註 311〕　（清）陸心源《皕宋樓藏書志》，《續修四庫全書》第 929 冊，上海古籍出版社 1996 年版，第 10 頁。

裒集是書，凡古今前輩之事寔，近日名公之啟札，皆網羅而得之。自甲至癸，分爲十集。甲集則專舉諸式之大綱，乙至癸則旁分品類之眾目，井井具有條理，至於牋表、文檄、碑銘、箴頌、記序、詩詞之屬莫不咸在，眞所謂集是書之大成歟。吁！是不止爲書翰，設凡施之詞章，皆可一舉是網竭澤而漁矣。大可以網學海之龍，小可以網文江之鯨，至於吞舟縱壑者，皆入吾網。又豈但罾中之魚，能傳陳勝王之帛書，以示楚眾；縉間之魚，能傳神仙服餌之書，以遺子明而已耶。歲在己未正月元旦進士陳元善序。

> 附：陸心源在此序後，附有考辨，云「己未爲開慶元年」，即 1259 年。
> 其《儀顧堂續跋》卷 11 有《宋槧啓札跋》，稱「陳元善，建安人。
> 開慶元年己未進士。自署『前進士』者，元延祐六年己未作也。」
> 〔註 312〕前後所言不同。對此，胡玉縉認爲「今以序文不著年號推
> 之，當以後說爲長。蓋晦仲與元善，皆由宋入元者，元善此序，實
> 隱寓不忘故國之思也」〔註 313〕。據此，則此文當作於元延祐六年
> （1319）。

35. 顧長卿《志道集序》（至元壬辰，1292 年）

按：文載陸心源《皕宋樓藏書志》卷八十一〔註 314〕，錄文如下：

從伯父景繁公少任俠，既壯，折節讀書，於諸子百家、方技卜筮之書罔不披究，爲文輒千萬言，徹日夜無倦容。聲名藉甚遠近，於是里中同學者多忌公，口舌攻搏，難端叢起。公獨以直道持乎其間，無所依倚。惟與鄞縣林庇民保、高安譚子欽惟寅交最善。主兩先生家數年，而忌者愈謀所以中之，指作周世宗宮詞爲藥禍，幾不解。會以遺逸薦，得白歸，乃具杯酒釋奠，盡焚生平所著述，凡百餘卷，無復隻字存者。病革之日，惟枕書長嘯，略屬後事數端而已。嗚呼！公讀書一生，而潦倒困苦，以布衣歿。而一時同學蔑不通籍貴顯，子孫豪富甲閭巷。蒼蒼報施，又不知於詩書文字果何如也。嗣弟宏聞不忍先人手澤泯沒，從江浙提刑轉運任公處抄得遺稿若干首，顏曰《志道集》。蓋本魯論隱居行義之意，我伯父洵當之而無愧矣。予少侍伯父，稔知

〔註 312〕（清）陸心源著，馮惠民整理《儀顧堂書目題跋彙編》，中華書局 2009 年版，第 402 頁。

〔註 313〕胡玉縉撰，吳格整理《續四庫提要三種》，上海書店出版社 2002 年版，第 206 頁。

〔註 314〕（清）陸心源《皕宋樓藏書志》，《續修四庫全書》第 929 冊，上海古籍出版社 1996 年版，第 233～234 頁。

顛末，因援筆述之，後之君子庶鑒而詳探焉。至元壬辰春月，泉州石井書院山長福州路教授姪長卿子元氏拜書。

36. 劉概《文公朱先生感興詩注跋》（大德甲辰，1304年）

按：文載陸心源《皕宋樓藏書志》卷八十五〔註315〕，錄文如下：

概居遊武夷，常誦《櫂歌》，見其辭意高遠，超絕塵俗，而未得其要領。近獲承教懼齋陳先生，蒙出示旨義，有契於心，乃知九曲寓意，直與《感興》二十篇相爲表裏，誠學者入道之一助。不敢私己，敬刊以《續感興詩解》之後，與同志共之。時大德甲辰仲春，武夷劉概謹跋。

37. 徐玩《釣幾文集序》

按：文載張金吾《愛日精廬藏書志》卷二十九〔註316〕、陸心源《皕宋樓藏書志》卷71〔註317〕。今據《皕宋樓藏書志》錄文如下：

文集者，八莆第五代祖先輩公所撰文也。公諱黁，字昭夢，登唐乾寧進士第，試《止戈爲武賦》魁天下，授祕書省正字，先輩時人推尊之稱也。釣幾乃歸隱適意處號也。予嘗觀舊譜，載十二代著作佐郎賜紫魚袋師仁公所著文集序，云「先輩公文字頗多，家故有賦五卷、《探龍集》五卷。又於蔡君謨家得《雅道機要》一卷、詩二百五十餘首。」蓋詳論之既有其序，時必有集，今皆亡失。故常鬱鬱不樂，凡對族人，惟此不得其文爲憂歎。至延祐丁酉歲，叔父司訓公於洛如金橋林必載家得詩二百六十餘首，復於己亥歲，族叔祖道眞公遺賦四十篇，不勝欣慰，合而寶之。後則屢求，未能再得。洎邇歲塵事稍息，謹述世緒聲跡，已詳於譜牒。復讀威武軍殿中侍御史劉公山甫撰公墓誌銘，謂公所著詞賦感動鬼神，搜括造化，又謂悲泣百靈，包羅萬象，明珠無價，至道不文，窮達理性，諷誠澆浮，合先聖賢之意矣。讀之至是，愈有所感。今則據其所得詩賦，暫編成卷，裝潢類諸譜牒，合與族人暨諸君子共之，可以知吾祖先手澤尚存，而流衍無窮。抑祝厥後子孫勉而求之，以增是卷，庶不負吾故家文獻之烜燿。遂書之以爲後之識也。玩可珍謹識。

〔註315〕　（清）陸心源《皕宋樓藏書志》，《續修四庫全書》第929冊，上海古籍出版社1996年版，第278頁。

〔註316〕　（清）張金吾《愛日精廬藏書志》，上海古籍出版社2014年版，第485～486頁。

〔註317〕　（清）陸心源《皕宋樓藏書志》，《續修四庫全書》第929冊，上海古籍出版社1996年版，第127～128頁。

38. 陸德原《重刊笠澤叢書序》（至元庚辰，1340 年）

按：文載陸心源《皕宋樓藏書志》卷七十一〔註318〕，錄文如下：

右《笠澤叢書》五卷，唐甫里先生之所論著也。先生既自號天隨子，又謂江湖散人。其著書有《松陵集》，有《吳興實錄》，而此編又謂之《笠澤叢書》者，蓋以其叢脞細碎，多補遺殘編。然起甲迄丁，篇什不滿百，豈猶有待後歟。先生出處，大致已見《唐書・隱逸傳》，至於樊開則爲文集序，朱衮則又爲文集後序，然皆不出乎《唐書》列傳也。嗚呼！唐自懿以後，不惟士氣萎薾，文章亦與時高下。先生當此時，憤鬱窮愁，非悼己也；慷慨論列，非求知也。特已積之厚而發之崇，身之窮則言之暢也。顧其志不能不達於廟朝之崇深，又不能自暴著於天下四海。隱鈞在下，而山林江海蛟鯨蛇虎吞噬肆毒士，幾無以容其身。先生牛衣之所呻吟，鸛埌之所歎恨者，豈爲流連光景、陶寫性情之具哉。特以先王之澤，更大亂而猶存，故雖一嚬一蹙，不忘愛君憂國之誠，傷今思古而作也。自非其所造詣卓然，又見於六籍之醇全，則亦何以臻此也。德原距先生歿幾五百年，門緒衰落，既爲編甿，然猶以世澤之所沾濡、聞見之所開沃粗，能立於士君子之列。私自惟念先生既明《春秋》，宜有論說。然當亂世，學校廢，經術熄，故其書不傳。今清朝右文，既以書院祀先生於吳下，而其遺書若《松陵集》、《皮陸倡和》皆以行於世。而叢書雖板刻於宋元符間，然而蕪沒久矣。今而刻之書院者，將與好事者共之也。夫先生之於經術，學者既皆見夫《春秋》之所討索者矣。然因叢書以推見先生之所學，則其卓然於道而可以刻之學校者，夫豈區區一隱淪之士而已哉。至元仍紀元之五年歲次庚辰七月一日，十一世孫德原百拜謹題。

39. 陰竹埜《韻府群玉序》（大德丁未，1307 年）

按：文載明萬曆大文堂刻本《韻府群玉》卷首〔註319〕，錄文如下：

韻摭事眾矣。同乎纂於史宗，於詩林，若樵之海，若漁之名，不同何事不同也。用得同乎匪偏則泛，匪泛則略，寧不爲觀者病。一日登書樓，見季子棨几萬籤，問之，曰：「幸父兄與歲月暇，得恣獵群籍。遇欣然與意會處筆之，將繫於韻，摘其異而會諸同也。」噫嘻！小子敢狂簡與。人惟讀書難，讀而能精鑒博採著爲書尤難，爾犯其所難何居？予始規進取，習舉子業，自

〔註318〕（清）陸心源《皕宋樓藏書志》，《續修四庫全書》第 929 冊，上海古籍出版社 1996 年版，第 123 頁。

〔註319〕（元）陰時夫《韻府群玉》，明萬曆刻本。

講明性命義理外，視餘皆若不必爲。海屋添籌，酬對人間事無虛日，則又不暇爲。鬢雪益深，眼月向晦，則雖不可爲矣。方今聖朝寬厚，吾道優崇，士將由科目舉正覃思稽古之日爾。小子欲爲吾所未及，爲志吾志也。然作室者必有規矩，陶器者必有範模，著書立言何獨不然。爰授以凡例，俾勉爲之。垂三十載告成，予方披覽，間有客過竹所，見而獎許之過情，請名曰《韻府群玉》。予初難之，曰：「謂是書若圭璋瑚璧可寶與？抑謂所集事猶圭璋瑚璧與？書以事實，斯名其可？」客又曰：「文，公器也。私諸己，孰若公諸人？秘《論衡》以爲異者，未廣也。請繡諸梓。」予益難之，蓋目不粼疾萬軸，胸不世南秘書，寧不起管窺蠡測之誚？子固謂其藜床三十秋，功苦寸積，自成一家書，於後進或有毫髮助，瑾瑜之瑕可匿也。吾懼槐市陰成，十目所視，人將指而議之，曰：「此有所謬，彼有所遺，是殆宋愚燕石爾子之說。近於譽人之說，近於詆，詆不必辯，譽不必矜。安知譽之非美疢，詆之非藥石乎？子曰可，人曰不可，吾固不可。可子之可，亦不可不可人之不可。可不可，必以質諸當世之司文衡者，是猶抱璞而質諸卞和也，和謂之可則可。」客曰「唯」。大德丁未春，前進士竹埜倦翁八十四歲書於聚德樓。

40. 陰復春《韻府群玉序》（延祐元年，1314 年）

按：文載明萬曆大文堂刻本《韻府群玉》卷首〔註320〕，錄文如下：

郇子藉稻，博古者猶莫志於琅邪；字不題糕，能詩者或未稽於糗餌，探討之難如此。故凡事必類則易見，義必釋則易知也。子季以事繫韻，多所摘奇，豈皆能判然無疑者。疑而不釋，是猶撻埴冥行而已。若龍斷本如字，而或切爲丁貫；夏屋本食俎，而或用爲巨室。春牘、春雅、杆禁、醲濫、牌拆、凍梨之類皆載諸經，而初學講明或未到。至有讀鸛衙三鱧之鱧爲甈，蕭何主進之進爲䚱，絧馬則謂桐馬，款乃則謂襖藹，襲舛承訛，鮮克辨正，又如撲滿、須捷、褸裂、孟青、口剛、卵桑、鵝鐵、獺魚、丁虎、乙鼠、姑鴉舅、一經、三雅、戍削、萃蔡、泠冱、蘢茸、沆瀣、贔屭、金僕姑、玉連鎖等字，不可彈，前輩常所用而不知者，誦以爲怪。嗟夫！文固不必怪也。然班馬等賦所以使人嵬眼傾耳，正由時出奇字，有以襯復之。方今文體尚古，吾黨之士獨不願薰香班馬與？愚故隨字注釋，以備觀鑒，庶乎索韻而得事，考釋而無疑，其亦有小補云。延祐改元甲寅秋，鄉試後五日幼答書。

〔註320〕 （元）陰時夫《韻府群玉》，明萬曆刻本。

41. 陰時夫《韻府群玉自序》

按：文載明萬曆大文堂刻本《韻府群玉》卷首〔註321〕，錄文如下：

是編敬遵先子凡例，刻意纂集，幸績於成。繼得二三同志，相與讎校其是否而損益之。書成而失怙，痛哉！謹奉遺訓，質正於儒林巨擘，爰鋟諸梓，用廣其傳，惟冀先志云爾。不然，安敢犯不韙之戒。切惟近世黃氏所編《韻會》，雖不詳於紀事，然非包羅今古者不及此，而猶遺聰聰紳嘶等字。況時遇襪線其才，甕天其見，寧無遺珠之歎？其間雌霓繆呼，金根忘改，亦或不既與人爲善者，遺則續之，誤則正之，以便初學。幸甚時遇，謹白。

42. 陳孝先《雞肋編跋》（至元己卯，1279 年）

按：文載陸心源《皕宋樓藏書志》卷六十三〔註322〕，錄文如下：

此書莊綽季裕手集也。綽博物洽聞，有《杜集援證》、《灸膏肓法》、《筮法新儀》行於世。聞其他有著述尚多，惜未之見。此書經秋壑點定，取以爲《悅生隨鈔》，而訛謬最多，因爲正如右。然掃之如塵，尚多有疑誤。時至元己卯仲春月觀，陳孝先甫誌。

43. 牟沖道《道德經注序》（至元庚寅，1290 年）

按：文載陸心源《皕宋樓藏書志》卷六十六〔註323〕，錄文如下：

《道德經》，古書也，自授受以來，注者不下四百余氏。漢儒假河上公所分章句，以注是經，尤爲舛駁。世俗不知，遂列於五子之目，以示來世，深爲扼腕。至若眉山蘇氏，天資粹美，學識古澹，特起乎□□之下，超出乎千載之上，造大道之經庭，啓玄門之關鑰。使□□之士如夢而覺、如醉而醒者，公之力也。鄉先生王君伯修擅老莊之學，問答如響。舊嘗讎較此本而刊行之，偶因回祿，遂成灰燼。文昌宮主者侯大中，伯修之孫也，自儒入道，年未而立，而慕乃祖之志，得所傳舊本於乃師夏君性仲，積有年矣。一旦割鷺股而刊成是書，以與同志者共其用心，又豈淺識者之所能測哉！經板既成，爲書其梗概於篇首。至元庚寅二月眞元節，資中羽士可軒牟沖道謹書。

〔註321〕 （元）陰時夫《韻府群玉》，明萬曆刻本。

〔註322〕 （清）陸心源《皕宋樓藏書志》，《續修四庫全書》第 929 冊，上海古籍出版社 1996 年版，第 31 頁。

〔註323〕 （清）陸心源《皕宋樓藏書志》，《續修四庫全書》第 929 冊，上海古籍出版社 1996 年版，第 60 頁。

44. 王環翁《北溪大全集序》（至元元年，1335 年）

按：文載四庫本《北溪大全集》卷首、陸心源《皕宋樓藏書志》卷八十八〔註324〕。
今據《皕宋樓藏書志》錄文如下：

　　道之顯者謂之文，措辭艱深、造語險怪，文云乎哉？六經，乾坤也，
四書日月也。矢口成言，下筆成書，惟盤誥雜以方言，初未嘗艱深險怪也。
蜀之玄蒙之莊，如駕蛟螭，如攫虎豹，文誠奇矣。求其顯斯道者，無有乎
爾。夫以見知聞知之傳有所自來，孟子而後，斯道顯於濂洛。濂洛之後，
斯道顯於紫陽，一時門人半天下，惟北溪陳先生獨傳派漳南，始未獲見。
員以成規，方以中矩，一聆聲欬，紅爐點雪，查滓渾融。觀其問目，如《小
戴曾子問》，隨事辨詰，毫髮不遺。《戒懼》、《謹獨》二箴與朱子箴敬齋同
一轍，程、張、呂言仁二辨，與朱子辨輯略同一機。《字義》，《近思錄》也、
《雜詠感興詩》也。篇篇探心法之淵源，字字究性學之蘊奧誠。又與朱子
大全文相先後。朱子之道學大明於世，羽翼之功，先生居多。當時稱為朱
子嫡嗣，其信然與。讀先生之文，當如菽粟布帛，可以濟乎人之飢寒。苟
律以古文馳驟，連篇累牘，風形月狀，能切日用乎否？集五十卷，淳祐戊
申，郡倅薛公季良鋟梓龍江書院，歲久佚壞。乙亥暮冬，幕賓本齋高公念
斯文之將墜，痛道統之無傳，遂乃文移有司力，請壽梓。於是太守張公是
其說，推理烏古孫公贊其謀，遂以庠廩贏奇，委學錄黃元淵之三山墨莊鋟
刻。而黃又勉齋先生之裔，故其奉承惟謹，不三月而集事。環翁備員教席，
命序其事。生晚謏聞揚休，玉立不可得而見之矣。所幸者，嘉言善行猶未
泯焉。思昔吾莆陳復齋、鄭子上、黃子洪諸老，與先生同在朱門，著述今
無一二，其子孫亦不顧惜。使皆如朱公之敬前修，勉來學，安有「奇寶橫
道側」之歎哉？僕於先生之文集景仰也夫，亦重有感也夫。至元改元臘月，
漳州路儒學教授莆宓軒王環翁舜玉父序。

45. 劉張《方是閒居士小稿跋》（至正二十二年，1362 年）

按：文載四庫本《方是閒居士小稿》、陸心源《皕宋樓藏書志》卷八十九〔註325〕。
今據《皕宋樓藏書志》錄文如下：

〔註324〕　（清）陸心源《皕宋樓藏書志》，《續修四庫全書》第 929 冊，上海古籍出版
　　　　　社 1996 年版，第 310～311 頁。
〔註325〕　（清）陸心源《皕宋樓藏書志》，《續修四庫全書》第 929 冊，上海古籍出版
　　　　　社 1996 年版，第 325 頁。

右《方是閒居士小稿》二集，乃從高祖種春公之所述也。舊已鏤板，因燬於兵，遂失其本。近偶得於邑士家，捧誦欣喜，如獲重寶，蓋居士厭珪組之榮，樂林壑之勝，得以從容於文墨間，信能振家學而衍遺芳者也。今幸其詩文猶存，其可泯而無傳乎？遂復授諸梓，非敢必其行世，庶幾族之子弟得以諷詠想像，有所感發而興起，則世業不墜、書脈復續，是所望也。幸相與勉之。時至正二十二年歲在辛丑暮春初吉，從元孫張百拜敬書。

46. 蔣巖《本堂集跋》（至大戊申，1308 年）

按：文載四庫本《本堂集》、陸心源《皕宋樓藏書志》卷九十一〔註 326〕。今據《皕宋樓藏書志》錄文如下：

張忠定公有言「吾榜得人最多」，嘗疑其言之誇。靜觀世運，歷數人物，抗節不屈，忠血凝碧，泣抱龍髯，下從彭咸，累書辭聘，絕粒而逝，凡此皆丙辰榜中人也。本堂陳公挾其耿介之氣，發於雄深之文，巋然獨立，皓首不變，則亦吾丙辰同年進士也。忠定之言，豈不信乎？公自為舉子時，文聲獵獵日起，諸公爭致之，授簡客右。研墨盾鼻，出語往往驚其坐人。時方工駢儷，稱誦伊周，擬方孔孟上之人，受之亦不辭。公下筆一掃諛風，莫不根於理而趨於古，抽黃對白之習為少變。時宰用事，以策試士，公實參之。文衡於古人，唯唯中得一諤士，痛陳厭諱人言、消沮士風、寵信吏胥、壞朝廷紀綱十數事。公持白其長，宜實前列，以稱德祐求言之詔，聞者為瑟縮而掩抑之。公作詩，道其屈，每對人言氣拂膺。未幾，國事非矣。余老陽羨公之子深來山中，以示遺稿若干卷，讀之使人激發，而不能不使人歎恨也。公之文宜為誥，只用之書檄牋啟，宜被金石。徒見之深山窮林佛老之廬，天不使和其聲，鳴國家之盛而俛仰古今，感觸風景以抒其黍離麥秀之悲，公亦豈料文之窮至此哉。若夫挽王少保之辭、弔唐饒州之文，誅權奸於九原，表忠義於千古，蓋有關於世道之大者，非徒文也。余耄矣，因念《千佛經》中多墮鬼錄，余後死尚獲睹公之文，可掛名其間，固幸也。斯文之脈，不絕如縷，未知後之視今何如，與晉人同一慨矣。時至大戊申仲夏既望丙辰，榜下士荊溪蔣巖書跋。

〔註 326〕　（清）陸心源《皕宋樓藏書志》，《續修四庫全書》第 929 冊，上海古籍出版社 1996 年版，第 348～349 頁。

47. 牟應復《陵陽集序》（至順辛未，1331 年）

按：文載張金吾《愛日精廬藏書志》卷三十一〔註327〕、陸心源《皕宋樓藏書志》卷九十二〔註328〕，錄文如下：

先父提刑性簡易，嗜學問，自蜀來雪，盡得盛時文獻之傳。先光祿存齋翁清忠，大節重一世。公在侍傍，贊助居多，人謂存齋有子矣。紹得嗣志，敭歷踰二紀，所至以廉靖仁厚稱。理宗訓辭有曰爾名臣之子，漢人所稱家之珍寶、國之英俊者也，至元丙子，即杜門隱居，凡三十六年，年八十五以終。公少年為文，操筆立就，若不經意而有過人者。子弟為置稿，輒笑裂去。晚歲筆力愈勁，南北學者皆師尊之。達官巨人嚮慕拜謁，求文者相屬於門。文益富於壯作，而應復宦遊四方，且留京師，又不獲抄錄，深懼泯軼，無以承先緒。近數年來，得官吳會間，始遂悉心裒輯，僅若干卷，十未及其一焉。應復所知如《靜軒閣平章先世墓銘》、雪樓程承旨《藏書樓記》、《雪樓記》、士瞻張左丞《共山書院記》、《三省堂記》等作，皆未得本。姑集其已得，道類成二十有四卷，敢鋟諸梓，俟有所得，尚續刊之。至順辛未八月朔旦，男承事郎浙東道宣慰使司都元帥府都事應復百拜謹識。

48. 徐津《詠史詩序》（至正戊子，1348 年）

按：文載陸心源《皕宋樓藏書志》卷九十三〔註329〕，錄文如下：

夫典謨訓誥，古先聖王載事之書，明善惡，示監戒也。周衰，列國縱橫，而亦莫不各有紀事之籍。孔子因魯史而作《春秋》，託二百四十二年南面之權，亂臣賊子有所畏而不敢肆。是則春秋之作，殆又嚴於紀事之籍矣。下逮漢唐，歷代之史，褒貶去取，世不乏人。若班馬之傳記，習鑿齒之《春秋》，皆以直筆記事，未嘗有阿私畏避之辭。然論其寔者，不計其辭之詳；正其非者，必究其情之寔。後之觀史者，欲由博而知約，孰若自約而盡博，此先君之《史詠》所以作也。若夫善善惡惡，抑揚予奪，世道升降，人事盛衰，觀夫詩則知過半矣。先君世習周禮，博經史，與仁山金先生相友善，講論埋義之暇，慨然有志於《史詠》。原心論跡，分類立名，上自威烈，下至五代。明君賢相

〔註327〕 （清）張金吾《愛日精廬藏書志》，上海古籍出版社出版社 2014 年版，第 587～588 頁。

〔註328〕 （清）陸心源《皕宋樓藏書志》，《續修四庫全書》第 929 冊，上海古籍出版社 1996 年版，第 359～360 頁。

〔註329〕 （清）陸心源《皕宋樓藏書志》，《續修四庫全書》第 929 冊，上海古籍出版社 1996 年版，第 366 頁。

之治平，亂臣賊子之僭竊，莫不聲其功罪，鳴其正邪，截然若刀鋸之裁割，權衡之稱量，而二十八字之中凜乎其可畏。使後人歌是詩而知其至，詠其辭而得其寔，垂戒之意，殆與《春秋》筆削之義相表裏。偉哉是詩也！津幼失所怙，汩於事爲，而未及鋟梓。白雲許先生、晉卿黃先生、外兄張子良爲序諸前後，以贊是詩之美。嗚呼！《史詠》之傳，豈惟先君有以行其志，而前人之美惡昭著，後人之敬畏常存，豈小補哉。後之觀詩者，亦必有以自警云。時至正戊子春二月一日，男津敬書。

49. 傅定保《四如先生文稿序》（至治三年，1323 年）

按：文載陸心源《皕宋樓藏書志》卷九十三〔註330〕，錄文如下：

莆前一輩四如黃先生，爲名進士，爲經學老師，爲詞章大家數。異時艾軒翁以經學鳴，遭際皐陵，致身法從，莆士之談性理者率皆其徒。二劉後人則有若樗庵翁以詞章著，穆陵眷之厚，當兩制，躋文昌，莆士之工詞章者多師之。若四如翁，則瓜山先生之嫡孫行，家庭師友，究之經學邃矣。演迤而爲詞章，汪洋大肆，若記序，若碑銘，若題跋，蒼然之光，淵然之色，未嘗求合於古也而制雅，未嘗務去陳言也而意新，未嘗求異於人之說也而自不能不異。蓋以《詩》、《書》、《禮》、《易》、《春秋》爲之本，而旁推交通，若《國語》之博，《離騷》之幽，太史公之潔，無不備焉。昌黎所謂「仁義之人，其言藹如」者也。違世屏居，戶屨常滿，使其逢，則旃廈扉垣，蓋先生券內物。惜乎兼經學詞章之長，而卒不施，宰物者孰從詰之哉？

吾又觀於莆有夾漈鄭漁仲先生，白首窮經，尤精於史學。鄉也雖以布衣召，而終老丘園爲可恨。四如翁不爲艾、樗之顯，甘同漁仲之晦。然位雖不顯而書則傳，身雖晦而名則彰。《通志》之行，夾漈之顯也；文集之傳，四如翁之顯也。士君子患無令名之難，窮達顯晦，不足計也。夫不在其身，必在其子孫。

公之子子材學世其家，而文彪於時，今爲長汀郡幙。以翁與予咸淳辛未歲連榜帖，萃翁之文若干篇，將鋟而傳之，不鄙囑予敘。予於翁何能爲役，辭不獲命，乃喟然曰：「翁之文傳，則湛輩亦託不朽，幸也。」遂忘其僭而爲之敘云。元至治三祀清明後一日，前進士清源傅定保書。

〔註330〕 （清）陸心源《皕宋樓藏書志》，《續修四庫全書》第 929 冊，上海古籍出版社 1996 年版，第 366～367 頁。

50. 曹志《四如先生文稿序》（至治癸亥，1323 年）

按：文載陸心源《皕宋樓藏書志》卷九十三〔註331〕，錄文如下：

曩僕客授莆陽，獲從監簿四如先生黃公遊，嘗熟其議論。凡天地萬物萬事之理，古今治亂興亡之變，若江漢之滔滔，莫詰其極，而其文閎深高古，精義入神，好作一字二字，或三字四字，句勢迫《曲禮》、《檀弓》，不造不止。蓋其學上接艾軒、樂軒、網山諸老之傳，言言根據，字字淵源，汪洋奇崛，自成一家，近世作者誠罕及也。爰擢高科，官轍所至，如吾鄉古心江公、廬陵須溪劉公，皆一時文章宗伯，莫不傾蓋願納交焉，則其他名勝，從可知己。

更代以來，杜戶掃讀，教授鄉里，立雪講下者，誠多奇才。今三歲大比，巍科迭出，有自來也。嗚呼！貞元朝士不可復得矣。以公之學，雖不及見用於當時，而隻字片言流落人間者，真足以淑後進而範將來，其功豈尋常誇一時、沽一名者之可擬哉！

僕竭來延平甫一載，公之子子材適赴汀幕，而其孫喬年又來為延平錄，邂逅道舊，且出公生平所著文若干卷，俾僕敘其顛末。僕非才，何足以當之。追惟別公幾三十年，而僕亦老矣。思芹泮之嬉遊，懷詠觴之酬酢，風廊燈火，共話短長，猶一日也。壺山在眼，獨無情乎？姑勉敘疇昔交情之舊書其後。若夫公之高風雅操，與夫雄文巨冊，自有燕、許大筆發揚編首，且將鋟梓，上之太史氏，備採錄云。至治癸亥秋九，後學廬山曹志謹跋。

51. 陳光庭《四如先生文稿序》（至治癸亥，1323 年）

按：文載陸心源《皕宋樓藏書志》卷九十三〔註332〕，錄文如下：

夫文以氣為主，氣以理為主。理何在？聚於書；氣無形，麗於理。主之者誰與？曰心也。

文者心之聲也，不至乎此，則奴乎彼矣。天地間惟氣與理互萬古而長存。凡天地陰陽四時之運，日月星辰河漢之光，此氣也；其所以妙變化而神出人，現光怪而發精華者，非自然之理乎！一以貫之文，其形而下之器乎！孔子元氣也，文章可得而聞者，贊《易》刪《詩》，定《書》修《春秋》而已，曰作則未也。文與？理與？孟子英氣也，自謂「我知言，我善養吾浩然之氣」。觀其七篇，浩博而豪肆，文與？氣與？後之立言君子，捨孔孟奚主哉？

〔註331〕（清）陸心源《皕宋樓藏書志》，《續修四庫全書》第 929 冊，上海古籍出版社 1996 年版，第 368 頁。

〔註332〕（清）陸心源《皕宋樓藏書志》，《續修四庫全書》第 929 冊，上海古籍出版社 1996 年版，第 368～369 頁。

　　莆陽自艾軒後，以文鳴世者不少，以理爲文者吾得一人焉，黃四如先生是已。先生抱道藏器，戴仁履義，不偶於人，而達於天。立言以垂後，肆筆肇而成文，此風行水上之文也。惟其心孔、孟救時之心，學孔、孟明道之學，由體達用，著書滿家。嘗誦其諸書，講義詳明似經解，記筆森嚴似《檀弓》，銘筆奇崛似三《傳》，皆充其剛大配義之氣，而見於嬉笑怒罵之間，特緒餘耳，徒文乎哉！

　　余以年家子，不及拜公床下，從書疇先生借一帙，得寓目焉。他日編帙匯成，獲見其大全，又一快也，非敢曰觀止此矣。他不敢請，敬識大概附於卷末。大明至治〔註333〕後學三山陳光庭拜書。

52. 黃梓《四如先生文稿序》（至治癸亥，1323 年）

按：文載陸心源《皕宋樓藏書志》卷九十三〔註334〕，錄文如下：

　　吾翁四如先生，生平文章自問學中來。嘗謂學文難，學古文尤難。退之、子厚，正奇奇正，自出一家機軸，然韓、柳而上，更有人在。六經之文，文也。又謂爲文不在多，一頌了伯倫，多乎哉？晚歲杜門，讀來世書，遠方士友來謁文者，戶屨常滿。酬應宿諾，迄不膽稿。僕東西南北，不及時侍筆硯側，八袠有二。

　　山木頹壞，片紙流落，衿佩寶惜，親友家收拾遺文，菫菫未滿百篇。傳人傳書，此擔甚重。宦學它鄉，巾篋自隨，今又十年餘矣。朝夕思所以傳，而困於力。山城公假，督兒繕寫，亟遣鏤板，不惟思所以傳者遠，而又欲廣其傳。異時攜書歸里，搜訪裒萃，當爲續集，與《四書講稿》、《經史辨疑》並行，庶人與書俱傳而未艾也。

　　翁名仲元，善甫字，取堯夫《善人吟》，以「四如」自號。舉辛未進士第。景炎、德祐後，名淵，字天叟，號韻鄉。贅翁、彥安，又晚年別號云。時至治癸亥立秋日，男將仕郎、汀州路總管府知事黃梓百拜謹識。

〔註333〕按：《四部叢刊》三編影明嘉靖刊本《黃四如文集》卷首有此序，「至治」作「大明」。祝尚書編《宋集序跋彙編》第 5 冊，中華書局 2010 年版，第 2230 年。

〔註334〕（清）陸心源《皕宋樓藏書志》，《續修四庫全書》第 929 冊，上海古籍出版社 1996 年版，第 369 頁。

53. 章祖程二篇

《白石樵唱序》

按：文載四庫本《霽山文集》卷首〔註335〕、明嘉靖刻本《霽山先生文集》〔註336〕（題為《題白石樵唱》），錄文如下：

先生諱景熙，字德陽，姓林氏，溫之平陽人也。宋咸淳辛未太學釋褐，授泉州教官曆禮部架閣，轉從政郎。時異事殊，遂不復仕，乃棲隱故山，以詩書自娛。既而會稽王監簿移書屈致，與尋歲宴之盟，於是先生往來吳越間，殆二十餘年。戊申歲，歸自武林，感疾。迨庚戌冬，終於家，時年六十有九。先生少工舉業，有場屋聲，時文既廢，倡為古文，發為騷章，往往尤臻其奧。晚年所著雜文十卷外，有詩六卷，題曰《白石樵唱》行於世。愚嘗熟玩其詩，大抵皆託物比興，而所以明出處，繫人倫，感世變而懷舊俗者至矣。卷首數篇尤為親切，其他題詠酬倡，雖有不同，然而是意亦未嘗不行乎其間。讀者倘以是求之，則庶乎不失其本領，而有以知其詩之不苟作也。至於造語之妙，用字之精，法度之整，而嚴格力之清而健，又未易以名言。今輒為之注釋云。崐陽後學章祖程和父題。

54. 《白石樵唱序》（元統甲戌，1334年）

按：文載四庫本《霽山文集》卷首〔註337〕、明嘉靖刻本《霽山先生文集》〔註338〕（題為《注白石樵唱》），錄文如下：

詩自《三百篇》、《楚詞》以降，作者不知幾人。求其關國家之盛衰，係風教之得失而有合乎六義之旨者，殆寥乎其鮮聞也。惟陶淵明以義熙為心，杜子美以天寶興感，為得詩人忠愛遺意。霽山先生之詩，蓋祖陶而宗杜者也，熟味之可見矣。抑嘗思之，詩固出於人之情性，然非發之以句法之清英，諧之以音節之和暢，融之以趣味之悠遠，則亦枯淡淺促而不能以入妙。寧保其不使人玩之易厭、索之而易竭也哉。善乎先生之為詩也，本義理以為元氣，

〔註335〕 （宋）林景熙《霽山文集》，景印文淵閣四庫全書第 1188 冊，臺灣商務印書館 1986 年版，第 689～690 頁。

〔註336〕 （宋）林景熙《霽山先生文集》，《宋集珍本叢刊》第 90 冊，線裝書局 2004 年版，第 622 頁。

〔註337〕 （宋）林景熙《霽山文集》，景印文淵閣四庫全書第 1188 冊，臺灣商務印書館 1986 年版，第 690 頁。

〔註338〕 （宋）林景熙《霽山先生文集》，《宋集珍本叢刊》第 90 冊，線裝書局 2004 年版，第 622 頁。

假景物以爲形質，濯冰雪以爲精神，剪煙雲以爲態度，朱弦疏越而有遺音，
太羹玄酒而有遺味，其眞詩家之雄傑歟。予嘗伏讀而竊愛之，沉潛反覆，蓋
亦有年。於是童課之暇，不揆僭踰，爰輯舊聞爲下注腳，間有見其意之所指、
義之所在，亦輒爲發揮而不敢隱焉。第胸無積學，家無儲書，其間援據尚有
未盡明者，姑冀講問，少備其全。一日子安、儀中二友生請曰：「夫注草堂詩
者數百家，注雪堂詩者亦不下百餘家。迨今猶不能無遺憾，而況以一人之見
乎？盍缺之，以竢後賢。」予嘉其言，因出此稿，俾錄以示初學，固未敢傳
諸作者。惟博雅君子訂其舛訛，補其疏略，使霽翁之詩久而不墜，則於風雅
亦未必無少助云。元統甲戌暢月，後學章祖程謹書。

55. 鄭僖七篇

《白石樵唱序》（至元元年，1335 年）

按：文載四庫本《霽山文集》卷首〔註339〕、明嘉靖刻本《霽山先生文集》
〔註340〕（題爲《題白石樵唱注》），錄文如下：

　　吾鄉霽山林先生，前朝遺老，履和蹈貞，晚年英氣詘折爲詩。其立言命意，
欲屬風節，蓋彷彿草堂翁忠愛之餘思也。今宜竹章君和父獨喜其詩，爲之箋注，
誠以其所作有關世教民彝，非特尚其融液句度之清妍，亦非自示其掇拾故實之
贍詳而已。昔李善輯注《文選》，援據該博而無其義，子邕能補其缺。章君所注
辭義兼得，而其學識之正，尤有可觀者。曩年君嘗與予翰札，辯論河洛圖書，
往復數四，予固已知其學有根柢。別後久客湖海，齒載侵尋，強與年少爭一資
半級，於端簪澤笏中，每用自愧。念欲東歸，與君行輩追逐雲泉，相羊文字之
樂，何可得也。重念鄉山寥沉，文物睽孤，章君乃獨能慨慕前修之流風，發揮
遺稿之芳韻，必使光塵遠暢，有永以傳。等而上之，復將有大著述，以詒後雋，
余又當拭目云。至元元年歲在乙亥十月一日，鄭僖書於赤霞城。

56. 《瓢泉吟稿序》

按：文載張金吾《愛日精廬藏書志》卷三十四〔註341〕、陸心源《皕宋樓藏書

〔註339〕（宋）林景熙《霽山文集》，景印文淵閣四庫全書第 1188 冊，臺灣商務印書
　　　　館 1986 年版，第 690～691 頁。
〔註340〕（宋）林景熙《霽山先生文集》，《宋集珍本叢刊》第 90 冊，線裝書局 2004
　　　　年版，第 623～624 頁。
〔註341〕（清）張金吾《愛日精廬藏書志》，上海古籍出版社出版社 2014 年版，第
　　　　657 頁。

志》卷九十九〔註342〕（亦載四庫本《勤齋集》卷首），錄文如下：

瓢泉朱君曩仕予鄉州，交分相得也。當是時君之才氣銳甚，自謂天地間風月無盡藏，平章在我，化裁在我，故日以詩歌與騷翁墨客相頡頏不厭。別二十餘年，復胥會於錢唐，而其氣益銳，詩益奇，其騫騰迅邁如大鵬御風之脫氛壒也，其連軒清警如舞鶴出林之引圓吭也。人所彳亍，我獨紆餘，由是知坡老所謂「昌其詩不如昌其氣者」益信。君嘗丞長林，鼪事厖茸，竅導棼疏，日就成緒，乃能與李君五峰恣覽雁蕩山瑰容瑋狀，倡和彪休，風雲協其律，呂煙霞為之澄廓。於時運使本齋王公方巡眡其所職也，即改容禮貌之，無操約鐫譙意。其在江西，事尤劇，吟詠不廢。以是知君之才，周於世用，不獨昌於詩而已。至其為文，規繩古制，不事浮靡，《曲生》、《菊隱》二傳，尤為奇贍幽蔚，又不獨昌於詩而已。予嘗觀吳草廬先生為其先翁墓表，稱君能詩能文，有猷有守，可為良吏、為聞人，蓋紀實云。

57. 《題蘭亭舊刻》

按：文載明代趙琦美《趙氏鐵網珊瑚》卷一，錄文如下：

定武蘭亭石刻，為薛氏取去。世之傳者，寖以失真。今觀此本，以姜白石偏傍考較之，頗不相遠。至於僧字之辨，則有黃伯思之說，識者當自知之。永嘉鄭僖天趣。

58. 《范文正公書伯夷頌》

按：文載明代趙琦美《趙氏鐵網珊瑚》卷二，錄文如下：

伯夷頌首云「士之特立獨行，適於義而已，不顧人之是非，皆豪傑之士信道篤而自知明者也」，此數語已足盡伯夷之心。文正公親書此頌，匪惟知之，亦允蹈之。觀其立身大節，亦不顧人之是非。信道篤而自知明者，豈非豪傑之士哉。其裔孫靜翁先生恬愉樂道，獨能保有斯文而珍藏之，觀此者千載清風俱凜然矣。後學永嘉鄭僖再拜書。

59. 《文正公翰長帖》（至元四年，1338年）

按：文載明代趙琦美《趙氏鐵網珊瑚》卷二，錄文如下：

慶曆間，契丹乘中國有西警，議入寇。遂命富鄭公使虜，卒定和議。時文正公以西事知慶州，此書與翰長，所謂「聞彥國之好，亦甚減憂者」，即其

〔註342〕 （清）陸心源《皕宋樓藏書志》，《續修四庫全書》第929冊，上海古籍出版社1996年版，第480頁。

時也。書中又言「有丘園之請，以全苦節」，然其後與韓公並安撫鄜延，又除副樞密，拜參知政事，以讒媚出使河東，知邠州，復知鄧、而杭、而青、而潁。丘園之請，竟不獲遂其志而薨。獨所謂全苦節者，貫始終，歷夷險而不渝也。嗚呼！大忠臯、夔，元功方召，炳然大節，照映今古，又何其盛哉。至元四年後戊寅十有一月望日，後學永嘉鄭僖敬題。

60. 《文正公與師魯二帖》（至元四年，1338 年）

按：文載明代趙琦美《趙氏鐵網珊瑚》卷二，錄文如下：

景祐四年，文正公既以言呂夷簡出知饒州，尹公師魯亦貶監郢州酒稅。慶曆四年，尹爲涇原經略，以爭城永洛事爲董士廉所訟，再貶均州監稅，時文正公在政府也。踰年，公出知邠州，又改鄧州，此二帖蓋在鄧與尹者。夫以尹公之賢，文正公於其存也通以書，而盡其慰問之誠。歐陽公又於其歿也，爲之銘以致其痛惜之意。好賢樂善，固如此哉。至元四年後戊寅十有一月望，後學鄭僖書。

61. 《本齋王公孝感白華圖傳》

按：文載明代趙琦美《趙氏鐵網珊瑚》卷十五，錄文如下：

《白華》之詩，束晳補亡，殆亦彷彿修辭，概存風旨。今秀毓靈苞，我身親見，其欲忘言，可乎？輒撰三章，歌詠盛德君子，謂其僭不敢辭。《白華》，美王公之孝也。公事母孝，故天彰其瑞焉。猗歟！《白華》皦皦，其英匪冰匪玉，澹然天成，如芝斯秀，如蘭斯馨。曷維其異，感於神明。我儀圖之，孝思攸格。靖共追慕，維民之則。純嘏昭融，靈應靡忒。愧彼頑蘉，表茲貞白。是以有令譽兮，昭厥圖於繪素兮，庶幾有袞衣兮，弘風化於九圖兮。東嘉鄭僖謹書。

62. 王復翁《濠南辨惑》（大德三年，1299 年）

按：文載張金吾《愛日精廬藏書志》卷三十二、陸心源《皕宋樓藏書志》卷九十四〔註 343〕，錄文如下：

《濠南辨惑》一書，初江左未之聞也。至元二十年，古滄王公時舉來丞是邦，出於行篋，始得見之。興賢書院謄錄刊行，迨今十年。其板爲復翁所得，以字多差舛，恐誤讀者，欲得元本證之，而王公去此升行臺監察御史，

〔註 343〕（清）陸心源《皕宋樓藏書志》，《續修四庫全書》第 929 冊，上海古籍出版社 1996 年版，第 379 頁。

尋柄文廣東，宦轍無定，雖欲求之，末由也已。既幸任回道過廬陵，吾州士夫以棠陰之舊，候迎公來，就乞校正，出脫漏差錯字四百餘。公因得改的，付局刊換。公又以元遺山《中州集》所載濟南古律詩僅二十篇俾續卷末，收書君子，幸加詳焉。大德三年二月中和節，雙桂書院王復翁謹書。

63. 王鄰《湛然居士文集序》（癸巳，1293 年）

按：文載張金吾《愛日精廬藏書志》卷三十二、陸心源《皕宋樓藏書志》卷九十四〔註 344〕，二書文本相同。錄文如下：

夫文章，天下之公共。言賦者自以與賈馬爭麗則，言詩者自以與李杜爭光熖，逞辭藻者不讓蘇黃，恃歌詞者輒輕吳蔡，以至氣衝雲霄而莫肯相下。及其較量長短、探賾妍丑、得其全者，鮮厭人望者，鮮矣。中書湛然性稟英明，有天然之才，或吟哦數句，或揮掃百張，皆信手拈來，非積習而成之，蓋出於胸中之穎悟，流於筆端之敏捷。味此言言語語，其溫雅平淡，文以潤金石；其飄逸雄挨，又以薄雲天。如寶鑒無塵，寒水絕翳，其照物也瑩然。向之所言賈馬麗則之賦，李杜光熖之詩，辭藻蘇黃，歌詞吳蔡，兼而有之，可謂得其全矣，厭人望矣。外省官府得《居士文集》，古律詩雜文五百餘首，分爲九卷。恐珠沈於海，玉隱於山，而輝彩未著，特命良工板行於世，使四方士大夫如披雲睹日，快願見之心。嗚呼！言者，心聲也。中書之言自詠物之外，多以國事歸美爲章句。雖稷契之忠、皋陶之嘉，未易過此。癸巳歲十二月望日，平水冰岩老人王鄰序。

64. 劉耳《雲莊畫像贊》

按：陸心源《皕宋樓藏書志》卷九十四〔註 345〕著錄元刊元印本《張文忠公雲莊歸田類稿》二十八卷，稱書後附劉耳《贊》，未錄文。今據《張養浩集》〔註 346〕錄文：

恢然其容，睟然其色。有質有文，有功有德。立朝之言，閒居之跡。凜乎高風，千載一日。番陽劉耳贊。

〔註 344〕（清）陸心源《皕宋樓藏書志》，《續修四庫全書》第 929 冊，上海古籍出版社 1996 年版，第 384 頁。

〔註 345〕（清）陸心源《皕宋樓藏書志》，《續修四庫全書》第 929 冊，上海古籍出版社 1996 年版，第 388 頁。

〔註 346〕（元）張養浩《張養浩集》，吉林文史出版社 2008 年版，第 253 頁。

65. 馮良佐《陵川集後序》（延祐戊午，1318 年）

按：文載點校本《陵川集》卷首〔註347〕，錄文如下：

《詩》有韻語，《易》亦有韻語。《春秋》敘事，《書》亦爲敘事。《春秋》褒貶甚嚴，《禹貢》義例尤密。爻象章什之協，比其音者，又明良喜起之濫觴者也。人言六經無文法者，非也。六經爲早學者之日用飲食。然自後世之以辭章爲文者，視先秦、西京已邈乎不可及。是故唐之初，陳子昂變六朝纖靡而爲唐之文；宋之初，歐陽永叔變五代軋苴而爲宋之文。雖若闊略於道德仁義，然於洗腐理梦之功，爲不賞矣。宋之季與金源氏，競以明經爲文，其弊至於附合蔓衍。弊極必變，則挽淳風，而古之明良，亦繫乎其時與其人哉！欽惟皇元以神武開國，聲應氣求，功能咸奮。時則有若陵川夫子郝文忠公，以雄文雅望，爲中外所仰。其於五帝三王之事業，口之不置，方劇論時，四座傾屬，公亦無所推讓。會有使宋之行，館留之累歲。歲月閒永，窮經修史之暇，遂得肆力爲文。韻語則有賦、頌、歌、行、古律詩、箴、贊，敘事則有狀、疏、序、說、記、誌、論議，蓋多儀眞館中之筆也。長江大河其思也，移鼎拔山其力也，龍光牛斗其氣也，武庫之隨取隨足也，此愚所謂其時其人也。武功載定，文教鼎興，遄欲大用，而公逝矣。當時及門壽後，護襲遺稿，迄今餘五十年。延祐戊午春，集賢陳大學士上聞聖明，軫動崇舊，嘉惠斯文，遂繡梓行世。微臣良佐，職領江廣儒學，且董役竣事，率儒人胡元昌等，詳正其字，庶無訛矣！然不可以辭語淺陋爲解。敬述梗概，以識家傳興誦之盛，幸無俾陳歐二子專美前代，庶昭於方來云。是年冬十月吉日，臣馮良佐頓首百拜謹識。

66. 夏以忠《廬陵劉桂隱先生行狀》（至正二十四年，1364 年）

按：文載《桂隱文集・附錄》〔註348〕，錄文如下：

先生諱詵，字桂翁，號桂隱，姓劉氏。系出長沙定王子孫，散居江西臨江之翟斜。宋集賢學士敞公是，中書舍人攽公非，兄弟叔姪以文學號江右三劉，爲先生之派族。先生先世有諱滔，字禹，績官大理評事，由翟斜徙吉水之南嶺，傳六世至彥升、彥明昆弟。彥升，字鵬舉，五子競爽第四子間，字端臣，生子少齊，字思賢，以書經領宋紹興癸酉鄉薦，是爲先生之高祖。少

〔註347〕　（元）郝經《陵川集》（第 1 冊），山西古籍出版社 2006 年版，第 3～5 頁。
〔註348〕　（元）劉詵《桂隱文集》，景印文淵閣四庫全書第 1195 冊，臺灣商務印書館 1986 年版，第 207～212 頁。

齊子㦸，字德卿，宋太學生，與陳東上書留李綱，被斥歸，從誠齋楊文節公遊。子銓爲國學內舍，以文學氣節受知文山丞相，號麓隱子。仁榮，字雲祥，號習靜，與弟化龍及長子元同領宋景定甲子鄉薦，世稱三劉。復興明年，兄弟俱及進士第，雲祥擢授從政郎平陽縣尉。先生平陽第四子也。母李氏，有淑德懿行。先生始生，平陽公夢晉左丞郗廣基桂林一枝之語，故名。二歲，失王父母。五歲，能識奇字，授以古人詩文，輒成誦。與群兒戲設俎豆，揖讓進退有不式者即去之。七歲而孤，九歲而宋亡。崎嶇兵革中，太夫人授以經史，寢食不廢。先生以穎悟之資，奮志不凡，尊師取友，刻意問學，自能樹立於羈孤，不墜先業，又克大之。年十二，能賦論。十五爲童子，師有持異書詰所難知者。先生得書，一夕盡其義，明日以語或人，愧謝去。舅氏鶴田、肯堂、深齊，皆名進士，咸器重之。先輩趙文、彭元巽、晏宗鎬、梁節、艾幼玉，皆知名士，優游鄉校，雅相敬畏。雖科舉已廢，猶以其文教學者。先生學益力，名益起，劉氏自翟斜而下益有光焉。大學博士劉公辰翁見先生詩文，極稱之。禮部郎中鄧公光薦奇其詩賦，爲之序引，尋命其子受學，復列薦名士五人於提舉方崖蕭公泰登。先生辭不試，後提舉蕭公禹道聘處鄉校，始居郡城，弟子彌眾。曾制干先之、楊縣尉如圭，皆忘年交。後方崖蕭公爲御史，薦以校官。鄭公鵬南爲尚書，薦以遺逸。學山文公爲集賢，薦以館職。狀上於朝，皆不報。延祐甲寅科舉制行，先生年幾五十，有司舉孝悌明經，太守強勸之駕，先生曰：「科舉之學，吾非不能。但學以講道，豈以是爲富貴之筌蹄邪？」辭不就，乃隱郭門訓，學者以師道自立，士子千里裹糧而至。一時名家巨室欲其子弟規進取者，咸師事之。若進士顏成子、羅見大如篪輩，皆門弟子也。先生於其質之不逮者，必誘掖獎進，其俊秀者必力許與，故多所成名。廬陵胡稑弱冠受學，先生憐其貧而篤教之。及歿，先生復哀之，而表其墓，同門蕭升、周賀爲刻石焉。先生理家，豐不踰矩，儉必中禮，耳目之好，一不經心，不爲世俗好尚之所淪染。母賢子孝，聞於遠邇。至於冠婚喪祭，於禮不違，事諸父謹嚴，與諸昆季盡恭敬友愛之道，先世恆產悉推讓之。子姪及門遇以禮，而教誨之必以忠信節儉爲本。伯氏早世，其子古臣方幼，撫育訓導使，有成立。古臣死，又撫其子如古臣。夏氏女死，子女俱角羈，皆教育而婚嫁之。晚即南嶺，剏祖祠，率子姪歲時祭祀，正昭穆之序。貧族不自給，及婚葬不備者，皆賑貸之而不責其償焉。居常峩冠博帶，行規步矩，有古君子風。從容廬里數十年，凡夫稚子皆知起敬。公卿大夫士聞其高風，

莫不聳動而願見之。先生未嘗出其所長以自鬻，與人交接一主於敬，久而不衰，心怡氣和，不妄語笑。苟義有不可，即毅色正言，人莫敢犯。嘗言於官府，復司戶廳、詩人堂於鄉校，曰此唐參軍祠，可泯泯於僧寺乎？吾非以為名也。歸婦氏墳廬奪於豪卒者，曰彼弱不自立，吾非以為利也。釋誣指通負后妃王邸錢者數十，曰長此安窮無厭，將及我，非以為德也。晚年進學，益勵於初，四方求文繼屬於門，先生手答如流，若不用意而理致森嚴，莫不歎服。有詩文若干卷，板行於世，曰《桂隱集》。翰林承旨歐陽公玄未識先生而書問頻致，稱先生道德之重、藻鑒之明。其為文根柢六經，屬屬子史，蹣跚百家，淳瀹演迤，資深取宏，榘矱哲匠，達於宗工。不鈲劌心目，不搯擢胾腎，液古融今，自執其轄，靡慮不獲，靡施不宜。雖未嘗露其雋傑廉悍，踔屬風發之狀，韞玉在櫝，氣如白虹，不可掩抑。及敘先生文集，有曰余讀先生之文，溫柔敦厚，歐也明辨雄雋，蘇也至論其妙，抑豈相師也哉，有不可傳以言者矣。翰林待制柳公貫稱先生德業之盛，於古人不多讓，蓋先覺之士也。奎章侍書學士虞公、翰林侍講學士揭公尤相知重，至郡從論文，累日不忍去。既別，往復有書。虞公稱先生以英偉之器，不肯小出以狥世好，卓然如靈光之在魯，風雲變遷，三光不為之蔽虧；潢污載道，大陸不為之昏墊。霜降水涸，而松栢後雕；沙礫汰除，而黃金獨耀。區區早持不足之資，以應世退，而亦已衰。老求如公以伏生之年，教授齊魯不輟，何可望其萬一。所賜之書驟而讀之，如雷雨既盈，千源併合，大江安流，不見涯涘，萬斛之舟，寶藏充溢。旌旄導前，笳鼓擁後，賓客並列，雅歌投壺。浪波魚龍，獻態呈狀，形勝古蹟，過目如電。快哉快哉。又曰先生之文無奇崛艱險之僻固，波瀾之浩蕩；無頹靡膚淺之陋固，山嶽之雄峙。愚嘗以為生一鄉而不溺於一鄉之薰習，生一時而不合乎一時之流俗，豈非所謂偉然間氣，而何待於人哉。及觀先生詩文而序之曰，集嘗承乏禁林，竊意高蹈遠隱之士，必有過夫人者，而不之見也。歸僑江上，乃得劉桂隱先生之文於其門人學者而讀之，則誠昔日之所願見而不可得者也。惜乎江湖之遠，而不能有所薦於上焉。又以先生之文為能繼夫歐陽永叔、曾子固，而稱之曰山林之日，長得以極其力之所至；學問之志專，有以達其知之所及。知其背於塗轍之正，即有所不為；知其可以傳諸方來，則言之而無疑。論古今成敗而無所蹈襲，出人意表觀乎瀧江之麓、青原之波，不亦善於達本而溯源者乎？揭公乃曰：大江之西，德足以潤身，文足以垂後。有子孫之賢，無飢寒之迫，如先生者，真天下之至樂至榮

者也。又曰：方今天下德行文學之士，日寥寥矣。若江西，惟先生耳。又曰：先生德行日尊文章日富，豈僕婗婗者比邪？又曰：論古今文章，辭甚高，義甚富，病甚切，而憂甚深，古人所以爲古人，今人所以爲今人。往者不可追來者，殊可歎。如先生者幾何人哉？近數見製作，令人不能釋手，益增向仰之懷，取疏於大人君子，日夜思念，果何益邪。及爲先生詩文之序，則曰：先生非君子之行不行，非聖人之學不學。其養之也深，其積之也隆，其地不離於閭井，其名不登於廟廊，其發之也沛然浩然而常有餘。故其詩沉著幽遠，得天地之性情；其文平實敷暢，會古今之法度。因其所感而爲之律，乘其所託而爲之義。或常或變，而不可窮。惜老而不見用於朝廷也。先生以宋咸淳戊辰八月二十六日生，卒於至正十年九月十三日，享年八十有三。葬以是年十二月二十五日，墓在州之仁壽鄉東槎灘之原。娶印岡羅氏，有婦德，能致內助，前先生二十年卒。子男三人。長立敬，前先生五年卒；仲尙文，克世文學，先生鍾愛之，早世；季應麟，業進士。女四：適同郡李以遜、夏昶、彭鎡、蕭泰端，皆宦族。昶以下三壻，今皆有官。孫男七：觀先夭，次珵、瑜、諒、璉讓、珣。珵，今爲龍溪書院山長。瑜，新城教諭。嗟乎！劉氏世澤之盛，代不乏賢，自平陽聯科而後陵谷變遷，不獲究用於季代。然先生剋紹先業，廸光前人，斯亦難矣。今之士大夫稱先生德行，道藝如出一喙，尙論其人，孰有賢於柳待制、歐陽承旨、虞、揭二學士者哉。四君子德業聞望，已極一時之盛，不輕與可，而能極其稱許敬慕，則先生之實學從可知矣。先生卒，門人進士顏成子已狀其行，山長病其未詳，以語以忠。以忠自發始，燥斂袥，盛名世父果原先生，於先生之居壤地相接，爲輩行交誼彌篤。而以忠又與山長友善，故於先生之潛德懿行，尤所悉焉。敢摭其梗概，以干名世之士銘。其藏而表章之，使先覺之士死而不忘，非斯文之幸與。至正二十四年春正月甲戌狀。

67. 羅如箎《桂隱詩集跋》（至正元年，1341 年）

按：文載陸心源《皕宋樓藏書志》卷九十五 [註349]（亦載四庫本《桂隱詩集》卷末），錄文如下：

先生平生詩文，流落過半。少年所作，多經諸老評泊，以爲高逼古人，今皆不復序於前者，謂其不待序也。觀者必自能識之。文見陸續刊行，今先梓其詩十四卷。至正元年春仲日，進士門人羅如箎宗仲謹識。

〔註349〕 （清）陸心源《皕宋樓藏書志》，《續修四庫全書》第 929 冊，上海古籍出版社 1996 年版，第 401 頁。

68. 沈璜《松雪齋集跋》（至元己卯，1339 年）

按：文載陸心源《皕宋樓藏書志》卷九十六〔註350〕，錄文如下：

松雪翁詞翰妙天下，片言隻字，人輒傳玩。公薨幾二十年矣，而平生所爲詩文猶未鏤板。今從公子仲穆求借全集，與友原誠鄭君再加校正，亟鋟諸梓云。凡得賦、五古詩一百八十四、律詩一百五十、絕句一百四十、雜著五、序二十、記十二、碑誌二十六、制誥策題批答廿五、贊十、銘一、題跋五、樂府二十，總五百三十四。並公行狀諡文一卷、目錄一卷、合爲一十二卷，亟鋟諸梓，置之家塾，俾識者得共觀焉。至元後己卯良月十一日，花谿沈璜伯玉書。

69. 洪裔祖《高峰和尚禪要序》（至元甲午，1294 年）

按：文載《高峰原妙禪師語錄》，錄文如下〔註351〕：

參禪雖以不立文字，不假修證爲宗，然既可參，則必有要。要者何？如網之有綱，衣之有領，使人一舉而徑得其直遂者是也。萬目非不網也，捨綱舉目，網必不張；萬縷非不衣也，遺領奉縷，衣必不振。永嘉云：「摘葉尋枝我不能。」枝與葉非要，根本固要也。學者復昧其根本。鵝湖云：「要在當人能擇上擇善而從可也。學者往往差決擇於發軔，終適越而北轅。乃至從上祖師，遺編山積，一話一言，固無非綱領。奈何世降聖速，情僞日茲，心意識有以蠹蝕之，則視綱領爲目縷者，蓋總總矣。我師高峰和尚，自雙峰而西峰，二十餘年，念此之故，不獲已，示人克的，如神藥刀圭而起死，靈符點畫而驅邪。故有探其奇方秘咒，將以爲學徒綱領者。或曰：獲禽在目不在綱，禦寒在縷不在領，八萬四千法門，門門可入，目與縷果非要耶？將應之曰：「世尊法門，信廣大無邊，顧乃設爲方便狹小一門，使諸子出火宅而入大乘，是攝目縷隔綱領耳。然則綱耶目耶，領耶縷耶，要耶非要耶，未具頂門正眼，未可以易言也。裔祖預西峰法席以來，每抄集示徒法語之切於參決者，名之曰《禪要》，久欲與有志者共之。一日，舉似姑蘇永中上人，欣然欲募緣鋟梓，且俾裔祖爲之序。裔祖既已承命，復告之曰：師別有一要語在綱領外，藏之虛空骨中，兄欲鋟，我欲序，皆不能，尚俟他日更作一番揭露。至元甲午重九日，天目參學直翁洪裔祖謹書。

〔註350〕 （清）陸心源《皕宋樓藏書志》，《續修四庫全書》第 929 冊，上海古籍出版社 1996 年版，第 405 頁。
〔註351〕 石峻、樓宇烈、方立天等編《中國佛教思想資料選編》第三卷第一冊，中華書局 1987 年版，第 501 頁。

70. 洪喬祖《重建留珠蘭若記》（至大元年，1308年）

按：此碑，李光暎《金石文考略》卷十六著錄「《重建留珠蘭若記》，至大改元歲在戊申，洪喬祖撰，趙孟頫書」；孫星衍、邢澍《寰宇訪碑錄》卷十一著錄「《重建留珠蘭若記》，洪喬祖撰，趙孟頫書，至大元年九月。江蘇吳江」。然二書均爲著錄碑文。清初朱鶴齡（1606～1683，江蘇吳江人）《愚庵小集》卷15《雜著二》有《邑志私考十三則》，其中一則云「元人胡喬祖《重建留珠蘭若記》云」，文末考辨有云「此記至大戊申九月立，趙松雪孟頫書並篆額，楷法精工，今尚存八斥壚莽中」。則胡喬祖當爲洪喬祖。今據《愚庵小集》錄文如下〔註352〕：

開山沙門德一，宋建炎中爲金人所擒，宵遁兵戈中。誅茅在松江之南，可半舍抵驛道，煮茗濟舟車之渴。其徒法才，操行堅密，嘗危坐終日，掩光後闍維，得所持數珠，獨存於洞。然劫火之餘，遠近驚異，純夫全公目擊，大書「留珠」以揭其廬，復作文記之。至元丙子，聖朝混一。徒居卓坡，凡十二傳。迨今主庵某公，素有至行，宗法華大教，盡得清源諸師要旨。慨庵宇不振，乃躬任土木，大而新之。歲選淨行沙門，修禮雜華懺，披閱法經，敷陳佛事。始於至元壬午，迄今至大戊申，日閱大經，以卷計之，則五萬三千二百九十八矣。昔才公以一百八顆之心珠躍出火聚，其堅密之行不可壞也。感此，華嚴法界忽從地湧。今修梁偉棟，一椽片瓦之安立，焉知非才公之珠所變現耶？（朱鶴齡原注：以下漫漶，難句。）

71. 安璧《默庵集跋》（泰定四年，1327年）

按：文載陸心源《皕宋樓藏書志》卷九十七〔註353〕，錄文如下：

昔者先君子之於文也，蓋無意爲之，故家無存稿。先君歿時，璧年又幼，不知收拾。其後門人今翰林應奉蘇君伯修始加輯錄，得幾若干篇，類爲內集五卷、外集五卷。然念先君門人散在四方，其文尙多遺缺，他日嗣有所得，當與外集其傳焉。泰定四年十月旦，男廣寧路儒學正璧謹記。

〔註352〕 （清）朱鶴齡《愚庵小集》，華東師範大學出版社2010年版，第298～299頁。（按：《邑志私考十三則》，亦載譚其驤主編《清人文集地理類彙編》第2冊，浙江人民出版社1990年版，第322～329頁。）

〔註353〕 （清）陸心源《皕宋樓藏書志》，《續修四庫全書》第929冊，上海古籍出版社1996年版，第417頁。

72. 王士熙《秋澗集跋》（延祐七年，1320 年）

按：文載張金吾《愛日精廬藏書志》卷三十三〔註354〕、陸心源《皕宋樓藏書志》卷九十七〔註355〕，文本相同。錄文如下：

士熙童卝時，侍先魯國文蕭公獲拜先正王文定公履墓。逮延祐己未，與公之孫苛同在臺察，又聯事六曹。出公之大全集見示，曰：「茲御史請於朝，命江浙省刻梓以行矣。既觀先正之製作而我先公之序在焉。」謹書而歸之。延祐七年，百拜謹識。

73. 王公儀《秋澗集跋》（至治元年，1321 年）

按：文載陸心源《皕宋樓藏書志》卷九十七〔註356〕，錄文如下：

至治改元□中哉生魄，不肖奉檄□堂爲□□人文集錄梓日久諮□□省歸寓嘉禾。明日，郡文學羅君應龍謂之曰：「令先內相遺文俾學錄余君□□司正募書生繕寫膽□已竟，方擇其書字者□，君適至，請爲揮□焉。」□□於書義不敢辭。是歲□月既望，前國□生承務郎磁州同知中公儀謹齋沐百拜書。

74. 羅應龍《秋澗集跋》（至治壬戌，1322 年）

按：文載張金吾《愛日精廬藏書志》卷三十三〔註357〕、陸心源《皕宋樓藏書志》卷九十七〔註358〕，文本相同。錄文如下：

世祖皇帝聖文神武□□□□功奮發天，威統一海，內驅塞馬百萬，南牧江滸。外征貅虎之臣，馳騖邊陲，內則招來文學之士，興起制度典章文物，一朝大備，與三代兩漢同風。文定公於是時獨以文詞稱雄，或以制詔播告四方，訓迪臣下。名出公手，辭氣忠厚，開張宏大，蔚然甚盛，蓋所謂興王之言，自有體也。延祐庚申八月，太守伯常王侯以公大全文集俾本學錄梓，時眾以禾庠廩粟有限，議欲均派諸學。王侯謂應龍曰：「刊印文集，出於上命，學校當委曲之，以副朝廷崇尚文雅嘉惠後學之意。雖重費，庸何傷？」屬應

〔註354〕　（清）張金吾《愛日精廬藏書志》，上海古籍出版社 2014 年版，第 622 頁。

〔註355〕　（清）陸心源《皕宋樓藏書志》，《續修四庫全書》第 929 冊，上海古籍出版社 1996 年版，第 419 頁。

〔註356〕　（清）陸心源《皕宋樓藏書志》，《續修四庫全書》第 929 冊，上海古籍出版社 1996 年版，第 419 頁。

〔註357〕　（清）張金吾《愛日精廬藏書志》，上海古籍出版社 2014 年版，第 622～623 頁。

〔註358〕　（清）陸心源《皕宋樓藏書志》，《續修四庫全書》第 929 冊，上海古籍出版社 1996 年版，第 419 頁。

龍計料，分類篇目爲一百卷，命儒生繕寫刊刻。工未及竟，而王侯遷廣東廉使。已行凜乎，其不可留。辛酉九月，本道分司盧僉憲到路，適會公之長孫赴福建僉事，道由嘉禾，議論翕合，遂委本路治中壽之高侯專一提調。高侯舊參省幕，聲譽素著，視刊匠不滿十人，慮以遷延歲月爲病，洊申省府取發工匠鄰郡不旋踵而至者二拾餘人，並工相而成之，繇是賴以完備。役繁費殷，良不易也。倘非高侯主維於上，諸君協贊於下，烏能績而成耶。應龍備員禾教，獲聆王侯□□□公之才名深用起敬。今幸獲睹公之全書，又獲拜公之次子同知、公之長孫僉事，皆英傑也。昔吳季札嘗有衛多君子之言，信不誣矣。時至治壬戌春孟，嘉禾郡文學掾晚學羅應龍謹書集後。

75. 趙楷《曹文貞公哀辭》（至順四年，1333 年）

按：文載曹伯啓《漢泉曹文貞公詩集・後錄》〔註359〕，錄文如下：

御史中丞碭山曹公，大德中爲常州推官。家君再辟府曹掾，公特愛重之。公仕繇儒進，故崇儒。今財賦總管曹公克明時授學官，客常州，公日延至，會僚友說書。時楷始十歲，家君攜往觀聽。公召使前，問所從受業，俾誦《大學》終卷，公甚喜。間至先師一山李先生塾，命賦詩，或加賞。予勉卒業，後三十年，公膺中外重任，望益隆，綸命沓至。最晚浙西憲使致仕，特恩起淮東憲使，尋除御史中丞，分司陝西。得旨，許告老，遂歸碭山故里，扁所居軒曰知止齋、曰容齋堂、曰餘慶，自號漢泉，從鄉名也。至順三年春，公來常州，會長子歿，又離暑雨河溢。涉秋，遂留過冬。楷方家居，爲童子師，公俾其孫弘祖從楷學。時至楷所，不怠有教，與家君尤相好。每憐其貧而悲其老，或時饋酒肉，助楷甘旨，具公天性謙裕，凡所往來，歷造其家道舊故如平日。公昔在江南得脾疾，至是復作，二子賁亨、復亨，視湯液不離。四年二月朔，楷往候，問進見簀次，語笑晏如。十有六日加劇，夜二鼓，忽忽捐館，春秋七十有九。公仕清要數十年，凡所以尊主庇民，彰善癉惡，事不一書，而貴富壽考以功名終，近世公卿鮮能及者。三公子皆從事憲府，孫嫡以公蔭，官上州佐。泊孫男女二十餘人侍夫人與喪會常州。嗚呼！公生也無憾，死也奚哀。然楷所哀者，哲人不可復作。音容歎息，隱然杖屨，私有所不能自己者。謹爲之詞曰：

〔註359〕（元）曹伯啓《漢泉曹文貞公詩集》，《北京圖書館古籍珍本叢刊》第 94 冊，
書目文獻出版社 1998 年版，第 406～407 頁。

碭之雲兮英英，謇夫人兮好修靈。雲漢兮文章，佩服兮瑝珩。劃天閶兮洞開，遡壒埃兮上征。帝念兮下土，華爾節兮惠斯民。攬余轡兮扶桑，遭吾御兮龍庭。麾斥兮八極，既陳詞兮穆清。帝眷兮四顧，界執法兮周京。僕夫瘁兮歸來，碭之山兮青青。飄風兮丹桂，策杖老兮遄迎。山川阻兮歲殫，芎藭乏兮頹齡。河漸漸兮湯湯，旍翩翩兮車軒軒。嗟生往兮死還，春草萋兮再生。遷新阡兮碭之左，慰恤典兮哀榮。

至順四年二月二十有一日，門生開封趙楷再拜謹書。

76. 張鑒《曹文貞公哀辭》

按：文載曹伯啓《漢泉曹文貞公詩集‧後錄》〔註360〕，錄文如下：

若有人兮碭山之幽，聽鈞天兮賦遠遊。滄浪兮濯纓冠，寇解豸兮揚脩。寒將憯兮菟裘，匪疏章兮誰儔。彼蒼兮不慭遺，羌一夢兮何之。漢泉兮悠悠，芳與則兮同流。魂兮歸來，延陵兮不可以久留。

77. 尹廷高《玉井樵唱自序》

按：文載陸心源《皕宋樓藏書志》卷九十八〔註361〕，錄文如下：

先君號竹坡，登癸丑奉常第，宦遊湖海，作詩凡千餘首。丙子，家燬於寇，遺編散落，無一存者。僅憶《秋日寄僧》一聯「白蘋影醮無痕水，黃菊香催未了詩」，存止此耳。先業無傳，雅道幾廢，不肖孤之過也。廷高拜書於卷首。

78. 卓器之《續軒渠集序》（至正壬辰，1352年）

按：文載陸心源《皕宋樓藏書志》卷九十九〔註362〕，錄文如下：

莆士工賦，聲蓋六合，向之冠南宮、魁上庠，寔多莆士。吾圃洪先生工於賦者也，有《賦家建章》行於世，晚工於詩，名《軒渠集》，蓋取漢薊子訓笑悅之義，獨不知翁之所悅者何事。《試校遊洋翁季枕邊談詩》則以「僧敲未敢一言定，鳥過曾安幾字來」之句授之；《夜臥三鼓聞書聲》則曰「有子定知吾事足，家貧頗覺此聲佳」；《誌喜詩》云「風露對檠逼諸父，雲煙落紙凜群

〔註360〕 （元）曹伯啓《漢泉曹文貞公詩集》，《北京圖書館古籍珍本叢刊》第94冊，書目文獻出版社1998年版，第407頁。

〔註361〕 （清）陸心源《皕宋樓藏書志》，《續修四庫全書》第929冊，上海古籍出版社1996年版，第433頁。

〔註362〕 （清）陸心源《皕宋樓藏書志》，《續修四庫全書》第929冊，上海古籍出版社1996年版，第437頁。

兒。甫譏失學難爲比，琰見趨庭喜可知」，則知翁之悅有在矣。《詩謝四如翁序軒渠》云「阿戎也自蒙稱賞，破甕終宵起舞頻」，又知翁之所悅有足徵矣。「鶴鳴在陰，其子和之」，異日有續軒渠之作，是父是子故能成一家機軸，句法典重，詞翰俱稱。竊肖其父詩，所謂以似以續是也。昔宋太祖問顏延年：「卿諸子誰有父風？」對曰：「濬得臣筆，嗣得臣文。今汝質，其兼得之矣，安得不爲巨眼賞識？」繫以詩曰：紹江西派捨君誰，人道義之有五之。鐵畫銀鉤勢雄偉，錦心檀口意新奇。當時已有容齋筆，後集能無老圃詩？料得推敲傳活法，過庭盡付寧馨兒。至正壬辰端午日，易隱卓器之書。

79. 林以抃《續軒渠集序》（至正壬辰，1352 年）

按：文載陸心源《皕宋樓藏書志》卷九十九〔註363〕，錄文如下：

友人洪汝質續其先太史吾圃先生《軒渠集》，有詩數百篇，雜文又若干篇。披閱再三，不忍釋。其佳處蓋得之東坡、山谷、張湖、石屏數君子，天然姿態，端靜嫻雅，非捧心效顰者所能企及。今日續者，不忘繼述耳。詠歎之餘，因成四韻：吾圃箕裘有子賢，極玄玄後又玄玄。詩聲解使家聲振，教法曾將句法傳。雪月淡交餘自髮，溪山舊物當青氈。從君問得軒渠意，此樂應攙李杜先。至正壬辰菊節，玉井林以抃敬書。

80. 劉宗傳《續軒渠集序》（至正庚子，1360 年）

按：文載陸心源《皕宋樓藏書志》卷九十九〔註364〕，錄文如下：

宗傳幼從先生學，嘗抄吾圃先生《軒渠詩集》，珍藏於家，積有年矣。至正己亥冬歸自建安，時方多事，府檄俾守，北關紛紜之際，且憂且怖。一日先生出示《續軒渠集》，計四十餘襆，得詩若干首，拜而讀之，一唱三歎，不啻執熱而濯清冷，適曰而痊沉痼也。詳味集中《夏耘》一聯云「非其種者鋤而去，毋使蔓焉難以圖」，語句渾然，使人憂國憤時，不能自己。《客中熟食》，「了無詩酒空三月，如此時光又一年」，又使感慨年華，憂老將至。《山谷翫月》，「河漢無雲天萬里，溪山不夜月三更」，洞觀天地，眇視萬物。《雪髭》則曰「功名不建頭顱老，日月如馳髀肉生」，剖出肺肝，不惜語言。至築城垣淒其死者，與仇人共戴天，令人痛心切齒，懦夫必能立志，可謂有關於名教。

〔註363〕（清）陸心源《皕宋樓藏書志》，《續修四庫全書》第 929 冊，上海古籍出版
　　　　社 1996 年版，第 438 頁。

〔註364〕（清）陸心源《皕宋樓藏書志》，《續修四庫全書》第 929 冊，上海古籍出版
　　　　社 1996 年版，第 438～439 頁。

其命題立意，警聯的對，一句一字，未易窺其端倪，上追風雅，下接李杜，
信乎不可誣也。披閱之際，得其雋永，謹摭大略，管窺蠡測，愧不自量。吁！
親炙緒言，倏忽五十餘年，諄諄在耳，第慚妄意效顰，東西役役，不入時妝。
遺笑於俗，而先生不以館下之列見棄，俾益見聞，師道之立非先生，其誰歟？
至正庚子閏五，門人劉宗傳再拜謹書。

81. 完者篤貫齋《續軒渠集後序》

按：文載陸心源《皕宋樓藏書志》卷九十九〔註365〕，錄文如下：

莆郡洪汝質先生，與妻父渤海侯高公恭友，若異姓昆弟，時日交接罔間。
至正乙酉，予壻於侯門，先生爲修婚書贊序導禮。至正間妻舅武德將軍惟一公
分鎮是邦，復學於先生，請益還轅，博約惟彰，詩詞惟馨。予忸怩昔會，弗覿
高作。至正丙申殊調，抵莆，偶洪先生過訪，敘三世舊、十年歡。先生健而我
侯亡矣，握手泣而後笑。古人有言曰「生死泛泛善厥終者嘉」，夫復何悲泣哉。
既談論罔倦，翌日出示續乃父吾圃翁《軒渠集》，詩詞歌行靳五百餘首，文雅
惟實，句新罔華，聲律克諧，披閱無斁。予嘗說老杜詩辭直理徹，非若五代晚
宋雕琢者比，斯作亦可謂有唐杜之風矣。予謂汝質翁曰：「今日續軒渠者五百
篇，明日復有人續此集者一千篇，翁當賈山種竹，以待子孫作紙抄詩。」翁大
笑曰：「第恐洛陽傳寫，紙價倍高耳。」萬夫長完者篤貫齋謹書於《軒渠集》後。

82. 聱翁《續軒渠集序》（至大戊申，1308 年）

按：文載陸心源《皕宋樓藏書志》卷九十九〔註366〕，錄文如下：

德章詩意新而事切，句妥而對的，倘假歲月矗矗，逼樗翁矣。惜夫七言
如《自勉緩齋》《與希文談詩》，五言如《擇交》、《謹獨》、《示兒》等作，身
法家教盡在於是。韻語云乎哉？希文類藏於家，材智豈下人者。德章雖亡，
不亡也。至大戊申立夏，聱翁七十八筆。

83. 阿魯威《續軒渠集序》（延祐五年，1318 年）

按：文載陸心源《皕宋樓藏書志》卷九十九〔註367〕，錄文如下：

〔註365〕 （清）陸心源《皕宋樓藏書志》，《續修四庫全書》第 929 冊，上海古籍出版
社 1996 年版，第 439 頁。

〔註366〕 （清）陸心源《皕宋樓藏書志》，《續修四庫全書》第 929 冊，上海古籍出版
社 1996 年版，第 439 頁。

〔註367〕 （清）陸心源《皕宋樓藏書志》，《續修四庫全書》第 929 冊，上海古籍出版
社 1996 年版，第 440 頁。

三笑圖中著一詩人，詩家固有笑也。然而笑正自難，賈大夫不能射雉，不足以動其妻，況他人乎。吾圃洪先生莆士巨擘，夙有賦聲，得雋場屋，本出於古詩之流。今觀《軒渠遺稿》，造語清新，擇料亭當，復以體物瀏亮之制，發爲緣情綺靡之章，使人一唱三歎，永歌不足不知手之舞之、足之蹈之者，而爲之軒渠。今其子緩齋紹聞衣德言□□□□先生必含笑於神清之洞，曰予有後弗棄基□□□□□□家之叔黨，鄧禹不得而笑人矣。元延祐第五戊午長至節日，燕山阿魯威書於莆陽。

84. 吳源《洪先生李孺人墓誌銘》

按：文載楊訥、李曉明編《文淵閣四庫全書補遺（集部）》第 4 冊《續軒渠集·附錄》〔註368〕，錄文如下：

同郡洪周鼎縗絰踵門，丐銘其先君子之阡，以前進仕材衙林公所作洪先生傳拜且泣曰：「先君子以元至正丙午九月二十日卒，以其年十一月六日甲申葬於州峰之西原。時事方殷，未暇圖所以示後者，奄忽至今。而先妣李氏以我皇明洪武辛亥正月十又五日卒，以二月三十日甲申奉柩合葬。惟先君子先妣皆得高年以終，而先君子之文行則茲傳詳焉。謂長存而不泯者，惟立言是託，敢以請。」源童子時，實師事洪先生。今老矣，承乏郡文學，固將述先生平生大致而追銘墓上，以致思慕之萬一。況以周鼎言之切、請之勤乎。而又可以辭耶？

按《傳》，先生姓洪氏，莆田人，世稱洪御史。家自寧海鎮移居郡右。曰迪功郎諱奕孫者，曾太父也。諱一之者，太父也，擅詞賦，工詩律。以吾圃爲其號，而諱岩虎者，其父；陸氏者，其母也。吾圃二子，先生其次，諱希文，字汝質，生有異稟。吾圃喜，劇謂當以萬卷樓處之。見其讀書進益則喜，與枕邊談詩又喜，三鼓聞書聲益喜。皆志以詩，故四如黃公序吾圃集曰：觀談詩諸作，希文材豈下於人者。四如公與吾圃交遊最密，而先生所嘗折衷者。其爲父師賢譽如此，則先生之學可知矣。吾圃卒，嗣爲鄉先生。郡之名士爭致西席，郡庠聘爲訓導，大賓延請無虛歲。先生樂以其學淑人，而念不及仕進，亦不以科制之行而改轍。氣剛言揚，遇事感言，郡太守部使者多諮詢焉。而東泉魯公尤最知己者也。吾圃有集，名《軒渠稿》，先生有《續軒渠稿》。四如公序跋一再於其父子之學之文屢印可云。晚歲優游里閈，自稱老夫，稱

〔註368〕楊訥、李曉明編《文淵閣四庫全書補遺（集部）》（第 4 冊），北京圖書館出版社 1997 年版，第 463～468 頁。

李氏曰老妻。李氏者,興化縣人。未嫁有女德,既嫁得婦道。凡先生之處貧而樂、居約而泰者,亦李氏之賢有以助成之也。先生生於元至元壬午八月九日,壽八十有五;李氏生於元至元己丑二月七日,壽八十有三。子男二:鏞,先卒;次周鼎也。女二,長適劉,次適陳。孫男三:儔、倫、任。嗚呼!吾莆文物郡前輩德詩書禮樂之尚,猶可想見。老成典刑日遠日忘,而先生亦已逝矣。悲夫!所幸巋然為魯靈光者,材衜翁也。其傳先生語,皆可信。故撫而為之銘曰:

　　材衜翁贊先生曰:「達尊以年,聞道以先,洪先生有焉。」嗚呼!先生齒尊於庠,考終於堂。垂埜斯崗,巨筆煌煌。名聲日長,亡乎不亡。

85. 金天瑞《蘇武慢跋》(至正二十四年,1364 年)

按:文載陸心源《皕宋樓藏書志》卷一百〔註369〕,錄文如下:

　　右《蘇武慢》三十二首、《無俗念》一首,全真馮尊師、道園虞先生所共作也。天瑞昔刊道《園遺稿》,而先生所作已附於編。然其所謂馮尊師者最傳者廿篇,世莫全睹。今復並類編次,以刻諸梓,庶方外高人便於通覽。惟先生道學文章傳著天下,馮尊師仙證異論超迥卓絕,其自有《洞源集》行於世,可考見云。時至正二十四年歲次甲辰秋八月二日癸巳,渤海金天瑞識。

86. 諭立敬《檜亭集跋》(至正十年,1350 年)

按:文載陸心源《皕宋樓藏書志》卷一百〔註370〕,錄文如下:

　　右《檜亭集》,天台丁先生詩也。先生名復,字仲容。壯遊京師,公卿薦之館閣,不就而去。放情詩酒,終老江湖之上。今所類諸體,詩凡三百一十五首,分為九卷,合為一帙。前集則其壻饒介之所錄,續集則其門人李謹之所搜輯也。南臺監察御史張君惟遠見而愛之,惜不大傳於時,移文有司鋟梓,集慶學官教授查信卿寔董其成。立惟先生之才,足以追配古作而鳴國家之盛,乃勿見諸用以歿。觀其命辭,託興高遠,閒適敻然,無塵俗意,又非人能盡識。則是編之行,豈不有補於風教乎。至正十年冬,友生江夏諭立敬誌。

〔註369〕 (清)陸心源《皕宋樓藏書志》,《續修四庫全書》第 929 冊,上海古籍出版社 1996 年版,第 450 頁。

〔註370〕 (清)陸心源《皕宋樓藏書志》,《續修四庫全書》第 929 冊,上海古籍出版社 1996 年版,第 456 頁。

87. 張沖《勤齋集序》（至正四年，1344年）

按：文載陸心源《皕宋樓藏書志》卷九十九〔註371〕（亦載四庫本《勤齋集》卷首），錄文如下：

文章固天下公器，然有體裁之文，有蕭散之文，大率以理勝為貴，雅健次之，上焉吐詞為經，經天緯地者所不待言，下焉雕蟲篆刻，誇多鬬靡者所不必論。理勝由於經明，雅健由於學純，氣雄而與時上下者，有不能逃也。以近代言之，宋末金前，理昏而氣衰，或病乎繁文而委靡不振，或溺於駢儷而破碎支離，體裁既失，蕭散不存，古意無餘矣。我元以寬仁英武，混一天下，氣因國雄，理緣氣勝。許文正公以理學紹伊洛諸賢，潛齋楊文康公為魯齋流亞，其倡古文接正宗。得雅健之尤而體自成一家者，又盛有其人，繼許楊出而從事踐履，為士林楷範、後學蓍龜者，保定則有靜修先生劉文靖公、臨川則有草廬先生吳文正公、關輔則有勤齋先生蕭貞敏公、矩菴先生同文貞侯為稱首。貞敏稟剛明淳正之資，致窮理盡性之功，卒之道積厥躬，名揚海外，蔚為一代醇儒。修齊之餘，不得已而見於雜著者，必本經術，一出自然，不泥乎體裁，不資乎雕篆，不尚乎誇靡，實而不俚，簡而得要。雖詠物適情，隨意信筆，每有至理寓於其間，有裨於名教，不累於習氣，所謂蕭散之文也。玄酒大羹，知味者鮮。先生沒將三十年，欲集而傳之者僅一二人，而未遂其願。趙郡蘇公學富識遠，存心忠厚，文章政事，為時名流。見當代之賢，事有涉於治體、文有關於載道者，惴惴焉惟恐其不傳。類萃成集，板而行之，不一而足。今年春，以侍御史官西臺，采輯諸老行為師法者，得文貞全集，喜而為序，移文鋟梓，以廣其傳。先生遺文片言隻字皆藏於家，公乃不遺餘力，銳意搜訪。既銘其墓，類其所得序記銘贊雜文若干首、詩若干首，為集若干卷，擬必致於刊行，屬沖為敘，猶以莫悉其全為慨歎，方購求而未已。然嘗一臠可知九鼎之味，易牙一出，亦豈以為害哉。所著《九州志》雖未脫稿，幸收藏於前進士富平縣尹王弁君冕。二子桓、植，篤於繼志，傳有日矣。至其盛德高節，言行出處，既見於墓銘，茲不復贅。所可憾者，其《三禮說》與《小學標題駁論》悉歸於泯滅。嗚呼！惜哉！沖之疏淺，豈足以知先生。然以詩文名世者，班馬李杜而下，曰韓柳、曰歐曾、曰蘇黃。世之有意於為詩文者，必以六公為宗師。如魏鶴山之文、陸放翁之詩，亦皆知其味而存於

〔註371〕 （清）陸心源《皕宋樓藏書志》，《續修四庫全書》第929冊，上海古籍出版社1996年版，第442～443頁。

心，其深於道德者曾不釋手，蓋惟賢知賢也。先生詩文製作固不類乎六公，而繼乎鶴山放翁者，不可誣也。後之深於道德者，將不釋乎手矣。雖與六公詩文不類，又何害焉。至正四年中秋之明日，奉元路儒學教授晚學張沖謹序。

88. 鄭潛《秋聲集跋》（至正十七年，1357 年）

按：文載張金吾《愛日精廬藏書志》卷三十四、陸心源《皕宋樓藏書志》卷一百〇二〔註372〕，文本相同。錄文如下：

右《秋聲集》若干卷，昭武隱君元黃鎮先生之所作也。先生卓異，抱濟世之材，不得志於有司，慨然著書，垂訓以淑後學。故發為詞章，雄贍富麗，如飄風行雲，大音希聲，天籟自鳴。由其積之有素，而學之有本，故用之不竭而應之無窮。雖然，秋之為聲，乃天地清肅之氣，而慘舒之情具焉。抑亦有所激，而鳴其不平者邪。使先生達而在上，則春風噓拂，草木同光，諧治世之音，召來儀之鳳，其聲不在山林而在廟廊矣。朝廷訪求隱逸，賁於邱園，僕之不才屢嘗薦士於執政，獨恨知先生之晚，而今也力不足以振之，徒重遺賢之歎。三復是集，中大篇短章，諸體咸備，皆有關於斯世者，豈徒言哉。然則先生雖不仕，而聲教在人訓傳後，是亦為政也。雖越千載，其可泯耶謹。識此於卷後而歸之。至正十七年歲在丁酉十月己卯，新安鄭潛拜手書。

89. 黃鈞《秋聲集跋》（洪武十一年，1351 年）

按：文載張金吾《愛日精廬藏書志》卷三十四、陸心源《皕宋樓藏書志》卷一百〇二〔註373〕，文本相同。錄文如下：

先君子所著《秋聲集》，詩文離為十卷，中罹己亥之亂，已失大半，所存者尚千數百篇。鈞重惟先君子生平苦心，萃於此集，今已不全，若復蹉跌淪沒，則後人何所徵考其先世，故用服膺寶藏，不敢怠忽。爾後遭值兵禍相尋，雖倉卒避地，亦必挾以自隨。他雖重物，亦弗顧也。丁未歲，伏承延平太守實齋吳公嘗繡梓以傳，甫畢而世變無存。鈞汲汲於刊行，則力有所不逮。今年秋始克命匠肇工，而卷帙浩夥，未獲全刊，姑稱力為之，繼此又當續刊也。洪武十有一年冬十月甲子，男鈞稽拜恭題。

〔註372〕 （清）陸心源《皕宋樓藏書志》，《續修四庫全書》第 929 冊，上海古籍出版社 1996 年版，第 470～471 頁。

〔註373〕 （清）陸心源《皕宋樓藏書志》，《續修四庫全書》第 929 冊，上海古籍出版社 1996 年版，第 471 頁。

90. 成遵《祭宋翰林文》（至正六年，1346 年）

按：文載楊訥、李曉明編《文淵閣四庫全書補遺（集部）》第 4 冊《燕石集·附錄》〔註374〕，錄文如下：

維至正六年歲次丙戌十月乙亥朔，越九日癸未，承德郎陝西等處行中書省左右司員外郎成遵託友人應奉翰林文字王儀僅以清酌庶羞之奠，致祭於亡友翰林直學士亞中大夫知制誥同修國史兼經筵官宋公之靈。嗚呼！

我昔計偕，獨遊京國，孑然小子，孰依孰式。薦名禮部，獲拜主文。敬覬私室，始與公親。公貴我賤，公長我穉。忘勢忘年，義敦兄弟。史局載筆，夕歸晨集。抵掌談笑，聯鑣結席。忘情爾汝，或怒或嬉。討論世故，切摩詩書。我往供奉，公拜御史。官雖異署，署居則密。邇晨興執，彎必所之。過牆濁醪，自公退歸。匪無朋遊，好我實厚。子呼伯叔，婦稱先後。處己以謙，應世以和。變化疏率，益我良多。僉憲荊楚，繾綣言別。思公不見，一日三月。內翰再召，轉教成均。我忝臺省，曹務紛紜。會見有時，猶悵契闊。跡雖暫疏，情實莫奪。我車出京，公直巒坡。聞公榮貴，踴躍歡歌。今年之春，寄我絺綌。展玩書詞，非公手跡。怪問來使，末恙未瘳。豈期一臥，逝去莫留。公書滿箱，晨夕繙閱。不睹顏采，徒增哽咽。公言銘心，時猶在耳。後會有期，孰信公死。倏爾如夢，十五逾年。兩兒孩童，今齊父肩。太史有傳，奉常有諡。遺憾公無，余哀未既。葬不執紼，哭不憑棺。永思舊好，北望江瀾。肉為京牧，酒為京釀。情則故人，神其監諒。尚饗！

91. 孟昉《宋翰林哀辭》

按：文載楊訥、李曉明編《文淵閣四庫全書補遺（集部）》第 4 冊《燕石集·附錄》〔註375〕，錄文如下：

巍巍宋君，家世燕里。伯仲登科，序掌國史。頡頏中外，遞為直指。後先國學，再遷學士。二十餘年，寵賁金紫。人誰不死，如君者少。生不為殤，死不為夭。有子而文，克紹厥考。名譽軒軒，得之又蚤。恩覃二代，光被於窀。老氏有云，死而不朽。不朽伊何，是之謂壽。君學之博，不窮其叩。出言有章，錦囊繡口。造物何仇，云胡不久。況君之負，青年有聲。眾皆謂君，

〔註374〕楊訥、李曉明編《文淵閣四庫全書補遺（集部）》（第 4 冊），北京圖書館出版社 1997 年版，第 697～700 頁。

〔註375〕楊訥、李曉明編《文淵閣四庫全書補遺（集部）》（第 4 冊），北京圖書館出版社 1997 年版，第 700～701 頁。

禹門之鯨。挾藝射策，卻走遜兄。遨遊江淮，南抵於衡。沿舟匡廬，以抉其靈，以鼓其氣，以礪其鋏。再駕力攻，一戰而捷。譬如養由，援弓著鏃。百步之遙，貫彼楊葉。由是而後，聲華藉藉。抒將天藻，試草北堂。天不文祐，奪此賢良。予在閩南，聞君之喪。再三其戾，泣涕浪浪。作此哀歌，以慰其傷。取酒遙奠，永懷不忘。

92. 傅若川《勤齋集序》（癸亥，1323 年）

按：文載陸心源《皕宋樓藏書志》卷一百〇三〔註 376〕（亦載民國《嘉業堂叢書》本《傅與礪詩集》），錄文如下：

先兄本意，以壬申至乙亥夏爲《初稿》，乙亥秋至丙子夏爲《南征稿》，則皆冠以揭文安公之序。由丙子夏以後爲《使還新稿》，則虞文靖公實序之。而冊甲子至辛未爲《牛鐸音》，則有范太史之序存焉。不幸早亡，既而□□□上率眾力刊之（按：闕三十字）。壬辰兵燹之後，欲求正稿刊行，而力弗逮。至壬戌夏，偶得宋應祥伯禎鈔錄點校先兄正稿。予過稀年，恐斯文之泯，遂僭編次，率眾力鋟梓，仍將此本參對。□□（按：《嘉業堂叢書》本作「或有」）文辭不同，則兩存之，庶使學者有考焉。所有文集陸續刊行。時歲癸亥仲春，新喻曹谿傅若川次舟謹誌。

93. 單弘《子淵詩集序》（至元己卯，1339 年）

按：文載陸心源《皕宋樓藏書志》卷一百〇四〔註 377〕（亦載四庫本《子淵詩集》卷首），錄文如下：

繇百數十載已前，北南並尙眉山，值建學大興，詩人殆廢。永嘉專意蕭括姚賈，幾中興，其失也萎。江西諸賢以直致爲工，斷續鉤棘，自謂無首無尾，世復以率嗤之。曁車書混一，溯淮而上，號呼縱恣，喁唲之音不革於南俗，文治益隆，天下學士大夫始識正路，然惟得其形似而已。至於超然筆墨之外，深契自得者蓋鮮矣。古今評詩蔚有定論，近世未解考究，輒事援筆以肆私見，譬之工人規矩不熟於中，欲斤斧是馭，精巧是期，無是理也。蓋詩之爲詩，情、興、景而已。二者之遇，不得不形於言，而非我之所能爲者，此眞詩也。苟或牽合補綴，可以無作，豈詩也哉。予近有得於此，而年益劭，

〔註 376〕（清）陸心源《皕宋樓藏書志》，《續修四庫全書》第 929 冊，上海古籍出版社 1996 年版，第 477～478 頁。

〔註 377〕（清）陸心源《皕宋樓藏書志》，《續修四庫全書》第 929 冊，上海古籍出版社 1996 年版，第 493～494 頁。

志益落，殆不可對人語，而亦莫我信也。近獲與張君子淵交，片言之間，輒悟此意，出示所作百餘篇。其意輒深遠，與雕琢相謝絕，雖天稟所至，亦薰熟有素者夫。已有所得而不與知者共，非君子用心也，喜而爲書於卷首。至元己卯九月下澣，小江艾逸單弘敘。

94. 楊彝《子淵詩集序》（至正十六年，1356年）

按：文載陸心源《皕宋樓藏書志》卷一百〇四〔註378〕（亦載四庫本《子淵詩集》卷首），錄文如下：

唐杜甫氏爲古今詩人之冠，宋黃太史庭堅謂學者宜讀其詩，精其句法，每作必使有意爲一篇之主，乃能成家。而或者云宜宗商周而祖漢魏，晉宋而下可無學也。噫！豈黃太史爲不知此耶。商周之作，聖人刪之爲經，蓋方圓之規矩也，奚容言哉。然曰必祖漢魏，則刪後無詩，獨漢魏何？夫世道升降而文氣從之，漢稍近古，六義未泯，逮鄴下諸子，而流風存焉。六朝南北非無人也，光嶽分裂，偏駁萎薾，其可取者希矣。至唐而後，陳子昂首恢雅道。及杜甫出，而集百氏之成。雖後有作者，蔑以尙茲。要之本人情，明物理，美刺哀樂，庶幾《三百篇》之遺矣非直以其辭而已。是可概以晉宋而下爲可廢哉？蓋商周之詩至漢魏而靡，漢魏之詩自杜甫而定，學者溯流而求之，捨是宜非所先也。國朝南北混一，宗工繼作，以中和雅正之聲而革金宋之餘習，學者非杜詩不觀也。然昧者剽剟近似，襲用一律，而不知根本道藝。其所以來或者之議，豈爲過哉。四明張君子淵每與餘論，及比而觀之。今其友會稽王良與編集子淵之詩爲若干卷，以刻諸梓。子淵蓋知讀杜詩而精其句法者也，成一家言，以見黃太史之語爲不誣，茲余之所嘉已，故爲書其所嘗與論者而序之。至正十六年龍集丙申夏五月辛卯，浙河楊彝序。

95. 趙賚《玩齋集序》（至正乙未，1355年）

按：文載陸心源《皕宋樓藏書志》卷一百〇五〔註379〕（亦載四庫本《玩齋集》卷首），錄文如下：

玩齋貢先生，昔授經宣文閣下，僕時始至京師，以諸生禮見，得執筆墨承事左右。凡先生之著作，無不飫觀而熟味焉。門人豫章涂穎、會稽何升嘗

〔註378〕（清）陸心源《皕宋樓藏書志》，《續修四庫全書》第929冊，上海古籍出版社1996年版，第494頁。

〔註379〕（清）陸心源《皕宋樓藏書志》，《續修四庫全書》第929冊，上海古籍出版社1996年版，第496頁。

為輯錄成編，列卷數十，侍講金華黃公、宣慰武威余公、御史臨川危公皆為之序。其後，先生以使節廉問閩海，僕適從以來南。暇日輒竊錄其歌詩數百篇，藏諸篋笥，門生酒穆泰、陽綱、桂郁、鄭貫等請刻梓以傳。嗚呼！詩道至宋之季，高風雅調淪亡泯滅，殆無復遺。國朝大德中，始漸還於古，然終莫能方駕前代者。何哉？大率模擬之跡尚多，而自得之趣恆少也。閒嘗觀諸二三大家之作，猶時或病之，況其他乎。先生之詩，雄渾而峻拔，精緻而典則，不屑屑於師古，而動中乎軌度；不矯矯於違俗，而自遠於塵滓。才情周備，聲律諧和，斯蓋所謂自成一家之言者也，胡可掩哉？若夫朝廷之制作，金石之紀載，則具有全集在焉。至正乙未冬十有一月壬午朔，門人邯鄲趙贄書（此句，四庫本作「趙贄序」）

96. 錢用壬《玩齋集序》（至正十九年，1359年）

按：文載陸心源《皕宋樓藏書志》卷一百〇五〔註380〕（亦載四庫本《玩齋集》卷首），錄文如下：

盧陵歐陽公先後以道德文章鳴海內，而先生遨遊其間，講明論議，涵濡漸漬，所得者深，所蓄者大。其學該博而閎衍，其識高明而超卓，其才瑰奇而雄偉，其氣剛大而振發，故其於詩也得乎性情之正，止乎禮義之中，博而不宂，約而不嗇，直而不倨，切而不泥，舒而不緩，奇而不險，深而不晦，優柔而不迫，和平而不躁，雄放傑出而不蕩以肆，如江河蕩潏而莫測其涯也；如風霆變化而莫見其跡也，如雲霞卷舒，出沒晻靄，千態萬狀而莫可名言也。誠所謂一代文章之宗匠者歟。用壬曩歲，辱在翰林，先生時為兵部侍郎，間出平生所為詩文，亡慮數千百篇，謹受而讀之，欲為次其簡編，以成一家之言，而亦得託名於不朽。則先生以都庸使者，持節南邁而不果矣。其後用壬以使事還江東，遭時孔艱，流離顛沛，聲跡之邈，不相聞者且數年。今年春，先生將漕閩廣粟道，出海昌，值海上有警而遂留居焉。用壬日陪杖履，散步林皋，從容進曰：「先生昔所示文若詩，敢請以畢前志。」先生喟然歎曰：「自喪亂以來，圖書散失，吾文稿之所存者十亡一二。今吾老矣，追思盛年之所作，殆不可復已。然吾胸中之耿耿者猶在，雖孤客遠寓，而感時撫事，未嘗不形之詠歌也。」因發篋中所藏，前後得四百餘篇，披閱數四，於是知先生之學益至而識益遠，才益廣而氣益充，非仁義道德之素積於中，歷困窮患難

〔註380〕 （清）陸心源《皕宋樓藏書志》，《續修四庫全書》第929冊，上海古籍出版社1996年版，第496～497頁。

而不動其心者，安能若是也哉。亟欲類之成帙，適有校藝江浙之行，又不果。既歸，則其門人謝肅已序次之矣。惜乎用壬不能輯錄於未散失之前，而肅也迺能掇拾於已遺落之後。非惟有愧於先生，而亦有愧於肅矣。然而肅是編之成，獨非用壬之志之所存乎？用敢序於篇端。至正十九年秋八月望日，諸生桐川錢用壬謹書（此句，四庫本作「錢用壬謹序」）。

97. 謝肅七篇

《玩齋集序》（至正十九年，1359 年）

按：文載陸心源《皕宋樓藏書志》卷一百〇五〔註 381〕（亦載四庫本《玩齋集》卷首），錄文如下：

至正五年春，宣城貢先生以翰林供奉出爲紹興推官。而文聲政譽，赫然傾動乎東南。東南之民既德之，士而志於學者亦皆爭出門下，惟恐在後。於時肅年尚少，沉伏下里，雖不獲仰承緒風餘論，往往聞大夫士有誦先生詩若文者，則必錄而識之，以自致其忻慕之心焉。又六年，肅始就學郡庠，則先生已去郡。值朝廷修黜陟之法，而大臣有薦先生在紹興治理爲兩浙第一者，遂以召復入史館矣。自是參贊經筵，司業國子，以歇歷於省臺之間，而治聲大振播於人。人聞於朝廷朝廷之倚任日益以重，而海內之人識與不識咸望先生之大用於時也。如肅者既抱其忻慕之心，至是則重自歎曰：先生，今天下人豪也，肅安得一受指教，以足平生之志願哉。又八年春，肅以遊學來杭，適先生退自政府，始得謁拜於吳山舍館。先生受而不拒，列於弟子員後，使十餘年欣慕之心一旦傾寫，庸非幸歟？未幾，朝廷詔先生以戶部尚書，總漕閩廣道，出海昌。値海上有警，因留居於州之北門，凡七閱月。而先生起居食息之頃，肅未嘗不在侍也。說經之暇間，授肅以作文賦詩之法。肅既籍記之，復退取先生詩文之稿而讀焉。見其名《友迂》者，則武威余公序之；名《玩齋》者，則金華黃公序之；名《東軒》者，則新安程公序之。其論夫行於今而傳於後者，何其詳且備耶。然考其卷帙則錯亂無幾，問之先生則知皆殘缺遺亡於流離患難之餘矣。亟與新安胡彥舉、錢唐劉中、海昌朱鐩力加搜訪，或索之記憶，或求之卷冊，或錄之金石，得古賦、歌詩、論辨、書啓、記序、表狀、碑誌、讚頌、雜著，凡若干卷，而學者猶以未之快覩爲慊焉。

〔註 381〕（清）陸心源《皕宋樓藏書志》，《續修四庫全書》第 929 冊，上海古籍出版社 1996 年版，第 497～499 頁。

於是先取詩歌大小三百餘篇，繕寫成峽，題曰《玩齋詩集》，且復於同志曰：先生之詩，本之以精博之學，發之以雄偉之才，資之以高明之識，備是三者而不苟於作，故作則沛乎其莫禦。方其意之運也，如老將赴敵，某執弓矢，某執干戈，某執旗鼓，俾各從其所令，合以正而勝以奇。奇正相因，循環莫測，而節制斬然不亂。及其辭之措也，如大匠作屋，鳩眾工而聚群材，某爲梁，某爲棟，某爲椽，桷俾各精於所事。迨夫屋之落而環視之，則門廡堂室秩乎其序，黝堊丹漆煥乎其文，而莫有見其攻琢之痕，繪畫之跡者。惟其運意措詞，各極其妙，故雖縱橫上下，出入馳騁，而萬變不窮也。凡其宦轍所歷，若皇都上京，大河以北，長江以南，九州萬里之外，其趨朝扈駕則有際遇之深、恩錫之重；其出使反命，則有諮諏之勤、靡及之歎；其孤客遠寓，則有遊從之適、登臨之勝。是以文物禮樂之光華，民風俗尙之美惡，名都重地之壯觀，與夫忠臣烈士之節概，蠻夷下國慕義而來王者，一切可以形之詠歌，則莫不即時而紀事，託物而引興。與從官大臣、文儒逸士相爲倡和，而其音節體裁舉皆清俊奇古，雄渾雅健，有典而有則，固非風容色澤、流連光景者可同日而語也。蓋自風雅以來，能集詩家之大成者，惟唐杜文貞一人而已。繼文貞而興者，亦惟我朝雍虞公一人而已。試以道園所錄，合先生是編而並觀之，則未知其孰先而孰後也。雖然，即其詩又烏足以知先生哉。先生說經，必極聖賢之指要，使學者深領其意而後止，爲文章必出於已而無愧於古作者，在官政必欲上盡其道而下懷其德，雖古循吏有不及。至於出處大節，俯仰無愧，每謂禹稷顏回同道；而孔明之煩，未嘗不與淵明同其靜。此則先生素所自養而窮達一致者也。故或掃石焚香，抱膝危坐，而終日不動，或露晨月夕，宇宙軒豁，則散策海上，逍遙閒曠而默識。夫造化之妙以自適其天下之樂，則浩然之在胸中者爲何如。而視功名文學直其末事爾，功名文學猶視爲末事，矧所謂詩歌者耶。而肅等汲汲於此，則固弟子之宜爲然。先生所作，率多黼黻國家太平之美，迺今編肄於干戈危急之秋，毋亦思治之義也歟。遂書以爲序。十九年夏五月甲子朔，門人上虞謝肅拜手謹序（此句，四庫本作「門人謝肅謹序」）。

98. 《樗舍記》

按：文載程敏政《明文衡》卷三十二〔註382〕，錄文如下：

〔註382〕 （明）程敏政《明文衡》，景印文淵閣四庫全書第 1374 冊，臺灣商務印書館 1986 年版，第 41～42 頁。

　　上虞管起遠氏之避地於北山也，山有大樗，因作舍以蔭於其下，而名之曰樗。蓋自比焉，且屬余記。之時予有四方之遊，不果爲。及歸，則樗舍者已徙構城中，餘十年矣，而其名不易。則又謂予曰：「曩屬子記吾樗舍，不意文之久不出也何故？」余覆之曰：「起遠固美才而有用者也，樗固散才而無用者也。以無用之散材比有用之美才，余何言以記哉？」乃愕然曰：「子以吾爲有用之才。則誠不知我矣，獨不見夫元之季世乎？朝綱解紐，中原板蕩，群雄並爭，以爲敵國。故中外急於用才，而無所擇。凡其才之可以宰一邑者或守一郡，才之可以守一郡者或鎮藩維，或以將帥之才而屈伏行伍，或以經綸之才而汩沒簿書，或位都卿相爵列王侯而非匡濟之才。雖才有小大，用不適宜，固未爲不見用也。及皇明聿興，天戈一麾，四海讋栗，向之所謂才者，莫不低頭束手以就戮辱焉。唯吾幸免，豈不以其才之無用也邪。天下已定，上乃更張治化，深懲前代之失，合群才而聚於京，師親爲簡拔以用之。有朝食藜鹽而莫調鼎鼐者矣，有莫居逆旅而朝上岩廊者矣，茲非有用之才乎。然左承薦擢而右賜徒流，右懷章綬而左伏鈇鉞者，亦云夥矣，是豈宸衷之不愛才也哉，亦其才不勝任而冒焉者之故也。以吾才無用而獲免，又何其幸歟，此吾所以甘比於樗焉。夫樗，無用之散材，故匠石不加斧斤，得以全乎其天。而莊生嘗述其言，以爲求無所可用而爲余大用者也。子但以是而記之，何謂無言乎？」余又覆之曰：「嘻！有是哉。夫求無所可用者，莊生所以忘天下也。爲余大用者，莊生所以自私也。自私而忘天下，豈聖賢之所安乎。然吾知起遠讀聖賢書，而志將有爲者也。道出處言必稱伊呂，道問學言必稱孔孟。伊呂孔孟未嘗自私而忘天下也。故伊尹之未見用也，耕於有莘，固耕者耳，而能樂夫堯舜之道。及既見用也，則相其君而覺斯民。惟呂望亦然，方其未見用也，釣於渭濱，固漁者耳，而能謹夫丹書之戒。及既見用也，則尊主而庇民。是伊呂未嘗自私而忘天下也。孔子謂『如有用我，吾爲東周』，而行夏時、乘殷輅、服周冕、樂韶舞，此欲見諸行事者，未嘗自私而忘天下也。孟子謂『平治天下，捨我其誰』，雖不得位，然其談王道、道性善、論養氣，所以立言垂訓者，未嘗自私而忘天下也。且夫天者降聖賢以其才，非但使其自足於己而已，必將欲其大有爲於天下，以濟乎斯人也。而莊生之才，既不足以濟斯人，又不肯下於聖賢，乃託樗焉以肆其荒唐之說，欲高出於天地萬物之表，其亦不知視乎聖賢也而益卑矣。孔子曰『歲寒然後知松柏之後凋也』，蓋以喻夫君子所守處亂世而後可見，然非周於德者不能焉。孟子曰『牛山之木嘗美

矣，斧斤伐之以爲未嘗有材焉』，此豈山之性也哉，蓋以喻夫人之良心，乃固有耳。若然，則吾聞孔子嘗取松柏以喻君子之周於德者矣，未聞有取於樗也；吾聞孟子嘗取美木以喻人之良心者矣，未聞有取於散材也。今起遠亦養其良心而周於德，則用世之才全於我矣，又何必自比於無用之樗。樗乎，樗乎，其莊生之徒歟。起遠有志於聖賢者，第以未之見用若無用然，乃強名其捨曰樗耳。夫豈其情也哉。」於是幡然喜曰：「是足以記吾樗舍矣。」敢不自勉，遂爲書之。

99. 《送朱先生赴京考禮序》

按：文載程敏政《明文衡》卷四十〔註383〕，錄文如下：

自三代禮樂，蕩滅於秦。至漢代秦，而帝去先王未遐，宜可以復其禮樂而爲治於天下矣。然高帝不學，而佐非眞儒，故其爲治不能復禮樂於三代，殆亦叔孫通之責哉。方叔孫通說帝之起朝儀也，帝曰：「度吾所能行者爲之」，不過謂定君臣之位而已，固未及乎先王之禮樂以達於天下者也。而叔孫通遂以興禮樂爲名，廣徵魯諸生，是以有兩生不肯行，曰：「禮樂積德百年而後可興。」至哉乎，其言之當也。夫德，先王所以化天下之本，而禮樂，其具也。有其具，無其本，固不可也。而高帝寬仁長者，其豈無本乎？曰固矣。然漢承秦變古之後，以古變秦，其唯三代之禮樂乎。沿三代之禮而教民以中，襲三代之樂而教民以和，使中和之氣充塞天地，則萬物不疵而王道成矣。王道成，然後損益三代以作漢之禮樂，則漢其三代矣乎。是或兩生之所蘊也，惜乎叔孫通學不足以與此，不能終致兩生，乃率諸生暨帝左右。去三代之難，採先秦之易，以雜就其尊君抑臣之儀，綿蕝而習之。及帝既行，曩之醉呼拔劍者莫不震肅，而帝亦起皇帝爲貴之歎，則叔孫通亦可謂達時之務矣。然使四百年之漢遂以爲禮樂止於如是，而治化卒無以及乎先王者，叔孫通之責也。此異時賈誼、仲舒、王吉、劉向之徒所爲發憤而增歎，豈獨今日兩生之不肯行邪。是故無兩生，天下萬世無禮樂；無叔孫通，則漢亦無君臣之儀，而漢儀固不足以當先王之禮樂也。後世君相之圖治者，其可不知夫學乎。今皇帝緝熙聖學，治倣先王，混一初元，命中書暨翰林太常率諸儒定擬三禮。明年，再命集議禮樂。又明年，徧徵在野道德文章之士，相與攷訂之，將以成一代之制也。而吾鄉朱伯賢先生，實在徵焉。先生生東南，遊西北，遭時多故，歸

〔註383〕 （明）程敏政《明文衡》，景印文淵閣四庫全書第 1374 冊，臺灣商務印書館 1986 年版，第 138～139 頁。

隱山林，飯疏飲水。益力於學，以學之爲王者事也。故其論道德，必歸之於三代之選；其論文章，必歸之於三代之英。則今也應徵，其能不援三代禮樂以爲國朝之治具乎。雖然，兩生不肯爲漢行，先生肯爲國朝起，是國朝之德之盛軼於漢，而叔孫通之學不足以齒今之侍從大臣也。先生盍亦攄兩生之所蘊，使三代禮樂不得復於漢者，而復於今日焉。則賈誼、仲舒、王吉、劉向之徒，將不復發憤增歎於異時矣，非先王其孰能與於此哉。告行之日，書以爲贈。

100. 《娥江送別圖序》

按：文載程敏政《明文衡》卷四十〔註384〕，錄文如下：

溧陽達公貫道丞越之上虞，秩既滿，將朝京師，邑人士相與送之娥江之滸。公欲登舟，輒挽止之，咸諮嗟感歎，不忍爲別。於是公起，指江以語於眾曰：「昔吾絕江而東，懼弗能佐理。以忝朝廷寵命，賴是父兄能教子弟，能率三年無一事累我，我得西渡江，趣道千里，以覲於天子。何幸之深，毋爲不忍余別也。」眾闔辭以覆於公，曰：「自本朝有天下以來，官於吾邑者，不猛以厲民則寬以怠事，不激以爲廉則察以爲智，是皆不知從政，往往不免。故未有一人，得赴中書以考厥績者。考績中書，當自公始。公無彼數者之失，有古遺愛之風哉。吾等是以於公之別，不忍也。」乃再拜別公。公登舟，送者佇立水濱。舟既行，猶注目不少瞬，而公亦憑柁樓，顧望踟躕。於時天霽潮平，四山如洗，木葉飛摵摵，涼飈舉之，與翔鳥泳魚相下上於中流。使人別情紛擾益，不能自忍也。好事者繪焉，題曰《娥江送別圖》，將以寄公，屬序於余。余謂送公之別不於他所，而於娥江也，何故？蓋娥者。曹氏女也、其父盱善水，以迎伍君，爲濤所溺。娥已死，援出父屍，事載漢史。後世慕之，故以名其江。然伍君之忠、曹女之孝，臣子大節也，公嘗以教邑人士。今公之去，邑人士必臨江以送者，非徒不忘公教，亦以願公克全大節也。若乃區區不忍爲別，烏足重爲公道哉？姑並書於圖末，而能言者又係以詩，庶乎公之有以觀省也。

101. 《書唐李鄴侯傳後》

按：文載程敏政《明文衡》卷四十六〔註385〕，錄文如下：

〔註384〕 （明）程敏政《明文衡》，景印文淵閣四庫全書第 1374 冊，臺灣商務印書館 1986 年版，第 139～140 頁。

〔註385〕 （明）程敏政《明文衡》，景印文淵閣四庫全書第 1374 冊，臺灣商務印書館 1986 年版，第 212 頁。

右《唐李鄴侯傳》二卷，天台朱君伯賢之所修也。伯賢先君子約齋先生，於元政漸弛將亂之際，每令誦習《鄴侯家傳》，此其心之所存爲何如。然當世終不能用先生，先生歿餘三十年，板蕩極矣。而君之袖簡猶存，顧以其文漫誕，間加筆削，辭簡而義該，使鄴侯輔唐，中興勳業，赫赫於目前者，其以約齋之故也歟？昔張魏公佐宋南渡，猶諸葛忠武侯之相乎漢也，盡瘁出師，規復中原，功雖不成，而志則甚偉，故其子敬夫爲修《武侯傳》焉。今君汲汲焉以鄴侯之家傳是修，則亦聞其風而興起者乎。夫魏公行武侯之志者也，約齋存鄴侯之心者也。然鄴侯之出也，天未厭唐，諸將効忠，故其復兩京也易。武侯之出也，漢運既去，群雄角力，故其還舊都也難，非其才智不相及之謂也。或曰：「跡魏公之行事，固似武侯矣。以約齋而視鄴侯，曾何勳業之可並稱邪？」曰：「嘻！是殆以隱顯而論夫士者也，亦安知約齋非方隱之鄴侯，鄴侯非已顯之約齋乎？」故欲知約齋之心者，觀於鄴侯之傳則得矣。而二傳之修，皆以子而寓乎其父經世之心志焉。豈徒然哉！豈徒然哉！

102. 《黃菊東墓銘》（洪武十年，1377年）

按：文載程敏政《明文衡》卷八十三〔註386〕，錄文如下：

宋季朱子理學既行於天下，而明士猶守楊文元、沈正獻二公之說。及文潔先生慈谿黃公稽經考史，一折衷於朱子，著書滿家，於是士方翕然向風，盡變其所學。始知朱子有以繼周程而接孔孟，實文潔有以倡之。文潔歿，其季懇菴先生彥實當宋之亡、元之興，以家學教授明越間，與韓莊節先生明善、袁文清公伯長相友善。士而授業其門者，或明經修行，或摛文決科，皆卓然有立，若餘姚菊東先生其一也。先生諱玨，字玉合，菊東其號，姓黃氏，世居剡。高祖諱某，仕宋，官至某州別駕，徙餘姚之四明鄉而家焉。祖諱雷，字震卿，姚翟氏。父諱士儀，字正甫，姚舒氏。先生天資廉靜樸厚，八歲始能言，言已中節。於時喪母，哀毀如成人。出就外傅，雖大寒大暑，雞鳴必起，盥頮而誦習，至夕則秉燭對卷，不知急雪之打牕而飛蚊之咂膚也。十二三，祖令說所讀《春秋》，謬於經旨，祖慨然曰：「吾欲爾紹儒術，乃若斯邪。」遂身親教之。至十五六，從懇菴受《蔡氏尚書》，以求二帝三王之心，研極根柢。既有所得，而郡邑巨室爭致先生於師席，遂客授者餘四十年。中間屢試江浙鄉闈，不一售，則又歎曰：「明經豈專爲決科哉，況得失命也。」遂刮絕

〔註386〕（明）程敏政《明文衡》，景印文淵閣四庫全書第1374冊，臺灣商務印書館1986年版，第624～626頁。

仕進意，然未嘗一日捨書不觀。尤喜翫邵子《皇極經世書》，指趣精妙，貫徹天人，有以自樂。嘗曰：「天人之理微，邵子能推；帝王之道大，蔡氏能解。然非朱子訂定而發明之，愚亦何能窺見彷彿邪。」其爲學蓋至老而益勤。先生有同母兄璧、庶母弟瓊、瑤、玠，庶母讒先生。先生失愛於父，而孝友益篤，卒無間言。父令諸子析爨，先生於家貲悉聽諸弟，所欲無幾，微靳色。及父歿，囑先生以後事。先生治父喪，所費皆已出，不取於弟。人或難之，先生曰：「從先人志耳。」尋常中，語及母夫人，輒涕泣不能食。歲時祭祀必極誠敬，每自誦曰：「父子兄弟，天屬也，其可以死生而貳其心乎。」有富人兄弟，以嫡庶分貲產不均，弟欲摭他事訟兄，釀致其罪。先生沮之再四，弗聽，則怒之曰：「若即訟陷兄死地。何面目入祠堂見祖宗乎？況若子孫相讐，不共戴天，禍可測乎？必若所爲，吾絕交矣。」因感泣而止，其兄聞之，驚曰：「微先生，我家幾破。」爲置田宅以奉先生，先生曰：「吾言義也，不可以圖利。」終不受。其所行類如此。先生平居衣服飲食，給於學徒，晚益空乏。且末疾所纏，未嘗恣嗟，胸中曠然，唯誨人以善，日益慊慊。壻劉景祚居上虞白馬湖上，延先生訓其子。既至，與太原王萬石、陳郡謝肅數爲文字飲，以逍遙乎海雲山月間，一不關餘事，凡十閱月。而先生之女卒，哭之哀，遂還海濱寓所。國朝洪武三年冬十有一月五日，夜三鼓，疾甚，召其子熙，命之曰：「吾歸矣，汝善自持其身。」語畢，正衣冠端坐而逝，年七十一。士大夫哭之曰「篤學力行，君子亡矣。」熙奉柩以是月甲子，祔葬於上虞建隆塢先塋兆次，遵治命也。先生娶同邑宋氏宋忠嘉公諱師禹之五世孫諱某之女，有懿範，先先生九年。卒，子男一人，即熙，能力貧事親。女一人某，即先卒者。孫一，曰階，在先生卒後生。有詩文若干卷，其道事理大抵由顗菴以泝慈谿者也。又七年，熙具行實踵門，而泣請於余曰：「先生親舊，惟吾子相知尤深。而墓未有銘，敢請。」余惟先生學有師承，行爲鄉表，不及用於世而安貧守道以終其身。今其子熙知讀書，善治生，買田築室以紹先業，族姻朋友，咸稱其能。又能顯揚先德，不使無聞，先生爲有後，而天之報施之者，其在斯乎。遂銘之曰：於學允殖，於行允飭。茲爲老成，式孝且友。義信是守，以表宗鄉。帝王治體，天人奧理。探索孔明，厥畜靡施。自求所志，斯遯而亨。最美於石，終古弗泐，後人之慶。

103. 《祭淛江潮神文》

按：文載程敏政《明文衡》卷九十七〔註387〕，錄文如下：

吳越之交，浙江中界。吐吞海潮，或小或大。滔天沃日，雷湧霆轟。馮其氣勢，必有神靈。烈烈伍王，素車白馬。倏陰而陽，與濤上下。赫赫武肅，稱吳越王。射潮使伏，鐵倚若舂。二王攸止，妖遁鬼匿。陽侯海若，亦率乃職。我維司憲，偕彼同寅。奉天子命，將按七閩。群黎是綏，百司是糾。頑廉懦立，風俗再造。鎮鑄一方，實在此行。道出淛江，駕以艅艎。惟神祐我，濤波不驚。蛟龍黿鼉，滅跡潛形。太虛空闊，山川清美。長風送颿，一日千里。羗羗閩關，不遠伊邇。省風問俗，使節戻止。賴神之休，去險即夷。一觴是奠，神其受之。尚享。

104. 釋至仁《鶴年詩集跋》

按：文載陸心源《皕宋樓藏書志》卷一百〇六〔註388〕，錄文如下：

太學生戴習，錄其師鶴年先生詩曰《海巢集》者，請題其後。鶴年，予友也。其詩忠義慷慨，有騷雅之遺意焉。昔唐之僧有讀其友盧仝之詩者曰：「鯨吞海水盡，露出珊瑚枝。海神知貴不知價，留與人間光照夜。」吾讀《海巢集》亦云：「生其寶之，生其寶之！」虎丘澹居老人至仁書。

105. 余詮四篇

《歸巢稿序》（洪武十二年，1379 年）

按：文載陸心源《皕宋樓藏書志》卷一百〇七〔註389〕，錄文如下：

毗陵謝先生昔避地吳松之上，予適自燕至吳。予友涿郡劉子南氏嘗道先生姓名學行之懿，予願見而未暇焉。後十年，識先生之仲子於崑山，則先生已歸隱於毗陵矣。又十年，婁東袁子英氏以先生年八十邀予賦詩爲先生壽，繼又告曰先生之門人王著集先生之詩鋟諸梓，先生摘其詩之什一與之，凡若干卷，名《龜巢摘稿》。復徵予序卷端，予辭以未識先生，又未嘗閱先生之詩集，何敢率爾從命。且衰退不敏，又何能贊一辭於其間哉，予言又豈足爲先

〔註387〕 （明）程敏政《明文衡》，景印文淵閣四庫全書第 1374 冊，臺灣商務印書館 1986 年版，第 765 頁。

〔註388〕 （清）陸心源《皕宋樓藏書志》，《續修四庫全書》第 929 冊，上海古籍出版社 1996 年版，第 515 頁。

〔註389〕 （清）陸心源《皕宋樓藏書志》，《續修四庫全書》第 929 冊，上海古籍出版社 1996 年版，第 518～519 頁。

生軒輊哉。然子南既稱先生於前，子英復頌先生於後，況嘗與先生之子林連床累日，觀其從容詩禮，秀拔儒林，則先生之言行可知己。《傳》曰：「不知其人視其友。不知其父視其子」，又奚必識先生之面，誦先生之詩哉。嘗聞先生之為人，耿介尚節義，與世寡合。其為詩也，非有關於風教者不為也，非有得於情之正者不口也。惜先生不少試其才，時肥遯以終身焉。先生有《辨惑》四卷行於世，皆發先儒所未發，其於後學豈小補哉。予始述所聞者如此。先生名應芳，字子蘭，號龜巢云。時洪武十二年歲己未七月既望，前江浙儒學副提舉豐城始豐山人余詮序。

106. 《殷教諭哀辭》

按：文載四庫本殷奎《強齋集》卷十，錄文如下：

洪武九年閏九月二十六日，咸陽教諭殷孝伯卒於學舍，年四十六，聞者莫不哀之。去年冬，孝伯自秦歸吳省親，拜先壟，嘗造予，倉卒弗克歙奉言笑。未幾，復入關，又失於追餞，予心恆悒悒，然不知其為永訣也。悲夫！孝伯謹厚，嗜學讀書，慕知聖人微言大法之歸趣，孜孜忘晝夜寒暑之變。其居家也，孝於親友，於兄弟宗族鄉黨無間言。其訓學徒也，諄諄不倦，期於有成然後已。其在咸陽也，新校室於瓦礫之場，振士風於凋敝之後，人皆謂關西夫子復見今日，豈期遽以疾而終於此耶。置郵以凶問至其家，則其妻陳氏亦後孝伯七日卒矣。嗚呼哀哉！其子駒驦將匍匐奔赴，扶柩以歸，又值疾作，弗果。今踰年矣，尚旅殯於咸陽千里外。嗚呼哀哉！豐城余詮與孝伯有斯文骨肉之好，生無以答其交往之情，死不得憑其窆以盡其弔哭之道。尚忍為辭以哀之？然情有不能自己者，乃為之辭。曰：

夫有生而必死兮，猶寒暑之推遷。云積善而有報兮，天道之信然。斯人既有此內美兮，天胡不假之以年。竟坎坷以終身兮，志壹鬱而不宣。雖觀光於上國兮，亦何意於廣文之氈。忤銓曹而辭尊顯兮，念茲母以拳拳。值遷調而遠邁兮，致親愛以俱捐。俾二豎之肆妖兮，曾瞑眩不可以少延。遽易簀於庠舍兮，寄孤櫬於秦川。豈定數之莫逃兮，抑吾道之迍邅。記玉樓而不返兮，抱《麟經》而誰傳。諸生皇皇於館下兮，灑涕泗之漣漣。朋儕何以質疑兮，撫皐比而煩悁。鯉趨庭而無聞兮，雁斷行而不聯。親倚閭而白首兮，鶺分飛而後先。魂杳杳以長夜兮，路漫漫以修阻。渺咸陽於天際兮，委婁曲於榛莽。況予與子以久要兮，焉能不為之淒怵。奠一觴而西望兮，遂永訣於終古。

107. 《跋鄧文肅公臨急就章》（洪武十一年，1378 年）

按：文載卞永譽《式古堂書畫匯考》卷十七，錄文如下：

至正庚寅夏五月廿又四日，方外張雨謂素履齋書此，蚤年大合作，中歲以往，爵位日高而書學益廢。與之交筆硯，始以余言爲不妄。迨暮年章草，如隔世矣，信爲學不可止如此。洪武十一年戊午歲五月，豐城余詮拜觀於東倉之甘泉里寓舍。

108. 《跋陳潛夫節婦傳》

按：文載趙琦美《趙氏鐵網珊瑚》卷九、卞永譽《式古堂書畫匯考》卷二十九，錄文如下：

右昆邑水德之妻李氏，年少夫亡無子，守義孀居，雖貧窮患難，煢煢無依而志益堅，能爲其無所爲而爲，可無媿於曹文叔妻令女也。世之齦齦屈身苟活者，可無媿於李氏也哉。錢塘陳先生潛夫爲之傳，而李氏貞節彰矣。蓋潛夫學行卓卓，少許可其言足徵。予三復之餘，並識於後。豐城余詮題。

109. 葛化《石初集序》（洪武七年，1374 年）

按：文載陸心源《皕宋樓藏書志》卷一百〇七〔註390〕，錄文如下：

粵若稽古，太上有立德，其次有立功，其次有立言。聲之精者爲詩，詩之精者爲雅、爲頌。古今詩人之窮，無如子美；精於詩者，亦無如子美。顛倒短褐，到庭悲辛，信窮矣。致君堯舜，自比稷契，詩能窮之乎？周公思兼三王，製作雅頌，詩之精者也。吉甫作頌，穆如清風，亦詩之精者也。詩不能窮人也，謂子美以詩而致窮且不可，謂古聖人而窮於詩，可乎？

同郡周石初先生當不諱之朝，必以窮經爲事，必以奉進士爲業，然天不能使人材必出於科第，亦不能使人材必盡出於科第，惟材力時命適相值者，乃無往不逢耳。用是坐廢，而先生之門受業滋多，先生之文日益富矣。余觀唐宋諸大家工於時者，每不足於爲文。文不兼詩，詩不兼文，而先生獨能兼之也。迄二十年兵革之禍，既裂冠毀冕，斷腸招些，未之前聞。余所睹記《石壕》、《新安》、《彭衙》之類，在治忽者，往往有足徵焉。而先生一飯不忘君之意，倦倦忠愛，溢於言外，此先生之文之必傳於永久無疑也。嗟夫！士窮則修於家，不窮必功覆斯民然後出。孔明所師者龐士元、司馬德操，所友者

〔註390〕 （清）陸心源《皕宋樓藏書志》，《續修四庫全書》第 929 冊，上海古籍出版社 1996 年版，第 520～521 頁。

崔州平、徐元直、石廣元、孟公威。假令南陽秉耒不釋，則索然俱爲陳跡矣，世豈知有伊呂之事哉？然則先生之不遇，其志亦可悲矣！

先生命其孫安卿從余正葩之學，且挾此稿來就余評。余故舉魯人之論古之死而不朽者以獻焉。洪武七年甲寅中秋日，葛化誠夫書。

110. 張瑩《石初集序》（玄黓困敦，壬子，1372 年）

按：文載陸心源《皕宋樓藏書志》卷一百〇七〔註391〕，錄文如下：

石初周先生，余四十年前友也，長余十歲，始定交於桂隱劉先生之門。時方銳意場屋，累試有司，不偶，乃斂其英華，發爲詩文，雄偉俊邁，自成一家，有金玉之音，無脂韋之態，深爲諸老所器重。既而世變紛紜，東西奔竄，比年復客城西，年踰八十，老氣崢嶸。顧當時輩行，惟余一人存，更倡迭和，議論縱橫，累日不厭。教授子弟，必道彝倫之言。平生詩文千百篇，厄於灰燼。此編特兵後感時觸事之作，不輕以示人，間出與余評。余竊觀其學問文思，度越輩流，且賦性剛介，擇交寡言，晚生後進多不知其所爲，亦不屑與之語。侵尋暮景，歷艱涉危，猶傲睨一時，決不肯阿順苟容，其胸中所養如此。故發爲詞華，如風雷振盪，長江大河，令人悚敬而不可涯涘，不必循規蹈矩而藹然溫和，不必扼腕張拳而凜然激烈，沉著痛快，慷慨抑揚。由其平日淹貫諸大家，積之既深，發於毫端，皆渾然天成，類非勉強步驟所能及。嗚呼！近時詩文一變，蹈襲梁隋，以誇淫靡麗爲工，纖弱妍媚爲巧，放肆驕佚，傲然自謂古之人，厚誣當時，以誑惑聾瞽，是皆先生之罪人也。先生之學切於爲己，先生之心樂於及人，其素所樹立，如餘者豈足爲輕重哉？特有感於風化之移易。

鄉之隱君子相謂曰：「石初氏端莊不矜，語必己出，生平孤介，自信深堅，非其人，竟席不發一談，若可與言，則盡情傾吐。然傾吐時甚少，故流輩多不合。晚遭世變，足未嘗入城闕一步，名不掛投贈卷中，惟教授諸生，夜分忘倦，蓋其天性然也。閱視悲歌慷慨，由少陵忠愛根之。詩道陵夷，首倡正論，古風不泯，伊誰之力哉？」斯言也得其彷彿，故述之，庶足以質余之非誇云。歲次玄黓困敦，律中蕤賓，重午日，老友梅間張瑩書。

〔註391〕（清）陸心源《皕宋樓藏書志》，《續修四庫全書》第 929 冊，上海古籍出版社 1996 年版，第 521～522 頁。

111. 汪澤民十二篇

《范文正公祠堂記》（丁丑，1337 年）

按：文載周鴻度等編著《范仲淹史料新編》〔註392〕，錄文如下：

　　吳學之興始於文正范公，此所以專祠公也。宋景祐初，天下郡縣未有學，公守吳請而建焉。吳為公父母之邦，向得錢氏南園地將居之，或謂是必世生公卿，即以其地為學宮。公之子恭獻公持節過郡，益新學給田，由是立祠禮殿後。忠宣公、恭獻公從祀。尚賢報本，典禮宜稱。至元再元春正月，鬱收及祠屋，幾毀。明年，文學掾蔣君伯升至，顧瞻摧圮，懼神弗居，告諸郡守。掄林木、陶甓瓦、易撤故朽，完補缺漏，棟宇隆敞、像設儼肅，秋九月始事，冬十有二月工乃告成。工為日凡若干，錢為緡凡若干。郡守、通議道童公為署祠之扁，蔣君偕公八世孫文英來言曰：公之祠於是也久矣！若稽歲月，紀載闕焉，不書諸石，曷詒永圖，願記之。澤民惟間氣哲人，問學本乎六經，蹈履合乎仁義，元勳鉅德，蔑以形容。方慶曆中召對天章閣，列奏十事，三日精貢舉，既用其說，學校遍天下。嘗聘安定胡先生幸教吳士。嗟乎！興學立師，羽翼斯道，豈淺淺哉？祭法，禦大菑、捍大患於一時，猶得祀之。若公之功施於天下後世，豈惟吳學宜祠之，凡有學者皆可祠也。夫奉嘗固以致嚮往，隆報效，士之朝夕仰瞻，又豈無感發其希賢之心者乎？澤民夙仰公之高風，隨牒公之鄉，屢嘗拜公之像，今復以文字寓名祠下，何其幸耶！遂不辭而為之記。又明年，歲在丁丑正月壬子記。

112. 《龍驤將軍文和公像贊》

按：文載《漳縣文史》第十五輯《漳縣汪氏文化研究資料彙編之三》〔註393〕，錄文如下：

　　大廈之材，清廟之器，正笏垂紳，匡時濟世。秩領龍驤，揚揚度江。肇基會稽，顯振吾汪。挺生賢孫，榮遷古歙，千派萬支，簪纓奕葉。

113. 《黟令道獻公像贊》

按：文載《漳縣文史》第十五輯《漳縣汪氏文化研究資料彙編之三》〔註394〕，錄文如下：

〔註392〕周鴻度等編著《范仲淹史料新編》，瀋陽出版社1989年版，第108～109頁。
〔註393〕政協漳縣文史委員會、漳縣汪氏文化研究會編《漳縣文史》第十五輯《漳縣汪氏文化研究資料彙編之三》（內部資料），2008年版，第73頁。
〔註394〕政協漳縣文史委員會、漳縣汪氏文化研究會編《漳縣文史》第十五輯《漳縣汪氏文化研究資料彙編之三》（內部資料），2008年版，第74頁。

始令於歙也，雖惟公之一人，今盛於歙也，亦皆公之子孫。嗚呼！其生也有所自，其盛也爲元根。

114. 《遊黃山記》（後至元六年，1340 年）

按：文載明代何鏜《古今遊名山記》卷四〔註395〕，錄文如下：

黃山在宣、歙境，雄鎮東南。山之陽逾百里爲歙郡治，其北三十里爲太平縣，又北抵宣治所二百四十里。不當通都大邑舟車之走集，而遊者罕至。今年四月九日，予始得遊焉。山西之麓，田土廣衍，曰焦村。蓮峰丹碧，峭拔攢蹙，若植圭，若側弁，若列戈矛，若芙蓉菡萏之初開，雲煙晴雨，晨夕萬狀。

由焦村南道二十五里至湯嶺上，仰視群峰，猶在霄漢間。岡阜蟠結，鑿石開徑，堪岩敧危，瀑布聲訇礚如雷，怪石林立，半壁飛泉灑巾袂，當新暑，凄然如秋。

又十里，憩祥符寺，寺前淙流走萬石間。山皆直松名杉，藤絡莎被，蓊薈蘢茸。有靈泉自硃砂峰來，依岩通二小池。上池瑩徹，廣可七尺，深半之，毫髮可鑒。泉出石底，累累如貫珠不絕，氣秘馞若湯，酌之甘芳，蓋非他硫磺泉比也。明日，遂試浴，垢旋流出，纖塵不留，令人心境清廓，氣爽體舒。相傳沉屙者澡雪立差，理或然也。寺有南唐碑，初名靈泉院，宋祥符中改今額。

又龍池距寺左三里許，奔流噴薄，瀉石潭中，亭午照爛，五色璀璨，誠靈物所居。夜聞啼禽，聲甚異，若歌若答，節奏疾徐，名山樂鳥，下山咸無有。行寺旁，近見數峰凌空，僧指曰：「天都、芙蓉、殊砂峰。其尤高者，天都峰也，上多名藥，採者裹糧以上，三日達峰頂。」予心甚欲遊，而鳥道如線，不可乃止，凡再宿寺中。

還至焦村之三日，行三十里，遊翠微寺。古松修篁，石澗橫道，僧橋焉，覆之屋，以息遊者。清冷靜邃，已隔塵雜，予爲榜曰「翼然」。至寺，庭有井泉，僧言此麻衣師卓錫處。泉亦清美，不溢不涸。一峰卓然獨秀，直峙東南隅，曰翠微峰。其條支回互，寺居盤中，故諸峰俱隱不見。

明發，行十五里，過白沙嶺，往往攀崖壁，牽蘿蔓。或小木貼岩，若棧而度，幾不容武。旁臨絕壑，惴惴焉不敢俯而窺。又七里，至絕頂，頂平廣

〔註395〕（明）何鏜《古今遊名山記》，《續修四庫全書》第 736 冊，上海古籍出版社年版，第 520～521 頁。

倍尋。方據石少休，時晴雨旭霽，氣象澄潔，環視數百里，岡巒墟落，歷歷可數。九華綠翠，若蓮開陸。焦村向所見峰，皆平挹座間。俄頃，白雲滃起，遙山近嶺，如出沒海濤，僅餘絕頂，槎溯天漢中，倏又斂藏如掃，如是者三，可謂奇觀矣。日暮抵寺，信宿。

又二日，從村北十里登仙源觀。至元中，新安吳萬竹習靜茲壤，嘗衍易宛陵，誇詡其勝，予贈詩還山。今竹存而吳逝已久。林皋周密，南列翠峰，煉形引年者固其所哉。

既還，憩吾宗公仲雲松樓。越十日，逾興嶺而南。所謂三十六峰者，駢列舒張，橫絕天表，眾蚰疊嶺，效奇獻秀，盡在一覽。行田疇竟，乃登橫嶺，陟小丘。道左竹杉陰森，中小徑縈紆，纔屋數間。一僧奇厖，近八十，煮茗進果，自言：「結構力田，閒則持經玩空，歷二十閏矣。外營草亭，往來休焉。庫陋且壞，予將改築。」亭之右丈餘，南峰翔舞近乎前，北隴奔躍駐乎後，左右翼如，景益清，名之曰「芙蓉亭」而未暇也。

循岩曲折抵白龍潭，巨石谽谺，泑湧衝激，深不可測。歲旱，民謁款，雨立至。又度板橋，有小庵，食淡苦修，數輩居焉。嘗有逃空谷者，出奇方療人疾頗眾，既亡，瘞浮圖中。予特征夫山水繆繞，自為陝區於高峰之下。由興嶺抵此四十五里，人跡遼邈，可屏塵事，遂宿焉，聽泉而去。

世稱黃帝與浮丘、容成於此山上升，改名黃山。江浙諸大山所分以出，其廣袤形勝若是，奇蹤詭狀，固不必盡究。然非神入列仙，不能稱其居。昔大德戊戌歲得茲山圖經，神思飛越，而因循皓首，甫幸一至，至又弗克久留而去。每登山時，率宿雲收雨，紫翠如沐。山下之入，皆以為山川英靈，有相之者，予亦竊自喜。回思在南安之日，造南原山，禱雨龍湫，跣揭亂石急流中，腰桓梯藤，登懸崖，上而復下至潭所，其岩險視茲行為甚。是故樂清賞以酬宿昔，忘躋攀之勤而不知高深之為懼也。時至元再元之六年庚辰歲也。

115.《詠物詩序》（至正癸巳，1353 年）

按：文載陸心源《皕宋樓藏書志》卷一百〇六〔註396〕，錄文如下：

《詩大序》曰「在心為志，發言為詩」，則詩其心乎。詩自《三百篇》降，漢晉以來，至唐宋而聲律悉備，沿至於今，蓋以義理正之，風雅其道然矣。本朝金陵謝宗可為《詠物詩》數百篇，涵蓋精微，詞必新理，必正字，必工事，

〔註396〕　（清）陸心源《皕宋樓藏書志》，《續修四庫全書》第 929 冊，上海古籍出版社 1996 年版，第 508～509 頁。

必謹綺，靡而不傷於華，平淡而不流於俗。於是求公之心，概可見焉。予居宣城，或見之，亟以念誦，記而後已。竊爲之評曰：晉謝眺幽襟逸懷。故詩多清新；李賀唐王孫，故詩多富貴。觀公之於詩，又能兼之。至正癸巳汪澤民題。

116. 《明經橋記》（至元戊寅，1338 年）

按：文載楊訥、李曉明編《文淵閣四庫全書補遺（集部）》第 4 冊《雲峰集》〔註397〕，錄文如下：

明經橋考水胡氏建也。考水在婺源北三十里，山川繆繞，外密中廣，胡氏世居之，李唐遺冑也。考川始祖諱昌翼，避朱溫亂，南走越，胡氏遂因其姓。尋明經登科，人號明經翁。家自考水東行五里，有曉山。踰嶺不半里，有溪曰朱源溪，橫絕中道，距州城可十里許。每霖潦勢激，射湍悍甚。翁嘗道溪上，憫行者險艱。橋焉，眾利賴翁，遂以翁名橋，子孫嗣葺之，歲久幾圮。後至元戊寅歲，五世孫學易木以石，創爲洞橋。屋數楹，立於其旁。材良石堅，可永久弗壞。構亭橋側，割其私田畝若干，命守者饋漿茗休息往來。經始於某月，落成於己卯八月庚午。用財粟凡若干，功力凡若干。婺源汪澤民自歙來展省，適橋成，村耆儼然群進請記諸石。考《周禮》：凡川梁，司空、司徒掌之，所以利民也。今府藏所儲，一金斗粟勿敢費。州縣雖以佐貳領道，橋循是反獲戾，大爲民病。學也獨不靳私錢，鑽乃祖之績，惠利於無窮，是可書矣。橋昔以翁故得名，今直題之，曰明經橋，以其家世明經也。其本末自有文，故不書。學，字明善，嘗同知江南牧馬府事，有聲聞云。九月望，嘉議大夫禮部尚書汪澤民記並書。

117. 《澄江櫂歌詩序》（至正丙戌，1346 年）

按：文載《皕宋樓藏書志》卷一百○七〔註398〕，又見盧文弨《常郡八邑藝文志》卷五上。錄文如下：

太平王生光大以澄江櫂歌詩求予序其端，且曰是詩江陰王原吉作也。原吉與予同姓同業，學詩於延陵陳漢卿。陳與柯敬仲俱事邵庵虞公，得其傳。邵庵蔚然儒宗，爲時名臣。拜（按：《藝文志》作「柯」）參書奎章閣，卒。陳今爲東流尹，亦躋顯仕。原吉窮而在下，自能以詩鳴。家居澄江，志樂漁

〔註397〕楊訥、李曉明編《文淵閣四庫全書補遺（集部）》（第 4 冊），北京圖書館出版社 1997 年版，第 357～359 頁。

〔註398〕（清）陸心源《皕宋樓藏書志》，《續修四庫全書》第 929 冊，上海古籍出版社 1996 年版，第 522～523 頁。

隱，因以目其詩。初光大得之永嘉陳昌道氏，並日夜讀一再過，竊中於心。光大事先生久，與原吉姪同業（按：《藝文志》作「姓同業同」），而其志又同，願受一言以爲評。噫！詩言志，無閒於古今，無分於隱顯也。當堯舜時，朝廷有賡歌之美，康衢有擊壤之謠。古詩三百篇，國風雅頌皆然。漢魏而下，捨其心志，工其文辭，迄於宋季滋甚。我朝疏齋子昂能五言，曼碩善歌行，邵庵長於律。三四公絕（按：《藝文志》作「繼」）作，一灑宋季之陋，並驅晉唐，駸駸乎漢魏而逮於古矣。雖然，學古有道，生歸持其志，養其氣，使德存於心而言出諸口。志之大者，其氣澝以清，其辭婉而直，其聲舒以悠（按：《藝文志》作「舒遲而」）旨意無窮。誠如是，不期古而古，何待有爲哉。又余（按：《藝文志》作「且余」）聞文章與風俗相推移，觀澄江櫂歌，則虞趙盧揭三四公之功（按：《藝文志》作「力」）昭昭矣。原吉守虞（按：《藝文志》作「漢」）卿之學，宗邵庵之傳，博以三百篇之趣，櫂歌春申山水閒，發情止義不古也哉。惜予老不能振之也。然聽歌滄浪，觀風康衢，必有審音者原吉其不鳴天朝而賡歌於上矣乎於乎有所譽者有所試也（按：《藝文志》作「必譽者有所試也」）。倚歌而和之，樂善有誠也。聽其言而知其德，觀其志而審其有爲。古之人皆云，曾謂我媚夫人乎哉。王生其懋之。生請書其言，遂爲序（按：《藝文志》作「敍」）。至正丙戌夏新安汪澤民書（按：《藝文志》無）。

118. 《宛陵群英集序》（至正初元，1341 年）

按：文載陸心源《皕宋樓藏書志》卷一百一十六〔註399〕，錄文如下：

詩所以詠情性，而本乎風教之盛衰，其體固有古近之殊，求之六義一也。宛陵爲江左大藩文風之盛蓋久矣，世遠而辭不傳。宋太平興國中，少卿李公以文學顯，繼而侍讀梅公，以詩名當世。搜訪所作，皆僅餘數篇。侍讀從子都官聖俞則尤大昭著者，幸其集獨存學宮。歲月浸深，後之篇詠益復放失，可不惜哉。里中施璿明叔昆弟敦尚文墨，廼請於余，偕張仲淵編輯李少卿而下詩，逮乎今日，凡得一千三百九十三首，分古今體繕寫，爲二十八卷，題曰《宛陵群英集》。鋟板而傳之，都官詩則不覆載焉。余嘗怪世之昧者，往往易視乎詩，不知其關政教非小也。是故風雅之作，媺惡具存，感發懲創，並行不悖。今是編雖不越乎宛陵，然一邦之政教得失，於焉可考矣。采詩者覽之，亦將有所取云。至正初元歲在辛巳正月丙子，新安汪澤民序。

〔註399〕（清）陸心源《皕宋樓藏書志》，《續修四庫全書》第 929 冊，上海古籍出版社 1996 年版，第 617～618 頁。

119. 《跋會慶堂記後》

按：文載北宋梅堯臣《宛陵集·附錄》〔註400〕，錄文如下：

宛陵梅先生爲文，以記會慶堂，其奉先思孝，如存之誠至矣。歲久石泐，嗣孫致遠致和寔等具碑，請余重書，刻置堂上。噫！繼自今歲時掄祭，百世一日，則梅氏子孫之職。釋子能固護柴栢如澄展之心，則各盡其道矣。尚勗之謹之。

120. 《曾子全書序》

按：文載《曾子全書》卷首〔註401〕，又載汪晫《康範詩集》後附《康範實錄》〔註402〕，錄文如下：

著書所以明道，非尚淹該而鬭綺靡也。天何言哉？聖人之於言，蓋有不得已焉者耳。世降叔季，著述漫羡，蹈襲一軌，去道益遠矣。新安康範先生汪公晫嘉遯歿世，無求於時，問學操履，孜孜師古，非有爲人之私也。見曾子、子思言行散於諸書，於是會萃以成二編，將以闡斯道，行萬世。先生與朱子同桑梓，且並生宋紹興間。朱子不及見其書成，而先即世，先生每以爲恨焉。其孫夢斗以書送官，廼藏秘府，褒郎秩貲泉壞矣，然不得以傳於當時。迨其五世孫疇，一日攜寫本過余，披誦三復，採摭據乎經傳，淵源本乎伊洛，發揚先哲，嘉惠來學。視彼窺竊陳編，衒媒希進者，相去萬萬也。今逢盛時，曾、思二子之學，大明於世。夫列館閣以斯文爲任，尚採遺書，布諸區宇，則於治教豈小補哉。汪澤民序。

121. 《跋績溪汪處士屬續所賦如夢令詞後》（至正辛巳，1341 年）

按：文載汪晫《康範詩集》後附《康範實錄》〔註403〕，錄文如下：

贈通直郎康範先生汪公，宋開禧間高蹈山林，誠有道之士也。行修於家庭，德薰其鄉里，著書以明曾、思二子之學。於乎！先生雖生不享爵位，既沒，門人謚之，朝廷褒而贈之。幾二百年云，仍尚克寶遺文而不墜，天之報善，亦云厚矣。澤民於先生爲宗家子姪，斂襟三復，執筆慨然，題於末簡。至正辛巳九月望日新安汪澤民謹書。

〔註400〕　（北宋）梅堯臣《宛陵集》，景印文淵閣四庫全書第 1099 冊，臺灣商務印書館 1986 年版，第 439 頁。

〔註401〕　（宋）汪晫編《曾子全書》，景印文淵閣四庫全書第 703 冊，第 457 頁。

〔註402〕　（宋）汪晫《康範詩集》，景印文淵閣四庫全書第 1175 冊，第 594 頁。

〔註403〕　（宋）汪晫《康範詩集》，景印文淵閣四庫全書第 1175 冊，第 593 頁。

122. 《王仲儀文集序》

按：文載程敏政《新安文獻志》卷十九，錄文如下：

至正戊子冬，澤民展省婺源，再宿武口溪滸。里士朱仲紀持王君仲儀文集請予爲之序，蓋朱氏嘗從仲儀遊者。因獲讀之，撫卷太息曰：博矣哉！賦詩、雜著、歌行、銘贊、題序、碑誌，凡如干首，大篇短章浩瀚明潔，蓋其筆力馳騁，若懸崖瀑泉，一落千尺，噴薄轟隤，目眩心掉。雖樵人野叟，亦駭其爲奇觀也。若鼓迅霆，奮疾焱，驅暑以解蘊，隆執熱者，莫不挹清涼以快適於一時也。惜乎不以之黼黻鴻業，被之笙弦，以歌頌太平之盛，遽止於斯爾。雖然，士求無愧怍於在我者，遇不遇烏足計哉。延祐初，與仲儀同領薦書北上，予上世居婺源，長途旅邸，接話言之益，敦里閈之好。後竟不得再握手，而仲儀永訣矣。平生詞翰，朱氏會粹靡遺，固可表見於世。抑言爲文所以載道，豈空言哉。觀《時思》、《白雲》二記，凡人子於其親，愉色婉容，悽愴怵惕，存歿慕戀之誠，委曲詳悉，發之無毫髮留蘊，足以引孝思，厲薄俗，蓋無智愚、無賢不肖，同具此天有不可泯焉者。噫！予衰白滋甚，生哀墟墓，夙夜不忘，使仲儀猶在，當相與三復斯文。痛哭流涕，念罔極之恩，而雪無涯之戚矣。

123. 張純仁《康範詩集原序》（至正己丑，1349 年）

按：文載汪晫《康範詩集》（四庫全書本）卷首，錄文如下：

志發於言而爲詩，情發於聲而成音。是故詩之豪放而綺麗者，志乎富貴者也；沖澹而蕭散者，志乎隱遯者也；平易而典雅者，志乎道義者也。是故音之和者其情正，音之怨者其情乖，音之靡者其情肆。聽其言也，審其聲也，斯得其志與情之所發，人之賢否從可知矣。《傳》曰：見其禮而知其政，聞其樂而知其德。徽績溪邑，當宋季世多顯人。而汪氏自有唐以來，尤爲右族。處微君世詩書之澤，而爵祿不入於其心；味道義之腴，而窮約無所怨乎世；樂丘園之趣，而惠愛足以及於人，鄉邑視之爲楷範，官府信之如蓍龜。觀其《環谷存稿》，所爲詩詞數十首，其言典雅，其聲和平，無一毫晚宋氣習。其曠達者恆依乎理，未嘗墜晉人之弊。視彼處窮約而怨尤，甘隱遯而忘世者，固不可同日語矣。易簀一詞，了達生死，且有一息尚存，不容少懈意。嗚呼！豈非有道君子哉。是宜生而名公卿以逸民論薦，歿而賢大夫以康範先生私諡之也。惜乎其所述作不復盡傳於，世此其幸存而未泯者耳。非惟汪氏子孫所宜珍重，亦斯文之所當共惜者也。余再來新安，校文郡庠，糾錄趙君遇偕先

生五世孫疇爲徵余文題其端，以鋟諸梓。執筆汗顏，姑論其概，俾覽遺風，傳逸民者亦將有感於斯文。至正己丑九月既望奉議大夫江浙等處行中書省左右司郎中致仕張純仁敘。

124. 胡柄《宋汪先生世家》

按：文載汪晫《康範詩集》後附《康範實錄》〔註404〕，錄文如下：

汪先生名晫，字處微，以字行，績溪人。其先即唐越國公華，今爲忠顯廟神，績溪汪氏皆華後裔。處微世居邑之城西好禮坊。國初有名戩者，以長者聞，自邑達淮泗，至於東都，皆知名，於處微爲七世祖。戩之玄孫激三貢於鄉，以南郊恩授文學。有王淑者貧，常給事書齋，見激所爲文，亦竊爲之，多有警策句，汪氏祖父參軍宗臣公就教之。嘉祐二年，淑與激同試禮部，實蘇、曾登第之年，淑亦登第，名偶在曾鞏上。淑嘗語人曰：我壓得曾子固。後汪氏有門生詩云：欲似君家老王淑，敢將狂語報參軍。元豐末，蘇公轍高安酒官移宰績溪，與激交遊甚厚，題其家別墅詩，並所與從兄監簿公深詩，並見集中，答激手翰藏汪氏。處微以激爲曾祖，再傳襲儒業不衰。紹興三十二年，處微生，幼嗜學，從同郡直閣汪公文振爲舉業，與兄晹皆以文稱。開禧間，即棄所習，放意山水。乃築室環谷山中，精刻六經之奧，貫穿諸子，下及百家之書，皆求其指歸。性孝友廉介，聲望藹於鄉里，賢士大夫莫不敬且愛。部刺史或訪焉，則以編氓辭，緣是高其行，亟餽，輒不受。邑大夫造廬，請益不獲已則見。端平改紀，群賢聚於朝，參政眞公德秀欲薦之，不果。喜爲詩，尤邃於文，多不蓄稿，故罕得其全編。每以夫子之道得曾子而傳，遂傳子思子，思傳之孟子，而二子言行雜見諸書，學者憾不得其全，處微裒集成部帙。嘉熙元年夏，屬疾垂亡，作小詞以舟自況，有「把柁更須牢」之句。竊謂其奉身尊己，兢兢戰戰，死而後已者也。平生有詩云：「老矣不堪持手板，死時何用覆斜衾」，亦可想其爲人矣。既沒，邑令李公遇率父老人士誄其行，私諡曰康範先生。子燾、點，皆應士舉。從表姪儒林郎嚴州觀察支使胡柄撰。

125. 朱文選《曾子全書原序》

按：文載汪晫《康範詩集》後附《康範實錄》〔註405〕，錄文如下：

〔註404〕（宋）汪晫《康範詩集》，景印文淵閣四庫全書第 1175 冊，第 592～593 頁。
〔註405〕（宋）汪晫《康範詩集》，景印文淵閣四庫全書第 1175 冊，第 595～596 頁。

草廬吳先生嘗序高安李純仁所編《顏子》書，言宋儒有備《論語》諸書所載，合《大戴記》內十篇，爲《曾子書》，又輯子思所言爲《子思子書》。然則，曾、思已有全書矣，而余未之見。序中但言宋儒，又未知所指果何人也。生晚不得拜先生門，以請其詳。至正八年春，守績溪，邑庠秀才汪疇袖其五世祖處微先生所纂《曾思全書》。余讀之竟，疑吳先生所指者其在斯乎。先生生於宋紹興間，與晦庵先生同時。所纂之書，與晦庵注書去取之意暗合。再觀先生自序之語，謂晦庵聞先生《曾子書》成，恨不得見其本。及《子思書》成，以稿附。晦庵門人滕德粹以寄晦庵，稿未達而晦庵已謝世。又謂西山眞先生見此二書，謂當與《論》、《孟》並行，欲以表聞，未達而西山逝矣。德祐年間，先生三世孫夢斗以表上進省部，議擬頒告天下，與《論》、《孟》並行，命纔下而宋祚北矣。嗚呼！此書之所以未行於世者如此。或者又曰曾子、子思已有《大學》、《中庸》，又何必全書？余則以爲未然。晦庵嘗釋曾子三省章曰：惜乎嘉言善行不盡傳於世，然則晦庵亦有惜其未全之意。子思統夫曾子者也，其嘉言善行，亦不止《中庸》一書而已，此全書之所以宜編也。先生五世孫疇以其書告諸在位，欲得一言之公，使其書與《論》、《孟》並行，以遂厥祖不死之心，可謂善承其志矣。余謂列諸百僚者，皆自道學中來，豈無賢於眞先生者乎？必將有以轉聞於上，而頒行於天下，此豈惟處微之幸，亦吾道之大幸也。先生諱晫，處微其字也，別號環谷，當時士君子以其問學行誼似黔婁、太丘，相與私謚之曰康範先生。宋德祐間特贈通直郎。雲龍飛侍士浙東道宣慰使司副使僉都元帥鄮易後學朱文選克用序。

126. 張師愚《宛陵群英集序》（至正元年，1341 年）
按：文載陸心源《皕宋樓藏書志》卷一百一十六〔註406〕，錄文如下：

宛陵山水之勝，聞於東南。人生其間，必有魁奇秀偉之士。發於詠歌，亦必清麗典雅，播當時而傳後世。由宋以來，有少卿李公侍讀、梅公公之姪都官先生泊施景仁、周少隱諸人，彬彬彰甚。余嘗欲萃輯眾作，而因循不暇。一日，里人施璿明叔率諸弟來，請曰：「吾宣詩人之集不少，年代浸遠，散渙無統，淪亡者眾矣。今不輯，懼久而益泯，使後世無聞焉。非所以尊先達，勵後進，願子輯諸家之長爲一編，吾將刻之梓，以久其傳。豈不偉歟？」余固辭不獲，乃與吾友汪氏叔志上取宋初，迨於今日，凡宣之士所作諸體詩，

〔註406〕　（清）陸心源《皕宋樓藏書志》，《續修四庫全書》第 929 冊，上海古籍出版社 1996 年版，第 618 頁。

摘其警策者，類分而臚列之，凡二十八卷，名曰《宛陵群英集》，都官詩則有《宛陵先生集》刻本於學宮，茲不覆載。若夫採錄未盡，及繼今有作，將俟續刊之云。至正元年歲在辛巳春正月丙子，宣城張師愚敘。

127. 張師曾《編宛陵先生年譜引》（至元元年，1264年）

按：此文載於元代張師曾《宛陵先生年譜》卷首，今據《年譜》錄文〔註407〕：

宋御史虛谷方萬里評宛陵先生詩為宋室詩人第一。今考其出處端靜，蹈履高淳，乃及父兄師友傳授淵源，又非魏、晉、隋、唐詩人所能並也。設其詩文不工，猶當敬愛信之。況潛珠蘊玉，在昔賢實有定論邪。僕生也晚，幸與先生同里，仰瞻切切，恆以不得親炙為恨。雖然，於文獻足徵，猶得為聞其風者也。輒敢採摭集傳，訪諮故老，手錄其年譜一帙，以遺後之懷賢君子，與厥家之紹業仍孫云。時至元元年三月之吉，里人張師曾書。

128. 胡居敬《吾吾類稿序》

按：文載張金吾《愛日精廬藏書志》卷三十四、陸心源《皕宋樓藏書志》卷一百〇七〔註408〕，錄文如下：

強圉作噩之祀，予（《愛日精廬》作「余」）還江右，抵臨江，假寓天寧寺。寺密邇郡庠，因與教授吾吾吳先生舜舉遊。先生嘗語予（《愛日精廬》作「余」）曰：「郡承大亂之後，民皆習武事，厭儒術。學宮雖存，弦誦絕響。教無所敷，吾甚恥之。」既而時異事殊，先生屏居閭里，闢一室續學藝文，惟以奉親訓子為務。勢利紛華之習，眂之漠如也。郡洊罹兵變，干戈相承，學宮荒閴。袁筠之境，遺民逸士聞先生名，每延置其家，奉贄請益。雖武夫悍將，多遣子弟就學焉。四方縉紳大夫求詩若文，戶屨恆滿。平居無事，操觚染翰，著述不厭。境與意會，必形之吟詠，學者多傳誦之。遭時多囏，竟齎志以沒。惜哉！先生沒十餘年，其子均匯次遺稿，屬為序。予嘗見先生文集，篇帙甚富，今所存僅若此，蓋掇拾於喪亂之餘，不能全也。先生之文，典實古雅，從容於法度之中。其為詩沖淡和平，發乎性情之正。世之工乎侈靡浮麗、以流連光景嘲弄風月者，不可並論也。先生世家臨州，履齋丞相之諸孫也。蚤遊吳文正公之門，獲聞聖賢之學，故處乎叔世，卓然不易所守。

〔註407〕吳洪澤、尹波主編《宋人年譜叢刊》第2冊，四川大學出版社2002年版，第816頁。

〔註408〕（清）陸心源《皕宋樓藏書志》，《續修四庫全書》第929冊，上海古籍出版社1996年版，第525～526頁。

使得位而見諸用，其事業必有可觀也。詞章云乎哉？均字仲權，好學而文，能守其家學云。（按：四庫本《吾吾類稿》後尚有「渝陽胡居敬敘」）。

129. 張美和《吾吾類稿序》

按：文載張金吾《愛日精廬藏書志》卷三十四、陸心源《皕宋樓藏書志》卷一百〇七〔註409〕，錄文如下：

詩權輿於康衢之謠、賡載之歌，而大備於成周之風雅頌。後世雖有作者，不可及已。邵康節云「自從刪後更無詩」，非無詩也，無古人之詩也；非無古人之詩也，無古人之性情也。五言起於李陵、蘇武，七言起於漢武，《柏梁詩》之為體，非古也。絺章繪句，嘲風弄月，詩之為教，非古也。夫以古人之詩如彼，而今人之詩如此，謂之無。果無詩哉？其間有能以今人之詩體，而寫古人之性情，則詩之為教猶有存者。然文章與時高下，漢魏之詩猶近於古，下至六朝，則綺麗之習勝，而漢魏雄渾之氣亡矣。迨夫聲入於律，而絕句八句排律之作，則號為近體，而拘拘於對偶，媲青配白，爭以纖巧新奇為尚，去古益遠。然時之所趨，其可少乎。臨川吳舜舉先生蚤知學詩，而能上追《三百篇》之義，作為五七言、古近二體，諸詩皆本乎性情，關乎世教，非汎汎而作者。前嘗為臨江郡博士，其淑之人者多矣。亂離以來，全稿散失，其子均收輯遺篇於亂定之餘，僅得若干。首臨江稅課司大使、京兆趙君師常見而說之，遂率郡中士友命工刻梓，以永其傳。以子與先生相知之深，徵序其端，予不敢辭。張美和序。

130. 羅大己二篇

《靜思集序》（洪武二年，1369年）

按：文載陸心源《皕宋樓藏書志》卷一百〇八〔註410〕（亦載四庫本《靜思集》卷首），錄文如下：

桂林郭君彥章自其先世林碉先生，得紫陽朱子之學於靜春劉公。子孫世傳以為家法，後來若西牖先生、湜溪先生，時能沉潛精敏，深有造諸。其所自得先儒之議，多所發明，彥章因守其家法者也。經亂以來，遇事感觸情之所至，勃鬱于中，不能自己，則輒形之歌詠。或登高而嘯，或臨流而歎，扣

〔註409〕 （清）陸心源《皕宋樓藏書志》，《續修四庫全書》第929冊，上海古籍出版社1996年版，第526～527頁。

〔註410〕 （清）陸心源《皕宋樓藏書志》，《續修四庫全書》第929冊，上海古籍出版社1996年版，第530～531頁。

壺擊節，慷慨激揚，商歌之聲，隱隱動林壑聞者，知其為妙也。錄成篇帙，間以示予。予愛其題無泛作，必有關涉；章無羨句，必有警發。雖其片詞單言，特出諧謔。然亦未嘗不使聽者欣然喜，赧然愧，其於世道人物天理民彝有所感發，是真得古詩人諷刺之義者歟？亦其所養固有異於人歟？使予序之。予非能詩者也，將何以為之言哉。雖然，余於彥章之詩，亦不能無所感焉。國風雅頌大抵皆古之樂章，固必以音節為之主，而詩本性情者也。夫中人之性情，不能不有所偏，隨其所偏，徇其所至，則溢而為聲音，發而為言笑，亦各有自得之妙焉。是豈可以人力強同哉？漢魏而下，詩之合作，具盛於唐。然凡稱名家文章，雖有淺深高下，不可一概論，而未有不本於性情；掩卷讀之使人自辨，未有不得其人之彷彿者，此不可強同之論也。以是知學詩者，固當以涵養性情為本，而不當專求工於詞也。而近年以來，江湖作者往往託以音節之似，必求工於詞，而不本於性情，譬之刻木為人，衣之寶玉，面目機發似則似矣，被服瑰奇美則美矣，然求其神情色態，出於天然自得之妙者，終莫知其所在也。又且專掇取古人一二勝處，藻繪織組，錄而讀之，動心駭目，又如八珍之饌，五侯之鯖，幾使下筋無可揀擇，後生晚進慕而効之，如恐不及，直謂太羹玄酒為澹泊，清廟明堂為樸斲，又詩道之一變也。嗟夫！抵掌談笑似孫叔敖，果豈孫叔敖哉，亦強為之調耳。彥章之於詩，規矩音節，盡出唐人而不拘拘焉。擬規以為圓，摹矩以畫方，而自得之妙，固在言外。此余之所深愛也。故書之卷末，而歸之彥章，將以吾言為然乎？不然乎？彥章有經濟能自守，觀其詩可見矣。洪武二年己酉，廬陵羅大己伯剛序。

131. 《灤京雜詠跋》（玄黓困敦，壬子，1372 年）

按：文載陸心源《皕宋樓藏書志》卷一百〇八〔註 411〕（亦載四庫本《灤京雜詠》卷末），錄文如下：

世所貴於能言者，非以其能自為言也。穹壤之大，古今之異，生物之情態，殆萬變而無窮，能者言之，如水之鑒物，燭之取影，如傳神寫照，短長肥瘦、老壯勇怯，其神情意度、邪正醜好，或得之一覽之間，或索之冥搜之表，要各有以極其趣而後已焉。夫豈有窮乎哉？百年以來，海宇混一，往所謂勒燕然、封狼居胥以為曠世希有之遇者，單車掉臂，若在庭屋。其彊宇所

〔註 411〕　（清）陸心源《皕宋樓藏書志》，《續修四庫全書》第 929 冊，上海古籍出版社 1996 年版，第 532 頁。

至，盡日之所出與日之所沒，可謂盛哉。楊君以布衣從當世賢士大夫遊，樸被出門，歲走萬里，耳目所及，窮西北之勝，具江山人物之形狀。殊產異俗之瑰怪，朝廷禮樂之偉麗，與凡奇節詭行之可警世厲俗者，尤喜以詠歌記之。使人誦之，雖不出井里，怳然不自知其道齊魯、歷燕趙，以出於陰山之陰、蹕林之北，身履而目擊，眞予所謂能言者乎。予索居間鄉，聞見甚狹，間獨竊愛。中臺馬公祖常、奎章虞公集、翰林柳公貫，時能以雄辭妙筆寫其一二，今得楊君是集，又爲增益所未見。俯仰今昔，又一時矣。君其尚有可言者乎？而君固已杜門裹足，歸老故山，方日與田夫野叟相爾汝求以自狎。兵燹所過，莽爲丘墟，回視曩遊，跬步千里，吾知君頹簷敗壁之下，滌瓦楹，倒鄰釀，取舊編與知己者，時一諷詠，未必不爲之慨然以永歎，悠然而遐思。歲在室困子敦（四庫本作「玄默困敦」，是），里諸生羅大己敬書於其集之末云。

132. 吳復興《佩玉齋類稿序》（元統乙亥，1335年）

按：文載陸心源《皕宋樓藏書志》卷一百〇八〔註412〕（亦載四庫本《佩玉齋類稿》卷首），錄文如下：

鄉寓讀景仁魏君書塾，獲與江寧楊先生鄰壁相聞。先生季子文開以盛作見示，嘗贅語編末矣。後二年，復留魏塾，文開之兄文舉積輯尤富，猥質言焉。僕固知其世家舊德，淵源深矣。不然何其兄弟之文，持論明正，又爾雅若是歟。昔漢陳仲弓蓄德沖厚，二子之名滿天下。宋眉山蘇公，老於文學，二子之名亦滿天下。先生兼有之宜乎。兄弟競爽如此。因觀佩玉所紀，爲之歎服，忘其僭而洊書之。是歲元統乙亥三月癸巳，廣信吳復興起季甫識。

133. 歐陽應丙《貞一稿序》（至治癸亥，1323年）

按：文載陸心源《皕宋樓藏書志》卷一百〇九〔註413〕，錄文如下：

勤者，爲學之本也。士而或怠，能有進焉者，否也。曩遊京師，獲識本初朱鍊師於環樞堂下。讀其詩，則排體、五言學工部，長句與文則馳驟老坡間。時本初已四十餘，以道法承應中朝，日不暇給。然省其私，稍有餘力則卷不釋手，夜讀書，由乙至丙以爲常。吾固知其將有進也。久之，文進於韓，復進於《選》，迄今十有餘年，其所進方未已也。吁！勤矣！經生曲士，自少

〔註412〕（清）陸心源《皕宋樓藏書志》，《續修四庫全書》第929冊，上海古籍出版社1996年版，第536～537頁。

〔註413〕（清）陸心源《皕宋樓藏書志》，《續修四庫全書》第929冊，上海古籍出版社1996年版，第540～541頁。

至老，役役事橐臼語言，或者不知蘇爲何文，杜爲何詩者，有矣。況老氏學者歟？況韓與《選》歟？壯得志而自畫者，有矣，況四十、五十歟？本初大父以科舉仕宋，至淮陰宰。抑其家學有所從歟？環樞尊師清靜佐化，理文采，動公卿，若漢蓋公、唐吳筠者。本初出入贊襄其間，而有所講益歟？不然，顧其所學之勤之進，歲異而月不同者，又何歟？後之爲學、思有進者，展讀茲卷，知所勉矣。雖然，猶有望也。伯陽君曰「上士聞道」，子貢亦謂「不可聞者夫子之言性與天道」，愚故於此猶望其終進於道，文章云乎哉？本初，名思，本朱姓，臨川人。學道龍虎山中，貞一其號云。至治癸亥十月甲子，臨江歐陽應丙書。

134. 李訥〔註414〕《不奉誨益帖》

按：文載《式古堂書畫匯考》卷十九〔註415〕（亦載倪濤《六藝之一略》卷 397），錄文如下：

訥頓首再拜仲實翰學先生：不奉誨益，已三月餘矣。徒切馳情，想日來文候起處，清適是喜。區區守職粗遣，惟慮困乏貧，民不能應承是務。此憂此慮，將如之何哉。外不煩道者，惟冀先生凡可以教我者勿慳批示，以匡不逮，以慰鄙懷。若斯文交情之至，不備。乙未月既望越五日，河南李訥載拜於仲實先生前。

135. 孔濤二篇

《輝山存稿序》（至順二年，1331 年）

按：文載陸心源《皕宋樓藏書志》卷一百一十〔註416〕，錄文如下：

《輝山存稿》者，吳江蕭君玉甫所作詩集也。余始識其嗣子英，子英出示此編，誦之清新警策，句律嚴整，皆有補於世道，非徒作也。作詩無補於世道，風雲月露，牛鬼蛇神，抽黃對白，訂巧搜奇，可無作也。《三百篇》之作，上而君相，下而才人，女子、小夫、賤隸皆在所不論，但取其有補於世道者存之。後世之士，人人能詩。唐宋以來作詩者，不知幾人。傳世至於今

〔註414〕 按：《全元文》（22/489）有李訥，小傳稱「濰縣（今山東濰坊）人」。此處題署「河南李訥」，當別是一人。

〔註415〕 （清）卞永譽《式古堂書畫匯考》，景印文淵閣四庫全書第 827 冊，臺灣商務印書館 1986 年版，第 869 頁。

〔註416〕 （清）陸心源《皕宋樓藏書志》，《續修四庫全書》第 929 冊，上海古籍出版社 1996 年版，第 553 頁。

日者，裁幾集？夫其所以不傳者，以其作無補於世道也。君玉甫握瑜懷璞韞而不沽，發而爲詩皆補於世道之作。黃壤埋玉樹者，有年矣。悲夫！繼述有子，乃能發潛光幽傳之不朽，實陽公雍伯之田，亦果有可種之理者耶。近世浙右以詩著者，稱張、鄧、仇、白，予生雖晚，皆嘗獲從之遊，獨以不及一識君玉甫爲恨。嗚呼！詩自虞廷賡載，變而爲《五子之歌》，雅頌變而爲國風，西京變而六代，盛唐變而爲晚唐，前宋變而爲後宋，論詩至此可以三歎也。安得起君玉甫於九原，以此論質之。至順二年龍集辛未夏五月十又一日，龜蒙末學詩者孔濤序。

136. 《東坡村醪帖跋》

按：文載明代趙琦美《趙氏鐵網珊瑚》卷四，錄文如下：

張宣公雲坡公結字穩密，姿態橫生，一字落紙，固可寶玩。而況其平生大節如此，忠義之氣未嘗不蔚然見於筆墨間也，真可畏而仰哉。此詩字畫雖出於一時，率然之作，以南軒之言求之，信可寶也。龜蒙後學孔濤題。

137. 何淑《玉笥集序》（洪武乙卯，1375 年）

按：文載陸心源《皕宋樓藏書志》卷一百一十〔註417〕（亦載四庫本《玉笥集》卷首），錄文如下：

世謂文章有臺閣山林之殊，故其氣有溫潤枯槁之異。文章固然，詩之爲道亦猶是也。余獨謂詩之作也，有正變焉。正固謂盛，至於情發於聲，止乎禮義，又變之不失其正者也。情之所發，言辭出焉；聲之所止，禮義存焉。故氣應乎外，情發乎中，若功業加於民，聲光昭於時，則其氣自壯。和順積乎中，英華見乎外，則其情自婉。氣可以學而爲，情不可以強而至。曾謂山林之不可爲臺閣，臺閣之不可爲山林乎？譬之太羹玄酒醇醪雋永，查梨萍菹淡腴酸澀，食者各適於口，而其出於自然者，蓋不以氣而以情也。余友鄧君伯言行純而學優，才美而志遠。少力於學，壯而未行，老於風騷，乃有所得。其爲詩歌，每出人意表，簡而不疏，直而不俚，其間道氣運之盛衰，論人事之得失，往往從容不迫而意已獨至。使接踵陶韋間，未見其大相遠也。視所謂山林枯槁者，蓋不侔矣。是果氣使之然歟？抑情乎哉？嘗示余以所爲《玉笥集》數百篇，且求爲序，余因諷味有感焉。嗟夫！今之於詩道者，或氣滿

〔註417〕　（清）陸心源《皕宋樓藏書志》，《續修四庫全書》第 929 冊，上海古籍出版社 1996 年版，第 553～554 頁。

志得則不暇以爲，或羈愁窮困則不得以爲，若君者學於少，得於壯，成於老，富貴榮達之心雖淺，而溫柔敦厚之度愈深，是果詩之幸歟，其亦君之幸也歟。將見由變而之正，由山林而之臺閣，所謂宣宮商諧，金石以鳴，國家之盛者，未必不在於君也。吾老矣，幸獲見之，尚當有徵斯說。姑以是爲序。洪武乙卯七月既望，臨川老友蠖闇道人何淑書。

138. 丁節《玉笥集序》（洪武丙辰，1376 年）

按：文載陸心源《皕宋樓藏書志》卷一百一十〔註 418〕（亦載四庫本《玉笥集》卷首），錄文如下：

觀鄧君伯言詩，如春風林塢，卉木鮮麗，泉石清泠，時禽響答，自然天趣，有動人處，繇其好尚之專且久也。推是心以往，何事不可求。使居通都大邑，觀乎明堂郊廟之制作，則又將有得發而爲金鐘大鏞之音矣。古有太史采詩以觀民風，設今有之，則君之五言沖澹，中多古意，歌謠善諷，切最近人情。有足採者矣。尚勉焉以俟。洪武丙辰之歲子月下澣，前承事郎監察御史丁節子堅（按：子堅，四庫本無）書。

139. 高昂霄《河汾諸老詩集跋》（大德辛丑，1301 年）

按：文載陸心源《皕宋樓藏書志》卷一百一十五〔註 419〕（亦載四庫本《河汾諸老詩集·附錄》），錄文如下：

《河汾諸老諸集》者，迺大同路儒學教授房先生之所編也。予一日得之，惜乎諸老一代高名，百年清氣，已嘗遍白於天下。是集未嘗流佈也。皇慶癸丑夏，特命工鋟木，以廣其傳。然而諸老之學，又豈專乎詩也。出處大略，已具前序，今書是說，以告夫後之學者，不爲無益云。六月吉日尊賢堂高昂霄具白。

140. 馬治二篇

《周履道哀辭》（並序）

按：文載四庫本《荊南倡和集·附錄》，錄文如下：

履道，吳門人。幼家徙無錫，居市上，未嘗與群兒戲，自知弄筆研。稍

〔註 418〕 （清）陸心源《皕宋樓藏書志》，《續修四庫全書》第 929 冊，上海古籍出版社 1996 年版，第 555 頁。

〔註 419〕 （清）陸心源《皕宋樓藏書志》，《續修四庫全書》第 929 冊，上海古籍出版社 1996 年版，第 615～616 頁。

十四五，擇從文學高等遊。俄而才思大進，舉州皆驚。遊吳門，吳門士大夫拭目。平時素號貴驕名能文章者，莫不希得履道一先詣己見，爲已增價。其業至弱冠，尤盛於詩。每東西浙燕，享四方，餞集作者動三數十篇，履道常卷中迥出其詩，幽麗豪浪，無所不有，爲小楷行草備諸家體，溢而爲畫，寓篆籀法，人罕得之。然時有不察微議之者。嗟乎！履道使不死，至今日物論定，豈王右丞、米南宮下哉。雖其在時，亦且自意以爲非古人莫已出。履道素飄挺性節義，謂士學以適變，通其道非一。故常解後一奮，而竟抑不遇死，可痛哉。余往在無錫，與履道遊。及歸義興，履道與留其間，凡十四年。交雖久，而年相若而志侔，爲志款密者，余則履道一人。不知履道去予，如予當有幾人也。男兒四十非短命，窮達貴賤已不足介於死生之間，惟其無三尺之孤，遺其詩在。人未有哀之，四方而編之，爲履道可哀也。非後死者之責乎？辭而哀之，有以余哀爲哀，則履道之詩可得而哀焉必矣。辭曰：

暫之美而才兮，炯珠玉其懷兮。胡倏往而偶來兮，徒使我心哀兮。憶予之少壯時兮，與汝遊東西兮。英魂蕩蕩何之兮，徒使我心悲兮。幽蘭折兮，琪樹凋兮。荒獨遺此艾蕭兮，無幼孤以爲後兮。徒使我心憂兮，求魂魄於下上兮。收風雅兮，散四方兮。勞誰吾與仿佯兮，徒使我心傷兮。

141. 《洪侍郎詩帖跋》（己酉，1309 年）

按：文載趙琦美《趙氏鐵網珊瑚》卷四，錄文如下：

洪文忠詩謂道場何山，爲大家幽人，此蓋發坡翁之遺蘊，譬如爲二人寫真。文忠已極其神觀意度矣，而文忠乃直指自出其姓名與字，是可貴也。詩法一本韓與舟老，書尤見前輩激昂意思。己酉十月九日義興馬治楓涇寓舍題。

142. 揭祐民二篇

《豫章先生遺稿跋》

按：文載四庫本《豫章文集》卷十六《附錄下》〔註420〕，錄文如下：

先生大節，簞瓢如顏，質問如曾，言志如葴，雍和如仲弓，宜師友相傳，謚議相尚，巍乎冠冕追祀千載也。間世之姿，遭時之窮，小人在位，君子在野。當王安石用事，先生知其管心軼法，使正人斥逐，舉綱幾盡，先生明哲保身。時及靖康，有「也知鄰鬩非吾事」句，豈忘平昔禹稷之心哉。思不出其位，靜交聖賢，遠遡伊洛，不取於彼而詣極於此，安吾素也。著書立言，

〔註420〕 （宋）羅從彥《豫章文集》，四庫全書本。

幽而光，潛而微，充前拓後，而窈冥者莫可測識。其書初也散亡，滅沒於鄉里，中莫知所求，惟天不泯斯文，後死者有幸。許氏乃密購遺本，於欲燔未燔之際，豫章之美采，干將之寶氣，有藉而存。許源以儒學任南平教職，亟鋟諸梓，適予過揲之年，切朝聞之念，辱舉示教，讀而志饜，知九原爲重起也。源復吾，予以是書，當與延平先生文集並行，遂決意藏諸書院之古犧洞，庶託永久。山高石堅，猿聲歲年，呵護之專，誰能捨旃。謹跋。後學盱江揭祐民從年父。

143. 《朱子詩傳纂集大成序》（泰定四年，1327 年）

按：文載陸心源《皕宋樓藏書志》卷五〔註 421〕、張金吾《愛日精廬藏書志》卷三〔註 422〕，錄文如下：

善乎朱子之於《詩》，足以知聖人也。取經而傳之，祖刪述之本旨，而含前儒傳言失意之餘慮，傳之作也有由哉。周德既衰，《詩》亡《樂》缺，所賴見先公先王風化之自者，惟《三百篇》。夫子生晚周，拳拳於《二南》，唯恐人心之不爲。於師摯聞《關雎》洋洋盈耳，欣幸之至，歌詠不絕，興《詩》、立《禮》、成《樂》之語，豈虛發哉？朱子於千載之後，感歎哲人之云亡，眾喙淆亂，恐聖人扶持《詩》《樂》之意不傳，乃分別正聲之可弦可歌者，其餘鄭衛之間，有關淫竇情性，弗得其正，辨而闡明，以防閒人心。及排《小序》之誤，理渙辭釋，使後死得與於斯文，彰聖人之功莫大焉，其書又豈肯自居於疏下。近世《詩》解甚多，如李迂仲、呂伯恭皆善言，惟華谷嚴氏獨能詣風賦比興之趣，識其正體。其間援朱子言者多，是知朱《傳》不得不爲《詩》之統宗會元。雖聖人復出，不易斯言也。然則今胡氏之《附錄纂疏》及稽《齊魯韓三家詩考》，捃摭星宿於羲娥後，得無戾朱子意乎？曰不然，漢儒自申、轅而下，專門者絕力模倣，皆爲羽翼聖經，獨如支流之未底於海，習射之未至於的，則各有見焉。今之纂集《大成》，檃括前後，鏤剔眾說，學者得之，如大庖厭飫，不但染指嘗鼎。胡氏之心豈弗良苦，觀其精力茲書，歿身乃已，後十餘年始得。今劉氏君佐，迺朱子故友劉用之後人。大不忍以用朱子之學者堙鬱不售，亟鋟諸梓。使學者誠能於此沉浸參酌，舉疏而傳通，舉傳而疏通，明經取青紫之士，其事業所得燭照龜卜，較然甚明也。書肆舊有《書傳

〔註 421〕（清）陸心源《皕宋樓藏書志》，《續修四庫全書》第 928 冊，上海古籍出版社 1996 年版，第 60～61 頁。

〔註 422〕（清）張金吾《愛日精廬藏書志》，上海古籍出版社 2014 年版，第 50～51 頁。

纂集大成》，行之於四方，信矣。今《詩傳纂集大成》，人間有此雙拱璧，將爭先睹之，政不待序而後顯。劉氏曰，是序也。時泰定第四禩強圉單閼歲長至穀旦乙丑，後學從仕郎邵武路總管府經歷致仕旴江揭祐民從年父書於建東陽翠岩劉氏家塾。

144. 陳友仁《周禮集說序》（至正乙酉，1345 年）

按：文載陸心源《皕宋樓藏書志》卷六〔註423〕（亦載四庫本《周禮集說》卷首），錄文如下：

《周官》六典，周公經制之書也。畫井田，立封建，大而軍國、調度、禮樂、刑賞，微而服御、飲食、醫卜、工藝、毫芥，纖悉靡不備，載六官之屬，各從其長。其要則統於《天官》，大綱小目，截然有紀，萬世有國者之高抬貴手也。周家太平氣象不可復見，愚於此書，竊有志焉。然而諸儒訓釋，甲是乙非，無所折衷，學者病之。余友雲山沈君則正謂余曰：「近得《集說》，於雪手澤尚新，編節條理與東萊《詩記》、東齋《書傳》相類。其博雅君子之為歟，名氏則未聞也。」一日到沈君家取而閱之，如於盆盎中得古罍洗，把玩不忍釋。癸未秋，與長樂拙存高君載酒而往請焉，則正樂善人也。俞其請且止宿，乃曰：「風雨瀟瀟，子之志固善矣。時異事殊，《禮經》焉用。折楊黃荂，未必不貽笑於時人也。」余覆之曰：「執此以往，固非所望。居家讀之，是亦志文中子之所志也。」於是攜其書以歸。是歲，留於山前表伯之西榻，就而筆之。訓詁未詳者，則益以賈氏王氏之疏說；辨析未明者，則附以前輩諸老之議論。越明年，是書成，非特可以廣其傳，亦予之夙志也。姑敘梗概於卷末。時丙子後九歲，吳興後學前谿陳友仁君復序。

145. 李俊民〔註424〕《儀禮逸經序》（至正十四歲，1354 年）

按：文載朱彝尊《經義考》卷一百三十三〔註425〕、陸心源《皕宋樓藏書志》卷六〔註426〕，錄文如下：

〔註423〕（清）陸心源《皕宋樓藏書志》，《續修四庫全書》第928冊，上海古籍出版社 1996 年版，第 67～68 頁。

〔註424〕按：此序文作於 1356 年，故此李俊民與《全元文》（1/31）所收李俊民（1176～1260）非一人。

〔註425〕（清）朱彝尊撰，林慶彰、蔣秋華、楊晉龍等點校《經義考新校》第6冊，上海古籍出版社 2010 年版，第 2463～2464 頁。

〔註426〕（清）陸心源《皕宋樓藏書志》，《續修四庫全書》第928冊，上海古籍出版社 1996 年版，第 69 頁。

《儀禮逸經》八篇、《傳》十篇，草廬吳先生之所纂次也。先生《易》、《書》、《春秋》、《小戴記纂言》、《大戴記訂正》，經文悉行於世，獨此十有八篇學者未之見也。先生之孫今禮部郎中當伯尚、高第弟子兵部員外郎危素太樸，鄉與俊民同官，學者乃請而得之，繕寫甚謹，校讐甚精，於是一時僚友謂宜刊布，以淑來學，遂命工繡梓。既畢，前大司成王公致道以集賢侍講學士復兼祭酒，見而嘉歎，俾序其概。俊民泰定初嘗拜先生於翰苑。先生之學，雖不敢妄議，姑即《禮經》而論之。秦焰既熄，掇拾遺餘、兼收並蓄，得傳於後，漢儒之力也。依稀論著以傳其舊，唐賢之學也。會通經傳洞，啓門庭以袪千載之惑，朱子之特見也。若夫造詣室奧，疏剔戶牖，各有歸趣，則至先生始無遺憾焉。世有好禮之士，先觀《注疏》舊本，次考朱子《通解》，然後取先生所次所釋而深研之，乃知俊民之言爲不妄也。集賢公以爲然，遂書於其端云。至正十四歲次甲午七月既望，奉直大夫國子司業李俊民謹序。

146. 曾魯《經禮補逸序》（洪武二年，1369 年）

按：文載陸心源《皕宋樓藏書志》卷六〔註 427〕（亦載四庫本《經禮補逸》卷首、朱彝尊《經義考》卷一百三十四），錄文如下：

六籍之闕也久矣，而禮爲甚。漢興，區區掇拾於秦火之餘而淹。中古經旋復散失，所存者十有七篇而已。《周官》雖後出，而《司空》之篇竟莫得補。二戴所傳又往往雜以秦漢之紀，然則學者之欲睹夫成周三千三百之目之全，固亦難矣。宜乎其學之寥寥而莫講也。雖以韓子之賢，尚苦難讀，而謂於今誠無所用矧他人哉。至宋慶曆元祐，諸儒先後慨然有志於復古。及朱子乃始斷然謂《周禮》爲禮之綱，《儀禮》其本經而《禮記》其義疏。於是創爲條目，科分臚列，出入經傳，補其遺闕，以爲王朝邦國家鄉學禮。而喪祭二禮，則以屬門人黃氏，其有功於學者甚大。然其書浩博，窮鄉晚進有未易以遽究者。祁門汪先生德輔父間嘗因其成法，別爲義例，以吉、凶、軍、賓、嘉五禮之目，會稡成書，名曰《經禮補逸》。辭約而事備，讀者便焉。學禮之士，誠能因汪氏之所緝以達於朱子之書，則三千三百之目雖不可復睹其全，然郁郁乎文之盛，豈不若身履而目擊之矣乎。昔者竊聞之，禮樂之在天下，有君無臣，則不能以明。制作之本，臣能而君不之好，則議論無益於當時。必有大有爲之君，而復有善制作之臣，因治定功成之餘，以明中和之化，而後禮樂之興

〔註 427〕 （清）陸心源《皕宋樓藏書志》，《續修四庫全書》第 928 冊，上海古籍出版社 1996 年版，第 72～73 頁。

可必。然則此其時也，惜乎先生老且病矣。明良在上，寧不有徵於斯文矣乎。先生生朱子之鄉，嘗遊番易吳公可翁之門，篤志古學，老而彌厲，著書滿家，真古所謂鄉先生者也。間出是書以相視，且謂先人與吳公爲同志友，故俾序焉。魯於先生無能爲役，然承命不敢辭也。洪武二年歲在己酉秋八月下澣，臨江曾魯序。

147. 車璿《內外服制通釋跋》（至元戊寅，1338 年）

按：文載陸心源《皕宋樓藏書志》卷六〔註428〕（亦載四庫本《內外服制通釋》卷末），錄文如下：

先君成此書，未脫稿而更化。及逃竄山谷，竟以疾終。家塾悉爲煨燼，時璿兄弟尚幼，若罔聞知。洎長有識，而手澤無存，晝夜痛心，有負先志。歲庚午春，先師樓筠鄭先生亡，璿往弔。於先生書房中，見《內外服制通釋》一書，儼然具在，驚喜無地。樓筠蓋先君之愛友，曾傳之，於是編寫成帙。眾謂是書有補世教，璿不敢私，遂鋟諸梓，與眾共之。至元後戊寅孟春望日，男璿百拜謹識。

148. 車惟賢《內外服制通釋跋》（至元戊寅，1338 年）

按：文載陸心源《皕宋樓藏書志》卷六〔註429〕（亦載四庫本《內外服制通釋》卷末），錄文如下：

是書之出，可與文公《喪禮》相表裏而並行也。或曰：朱子一代道學之宗，其肩可比乎？曰：不然。朱子於是書，猶君子之射也。吾伯父雙峰於是書，乃養由基之射也。學專而精，詳而明，有補家禮之未備，有發前賢之未發，非謂學問相高也。爲之圖，使人易見；爲之釋，使人易知。易見易知，親疏隆殺之等，人人可得而盡矣。必師友講說云乎，有補於治教明矣。時至元後戊寅仲夏中澣，從子惟賢百拜謹跋。

149. 張庭堅《春秋集傳後序》

按：文載朱彝尊《經義考》卷一百八十九〔註430〕，錄文如下：

〔註428〕 （清）陸心源《皕宋樓藏書志》，《續修四庫全書》第 928 冊，上海古籍出版社 1996 年版，第 73～74 頁。

〔註429〕 （清）陸心源《皕宋樓藏書志》，《續修四庫全書》第 928 冊，上海古籍出版社 1996 年版，第 72～73 頁。

〔註430〕 （清）朱彝尊撰，林慶彰、蔣秋華、楊晉龍等點校《經義考新校》第 7 冊，上海古籍出版社 2010 年版，第 3455～3456 頁。

曾大父文憲公所著《春秋集傳》、《集注》、《地理沿革表》三書，宋端平甲午宣進於朝付祕閣，後《集注》刊郡庠，景定庚申燬焉。皇元大德庚子，雪崖黃先生慨是書之不傳，而願見者眾，欲鋟梓而未集。辛丑歲，文臺二提舉張思敬、滕斌亦求助好事者，僅成三卷。瑞教虞汲留洪上其事於文臺，轉申憲司，時魯齋副使臧公移文本路總府，下學刊刻《集傳》、《沿革》二書。《集傳》雖成，而主司任事，不得其人，遂致章卷倒亂，文字差訛，不可讀，屏廢久之，而《沿革》一書亦無復舉行。迨皇慶癸丑冬，江南諸道行御史臺行移各路《春秋》用張主一傳。延祐庚寅，紹興科目而遠方士友購求《傳注》者頗多。時李廣文、萬敵主教此邦，俾庭堅赴學校正補刊，於是《集傳》始為全書，流行四方。而庭堅所刊《集注》拘於授徒，竟弗克就。延祐庚申冬，訓導郡庠與學正塗鼎語及《集注》、《沿革》之未成，遂以其事上申總府，適際提舉學校官趙文炳為賢德君子，即出學帑以成《集注》，不三月而訖工，庭堅識其事於卷尾。

150. 齊思恭《春秋諸國統紀後序》（延祐丁巳，1317 年）

按：文載陸心源《皕宋樓藏書志》卷九〔註431〕（亦載四庫本《春秋諸國統紀》卷末），錄文如下：

延祐丁巳夏，大兄司成君居閒，纂《春秋統紀》凡若干卷。客有問者曰：「大經若《春秋》，自《胡氏傳》行於世，儒者拱嘿。朱子嘗曰『看《春秋》且當先從胡氏』，是來者不復有所作矣。及觀《統紀》，剖析淵微，發露大中，條貫參差，指歸攸當，其說卓然，不蹈前人一句一誼。昔云《春秋》寓王法於魯史，又云《春秋》無褒貶，又云治《春秋》當先治五霸之功罪。至於大法大訓，蓋未有若《統紀》之能斥言而指明者。俾讀之者思過半矣。」僕應曰：「非然。夫士之閒居退處，匪賴聖賢典訓，朝夕殆無為也。汗漫涉獵，而不深潛心思，則亦無得。於己深潛心思矣，苟不筆之於紙，則亦不能有以驗夫日新之功，此《統紀》所以作也。為幼而學，老而未衰者焉。」客又曰：「若然，信其功多於前矣。夫較瑚璉珪璋之制者，無勤於陶鎔追琢。凡為陶鎔追琢者，先賢也，其功盛矣大矣。若《統紀》之作，謂有功遺經，則可謂功多前人則不可。」客謝而去，因記其說於卷末。是年秋九月日，思恭頓首書。

〔註431〕 （清）陸心源《皕宋樓藏書志》，《續修四庫全書》第 928 冊，上海古籍出版社 1996 年版，第 101 頁。

151. 王龍蛻《龜山先生語錄序》（至大三年，1310年）

按：文載陸心源《皕宋樓藏書志》卷三十九〔註432〕，錄文如下：

（上闕）乃得道學之君子，科目可少乎哉。先生嘗受學於明道先生，及辭歸，明道送出門，語諸生曰：「吾道南矣。」其爲明道所重如此。先生平日著書甚多，嘗以《年譜》求之，見其自少至老，無一念不在於斯文。如請追荊公王爵罷配享夫子，闢新經字說之非，且欲毀劈三經板，抑邪說，衛正道，厥功不在孟氏下。晚年一出，人猶不免有責備之議，惟胡文定之言曰：「當時若能聽用，決須救得一半。」嗚呼！此公言也。老蔡以權奸誤國，末年乃因張柔直收召先生。要是天欲開洛學於東南，故借柔直之口以發其機，老蔡非眞知先生者也。使京聽柔直之言者，天也。余子庭玉來長龜山，余昨日偶來。按《年譜》求先生所著《禮記》、《列子解》不可得，家傳僅有《語錄》，余深以不得盡見先生所著之文爲恨。又以先生《語錄》一書，歸然如魯靈光獨存爲喜。蓋嘗肅容莊誦，如饑得食，如渴得飲，太息而言曰：「寶屈產之乘，不若寶此書；寶垂棘之璧，不若寶此書。此書在穹壤間，如桑麻穀粟之有餘味與。其私藏於家，不若公傳諸世。」次山教諭趙公嘉惠後學，心口相謀，慨然以爲己任，捐資繡梓，式廣其傳。博雅君子，用心如是，其超出流俗萬萬矣。時至大第三春正月圓日，古番前進士樂軒王龍蛻序。

152. 杜震《疑獄集序》（至元十六年，1279年）

按：文載陸心源《皕宋樓藏書志》卷四十二〔註433〕（亦載四庫本《疑獄集》卷首、清代陳芳生《疑獄箋》卷三〔註434〕），錄文如下：

獄者，天下之大命。死者不可復生，斷者不可復續。《王制》曰：「凡聽五刑之訟，意論輕重之序，愼測淺深之量以別之。悉其聰明，致其忠愛以盡之。疑獄，泛與眾共之。」古之君子，其詳愼用刑而不敢忽也如此。大抵鞫獄之吏，不患其處事之不當，每患其用心之不公；不患其用心之不公，每患其立見之不明。苟其仁足以守，明足以燭，剛足以斷，獄無餘憾矣。平章事和凝於五代亂離之際，乃能以疑獄，存心集爲之編。其子和嶹又能成父之志，

〔註432〕（清）陸心源《皕宋樓藏書志》，《續修四庫全書》第928冊，上海古籍出版社1996年版，第431頁。

〔註433〕（清）陸心源《皕宋樓藏書志》，《續修四庫全書》第928冊，上海古籍出版社1996年版，第459～460頁。

〔註434〕（清）陳芳生《疑獄箋》，《續修四庫全書》974冊，上海古籍出版社1996年版，第747～748頁。

終其書以詔後世，固未易得。治獄者苟能家得是書，則疑貳難明之獄盡在目中矣。友人譙君祥鋟木以廣其傳，屬僕爲之引。僕嘉其用心，因書其說以寄。時至元十六年孟春吉日，愚齋杜震序。

153. 焦養直《大德重校聖濟總錄序》（大德四年，1300 年）

按：文載陸心源《皕宋樓藏書志》卷四十四〔註435〕（亦載四庫本《聖濟總錄纂要》卷首），錄文如下：

臣聞天地以溥生爲大德，所以曲成萬物而不遺；聖人贊天地之化育，故斂時五福以敷錫於庶民。夫民之爲物也，智者寡，愚者衆，起居失常，食飲無節，外爲寒暑燥濕風以賊其形，內爲喜怒思憂恐以亂其氣。形氣乃傷疾所由作，聖人有憂之，謂祝由不可以盡已也。遂製藥石針艾，以攻八風六氣之邪；爲湯液醪醴，以佐四時五行之正。防其未然，救其已病，然後物各遂其生，民不夭其命矣。又謂非立憲言不可以福萬世也，於是上法天道，下因地宜，究陰陽之本，明生死之由，考於古而驗之今，取諸已而施之人，定爲成書，著之玉版，藏之金匱，宣之於布政之堂，秘之於靈蘭之室，以俟來哲，以施無窮。其爲仁民愛物之心，斯可謂極矣。然其言至簡，其論至要，其理至深。後世學者雖有上智，非研精覃慮，則亦未易窺其奧也。故曠代之中，能以斯術鳴世者，時固有之。若夫神聖工巧，獨得先世不傳之秘，如和、緩、越人，亦不過十餘人而已。況去聖已遠，支分派別，析而爲衆科，業而爲專門，所以人各拘其偏，而莫肯究其全，則益不逮於古矣。積習成常，流弊茲甚，懼大道將逐於湮微，故《聖濟總錄》由是而作焉。上下凡二百餘卷，始終幾二百萬言，逐病分門，門各有方，據經立論，論皆有統，蓋將使讀之者觀論以求病，因方以命藥，則世無不識之病，病无妄投之藥。唯法有逆從，治有先後，在乎智者擇其所當，從其所宜而已。究而言之，實醫經之會要，學者之指南，生民之司命也。惜其始成於政和，重刊於大定，既綿歷百年之久，不能無三豕之訛。今主上神極御天，修節制度，治具畢張，以謂是書所載雖先聖之緒餘，其所以康濟斯民，亦致治之一助也。迺詔江浙行省刊於有司，布之天下，其或繆戾，隨加釐正，復降德音，俾下臣爲之序引。臣誠愚陋，竊不自量，仰惟聖德，如天甄陶萬類。爰自即位以來，於今七年。恩浹飛沈，仁及草木。然猶夙夜，孜孜廣求民瘼，或一物不得其所，則必爲之惻

〔註435〕（清）陸心源《皕宋樓藏書志》，《續修四庫全書》第 928 冊，上海古籍出版社 1996 年版，第 487～488 頁。

然。臣謂此書復出，則上可以輔相天地之宜，下可以永底蒸民之生，物無疵癘，咸躋於仁壽之域矣。大德四年二月一日，集賢學士嘉議大夫典瑞少監臣焦養直謹序。

154. 詹清子《類證增注傷寒百問歌序》（至大己酉，1309 年）

按：文載張金吾《愛日精廬藏書志》卷二十二〔註 436〕、陸心源《皕宋樓藏書志》卷四十六〔註 437〕，錄文如下：

雜病有治法，傷寒無定方，蓋以其傳變於俄頃，非他疾比也。精是技者，曠千載惟張長沙一人，孫眞人著《千金》，探賾鈎微，亦特於仲景法推廣之耳。宋宣和間朱朝奉肱進《活人書》，及歸，中途猶有餘論，以是見盡美盡善爲難也。雖然，業醫者心誠求之，亦思過半矣。神聖工巧則存乎其人，湯氏、錢公又作《解惑論》、《百問歌》，匯析條分，使用藥者，如執兵捕寇，明指其巢穴掃清之，數君子之用心仁矣。蓋朱公乃長沙太守之忠臣，錢倅又朱朝奉之忠臣也。繫人之生，六氣不齊而七情汩之，苟失其養，則疢生焉。世之醫者以數君子之心爲心，善用其書，使含靈不至夭枉，同躋壽域，其仁豈不溥哉？市肆刊書，節略舛訛，藥方又關係最重者，曹君仲立目擊斯弊，取而精刻之。惟恐是書誤人之披閱也。跡其存心，又數君子之忠臣矣，可不謂賢乎？仲立冀人，隨其伯父遊宦江南，撫其弟而教之，不翅猶己子，以慰其伯父地下之靈，此尤人之所難能。蓋薰陶唐氏之遺風，其所漸深矣，不賢而能如是乎？予故樂書之，且以敦薄俗云。至大己酉臘月圓日，武夷詹清子子敬序。

155. 馬宗素《新刊圖解素問要旨論序》

按：文載陸心源《皕宋樓藏書志》卷四十七〔註 438〕，錄文如下：

夫三皇設教，上帝垂慈，憫群生有困篤之疾，救黎庶有夭傷之厄，遂談運氣，說太始之冊文；開榮醫鑒，彰《太素》之妙門。先聖既遺規範，《素問》、《靈樞》二經，其爲一十八卷，其理奧妙，披會難明。今有劉守眞先生者，曾遇陳先生，服仙酒醉覺，得悟《素問》玄機，如越人遇長桑君，飲上泉水，隔腹觀病之說也。然先生談《元病武》一卷、《宣明論》五卷、《要旨論》三

〔註 436〕　（清）張金吾《愛日精廬藏書志》，上海古籍出版社 2014 年版，第 354～355 頁。

〔註 437〕　（清）陸心源《皕宋樓藏書志》，《續修四庫全書》第 928 冊，上海古籍出版社 1996 年版，第 505～506 頁。

〔註 438〕　（清）陸心源《皕宋樓藏書志》，《續修四庫全書》第 928 冊，上海古籍出版社 1996 年版，第 515 頁。

卷。其《原病式》者，明病機本，說六氣病源；《宣明論》者，精要醫方，五運六氣，用藥古往宜禁，運奧妙旨，莫越於此也；《要旨論》者，《素問》以爲天地六氣，人身通應，變化殊途，其理簡易，其趣深幽，爲此《經》視爲龜鏡者也。然九篇三卷者，猶後之學者尙難明義。宗素自幼留心醫術，酷好《素問》、《內經》、《玉冊靈文》，以師先生門下，粗得其意趣，釋《要旨》九篇，分作八卷，入式運氣，載設圖輪，明五運六氣、主客勝負、太過不及、淫邪反正，重釋《天元玉冊》、《金匱靈文》、《素問》、《靈樞》，撮其隱奧運氣之旨也。主藥當其歲，味當其氣，性用燥淨，力化淺深，四時主用，制勝扶弱，客主須安。一氣失所，餘遁更作，臟腑淫並，危敗消亡。君臣佐使，明病標本，安危勝衰，若不知年之所加，氣之盛衰，不可以爲攻矣。若不推其《素問》曉達玄機，天地有運氣之升沉，人身有氣血之流轉，周天度數，榮衛循環，通應人身，晝夜不息。《素問》者，五太之名也。太者，大之極也。素者，形質潔白，非華綺之文也。《素問》者，問答形質之始也。形質具而屙療由是明生。然啓元子詮注，朱書其文，間其遺奧，習之者濫觴其說，疑而不解者，實其多矣。今將太古靈文，乃《素問》之關鑰也，究其源流，法明解惑耳。後之學者，知天地六氣變化之數。妙哉《太素》，視如深淵，如迎浮雲，莫窮其涯際，玄通隱奧，不可測量，若非劉氏，孰可發明，用釋玄機，敬資昭告。平陽洪洞馬宗素謹序。

156. 羅天益三篇

《上東垣先生啟》

按：文載陸心源《皕宋樓藏書志》卷四十七〔註439〕，錄文如下：

　　天益上東垣先生啓曰：竊以射不師於后羿，豈能成彈日之功？匠非習於公輸，未易聳連雲之構。惟此醫藥之大，關乎性命之深，若非擇善以從之，烏得過人之遠矣？茲者伏遇先生聰明凤賦，穎悟生資，言天者必有驗於人，論病者則以及於國。驅馳藥物，如孫吳之用兵；條派病源，若神禹之行水。是以問病而證莫不識，投藥而疾靡不瘳，有元化滌胃之神功，得盧扁起人之手段，猶且謙以接物，莫不忠於教人。如天益者鼓聚晚生，東垣名族，（「如

〔註439〕　（清）陸心源《皕宋樓藏書志》，《續修四庫全書》第928冊，上海古籍出版社 1996 年版，第 520～521 頁。（闕字據整理本《衛生寶鑒》補。中國醫藥科技出版社 2011 年版）

天益者」二句，《藏書志》均作「□」）幼承父訓，俾志學於詩書；長值危時，遂苟生於方技。然以才非卓犖，性實顓蒙，恐貽費（「費」，《藏書志》作「□」）。人之譏，常切求師之志。幸接大人之餘論，始慚童子以何知？即欲敬服弟子之勞，親炙先生之教，朝思夕誦，日就月將。其奈千里子身，一家數口，內以（「以」，《藏書志》作「□」）生涯之逼，外爲官長之拘，不得免焉。是以難也！今乃謹修薄禮，仰瀆嚴顏，伏望憐鄙夫之間，爲之竭焉。見互鄉之童，與其進也，使得常常之見，得聞昧昧之思，若味親糟粕之餘，是賜獲丘山之重。過此以往，未知所裁，謹啓。

157. 《脾胃論後序》（至元丙子，1336 年）

按：文載李杲《脾胃論》卷末〔註440〕，錄文如下：

黃帝著《內經》，其憂天下後世，可謂厚且至矣，秦越人述《難經》以證之。傷寒爲病最大，仲景廣而論之，爲萬世法。至於內傷脾胃之病，諸書雖有其說，略而未詳，我東垣先生，作《內外傷辨》、《脾胃論》以補之。先生嘗閱《內經》所論，四時皆以養胃氣爲本，宗氣之道，內穀爲寶。蓋飲食入胃，遊溢精氣，上輸於脾，脾氣散精，上歸於肺，沖和百脈，頤養神明，利關節，通九竅，滋志意者也。或因飲食失節，起居不時，妄作勞役，及喜怒悲愉，傷胃之元氣，使營運之氣減削，不能輸精皮毛經絡，故諸邪乘虛而入，則痰動於體而成痼疾，致眞氣彌然而內消也。病之所起，初受熱中，心火乘脾，末傳寒中，腎水反來侮土，乃立初中末三治，及君臣佐使之制，經禁、病禁、時禁之則，使學者知此病，用此藥，因心會通，泝流得源，遠溯軒岐，吻合無間。善乎！魯齊先生之言曰：「東垣先生之學，醫之王道也！」觀此書則可見矣。至元丙子三月上巳日，門生羅天益謹序。

158. 《蘭室秘藏序》（至元丙子，1336 年）

按：文載李東垣《蘭室秘藏》卷首〔註441〕，錄文如下：

《蘭室秘藏》六卷，吾師李東垣先生所輯也。不肖讀之而曰：至矣哉！吾師之學術貫天人，洞微奧也。其論飲食勞倦，人所日用而不知者，故首及之。次中滿腹脹，胃脘酒渴，至於眼耳鼻舌齒喉，血分腰痛，大小便，痔漏

〔註440〕（金）李杲《脾胃論》，彭建中點校，遼寧科學技術出版社 1997 年版，第 32 頁。

〔註441〕（金）李杲《脾胃論》，中國中醫藥出版社 2007 年版，第 1～2 頁。

瀉痢，瘡瘍，婦兒科，皆窮其旨要。而論脈法尤詳悉而切當，言病證變換萬狀皆形見於脈，按其弦長、滯縮、清濁，伸引無盡。吾師嘗云：至微者，理也；至著者，象也。體用一源，顯微無間，得其理則象可得而推矣。是吾師有不言，言輒應，與是編相符合，非口所辯說，紙上陳言，不能施用者歟！然則人之欲自頤眞精，順時卻病，與醫家溯流窮源，不拘執古方而收功者，捨是奚觀焉？夫吾師合生氣之和，道五常之性，使疾疢不作而無妖祲短折，起死扶傷，令六合咸寧，萬世攸賴，非古聖王亨嘉之致治乎？聖王之世，即喙息蠕動之細，莫不稟仰太和，沐浴玄澤。若吾師殫厥心思以較讎是編，濯痍煦寒，如《洪範》所謂：身其康強，子孫逢吉，曰壽、曰康寧、曰考終者，是編之效也。吾師弗自私藏，以公諸人。不止一身行之，欲人人行之，又欲天下萬世行之；不止一方蒙澤，欲舉世蒙澤，又欲千世億世蒙澤也。吾師嘉魚無窮者，吾師心思之所流而精神之所聚也。不肖何敢序，但忝衣缽之傳，若太史公云：岩穴之人，欲砥行立名，非附青雲之士，惡能聲施後世，則序之之鄙意云爾。至元丙子三月上巳門人羅天益百拜書

159. 尚從善二篇

《漢張仲景傳》（至元戊寅，1338 年）

按：文載《傷寒紀玄妙用集》卷首〔註442〕，錄文如下：

長沙公，南陽人也。姓張，名機，字仲景。後漢靈帝時舉孝廉，官至長沙太守。受術於同郡張伯祖，其治療大精於經方。少時與南陽何顒遊於洛陽，顒知其學，謂人曰：「仲景之術，精於伯祖。起病之驗，神莫能測，眞良醫也。」見侍中王仲宣，曰：「君有疾，年四十，鬚眉脫落。後半年而死，可飲五石湯得免。」仲宣時年二十餘，惡其言，雖受而不飲。居數日，見仲景，佯曰：「湯已飲。」仲景曰：「君之氣色，非飲藥之診。何輕命而詐人乎？」仲宣甚惡之。後二十年，果鬚眉脫落，一百八十七日而殂。時人有知者，曰雖扁鵲倉公，無以加矣。睹中平之後，大疫流行，治法雜出，是時著書傷寒者曰《卒病論》，雜病者曰《金匱方》以行於世。晉玄晏先生曰：伊尹以元聖之才，撰本神農之經爲《湯液論》，仲景又廣湯液爲《傷寒論》十卷，漢末華佗嘗指視之曰眞活人書也。自漢晉而降，海內盛傳，晉人以仲景方一部

〔註442〕（元）尚從善《傷寒紀玄妙用集》，《中醫古籍孤本大全》，中醫古籍出版社2008 年版。

為眾方之祖，效驗若神，蓋能繼三聖之所作，為萬代之宗師。其書盛行，又得王、成二家闡明之力也。時至元戊寅，宣授成和郎江浙等處官醫提舉尚從善瀚手謹書。

160. 《本草元命苞自序》（至順二年，1331年）

按：文載張金吾《愛日精廬藏書志》續志卷三〔註443〕，錄文如下：

上古神聖，通萬物之性，生兆人之命。因其土地之風氣，順其滋植之陰陽，取類而立之名，因全體而施之用。是以疾有藥，藥有品，品有族。金石之粉屑宰（按：「宰」疑為「滓」）液，草木之莖葉華實，鳥獸之毛羽齒角，蟲魚之鱗介骨皮，各以其濟世之極功，著其法象姓字於來世。其間溫熱寒涼之性，畏忌反惡之情，酸苦辛鹹之味，君臣佐使之宜，周詳悉備。皇農肇之，伊摯宗之，張機之儔嗣而益之，華佗、吳普、陶隱居、孟詵、陳藏器、蕭炳、楊損之、杜善方之流，人人自出新意，或增或損，議論不一。於是唐慎微研究考核，始集為一書，號曰《大觀經史證類備急本草》，三十二卷，一千八十二種。其書猥多，節目大備，士不能遍識互見之文義，達者亦難強記。讀書之暇，摭其切於日用者四百六十八品，取其義理精詳，治法該博，纂而成章，目之曰《本草元命苞》，分為九卷。性味主治，一瞬指掌。先後次第，舊本頗殊，以空青為五行之先，故居玉石之首，朱砂、黃石脂、雲母、磁石次之。如《本草》以雌黃法土，蓋雌黃感金精之氣，產山之陰者為雌，況無主脾之義，非若黃石脂養脾，而有玉石之性耳。故取《聖濟經》為正。其於礬石，次之石膽食鹽類，以鹵城則質同而性相近也。如天門多次之麥門多柴胡類，以前胡則質異而氣相同也。陸英、蒴藋同為一說，赤箭、督郵從而附之。凡此之類，不可悉舉。方今聖朝崇尚醫學，設立醫官，作養人才，考試出題，以《難》、《素》為經疑，仲景為治法，本草為藥性。然則《本草》之書，非醫家者流所當孜孜汲汲者乎？後覺之士，欲求繁冗於《大觀》三十二卷一千八十二種之內，不若求簡易於《元命苞》九卷四百六十八品之中，古方畢萃於採摭之要言，捷法痛刪於效驗之成說。持此心廣朝廷好生之德於倉卒不虞之地，或有取焉。時至順改元之明年，書於上都惠民司寓居之正己齋。

〔註443〕 （清）張金吾《愛日精廬藏書志》，上海古籍出版社2014年版，第787～788頁。

161. 袁裒三篇

《傷寒紀玄妙用集序》（皇慶癸丑，1313 年）

按：文載陸心源《皕宋樓藏書志》卷四十七〔註444〕，錄文如下：

天以六氣御萬物，人生其間，風土不齊，貴賤異養，獲全其生者蓋鮮。粵自軒后、岐伯藏厥理，後世醫師推考究驗，傳書浩衍，非研精博學，靡造極致。張長沙指經絡，分表裏；王叔和辨陰陽，候消息。學醫之士始領其會，成無己《注述章句》以明仲景之旨；朱奉議設為問答以發長沙之蘊，分析異同，纖悉備具。或猶疑其處方未盡，難矣哉。大名尚仲良獨取四家之長，旁採諸書之奧，通曉傳變之絲，分辨汗下之理，昭然可考，有助於醫學不淺。予嘗論後世諸方，立方文繁而理逐晦，醫家於文宜無用，而時習所尊漸蹈茲弊。辯論經旨，講說運氣，非不贍博，至臨證用藥，懵然罔測，良可歎也。乃若仲良所集，辭約而旨詳，源通而理貫，如聚米以識地形之險易，測影以見天時之昏曉。雖庸夫孺子，得而試之，必不以術悮人，此則仲良之功。皇慶癸丑四月，袁裒序。

162. 《跋鮮于樞帖》

按：文載倪濤《六藝之一錄》卷三百五十三，錄文如下：

困學老人善廻腕，故其書圓勁。或者議其多用唐法，然與伯機相識凡十五六年間，見其書日異勝人間俗書也。大德壬寅長至後三日，袁裒。

163. 《題書學纂要後》

按：文載蘇天爵《元文類》卷三十九，錄文如下：

余既粹集書法大略雖備，而古人工拙則不在於此。因復思漢魏以降，書雖不同，大抵皆有分隸餘風，故其體質高古。及至三王始復大變，右軍用筆內擫而收斂，故森嚴而有法度；大令用筆外拓而開廓，故散朗而多姿。貞觀以後，書法清婉，亦由接武六朝餘風未散。至開元以後乃務重濁，李北海專事奇崛，徐會稽全師褉序，至顏太師一變為方整規矩，然平原畫贊乃展逸少者耳。下及沈、柳，各命新體。至楊、李而極逮。至王著始追蹤永師，遠跡二王，故世所傳淳化閣帖，猶不失古人意度者，以出於著故也。慶曆以來，唯君謨特守法度，眉山、豫章一掃故常，米、薛、二蔡大出新奇，雖皆有所

〔註444〕 （清）陸心源《皕宋樓藏書志》，《續修四庫全書》第 928 冊，上海古籍出版社 1996 年版，第 522 頁。

祖襲，而古風蕩然。南渡而後，思陵大萃眾美，筋骨過婉。吳傳朋規倣孫過庭，姿媚傷妍。近世姜堯章迴脫脂粉，一洗塵俗，有如山人隱者難登廊廟。蓋專工氣韻，則有旁風急雨之失；太守繩墨，則貽義手逳腳之譏。大要探古人之玄微，極前代之功巧，乃爲至妙。夫古人所以窮極絕巧者，以得眞跡臨摹也。今去古既遠，重經喪亂，眞跡愈少，閣帖數行價逾金玉，窮鄉學士何由獲窺。加以傳模之餘，失眞益甚。今世師閣本者，多尚肥美；倣絳刻者，率務奇勁。苟記憶所遺，本態呈露，致使學者訛以承訛，謬以襲謬，殊不知前乎千百載之先，崔、蔡、張、鍾之徒復何所倣象而爲之哉。良以心融神會，意達巧臻，生變化於豪端，起形模於象外，諸所具述，咸有其由，必如庖丁之目無全牛，由基之矢不虛發，斯爲盡美。老子曰：「通乎一，萬事畢」，此之謂也。雖然，黃太史有言「士大夫下筆須使有數萬卷書氣象，始無俗態，不然一楷書吏耳」，初何足云，小子其尚識之。

164. 曉山老人《太乙統宗寶鑑序》（大德七年，1303 年）

按：文載陸心源《皕宋樓藏書志》卷五十一〔註 445〕，以北京圖書館藏明藍格鈔本《太乙統宗寶鑑》卷首〔註 446〕校。錄文如下：

夫太乙者，天帝之神也。其星在天乙之南，統十六神而知風雨、水旱、兵革、凶饉之事。昔黃帝戰蚩尤於涿鹿之野，天作大霧以靄晝昏。風后相帝（《寶鑑》作「地」），造指南車克（《寶鑑》作「曉」）之，蓋取諸太乙之法也。傳襲至今，上下三千餘年，列目（《寶鑑》作「日」）以爲（爲，《寶鑑》無）術數。自古聖王欽授天（《寶鑑》作「天授」）時，治化隆平，惠利天下，遵而用焉。其有九宮星文之次舍，十二分野之災祥，明主客長短之興衰，決兵

〔註 445〕（清）陸心源《皕宋樓藏書志》，《續修四庫全書》第 928 冊，上海古籍出版社 1996 年版，第 564 頁。

〔註 446〕（元）曉山老人《太乙統宗寶鑑》，《四庫全書存目叢書》子部第 67 冊，齊魯書社 1995 年版，第 598～599 頁。同書亦載《續修四庫全書》第 1601 冊（上海古籍出版社 1996 年版，第 373 頁）。作者均題作「（元）曉山老人」，共二十卷。（按：《皕宋樓藏書志》著錄爲舊鈔本，共十八卷，云「不著撰人名氏」。據序文所言，此書爲曉山老人所撰無疑。然李芳《王修詒莊樓藏書》一文稱清代王修詒莊樓藏《太乙統宗寶鑑》，序文末句「大德」作「正德」、「癸卯」作「癸酉」。見《圖書館研究與工作》2014 年第 3 期。而《明史》卷 98《藝文志》著錄吳琬《太乙統宗寶鑑》二十卷，書名卷數實相符合。見《明史》第 8 冊第 2442 頁，中華書局 1974 年版。錢大昕稱此書後人有增改，見《十駕齋養新錄》卷 14，上海書店出版社 2011 年版，第 281～282 頁）

家遠近之勝負，誠以默契乎至精至神之妙。原（《寶鑒》作「源」）夫太乙之所以作也，外闡龍圖，內列龜文。天地之所設，君臣父子夫婦之所以立，陰陽晝夜之所以分，山川地理（《寶鑒》作「里」）之所以流峙，品物萬類之所以蕃植（《寶鑒》作「殖」），此可以明數而言哉。太乙理隱（《寶鑒》作「蘊」）於數之中，數顯於理之外，主管三元，分佈四方，如是而已。予雖不敏，自六籍而下，凡先賢太乙之書，靡所不閱。然必求其理爲之據，明理（爲之據明理，《寶鑒》無）則太乙了（《寶鑒》作「瞭」）然，演數則其理昭著（《寶鑒》作「著」）。至於太乙周行統運六十四卦，與夫五福三基之貴神，八門十精之（十精之，《寶鑒》作「之精」）星使，經緯錯綜，表里貫通，集爲一書，標類成目，凡十八（《寶鑒》作「二十」）卷，命之曰《太乙統宗寶鑒》。其所集之學，實發揮黃帝、風后創法之初意也。人君用之，可使民爲堯舜之民；人臣用之，可以致君爲堯舜之君，豈小補哉？是書之集也，遠不悖乎聖人之旨，近不戾乎先賢之言，如寶鏡以鑒容，使後人易觀（《寶鑒》作「睹」）其眞云。時（時，《寶鑒》無）大德七年歲在癸卯孟夏望日，曉山老人謹序。

165. 孫道明三篇

《廣川書畫跋》（至正乙巳，1365 年）

按：文載陸心源《皕宋樓藏書志》卷五十二〔註447〕，錄文如下：

《文獻通考》云《廣川書畫跋》五卷，陳直川《書畫跋》五卷，陳直齋《書目》曰董逌撰。今所錄之本，迺宋末書生傳寫，誤字黟如，「於」作「相」，「德」作「浙」，不可枚舉。自一陽節日寫起，至丙午日輟卷。華亭孫道明明叔謹識，年六十又九。時至正乙巳十一月廿三日書於泗北村居映雪齋。

166. 《腳氣集跋》（丁未，1367 年）

按：文載陸心源《皕宋樓藏書志》卷五十八〔註448〕，錄文如下：

此書迺管而敏家藏本，借錄於城南寓舍映雪竹齋。時吳元年歲在丁未臘月廿八日庚午，華亭孫道明叔父，年七十有一。

〔註447〕（清）陸心源《皕宋樓藏書志》，《續修四庫全書》第 928 冊，上海古籍出版社 1996 年版，第 572 頁。（張金吾《愛日精廬藏書志》卷 24 亦載此文，有闕文。上海古籍出版社 2014 年版，第 386 頁。）

〔註448〕（清）陸心源《皕宋樓藏書志》，《續修四庫全書》第 928 冊，上海古籍出版社 1996 年版，第 639 頁。

167.《北夢瑣言跋》（至正二十三年，1363年）

按：文載張金吾《愛日精廬藏書志》卷二十七〔註449〕，錄文如下：

《北夢瑣言》二十卷，富春孫光憲纂集唐末、後梁、後唐、石晉時事。此書乃武林忻悅學家藏陜刊舊本，介歸成芥庵夏隱君。中間刊誤舛訛，如「日」「曰」「纂」「篡」「歡」「欺」「雖」「難」「關」「闕」「禍」「福」等字，可以意改，余不敢強，以俟別本訂之。至正二十四年歲次甲辰五月七日寫起，至二十七日庚寅輟卷，華亭在家道人孫道明識於泗北村居映雪齋，時年六十又八也。連日梅雨，西南二鄉皆成巨浸，豐年未，卜今日喜晴，聊書記耳。

168. 湯垕《畫鑒小引》

按：文載《畫鑒》卷首〔註450〕，錄文如下：

採眞子妙於考古，在京師時與今鑒書博士柯君敬仲論畫，遂著此書。用意精到，悉有據依，惜乎簡多疏略。乃爲刪補，編次成帙，名曰《畫鑒》。後有高識，賞其知言。採眞子，東楚湯垕君載之自號也。

169. 陳才子《考古圖序》（大德己亥，1299年）

按：文載陸心源《皕宋樓藏書志》卷五十三〔註451〕、倪濤《六藝之一錄》卷十六，錄文如下：

考古匪玩物也。六一翁、劉邠父窮年攕摭，至趙明誠《金石集錄》浩如煙海，虞彝、商簋、紀瓿、秦匜，鑄物肖形，殫今人智巧營之，未必不更精麗奇偉。倚以典刑峻嚴，辭語靚深，相去不知迴隔幾塵。凡物興替各有時，鼎淪而泗水波，劍藏而牛斗射，其間人力不容穗。雖然，其器亡，其書存可也。器之寶傳，或弊書之流傳匪窮。汲郡呂公匯諸大家所藏尊卣敦盂之屬，繪爲巨編。兵後多磨滅，吾弟翼備又廣呂公好古素志。屬羅兄更翁臨本，且更翁刻以傳世，並採諸老辨證附左方，用心良苦，世俗爭嗜。盡至狀蟲魚花草，童稚知愛，誰肯掛眼。是器凡格，把翫眞若。是身周旋揖讓三代間，奇哉！維先秦器物，摽經典尚多，安得摸取典阜之履，岐陽之鼓，兌戈和弓，封父繁弱，輯爲全書，時時觀覽，並濯胸次俗氣。大德己亥冬至，古汴陳才子謹題。

〔註449〕（清）張金吾《愛日精廬藏書志》，上海古籍出版社2014年版，第432～433頁。

〔註450〕沈子丞《歷代論畫名著彙編》，文物出版社1984年版，第176頁。

〔註451〕（清）陸心源《皕宋樓藏書志》，《續修四庫全書》第928冊，上海古籍出版社1996年版，第578頁。

170. 陳翼子《考古圖序》（大德己亥，1299 年）

按：文載陸心源《皕宋樓藏書志》卷五十三〔註 452〕、倪濤《六藝之一錄》卷十六，錄文如下：

予嗜古，凡花卉泉石，遊心經目間，冥搜歷覽，未盡留意。及得先秦罍洗錞釪奇物，多珍襲不釋手。偶閱汲郡呂先生舊輯《考古圖》十卷，慨慕古先聖賢制作大意，真若隔世。胸次芥蒂，不能屍棄。命友臨本刊訛刻傳，且採諸君子辨證附其下。或嗤予刓精剠狗之器者，予曰：物生而有象，物成而有器。器即道，道即器，本不相離也。輪輿軫輻，寓天地也；權衡斗量，寓律呂也；《深衣》十三幅，寓朞而閏也。錯然而陳，維理之存；窾兮而虛，維德之居，豈徒器乎哉？是以觀湯盤者，知日新之義；觀周杖者，知嗜欲之失；觀叔向讒鼎者，知昧爽丕顯之勤。聖賢君子，或因是洗心。若鄙為器，則世方熙熙攘攘，與接為搆，古道且弗貴，而奚但器乎？寧刻此以淑好古者。大德己亥陽復日，茶陵陳翼子翼傅識。

171. 忽思慧《飲膳正要序》（天曆三年，1330 年）

按：文載陸心源《皕宋樓藏書志》卷五十四〔註 453〕，錄文如下：

伏睹國朝，奄有四海，遐邇罔不賓貢。珍味奇品，咸萃內府，或風土有所未宜，或燥濕不能相濟，倘司庖廚者，不能察其性味而概於進獻，則食之恐不免於致疾。欽惟世祖皇帝聖明，照《周禮·天官》有師醫（按：《周禮·天官》作「醫師」）、食醫、疾醫，瘍醫，分職而治。行依典故，設掌飲膳太醫四人。於本草內選無毒、無相反，可久食，補益藥味，與飲食相宜，調和五味，及每日所造珍品，御膳必須精製。所職何人，所用何物，進獻之時，必用沉香木、沙金、水晶等盞。斟酌適中，執事務合稱職。每日所用，標注於歷，以驗後效。至予湯煎、瓊玉、黃精、天門冬、蒼術等膏，牛髓、枸杞等煎，諸珍異饌，咸得其宜。以此世祖皇帝聖壽延永無疾。恭唯皇帝陛下自登寶位，國事繁重，萬機之暇，遵依祖宗定制。如補養調護之術，飲食百味之宜，進加日新，則聖躬萬安矣。臣思慧自延祐年間選充飲膳之職，於茲有年，久叨天祿，退思無以補報，敢不竭盡忠誠，以答洪恩之萬一。是以日有

〔註 452〕 （清）陸心源《皕宋樓藏書志》，《續修四庫全書》第 928 冊，上海古籍出版社 1996 年版，第 578 頁。

〔註 453〕 （清）陸心源《皕宋樓藏書志》，《續修四庫全書》第 928 冊，上海古籍出版社 1996 年版，第 588～589 頁。

餘閒，與趙國公臣普蘭奚，將累朝親侍進用奇珍異饌，湯膏煎造，及諸家本草，名醫方術，並日所必用穀肉果菜，取其性味補益者，集成一書，名曰《飲膳正要》，分爲三卷。本草有未收者，今即採摭附寫。伏望陛下恕其狂妄，察其愚忠，以宴閒之際，鑒先聖之保攝，順當時之氣候，棄虛取實，期以獲安，則聖壽躋於無疆，而四海咸蒙其德澤矣。謹獻所述《飲膳正要》一集以聞，伏乞聖覽下情，不勝戰慄激切屏營之至。天曆三年三月三日，飲膳太醫臣忽思慧進上。

172. 嚴度《白虎通德論序》（大德乙巳，1305 年）

按：文載陸心源《皕宋樓藏書志》卷五十五〔註454〕，錄文如下：

漢唐書籍以通名者五，惟《白虎通》與《風俗通》行，乃諸儒之所討論，實爲巨典。而所至缺此板，余嘗持節七閩如建安書市，號爲群籍所粹，訪求無有也。今錫學得守平父家藏《白虎通》善本，繡梓以廣其傳，是亦明經之一助，豈小補哉。大德乙巳四月望日，中奉大夫雲南諸路行中書省參知政事東平嚴度恪齋題。

173. 張楷《白虎通德論序》（大德九年，1305 年）

按：文載陸心源《皕宋樓藏書志》卷五十五〔註455〕，錄文如下：

《白虎通》之爲書，其來尚矣。群書中多見其引用，然不知出於何代誰氏之手。考之載籍，始於漢建初中，淳于恭作《白虎奏議》，又《班固傳》作《白虎通德論》。《唐藝文志》亦載班固等《白虎通義》六卷，此其所自歟。平生欲見其完書，未之得也。余分水監，歷常之無錫，有郡之耆儒李顯翁晦識余於官舍。翌日攜是帙來，且雲州守劉公家藏舊本。公名世常，字平父，迺大元開國之初行省公之子魯齋許左轄之高弟。收書不啻萬卷，其經史子籍，士夫之家亦或互有，惟此帙世所罕見。郡之博士與二三子請歸之於學，將鏤板以廣其傳，守慨然許之。今募匠矣，求余識於卷首。余謂是書韜晦於世，何止數百歲而已，一旦顯於是邦，殆亦有數而然耶。以郡守之博古廣文，暨諸生之好學，俱可嘉尚，於是乎書。大德九年四月旦日，東平克齋張楷序。

〔註454〕（清）陸心源《皕宋樓藏書志》，《續修四庫全書》第 928 冊，上海古籍出版社 1996 年版，第 608 頁。

〔註455〕（清）陸心源《皕宋樓藏書志》，《續修四庫全書》第 928 冊，上海古籍出版社 1996 年版，第 608 頁。

174. 錢惟善六篇

《韓詩外傳序》

按：文載屈守元《韓詩外傳箋疏》附錄四《舊本序跋輯錄》〔註456〕，錄文如下：

始余年少，讀《韓濤外傳》，疑其爲先秦時文字，及授《濤》爲專門學，聞有韓魯齊三家之《詩》。遂求得之，因考其說。《韓詩》，燕韓嬰所作，故號《韓詩》；《魯詩》，浮丘伯傳之魯申培公，故號《魯詩》；《齊詩》·齊轅固所傳，故號《齊詩》。或以國稱，或以氏傳。《齊詩》魏代已亡，《魯詩》亡於西晉，而韓之傳又與齊魯間殊，然歸一也。《漢藝文志》：「韓《詩》三十六卷，《內傳》四卷，《外傳》六卷。《說》四十一卷。」《隋經籍志》：「《韓詩》二十二卷，薛氏章句。」《唐藝文志》：「《韓詩》，卜商序，韓嬰注，二十二卷。又《外傳》十卷。」《韓詩》存而無傳者，至唐猶在。今存《外傳》十篇，非韓嬰傳《詩》之詳者，遺說時見於他，與毛說絕異，茲固不暇論也。然觀《外傳》·雖非其解經之詳，斷章取義，要有合於孔門商、賜言《詩》之旨，況文辭清婉，有先秦風。學者安得不宗尙之？海岱劉侯貞來守嘉禾，聽政之暇·因以先君子節齋先生手鈔所藏諸書悉刊置郡庠，期與四方之士共之。顧其意與秘而不傳、視爲己私者相去遠矣。余聞後漢薛漢世習《韓詩》，父予以章句著名，因號「薛氏章句」。今侯父子以《韓詩》相傳，蓋慕薛氏之風而興起千載下者。非果有得於韓氏源委，其能然乎？余既獲重閱一過，故著其說如此。尙當捨余《詩》學侯《詩》也。至正十五年龍集乙未秋八月曲江錢惟善序。

175. 《朱文公與姪手帖跋》

按：文載趙琦美《趙氏鐵網珊瑚》卷四，錄文如下：

考亭夫子七世孫壄，自其祖僑居華亭者三世矣。一日出夫子與猶子六十秀才一帖，蓋嘉言也。壄其佩服，見之行事可也。墓門有木則愛護之，不如意事之來則忍耐之，祖訓是則是傚，是不爲考亭之賢孫乎？武夷山樵錢惟善謹識。

176. 《洪侍郎詩帖跋》（至正二十六年，1366 年）

按：文載趙琦美《趙氏鐵網珊瑚》卷四，錄文如下：

右侍郎洪公奉其親少師公游道場何山，遺住山舟公別浦禪師詩也。今師

〔註456〕屈守元《韓詩外傳箋疏》，巴蜀書社 1996 年版，第 1024～1025 頁。

之即中常上人。常往年侍其師竺遠源禪師住何山時，見其六世孫大拙用公以是遺墨獻於禪師常，因珍襲而寶愛之。茲來歸源蘭若，焚香敬觀，惜不得見所與安撫書耳。然山中舊石刻，薦更兵燹，不復存矣。故翰林承旨趙公學士黃公跋語在前，惟善何敢著筆。輒綴數語於後，以識俯仰今昔文物陵替，山林彫謝，無復舊觀之感慨云。至正二十六年歲丙午佛誕日曲江居士錢惟善謹書。

177. 《跋顧宏中畫韓熙載夜宴圖》（至正二年，1342 年）

按：文載趙琦美《趙氏鐵網珊瑚》卷十一，錄文如下：

觀熙載郵亭之計，可以賺陶穀之多欲。而熙載之荒於夜飲，又豈可逃乎後主之覬哉？所以君子必愼其獨也，故跋。至正二年三月既望曲江錢惟善。

178. 《題倪瓚古石修篁圖》

按：文載《石渠寶笈》卷九，錄文如下：

惟松也茂以貞，惟竹也直以清，惟石也靜以寧。君子有之，是爲歲寒之盟。

179. 《跋趙孟頫書待漏院記》

按：文載《石渠寶笈》卷十四，錄文如下：

《待漏院記》，孰不知而誦之，承旨魏公爲之書。於是乎生民休戚有所賴，官箴邪正有所規，寧獨誇翰墨以爲觀美，爲人臣子者，可不思所以自省。曲江居士錢惟善。

180. 陸友仁三篇

《閒居錄序》（至正五年，1345 年）

按：文載陸心源《皕宋樓藏書志》卷五十八〔註457〕，錄文如下：

右《閒中錄》（中，當爲「居」之訛）一編，一名《閒中編》，魯郡吾衍子行所著也，其間皆子行手書。子行工篆隸書，通聲音律呂之說，及《太元經》。自號貞白居士，性放曠，有高尚不事之節。每以郭忠恕自比，倨傲一世，視人巧圖富貴，不啻蟲蛆臭腐之將噬染於己。尤厭棄詣門請謁，有來者，從樓上遙與語。其人出少間，顧吹洞簫、撫弄如意不輟，又好刺譏時人，輕侮

〔註457〕　（清）陸心源《皕宋樓藏書志》，《續修四庫全書》第 928 冊，上海古籍出版社 1996 年版，第 643 頁。

文學士，獨盛推杭之仇近父、婺之胡穆仲汲仲，至稱之爲百年士。蓄書凡數千卷，至大四年冬以事逸去，莫知所終。此得之其從父云。至正五年正月甲辰，養痾東閣捉筆記吳郡陸友仁書。

181. 《研北雜志自序》

按：文載《研北雜志》卷首〔註458〕，錄文如下：

余生好遊，足跡所至，喜從長老問前言往行，必謹識之。元統元年冬，還自京師，索居吳下，終日無與晤語，因追記所欲言者，命小子錄藏焉，取段成式之語，名曰《硯北雜志》，庶幾賢於博弈爾。明年春二月丁卯平原江陸友仁序。

182. 《中論跋》（至治三年，1323 年）

按：文載范邦甸《天一閣書目》卷三〔註459〕、陸心源《皕宋樓藏書志》卷三十九〔註460〕，錄文如下：

《中論》二卷，漢司空軍謀祭酒掾屬五官將文學北海徐幹偉長撰。有序而無名氏。幹，鄴下七子之一人也。建安之間，疾辭人美麗之文，不能敷散道教，故著《中論》，辭義典雅，當世嘉之。按《唐志》六卷，今本二卷，二十篇。宋文（《天一閣書目》作「大」）理正山陰石邦哲手校題識。邦哲，字熙明，再世藏書。至治二年得之錢塘仇遠氏。明年夏五月己酉，平原陸友友仁父記（此句，《天一閣書目》無）。

183. 丁思敬《元豐類稿後序》（大德甲辰，1304 年）

按：文載陸心源《皕宋樓藏書志》卷七十五〔註461〕（亦載四庫本《元豐類稿》卷尾），錄文如下：

僕嘗讀舍人王公所著《南豐先生文集序》，喜其有「波濤煙雲」、「三軍朝氣」之語，足以摹寫斯文之妙。及觀紫陽夫子序公《家譜》，甚恨世之知公者淺，而後未敢以前言爲可喜也。公先世亦魯人，常欲抽瓣香，修桑梓，敬而未能。大德壬寅春，假守是邦，既拜公墓，又獲展拜祠下，摩挲石刻，知爲

〔註458〕 （元）陸友仁《研北雜志》，中華書局 1991 年版，第 1～2 頁。

〔註459〕 （清）范邦甸《天一閣書目》，上海古籍出版社 2010 年版，第 227 頁。

〔註460〕 （清）陸心源《皕宋樓藏書志》，《續修四庫全書》第 928 冊，上海古籍出版社 1996 年版，第 427～428 頁。

〔註461〕 （清）陸心源《皕宋樓藏書志》，《續修四庫全書》第 929 冊，上海古籍出版社 1996 年版，第 167 頁。

魁樞幹峰陳公名筆。至品藻曾、蘇二公文，則獨以金精玉良許曾文之正，信乎曾文定之文價，至陳文定而後論定也。公餘進學官，諸生訪舊本謂。前邑令黃斗齋嘗繡諸梓，後以兵燬。夫以先生文獻之邦，而文竟無傳，守烏得辭其責？迺致書云，仍留盼。公得所刻善本，亟捐俸，倡僚屬、及寓公士友協力鳩工，摹而新之，踰年而後成。其用心亦勤矣。後必有汲汲於它不務者，憫其勤而壽其傳，斯無負雪樓先生品題云。大德甲辰良月，東平丁思敬拜手書於卷尾。

184. 程性《春秋屬辭後序》（洪武元年，1368 年）

按：文載陸心源《皕宋樓藏書志》卷九〔註462〕，錄文如下：

右《春秋屬辭》一十五卷，序目跋尾其該板三百二十三片；《左氏傳補注》十卷，共該板一百片；《春秋師說》三卷《附錄》二卷，共該板六十九片；總計板四百九十二片。初商山義塾奉命以是書刻梓，自庚子迄癸卯，計會廩膳賦輸之餘，贍本鳩工，刻板一百一十片，皆直學權視工。甲辰春，縣主薄張君槼復奉命，勾考續工，而《屬辭》一書告成。是年秋，縣丞胡君仲德復奉命，並刻《師說》、《補注》二書，始屬性董其事。因得備完《屬辭》訛闕。迄歲乙巳，學書既廢，刊書亦結局矣。紙墨之費，則有星谿程君道、江君光大、同邑程君仁，及子宗先後所助，可漸模印。其《集傳》一十五卷又，謀陸續梓行，以備一家之言云。新刻書多舛謬，讎校不時，故刊補之工，亦不一而足，因修補注誤字，謹此以誌歲月。洪武元年五月朔日，諸生程性謹書。

185. 蕭鎰《四書待問自序》（泰定甲子，1324 年）

按：文載朱彝尊《經義考》卷二百五十五〔註463〕、陸心源《皕宋樓藏書志》卷十〔註464〕，錄文如下：

《四書》有疑，朱門師友辨之詳矣。而散出於其所自為書，觀者難以歷攬（攬，《經義考》作「覽」），未有集（集，《經義考》作「合」）之者。天朝取士，以經疑為試藝之首，蓋欲吾黨之士強勉學問，以求聖賢立言之微意。

〔註462〕　（清）陸心源《皕宋樓藏書志》，《續修四庫全書》第 928 冊，上海古籍出版社 1996 年版，第 103〜104 頁。

〔註463〕　（清）朱彝尊撰，林慶彰、蔣秋華、楊晉龍等點校《經義考新校》第 9 冊，上海古籍出版社 2010 年版，第 4563〜4564 頁。

〔註464〕　（清）陸心源《皕宋樓藏書志》，《續修四庫全書》第 928 冊，上海古籍出版社 1996 年版，第 121 頁。

而或者昧焉，若《大學》道字訓言而以爲道理之道，性善賢愚同得而謂愚者得其偏（偏，《經義考》作「偏」）。博文約禮重在行，而曰主於知；詳說反約專言知，而曰主於行。亦既得雋鄉闈策名天府矣，則眇迓眇之故也。比客建城，與友人歐陽養正讀書之次，隨時採集，因成是編，皆先儒之遺言緒論、及時文（文，《經義考》無）之不倍師說者，間亦附以一二鄙語。及養正所述，則以會蕞自修別之。凡五百四十問，一百一十七則，以經之篇（篇，《經義考》作「扁」）章爲之次目，曰《四書待問》。非敢擬，諸如叩（叩，《經義考》作「撞」）鐘者以是（是，《經義考》無）待有司之問焉。則庶幾其應不匱，比類而求之（之，《經義考》無），則凡經之所疑，皆可旁通而盡得之耳（耳，《經義考》無）。是書之（之，《經義考》無）集，本爲舉子觀攬（攬，《經義考》作「覽」）之便。由是而得其義，則於（於，《經義考》無）窮理盡性之功爲尤大，而於進取又其餘事（《經義考》下有「矣」）矣。泰定甲子日南至，臨江蕭鎰季南金甫書（「臨江」以下，《經義考》無）。

186. 蔣景武二篇

《續復古編序》（至正十年，1350 年）

按：文載蔣光煦《東湖叢記》卷一〔註465〕、陸心源《皕宋樓藏書志》卷十五〔註466〕錄文如下：

自人文既著，風氣日開，科斗鳥跡之茫昧，凡幾變而至於籀、斯，斯時已弗古矣。蓋邃古之初，書始萌芽，民俗醇樸，以之代結繩足矣。降及三代，典謨訓誥誓命之文作，而書法（《藏書志》作「法書」）由是滋焉，亦勢使然也。今其遺文可見者不過鼎彝之間，石鼓、嶧山亦漫滅而僅存。籀、斯之文，散落於人間者無幾，然繼周者秦最爲近古，意三代之文大率類此，籀、斯特其名世者耳。宋吳興張謙中志於古道，病俗書之亂古，作《復古編》上下卷，心思無窮，而目力有假，蓋詳而未備者也。洹陽曹君子學，惜謙中之編尚有缺遺，政成之暇，旁搜博採，作《復古編續》，所以備謙中之未備。噫！用心亦勤矣！間嘗觀曹君之書而見其體制，骨法遠追古作，得心應手，本乎天成，曹君何以得此於古人哉。聞之濠梁董灝曰：君天資穎悟絕人，年十七八時，輒

〔註465〕（清）蔣光煦《東湖叢記》，遼寧教育出版社 2001 年版，第 16～17 頁。
〔註466〕（清）陸心源《皕宋樓藏書志》，《續修四庫全書》第 928 冊，上海古籍出版社 1996 年版，第 165 頁。

喜作石鼓、嶧山，篆法籀、斯而主《說文》，徐、李而下不數也。靜坐一室，置圖書於左右，仰而觀焉；久之若有得也，徐起而書之，蓋已得其彷彿矣；又久之，則心領神會，目無全牛，筆意之妙，亦不自知其然矣。予因爲之說曰：字書形而下者也，而形而上者之道存焉。世人習書，其用心非不勤且勞也，而屑屑求之於形似之間，譬之木偶人焉，其形貌則甚肖也，至於精神風采則無有。吾知曹君之書蓋有進乎道，茲特其緒餘耳。君既有志於復古，必將愈讀古書，行古道，以古人自期。是編一出，當與字書並傳。世有知君者，安知君之不猶古人哉，而君亦何愧於古之人哉！至正十年冬十有二月望日，四明蔣景武敍。

187. 《東坡楊梅帖跋》

按：文載明代孫鳳《孫氏書畫鈔》卷一《法書》〔註467〕，錄文如下：

坡翁之於楊梅，即石軍之於青李來禽也。二公書法遒美，然皆一代偉人，而不能無求於世。口體之累人如此哉！鄞蔣景武。

188. 留夢炎《跋楊凝式起居帖》（至元戊子，1288 年）

按：文載明代趙琦美《趙氏鐵網珊瑚》卷一，錄文如下：

米元章云楊凝式字景度，書天眞縱逸，類顏魯公。《爭坐位帖》，余家收楮紙上詩，紛披老筆，王荆公少嘗學之，人不知也。野齋新得《神仙起居法》一帖，喜以見示。野齋有美疢在兩膝，能依此法用工，久當獲奇効也。至元戊子暮春既望，信安留夢炎。

189. 倪堅二篇

《（太后）正旦表》（元貞二年，1296 年）

按：文載元代王士點《秘書監志》卷八《表箋》〔註468〕，錄文如下：

對時育物，乾□（按：□，四庫本無。自下文「坤母」推知，缺字當爲「父」）體資始之元；賀朔稱觴，坤母（按：母，四庫本無）享安貞之吉。宸闈日永，寰宇春熙。中賀道合太沖，德符厚載。徽音播雅，繼周室之思齊；聖孝悅親，朝漢宮之長信。鴻名揚於寶冊，懿範肅於（按：於，四庫本作「乎」）壺儀。屬此履端，受茲介福。臣某等躬逢穀旦，職忝蓬山。鼇極奠安，莫紀五色補天之績；龍墀慶會，願賡萬年齊壽之詩。

〔註467〕（明）孫鳳《孫氏書畫鈔》，涵芬樓秘笈景舊鈔本。

〔註468〕（元）王士點、商企翁編次，高榮盛點校《秘書監志》，浙江古籍出版社 1992年版，第 136～137 頁。

190.《六書統序》（至大改元，1308 年）

按：文載四庫本《六書統》卷首，錄文如下。陸心源《皕宋樓藏書志》卷 15 〔註469〕亦載此序，然缺字頗多。

　　鄒魯多鴻儒，燕趙多奇士。僕隨朝三十載，獲交鄒魯燕趙士大夫非一人，獨於辛泉先生楊公，在祕府則有同寅之好，在成均則有交承之誼。故於古道之交尤深，每論及所著六書則慨然歎曰：世變日下，文字亦隨之。予欲援古以變今，不徇今而變古，竭盡平生心力，凡三起草而成是編。自守之堅、信之篤，天下後世之知不知，不計也。愚謂古者變結繩而書契，皇而帝，帝而王，所謂龍書、穗書、雲書、鸞書，與夫科斗、龜螺、鍾鼎、薤葉等書，皆絕無聞。絕無聞而僅聞者，惟軒轅之史倉頡周、宣之太史籀二篆而已。考之傳記，史倉之鳥篆，羲農龍穗之變也；史籀之大篆，顓頊科斗之變也。漢許氏亦云「五帝三王，改易殊體。王降而霸，去籍於七國，焚書於孤嬴。而李斯始變頡籀二篆，省文而爲玉箸。」亦曰「小篆，既而戍役興，獄事繁，程邈又變篆爲隸，以趣約易。史臣謂施之徒隸，故曰隸。厥後愈變而愈不古，古文遂絕。」說者以爲自倉頡至漢初，書經五變，古文變而大篆，又變而小篆，篆變而隸，隸變而草，草始於漢初，不知作者爲誰。他如署書、稿書、楷書、蓬書及懸針、垂露、飛白、偃波等數十種，皆出於六文八體，因事而生變者也。漢孝武時雖得孔壁科斗古文，時人無能知者。孝宣嘗召通倉頡讀者，以授張敞，敞後傳之杜林。孝平聞爰禮等能言頡書，徵爲小學元士，雄又採禮說以續頡，而固又採雄。孝和申命賈逵修理舊文，愼又採史籀、斯、雄之書以解逵，而錯又解愼。此則頡籀之變而屢變者也。魏邯鄲淳以曹喜學斯而學之蔡邕雖採斯喜之說爲雜形而不如淳，韋誕師淳而亦不及。又有《史籀篇》、《倉頡篇》、《三倉》、《廣倉》等篇，皆出於晉之汲冢，而頡籀之舊又不知其幾變也。君子謂篆經五變，而至漢初已非古矣，魏晉而下不論也。故唐李陽冰自謂斯翁之後，直至小生，徐鉉以其言爲不誣，蓋籀者，頡之變；斯者，籀之變；而冰，又斯之變也。舒元輿謂斯去千年，冰生唐時，冰後無人，篆止於斯。愚謂冰未千年而有辛泉與漢許愼，如相後先，其書統之與《說文》則相表裏，其六書之序則有同而異者焉。許氏之序六書，周保氏之變也；辛泉之序六書，漢許氏之變也。其《自敘》云：「六書之有象形、會意，而後

〔註469〕　（清）陸心源《皕宋樓藏書志》，《續修四庫全書》第 928 冊，上海古籍出版社 1996 年版，第 167～169 頁。

有指事、轉注、形聲、假借，亦猶八卦之有乾坤，而後有震、巽、坎、離、艮、兌。」其《後序》又參天地之化，合四時之序，關盛衰之運而言之蓋，得古人不傳之妙於言外，亦善變者也。先儒謂《易》爲聖人通變之書，愚亦爲是書爲變變而作也。變在彼，變變在此，彼之變，變古而降爲今，此之變變今而反之古。愚故謂是書亦變變之書也。愼之子沖於漢建光之元，工其父書，父書得以不泯。辛泉之子守義亦於皇元至大之元，以其父書聞於朝（四庫本下闕十二字，《藏書志》自「父書」起下闕二十七字），並行於世而相傳不泯矣。守義奉朝檄往江浙刊父書，將行，詣史館，泣且請曰：「先君子辱知於先生最厚，所著《六書》亦先生所夙知，敢告序引，以信來世，以爲子孫藏。」愚嘉其能守父學而不變，又念疇昔古道之交能幾，其敢以一死一生而變邪？遂爲序其概，以俟後之君子。先生諱桓，字武子，夫人孔氏孔子五十三世孫。子男五人，所居魯城南之三里許日逵泉，疏而爲辛泉，因以自號云。至大改元歲在著雍涒灘良月朔，翰林直學士奉直大夫知制誥同修國史三山倪堅序。

191. 吳志淳《廣琴操跋》（至正己亥，1359 年）

按：文載陸心源《穰梨館過眼錄》卷十〔註 470〕，錄文如下：

予觀天台朱君伯言《廣琴操》，命意忠厚，辭語平易，有風人託物之情。因書一通，與同志歌之。至正己亥夏五，曹南吳志淳識。

192. 應在《篆法偏旁點畫辨序》

按：文載張金吾《愛日精廬藏書志》卷七〔註 471〕、陸心源《皕宋樓藏書志》卷十五〔註 472〕，錄文如下：

字學不□□□□□，比之篆法，不無差謬，有自來矣。顏魯公集干祿書而字尙譌，柳公權爲一代師，而柳字亦謬。至於漢之石經，猶有可議者，而況其餘。近世所尙晉帖、唐碑，字體愈變，其間蓋有名世者翕然從之，遂使童穉習書，自幼至老，但知其變體，而不識其正文，如井作井，秉作秉，如此等類不可悉舉。其誤後學，何可勝言。賴有毛韻所修《點畫偏旁》，可目究

〔註 470〕（清）陸心源《穰梨館過眼錄》，《續修四庫全書》第 1087 冊，上海古籍出版社 1996 年版，第 109 頁。

〔註 471〕（清）張金吾《愛日精廬藏書志》，上海古籍出版社 2014 年版，第 126 頁。

〔註 472〕（清）陸心源《皕宋樓藏書志》，《續修四庫全書》第 928 冊，上海古籍出版社 1996 年版，第 172 頁。

其一二。苟能以此爲正者反，爲世俗駭誚。吁！期欲復古，其可得乎？予拙於草隸，習工小篆幾廿年，家貧無書，所閱不過《說文》、《韻口》而已。其於六書之故，豈能悉通？□□□□□者與夫□□刻工，不知篆法，苟欲書篆，輒目俗隸偏旁臆度成字，罔世誣民，紕繆爲甚。識者觀之，不能無歎焉。遂於暇日，採摭俗隸之偏旁相類而不合於篆者，編爲詩歌。俾之觀誦，以解其惑，庶有補於將來。句章埜褐應在止善甫書。

193. 熊澤民《經史正音切韻指南》（至元丙子，1336 年）

按：文載陸心源《皕宋樓藏書志》卷十七〔註473〕，錄文如下：

夫讀書必執韻，執韻須知切，乃爲學之急務，吾儒之不可缺者。古有《四聲等子》，爲傳流之正宗。然而中間分析尚有未明，不能曲盡其旨，又且溺於經，堅仁然之法而失其眞者多矣。安西劉君士明，通儒也，特造書府，來訪於余，出示其名曰《經史正音切韻指南》。余嘉其能求古之道，以正今之失，俾四方學者得其全書，易求誨於先覺云。後至元丙子歲仲冬吉日，雲谷熊澤民序。

194. 趙居信《蜀漢本末後序》（至正辛卯，1351 年）

按：文載翁方綱《翁方綱纂四庫提要稿》〔註474〕、陸心源《皕宋樓藏書志》卷二十二〔註475〕，錄文如下：

至元戊子之秋，亡友嵩東何從政彦達始示予以《通鑑綱目》（予以，《提要稿》作「以子朱子」），且謂大義數十，炳如日星，如漢繼昭烈，唐斥武后，書揚雄爲莽大夫，謂陶潛曰晉處士（「且謂」以下，《提要稿》作「以漢繼昭烈，炳如日星」）。居信從而讀之，不勝服（「不勝服」，《提要稿》無），遂述《蜀漢本末論》以見欽贊之意。歲辛卯年（年，《提要稿》無），集諸儒精義於柏林書院，欲綴鄙論於紙尾，竟以元稿不存而止。延祐甲寅，鄉大夫（《提要稿》作「鄉丈人」）竹軒先生曹彦謙子和之子深（《提要稿》作「琛」）出是篇於厥家，乃其父手書者。蓋求之弗獲，兩紀於斯矣。今且（《提要稿》作「再」）

〔註473〕（清）陸心源《皕宋樓藏書志》，《續修四庫全書》第 928 冊，上海古籍出版社 1996 年版，第 193〜194 頁。

〔註474〕（清）翁方綱撰、吳格整理《翁方綱纂四庫提要稿》，上海科學技術文獻出版社 2005 年版，第 201 頁。

〔註475〕（清）陸心源《皕宋樓藏書志》，《續修四庫全書》第 928 冊，上海古籍出版社 1996 年版，第 244〜245 頁。

序編摩之始，復得合而成之，似非偶因記其曲折於卷末云（《提要稿》作「因紀於卷末」）。上元日，信都趙居信謹識。

195. 黃君復《蜀漢本末後序》（至正辛卯，1351 年）

按：文載翁方綱《翁方綱纂四庫提要稿》〔註476〕、陸心源《皕宋樓藏書志》卷十七〔註477〕，錄文如下：

漢始於高帝，中興於光武，終於靈獻，炎祚息矣。昭烈以中山後，起西蜀，而得諸葛武侯爲之佐。雖崎嶇一隅，而天下思漢之心，尤有望於斯也。傳及帝禪，將星墜營，大業弗復，庸非天子乎？《晉史》帝魏寇蜀，悖已甚矣。紫陽朱夫子《通鑑綱目》之作而大義始正，東溪趙先生《蜀漢本末》之作（《提要稿》作「編」）而公論愈明，是則《本末》當與《綱目》並（《提要稿》下有「行」）於世。歲己丑，先生之嗣子總管趙公來守建郡，出是書以示其（其，《提要稿》無）學者，君復伏讀敬歎（「伏讀敬歎」，《提要稿》無），因請壽諸梓以廣其傳。欲使後之覽者知正統之有在，其於世道豈小補哉？（此二句，《提要稿》無）時至正辛卯二月，建寧路建安書院山長晚學黃君復謹書。

196. 陳桱《通鑑續編自序》（至正十年，1350 年）

按：文載陸心源《皕宋樓藏書志》卷二十二〔註478〕，錄文如下：

余讀歷代史輯，事之大者爲筆記百卷。或見之曰：「子之志勤矣。然周威烈王而下，至於宋興，其取捨之審有逾於司馬公《資治通鑑》者乎？況朱子《綱目》筆削之慎耶？泝而至於唐堯，則金先生《前編》方爲世所重。子書無乃復乎？」余曰：吾備吾繙閱而已，豈覬與諸書並傳哉？雖然，盤古至高辛，傳疑之言近理有徵者，不可不知也；契丹因俗慕華，其國所志者不可不存也。宋三百年之治亂興亡，新史緐而寡要，觀者思約而未得也。吾不易舊文，直書見義，彷彿《通鑑》而規模《綱目》，述近理而刪緐辭，使志學之士開卷，而上下數千年之事得以概見。可乎？曰此則是也。乃取筆記，盤古至高辛爲《通鑑世編》一卷，唐天復至周亡遼夏初事爲《通鑑

〔註476〕 （清）翁方綱撰、吳格整理《翁方綱纂四庫提要稿》，上海科學技術文獻出版社 2005 年版，第 201 頁。

〔註477〕 （清）陸心源《皕宋樓藏書志》，《續修四庫全書》第 928 冊，上海古籍出版社 1996 年版，第 245 頁。

〔註478〕 （清）陸心源《皕宋樓藏書志》，《續修四庫全書》第 928 冊，上海古籍出版社 1996 年版，第 239 頁。

外編》一卷，宋有國至歸於大元爲《通鑑新編》廿二卷，總之爲廿四卷，合名曰《通鑑續編》。惟其不敢取《前編》、《綱目》二書以入其中，故於《世編》之末，則舉歷代有國之先後，以見意焉。其謂之續者，取連續之義耳。若曰續先儒之筆，竊褒貶之旨，則非知我者矣。至正十年歲在庚寅夏六月甲子，四明陳桱題。

197. 陳祖仁《戰國策序》（至正十五年，1355 年）

按：文載陸心源《皕宋樓藏書志》卷二十四〔註 479〕，錄文如下：

至正初，祖仁始登史館，而東陽吳君正傳寔爲國子博士。吳君之鄉，則有王文憲、何文定、金文安、許文懿諸先生。所著書，君悉取以訓諸生，匡末學。後君歸，丁母艱，病卒。祖仁亦嘗聞君校注《國策》，考核精甚，而惜未之見也。今季夏，浙西憲掾劉瑛廷修隨僉憲伯希顏公來按吳郡。一日，囊君所校《策》來言曰：「正傳，吾故人，今已矣，不可使其書亦已。吾嘗有請於僉憲公，取於其家，且刻梓學宮。君宜序之，幸毋辭。」祖仁竊惟古之君子，其居家也本諸身，其居官也本諸家，其訓人也本諸己，其安時也本諸天。文其餘也，而況於言乎。是故不以言爲上，而後之爲言者莫能上也；不以計爲高，而後之爲計者莫能高也。周衰列國，兵爭始重辭命，然猶出入詩書，援據遺禮，彬彬焉先王流風餘韻存焉。壞爛而莫之存者，莫甚於戰國。當時之君臣，惴惴然惟欲強此以弱彼，而遊談馳騁之士，逆探巧合，強辨深語，以鬭爭諸侯，矜譽妻子。雖其計不可行言，不可踐，苟有欲焉無不售也，苟有隙焉無不投也。卒之諸侯不能有其國，大夫不能有其家，而蘇、秦之屬不旋踵勢敗而身僨。由此觀之，非循末沿流不知其本故耶。是《策》自劉向校定後，又校於南豐曾鞏，至括蒼鮑彪病高注疏謬，重定序次而補缺刪衍，差失於專，時有議論，非悉於正。故吳君復據剡川姚宏本參之諸書，而質之大事記，以成此書。其事覈而義正，誠非鮑比。古書之存者希矣，而諸儒於是書校之若是其精者，以其言則季世之習，而其策則先秦之遺也。予何幸得觀吳君此書於身後，且知其所正者有所本，而又嘉劉掾不以死生異心而卒其志也。故不復辭，而爲之序。至正十五年六月，濟儀陳祖仁序。

〔註 479〕（清）陸心源《皕宋樓藏書志》，《續修四庫全書》第 928 冊，上海古籍出版社 1996 年版，第 259 頁。

198. 戈直《貞觀政要序》

按：文載陸心源《皕宋樓藏書志》卷二十四〔註480〕，錄文如下：

　　《貞觀政要》者，唐太宗文皇帝之嘉言善行、良法美政，而史臣吳兢編類之書也。自唐世子孫既已書之屏帷，銘之几案，祖述而憲章之矣。至於後世之君，亦莫不列之講讀，形之論議，景仰而效法焉。夫二帝三王之事尚矣，兩漢之賢君六七作，何貞觀之政獨赫然耳目之間哉？蓋兩漢之時世已遠，貞觀之去今猶近。遷、固之文，高古爾雅，而所紀之事略，吳氏之文，質樸該贍，而所紀之事詳。是則太宗之事章章較著於天下後世者，豈非此書之力哉？夫太宗之於正心修身之遭，齊家明倫之方，誠有愧於二帝三王之事矣。然其屈己而納諫，任賢而使能，恭儉而節用，寬厚而愛民，亦三代而下，絕無而僅有者也。後之人君，擇其善者而從之，其不善者而改之，豈不交有所益乎？惜乎是書傳寫謬誤，竊嘗會萃眾本，參互考訂，而其義之難明，音之難通，字為之釋，句為之述，章之不當分者合之，不當合者分之，自唐以來，諸儒之論莫不採而輯之，間亦斷以己意，附於其後，然後此書之旨頗為明白。雖於先儒窮理之學不敢妄議，然於國家致治之方未必無小補云。後學臨川戈直謹書。

199. 鄭穉《讜論集跋》（至元二年，1336 年）

按：文載四庫本《讜論集·附錄》（題為《寶文待制陳公讜論跋》）、陸心源《皕宋樓藏書志》卷二十五〔註481〕，錄文如下：

　　漢武帝從汲黯直諫，不至有輪臺之悔；唐德宗從宣公奏議，不至有奉天之辱。使宋能從陳當時之《讜論》，世道不變而為宣和矣。噫！君子小人之進退，繫天下一大氣數，是時日將昳矣。一木而能支大廈之傾頹乎？然為臣子者，忠君愛國之情，不能自己。元祐君子貶竄殆盡，卒不為小人所害，公一言之力也。嘗評吾莆南渡以前人物輩出，惟端明蔡公及公大節表表名播青史，豈非所謂出類拔萃者乎。僕與公裔孫希點有舊，一日袖其書，示教曰：「此吾祖《讜論》」也。盥手莊誦，乃知古人視國如視家朝廷，一事少差，必形諫疏，惜堂下萬里不悟也。至元二年丙子上元，鄉貢進士莆狀元坊獻可鄭穉敬書。

〔註480〕　（清）陸心源《皕宋樓藏書志》，《續修四庫全書》第 928 冊，上海古籍出版社 1996 年版，第 263 頁。

〔註481〕　（清）陸心源《皕宋樓藏書志》，《續修四庫全書》第 928 冊，上海古籍出版社 1996 年版，第 274〜275 頁。

200. 陳士壯《待制陳公行實》（泰定甲子，1324 年）

按：文載四庫本《讜論集·附錄》，錄文如下：

公諱次升，字當時，行第三十，乃十四朝議之次孫、正議大夫之次子。母王氏二十九娘，東陂人，贈碩人，族處於仙谿龜峰之下。公少小時，庭前有荔枝樹少熟，公登其上，正議公晝寢，夢有祥龍蜿蜒其上，起而視之，乃公也，正議公心甚喜之而不自負。方發蒙時，讀書一過即成誦。及丱角，喜操觚弄墨，出一二語，輒為時輩所印可。長遊鄉校，屢先諸子鳴，嘗月試夜歸，境有神堂祠者為一鄉之靈跡。公至其所，忽聞呵聲曰『避待制公』，窺之，寂無人跡，乃知神物之顯異也。熙寧六年癸丑，余中榜，賜同進士及第。是時公之伯仲如知縣公次顏、教授公次寵、士曹公次宗，皆力學起家，閭里稱耀。公初調虔之獄掾，虔為江西劇郡，齊民天性豪悍，動相爭擊，淹繫囹圄。自公視事，剖決精明，庭無留獄。前此有猾吏鍾四者，盜發官帑，按驗不服，公至，擿其奸狀，即日伏辜。郡將以此喜公，力薦於朝，除和州防禦推官。秩滿，改宣德郎，宰密之安丘。安丘號為難治，前宰以失職去官，時州從事攝政。及公下車，從事首告公以此邦獄訟最繁，當恢大獄宇。公曰：「子何不教我以無刑，乃教我廣獄耶？」卒不聽。公一縮縣章，以忠和愷悌為政，民訟於庭者案牘相卿，公以理開曉之，皆心服而去。踰月，從事行縣而圄空，於是歎服。元豐七年甲子，移英州僉判。適神祖末年深厭新法之為民病，寤寐英才，御史中丞黃履以公薦。未赴，上間有旨促公到闕，召對便殿。上首問公：「以卿自外來，知朝廷青苗、免役等法民安之否？」公條疏其利病，且曰：「聞陛下慨然悔悟之意，遠方之民日有生氣。」上首肯之。得旨與監察御史公一入臺，糾察庶務，振刷宏綱，風采凜然，權貴褫氣。上嘗以諸路監司責任不輕，朝廷當考其煩急掊克與弛慢者，議遣使按察。會上晏駕，不果。元豐八年，二聖臨御，體先帝遺意，四月遣公按察江南西路。公即駕輶車，一入其境，百姓遮道陳訴官司抑配買鹽之弊，公遂檄州縣即為那移均減，回奏漕臣蹇序辰父子虛張鹽額，勒令承買，煩勞州縣，欺罔朝廷。時正言王公覿亦論列之，蹇序辰父子鐫降有差。五月，遣公按察提舉荊湖。元祐更化，公乃還朝供職。二月，司馬文正公當軸，登用正人，一時名流如劉摯、蘇轍、范純仁、王岩叟等並居言路。公之挺直不減諸公，而和平溫雅過之。公以幸遭明時，言事無隱。初保甲之行，貧民苦於多教。元豐末，詔府界三路或家止有一丁、病患未該破丁者、及第五等以下土地不及二十畝者並免。至是有

衝改其法，公上疏力爭，乞依元豐八年指揮以安存貧下老弱之民。王文公用事之日，獻利之臣惟務掊克，上供之外別置封樁錢，皆溢數以取於民，公皆乞罷之。又乞張官置局，許之訴理，庶用法過當事、涉冤抑者皆得伸雪，無非切中時病。未幾，九月文正公即世，諸賢已有相攻之隙，公乃力丐外補。十月得詔，提點淮南刑獄。公去國未踰月，而朋黨之事起矣。公雖自中補外，處之泰然。有部吏者，初公微時宰邑仙遊，嘗與公有隙。及公之來，負慚求去，公曰：「吾不以私廢公，子盡心民事可也。」既而薦以剡章，其人益感媿，且服公之德量。甫及一年，易節詳刑淮東。時諸道監司奏課，惟公為最，到闕除兵部員外郎。就職甫月餘，丁內外艱，公自中都扶櫬歸里，雖寒月而屝屨不徹，免服之日不肯赴闕。有旨促公，至則除刑部員外郎。公明練典章，雖老吏莫肆其奸巧，律令格式為之一正。八月，遣公提點荊湖刑獄。公元豐間司按察日，已熟識一方之利病，至則首舉行之，吏民相安，惟恐其去。紹聖二年，再除監察御史。時參用熙豐舊黨，善類繼引去，公處群小之中，挺然特立。每朝廷有政事，輒慷慨力爭。上嘗欲幸金明，池所造龍船極工巧，言「千金之子不垂堂，百金之子不倚衡，聖主不乘危、不徼幸」，又言「陛下勤儉過於夏禹，有司不能宣明德意。所造之舟，其費不貲。遊幸之日，天乃大風，豈非愛祐陛下而使覺悟乎？」上嘉納焉。閱月，除殿中侍御史，勸上收威福之柄，反覆數百言，仍奏「臺諫官當出聖選，如近日監察御史三人。闕命翰林學士、御史中丞共薦三人，所召者二人而已，未審出於陛下之意，或出於宰相之私。若出執政近臣，豈能免天下之議。此源若開，臣恐異日臺諫阿附權臣而負陛下矣。今後若近臣薦舉，並須召對，視其人才，去取出於聖斷。」又言「為治之道莫先乎用人，用人之要莫大乎辨邪正。何謂正？知君父為尊，而不麗於權要，所謂正人也。何謂邪？執政之所惡則從而擠之，執政之所喜則從而譽之，不顧公議，惟執私恩，所謂邪也。故古之聖王以治道為本，在於進退人才；進退人才，乃人主作福作威者也。故邪必去之，而天下所共棄；賢必任之，而天下所共喜。今朝廷除命一下，搢紳必相謂曰『若非權貴之親，則門下之士或一年之間屢進，論其人則無可稱之善。或陛下之所黜而擢用愈速；姦佞貪污因人所論，其進益銳』。如此則豈足以盡天下之公議哉？望聖慈收還威福之柄，進賢在於必果，無為奸人所移；黜邪在於勿疑，無為朋黨所庇。」時禁中失火公，言「災異之來必有所因，自古聖王德雖甚盛，世雖甚治，必恐懼修省，祗肅天戒，故祖宗以來聖德可謂盛矣，治具可

謂修矣。每遇變異，常恐其不逮內，則小心以求諸己，外則下詔以求直言。伏望聖慈追而行之，上答天變，下達民情，倘愚者之言或有一得，庶幾聖政有補萬分。」又因星變上疏曰「自古有道德之君，天必愛祐之，時出變異以警戒之。竊聞陛下謙衝退託，下詔損常膳、避正殿、罷秋宴、求直言，此盛德之舉，社稷之福也。然考之政事，先朝有星變，必須頒赦恩以滌幽枉。臣欲乞斷自聖衷施行，庶使變異自消，福祥自至。」時大臣掎摭舊事，增過元祐臣僚。適汪浹李仲等送吏部，與合入差遣錄黃行下，以元祐間所獻文字得罪，公言「紹聖元年責降呂大防等節文，有其餘一切不問之語。今汪浹等以上書得罪，則前者敕牓殆成虛文，豈不有傷國體？」繼又差官置局編排元祐章疏，公言「臣近奏乞宣諭大臣遵守敕牓，未施行間。今欲以人言之失致之有過之地，則初年詔令嘗許自新，適所以惎天下。」疏入不報。三年十月，侍講官常立上殿，公奏謂「立嘗以父秩行狀申國史院盛譽安石，詆誣先帝鷔庸，肆為無狀。以大臣親昵，私相薦引。特乞黜責，以警官邪。」秘書省周穜除著作佐郎，公奏謂「館閣所待天下之英才，人才之所先者，莫先於履行。穜之履行，無取朝廷。進用甚速，豈能厭服人心？」凡十上章，乃罷穜職。初，蘇頌罷相，來之邵，言鄒浩交結頌之子弟，躐遷博士，朝廷以浩教授襄州，公言「浩學問該博，行義修明，言者附會，權臣妄有彈擊。命下之日，搢紳咸以為冤。今朝廷公明，宜在昭雪，特乞改正，以副輿論。」左正言孫諤以爭役法不合，左遷軍壘，公言「免役之法，實欲便民。諫官以言為職，既有見聞，必須上達其言。倘是則當聽納其言，或失亦在曲全，以示朝廷之容德也。」三年十二月，擢左司諫。時章蔡以公乃神廟親擢元祐間多持節在外，未嘗顯用，謂公必怨望。紹聖初，特除言官，欲其出力排元祐舊人，以為己助。公至，則首論敕牓，反覆繼論周穜常立等，自此章蔡始不悅。嘗令太府卿林顏致誠慁於公，曰：「昨自湖外來復登憲府，皆己之力。苟相助，何患不得美官？」公曰：「某知守官而已，不知其他。公為卿監，乃為宰執傳風旨耶？」顏愧而去，章蔡益銜公，屢於上前媒孽其短，賴上知公樸忠，計卒不行。會朔方河潰民移，大臣欲乘間出公總漕計，進呈謂非陳某不可，上顧徐曰：「一轉運之才何難得，陳某敢言，不當令去左右。」數日公乞罷臺章，上御筆親擢可除左司諫，公力辭不就。適曾布奏事上前，上因語之曰：「朕除陳某諫官廷議，何如？」布奏皆謂陛下得人，上曰：「尚未肯就職。」公知眷注之隆，遂受命登對，方造膝，上遽曰「久不聞卿讜論。」公再乞避言路，

上曰：「朕親擢卿，復何辭？」公益感厲自奮。時奸人擠陷忠良，肆行謗毀，欲盡竄元祐臣僚於死地。朝論藉藉，上亦疑之，因公奏對，上顧問近日朝廷有何議論，公遂奏曰「臣聞小人橫議，搖動宣仁徽號。如臣所聞，宣仁保祐聖躬終始無間，若奸臣疵毀，輒有議論，不惟有虧聖孝，且失人心。」上竦然曰：「卿何從得？」公曰：「臣職許風聞，苟有所聞，當以忠告陛下，不當詰臣所從來。願勿聽銷骨之謗」。上首頷之者再。元符改元，京等興同文館獄，竟不得其要領，乃更遣呂升卿、董必使嶺外欲盡殺元祐黨人。公聞之，亟見上，奏曰：「陛下初欲保全元祐臣僚，今乃欲殺之，何耶？」上曰：「無之，卿何為出此語？」公曰：「以升卿為廣南按察，豈非殺之耶？升卿乃惠卿之弟，元祐間負罪家居，其人資性慘刻，善求人過，今使擁使節元祐臣僚遷謫之地，理無全者。」上翻然大悟，即日罷升卿按察職。元城劉公安世聞之，曰：「陳當時有功於元祐人居多。」瑤華獄起，一時諫官皆規避不敢言，如玉山子客問之作、田承君墨子之詩，皆諷有言責者之默默也。公獨氣概挺挺，鼎鑊不避，上疏乞寬掖廷之獄，寢華陽之封。二疏入，人皆危之，而公獨凜然。辨果不勝，而中宮將它有建立。適濟陽郡王宗景以侍姬楊氏為正室，公上疏力爭，言多激烈，蓋陰諷焉。上雖採公之言，罷宗景，黜楊氏而建立之意已不可回。會一日，奏大理觀望多致濫獄，蓋詆章蔡之苛刻也。上問大臣曰：「陳某言觀望者何？」卞奏謂「觀望陛下以激怒耳。」上默然。又以嘗劾章惇奏入，不報。一日陛對，上謂公曰：「章惇文字勿令絕了。」公唯唯而退，出告王鞏。鞏謂公曰：「胡不曰諫臣任耳目之官，帝王猶心也。心所不知，故耳目為之傳達。心若自知，何用耳目。陛下既知惇，胡不罷斥，更須臣等文字。」公後數日再對上語及惇公，如鞏所言對，上曰：「未有代惇者。」於是惇等抵巘求罅，無所不至，而掖廷愈欲公去。二年五月，貶全州酒稅制，詔有「陳某元祐中所上章疏，詆毀先政，朕嘗含容其過，庶使自新。復敢狃習故態，觀望言事之語。」上以湖南地遠，當遷江南。章蔡遂移公南安軍。南安地鄰梅嶺，瘴癘之鄉。上初不知，及謝表至，上始悟焉。將舉移，而上已大漸矣。徽廟入繼大統，登用正人，詔起公知廣德軍。四月，降制書，曰：「敕知廣德軍陳某，朕收集忠良，佈在言路，而臺端虛位，未稱朕意。為國司直，爾惟其人。惟爾敦厚清明，屢膺耳目之寄，有聞必告，處人所難。朕惟汝嘉，起自謫籍，處以橫榻，使參中司。推爾平日之心，為予初政之助。事有不當於理，臣有不協於極，悉意抗論，副予虛懷，可侍御史。」公既至，上以公歸

自嶺海，問勞再三，公退而上六事，凡數千言，一曰法天、二曰稽古、三曰修身、四曰仁民、五曰崇儉、六曰用人，上俞允之。元祐中詔修《神宗實錄》，至紹聖中曾布阿章惇、蔡卞之旨，上言謂「《神廟實錄》，司馬光等記事不實，乞用王安石手自編寫奏對日錄進入重修。」左司諫陳瓘爲《尊堯集》以獻，力辨其非，不賜施行，至是公上疏爭之，且言「神考一朝大典倘容，史官任其私意，紊亂事實，何以彰聖孝之至」，凡四上章。時陳瓘鄒浩龔夬等同在言路，天下拭目新政，公等尤以指斥姦臣、薦引善類爲任。九月，公言章惇自登揆政，任私言，奉使山陵，措置乖謬。於是惇乞罷政。公又率同僚陳師錫、陳瓘等言惇包藏陰謀，助尊私史，擅興軍旅，妄詆宗廟數事惇，遂有潭州之命。公又言貶竄太輕，未快輿論，又上疏論列之。惇由是遠謫雷州。先是諫官言京、卞兄弟同惡相濟，迷朝誤國，宜正典刑。於是卞謫居太平，京出守江寧。公至是又言「蔡卞備位政府，肆行奸謀，竊弄賞罰，私報恩讐。時人目爲笑面夜叉。今又分務，仍居善地，何以懲奸。」尋移卞池州。公言「池與太平乃是鄰壤，罪大罰輕，未愜眾議」，又言「姦邪兇險，陰害善良，呼吸群小，交通內外。今寵以端殿，委之帥府，委是失刑」。尋罷京職名，又言「京親昵閹宦，漏泄宮禁，原情麗辟，宜即投荒」，京由是提舉洞霄宮。河北轉運使張商英不候朝旨，開臨河，界沙河，虛費人力三十村之民，不可復耕。公乞罷役，且正其罪。商英落職，知隨州。錢遹除殿中侍御史，公言「錢遹假曾肇之名，爲一豪戶撰墓誌，又假肇書受豪戶金。有無未白，肇今爲翰林學士，可問而知。若果有之盜詐之人，豈可以任天子耳目之官。及親聞德音，謂其假肇名爲父撰墓誌銘。撰銘初無利害，尚爾欺詐。若論列朝政，利害有大於此者，能保其勿欺乎？」後章再上，遹竟罷臺職。蹇序辰以龍圖閣待制知揚州，公言「序辰紹聖初以蔡卞引援，寘在都司。日遊章惇之門，肆爲蠱毒。時安燾爲門下侍郎持論端正，惇甚惡之，序辰陰蓄奸謀，乃令王厚造爲謗言，惇則乞起大獄，名爲取問，更不審錄，安燾遂罷執政，王震亦以罪逐。兼序辰又以元祐理訴爲非，毀入箚乞，看詳責降，乃令安惇請其事，自是緣訴理，被禍者七八百人，衣冠塗炭，莫此爲甚。今尚居從班，承流藩府，伏望特行黜責」，序辰由是除名，放歸田里。賈種民除直龍圖閣、陝西轉運使，公言「種民自領清汴職事，所辟官四十餘員，所役兵夫至百萬，增築狹水堰月河，但爲舟船之害，並無分毫之利。朝廷灼見事實，狹水堰遂行毀拆，月河存而不用。今聞不住移文，修築及造天漢等橋，費用不貲，輒行下州縣，

自清汴以來沿路稅務，收到稅錢，並令撥還。清汴司州縣苦之。兼所領在京茶場所收之息，未見實數，而洛口泝汴河兵士任意差使，恣橫違法，略無忌憚，乞罷種民職事，」仍付有司根磨洛口，及清汴司茶場處財物務，要的確。又公言「陛下紹天明命，入繼大統，發謀定策，盡出皇太后獨斷，國勢已定，章惇猶肆異論，曾布許將當日皆在簾下，不聞一言，先斷大義。今命於布則曰『與參顧命』，於將則曰『獲參顧命』。若不改正，傳之萬世，布等掠定策之美名，掩太母之盛德，其累非細。」宦者梁從政當議立之初，與章惇異論。至是已落省職，降官宮觀，公奏謂「國家宗廟至重，方其危疑之際，輒敢交通宰執，肆行奸謀，將不利於聖躬。念其嘗於神宗有攀附之故，猶當貶竄。」御藥閤守懃奏事上前，內侍裴彥臣以手敲守懃襆頭，高聲道曰：「莫錯斬人，莫錯斬人」。公奏「彥臣敢於御前肆爲不敬，無人臣之禮，罪不容赦」，凡四言之，彥臣遂斥荒外。以至張琳郝隨之奸狡，李侚劉瑗之陵侮，公皆極力彈擊之。建中靖國改元，擢司大諫。時章蔡雖已去國，而韓忠彥之弱不足以勝曾布之奸，薦引除授，多任己意。司諫陳瓘言皇太后已復辟，而猶預政，出守泰州。公言「瓘以風聞論事，偶有失，實祗緣京等肆其奸詐，僥倖進用，倡爲此言，脅嚇臺諫。瓘既聞之，遂具論奏，言雖過當，本實爲國。今大奸既逐，罪人斯得，瓘之功也，宜在可賞，伏望特賜召還，獎進言路續。」又上皇太后書，且言「瓘之言乃得於傳播之妄，烏可爲盛德之累。欲望不以瓘之言爲念，而以來忠，讜安社稷爲心。」秘書少監鄧洵武同修國史，公言「昨以洵武爲史院檢討，朝廷謂之不可，遂行寢罷。今又有此差除，命令反覆如此，何以明是非、別賢否。況洵武父綰昔爲御史中丞，爲王安石求賜，第薦其子雱及婿蔡卞館職，神宗察見底裏，親批聖語。云：持心頗僻，賦性回邪，論事薦人，不循分守。今洵武豈能公心直筆，以發揮神考之盛德？」梁子美除京西轉運使，公言「子美天資險刻，善於交結，頃緣章惇，故擢使湖外。紹聖問讁官在所部者，均被凌虐。陛下親政之初，是時與子美同惡之人如張景溫、董必等皆蒙罷黜，子美幸免。又除府界提點，士論扼腕，近除省郎，中書舍人鄒浩繳駁，特行寢罷，人以爲當。曾未踰月，又有此差除，朝廷除授如此，何以信服天下。」又言「右僕射曾布性稟姦邪，心懷兇險，自登宰席，獨擅國權，如移臺諫一事，可爲寒心。欲特乞正布之典刑，以謝天下」，章凡十上，而布巧於固位。八月公出使契丹，及境接伴。使來，公設席用花株，使人不受，公亦不徹。沿路多不遵故事，但曰今新主也，公一切辨正之。

及就館，以李儼立辨用花之禮，且曰：「南朝亦在亮陰中」，公曰：「本朝故事，虞主祔廟後，百官吉服，惟不聽樂。」儼曰：「花樂相須，既不聽樂，何故用花？」公曰：「嘗聞三載四海，遏密八音，未嘗禁花。」儼詞屈就席如禮，仍告公曰：「道宗皇帝廷試進士，賦嘗以『南北永敦信誓』為題。如聞近日求為釁端是否？」公曰：「祖宗盟好誠貫白日，兩朝赤子之福也。」崇寧元年還國，公出使之。十一月，曾布進紹述之說，於是上決意用京，使還之日，京之黨與布滿津要，公雖得旨試給事中，而力莫回天矣。四月以寶文閣待制，出知潁昌府。京等奸言洊至，降公充集賢院修撰。而吳材、王能甫尚肆醜詆，言公元祐初擅欲取先朝約束紛更之，於是遣使四方。而適當江西首倡異議，以致惑流俗，依憑群枉。幸其時變，附會姦臣，幾竊名位，遂落公集賢殿修撰，知萊州。是時京等報復私怨，紛紛不已。十月，論欲廢元符後罪，以公嘗上書之故，任伯雨張、庭堅等並罷黜，而公罷居濠州。十一月，論元符末變更法度為元祐者罪，周常等二十八人並責罰，而公自濠州移臨江軍。十二月，論棄湟州罪，以公嘗論可棄可守之策，蔣之奇等十人並鐫降，而公復除名建昌軍居住。二年正月，中書省檢會前諫官陳瓘、鄒浩等十三人曾入章疏詆毀先朝者，並編管廣南諸州，而公貶循州。先，蘇公子由亦貶其所，公繼之來，頗能淡而無慊，暇日則幅巾藜杖，詩酒自娛。雖居瘴雨蠻煙之處，而草石溫劑未嘗過而問焉。二公既去邦，人即其嘗遊玩之地為堂祠之，名曰蘇陳堂，又有臺隱堂，至今循民崇奉之惟謹。四年，京等籍元祐黨人司馬光、蘇軾、秦觀等姓名立碑於文德殿之東，後上因天變，彗星出西方，長竟天，慨然悔悟，特加英斷，命毀石刻碑，應元祐元符間黨人以次敘。復公朝奉大夫，知漳州，京等復用力詆毀，以知江南府。徐勣知虔州，郭知章知福州，朱紱與公皆元祐奸朋，詆誣宗廟，今任牧守，豈能奉行法令，體朝廷紹述之意？遂差公提舉明道宮。大觀四年十一月，蔡京罷相。十二月，復公集賢殿修撰。政和八年，復寶文閣待制。宣和元年，上章告老，續上遺表，終於私第。訃聞，特贈太中大夫。公有行狀一集、《讜論》一集見傳於世。公甲申九月癸酉日甲寅時生，己亥三月十五日卒，享年七十有六。娶朝請大夫郭師愈之女，吉州人，封令人；再娶李氏十九娘，開封人。七男一女。男曰文伯、曰安仁，早世；曰安義，湖州長興縣尉；曰安禮，承奉郎；曰安強，承事郎；次二人，早亡；女一人，適通直郎邵武軍判官林顏。姪一人，曰安國，朝奉郎致仕，乃公郊奏補。孫三人：曰永年，迪功郎，初任越州簿尉，再任楚州司理兵曹，

長子曰永世，宣教郎，知臨江軍清江縣兵曹；次子曰永思，廸功郎，吉州廬陵縣尉兵曹。弟三子，姪孫三人，曰永言，廉州石康縣尉十三提幹是也；曰大年，初任監泉州石井鎮，後任福州永福知縣十四知縣是也；曰利賓，修職郎，德慶府瀧水縣丞十九通直是也。公生穎悟，雅有大志，方爲兒時已嶄然見頭角，衆皆知陳氏。（按：以下部分亦載陸心源《皕宋樓藏書志》卷 25〔註482〕）右待制諫議大夫陳公奏議二百七篇，總二十卷，取哲廟聖語，標曰《讜論》。其出處大致，公猶子南安丞安國序於編端爲甚詳。僕竊悲公之直道不得行，而當時國事可爲流涕而長太息也。公受知裕陵，自外僚召對闕庭，遂除臺察。泰陵初，政繇荆湖持節歸，復官如初。其前後論列，凜有風采。屬諸賢相攻，力丐補外。紹元間，既入復出，柄國者常遣所密諭意，而公執論不渝。迨徽廟繼統，超公謫籍中，再登大坡。遂彈曾布、劾章惇、攻二蔡，章各數十上。是以狙輩切齒，譁然而攻者不少緩。夫何公遭遇三聖之厚，而獨不爲群小所容，蓋一士之諤諤，不能勝衆口之狺狺，至使一墮瘴鄉，終不復入修門。豈非公之直道不得行，而大可悲也歟。雖然，元祐之初，使司馬丞相未即死，章蔡未至大用，未必局面一變而爲紹聖。建中之後，使元長終於奉祠不復召還，公與瑩中、志完二三正人在朝，亦未必局面再變而爲宣和。繇是言之，豈非當時國事可爲流涕而長太息也歟。嗚呼！小人之得志於一時，靡所不至，其詆誣諸君子，皆指爲奸黨。及公論既定，向之流落嶺海者，皆名香史籍。回視前日之小人，爲世唾罵，曾狗彘之不若，又孰榮孰悴，孰得孰失哉。昔蘇文忠公序《田表聖奏議》，以古遺直許之，公與文忠皆元祐黨人，氣節大略相似，使文忠及見是編，不獨稱之曰遺直，當爲擊節三歎云。時泰定甲子新元夏五，紫蓋山逸民陳士壯則中再拜手敬書於泌山希點精舍。

201. 孫錫《長春真人西遊記序》（戊子，1288 年）

按：文載《長春眞人西遊記》卷首〔註483〕，錄文如下：

長春眞人，蓋有道之士。中年以來，意此老人，固已飛昇變化，侶雲將而友鴻濛者久矣，恨不可得而見也。己卯之冬，流聞師在海上，被安車之徵。明年春，果次於燕，駐車玉虛觀，始得一識其面。尸居而柴立，雷動而風行，眞異人也。與之言，又知博物洽聞，於書無所不讀，由是日益敬其風；而願

〔註482〕 （清）陸心源《皕宋樓藏書志》，《續修四庫全書》第 928 冊，上海古籍出版社 1996 年版，第 274～275 頁。
〔註483〕 （元）李志常《長春眞人西遊記》，商務印書館 1937 年版，第 1 頁。

執弟子禮者，不可勝計。自二三遺老，且樂與之遊，其餘可知也。居無何，有龍陽之行。及使者再至，始啓途而西。將別，道眾請還期，語以三載。時辛巳夾鍾之月也。治甲申孟陬，師至自西域，果如其旨，識者歎異之。自是月七日，入居燕京大天長觀，從疏請也。

噫！今人將事行役，出門彷徨，有離別可憐之色。師之是行也，崎嶇數萬里之遠，際版圖之所不載，雨露之所弗濡，雖其所以禮遇之者，不爲不厚，然勞瘁亦甚矣！所至輒徜徉容與，以樂山水之勝，賦詩談笑，視死生若寒暑。於其胸中曾不蒂芥。非有道者，能如是乎？

門人李志常，從行者也。掇其所歷而爲之記，凡山川道里之險易，水土風氣之差殊，與夫衣服飲食、百果草木禽蟲之別，粲然靡不畢載。目之曰《西遊》，而徵序於僕。

夫以四海之大，萬物之廣；耳目未接，雖有大智，猶不能遍知而盡識也，況四海之外者乎？所可考者，傳記而已。僕謂是集之行，不特新好事者之聞見，又以知至人之出處，無可無不可，隨時之義云。戊子山秋後二日，西溪居士孫錫序。

202. 黃清老《伊洛淵源錄序》（至正癸未，1343 年）

按：文載陸心源《皕宋樓藏書志》卷二十七〔註484〕，錄文如下：

聖人之道自孟子沒，其學不傳，歷漢、晉、隋、唐，溺於異端邪說一千五百有餘年矣。濂溪周子始倡道於舂陵，子程子廓而大之，振綱挈維，發鑰啓鍵，曰致知、曰篤行、曰存養、曰省察，蔽之以一言則曰敬體用。動靜本末，上下一以貫之。嗚呼至矣！昔在春秋，堯、舜、禹、湯、文、武之道不行，吾夫子作《六經》，天地賴以有立。迨及戰國，楊、墨塞途，孟子辟之，人道由是不墜。子程子之生去聖人遠矣，乃能因遺經繼絕學、辨佛老、斥百家，孔子之道得以復明於萬世，孟子以後一人而已。當是之時，天下英材雲從風應，立其門，傳其學，祖述推明，左右羽翼。雖資器有大小，聞見有淺深，要其功化，一變歷代習俗之陋而反之於唐虞三代洙泗以來，未之有也。朱子取其最顯著者四十有六人，匯於一編，題曰《伊洛淵源錄》。竊惟伊洛之傳在諸子，辟之水焉，其行乎地中，支分派別，奚啻萬不同。然窮其所出，則初無二源也。嗚呼盛哉！大參趙郡蘇公，志在斯文，藏此本唯，既而歎曰：

〔註484〕 （清）陸心源《皕宋樓藏書志》，《續修四庫全書》第 928 冊，上海古籍出版社 1996 年版，第 297 頁。

「詞章之盛，性命之衰也。盍廣吾傳乎？」時湖北道貳憲仲溫公見之，曰：「是錄天命在焉，人不可以不聞道，豈獨學者哉？」乃以公帑鋟於鄂宮。嗚呼！學者讀伊洛之書，求伊洛之道，尚論其人及其世與其所友，而有以興其高山景行之思，則此編者。亦可以見大意矣。至正癸未十月朔，後學昭武黃清老敬序。

203. 林光大《合刻禮樂書後序》（至正丁亥，1347 年）

按：文載張金吾《愛日精廬藏書志》卷六〔註485〕，錄文如下：

六經之道同歸，禮樂之用爲急。吾夫子刪《詩》定《書》之餘，拳拳以贊禮樂爲務。夏殷之禮，類能言之，而以文獻不足徵爲可惜。周之禮，今用之，則曰「吾從周」。及其自衛反魯，然後樂正，雅頌各得其所。世皆曰聖人約魯史，修春秋，而不知筆削本旨，所以推行周公之禮樂。至贊《周易》則以上天下澤之《履》、雷出地奮之《豫》，爲天地自然之禮樂。而夏時、殷輅、周冕、韶舞，無非宗廟之美，顏淵亦與聞焉。嗚呼！聖人討論禮樂，至於如是，至矣盡矣，蔑以加矣。遭秦滅學，漢儒掇拾，百孔千瘡，□□□□□後世者無幾。宋儒陳氏兄弟潛心考古，悉意稽經，講求有用之學，凡唐虞三代禮樂、名物、度數，與其所以制作之由，靡不具之圖說。先儒疏義，寸長片善，搜抉無遺，非徒區區好尚奇古，務資博洽。其命意則曰，茲實聖人斟酌帝王之典，立萬世常行之道，形爲器服，寓於文字，有天下國家者推而行是，則納民軌物，陶世雍熙，有不難者矣。吾閩憲府僉憲前進士趙公宗吉先生購求善本，首命鋟梓於學。賓幕經歷前進士可行君、知事前國學貢士允可張君董成其事。爰馳一介，謁序於翰林盱江伯生虞公，庶幾他日朝廷采而用之，則古禮可復，今樂可變，甚盛舉也。抑愚聞之，禮樂必俟君子，君子學道則愛人。昔公西氏志宗廟會同，端章甫，爲小相，則夫子與之；子之武城，聞絃歌之聲，則莞爾而笑。今憲府得賢，遺文不墜，抑可謂大有功於聖門哉。至正丁亥秋七月辛丑，福州路儒學教授郡人林光大謹序。

204. 駱天驤《類編長安志序》（元貞丙申，1296 年）

按：文載張金吾《愛日精廬藏書志》卷十六〔註486〕、陸心源《皕宋樓藏書志》

〔註485〕 （清）張金吾《愛日精廬藏書志》，上海古籍出版社 2014 年版，第 105～106 頁。

〔註486〕 （清）張金吾《愛日精廬藏書志》，上海古籍出版社 2014 年版，第 263～264 頁。

卷三十一〔註487〕，錄文如下：

雍之長安，其來久矣，乃古之鄉聚，名在豐鎬間，周秦時已有之。李善《西都賦》注，漢高帝都關中，築宮城，擇嘉名，可長安於子孫，故曰長安城；可長樂於宮室，曰長樂宮。長安之名自此始著。《宮室記》曰，秦之咸陽，北至九嵕，南至南山，東至河，西至汧，離宮別館，相望聯屬。木衣綈繡，土被朱紫，宮人犬馬不移，樂不改懸，窮年忘歸，猶不能遍。至漢武廣開上林苑中，有三十六宮、二十二觀，秦之故宮，莫不增葺。秦迄今寥寥千五百載，兵火相焚蕩，宮闕古蹟，十亡其九，僅有存者，荒臺廢苑，壞址頹垣，禾黍離離，難以詰問，故老相傳，名皆訛舛。如秦莊襄王陵爲韓信冢、漢辰安城爲陽甲城、隋太極殿基爲走馬樓、董仲舒墓爲蝦蟆陵、漢武太一谷爲炭谷、唐興慶宮爲九龍池，雖有舊記，各紀一時之事，其沿革互換之名各不同。宋敏求編《長安志》，自周秦至唐宋，唐京兆府管二十三縣，宋永興軍領十三縣，華、耀、乾三州，鳳翔一府，關商、同二州，華止有渭南、蒲城兩縣。役衱一名，今爲三縣。漆、沮二水，同爲一河。漆出耀州，俗號石州河，至櫟陽南交口合渭。沮出同州，號洛河，三合口合渭，相去百餘里，爲漆沮一河。其故事散佈州縣，難以檢閱。僕家本辰安，幼從鄉先生遊。兵後，關中前進士碩儒故老猶存百人，爲士林義契，耆年文會，講道之暇，遠遊樊川、韋、杜，近則雁塔、龍池，其周、秦、漢、唐遺址，無不登覽，或談故事，或誦詩文。僕每從行，故得耳聞目睹，每有闕疑，再三請問。聖元皇子安西王胙土關中，至元癸酉創建王府，選長安之勝地。王相兼營司大使趙，以僕長安舊人，相從遍訪周、秦、漢、唐故宮廢苑，遺蹤故跡，自豐鎬、阿房、未央、長樂、太極、含元、興慶、魚藻，靡不登歷。是以長安事蹟，足履目見之熟，從心之際，每患舊志散漫，乃剪去繁蕪，撮其樞要，自漢、晉、隋、唐、宋、金，迄皇元，更改府郡州縣，引用諸書，檢討百家傳記，門分類聚，並秦中古今碑刻、名賢詩文、長安景題，及鴻儒故老傳授，增添數百餘事，裒爲一集，析爲十卷，目之曰《類編長安志》。覽之者不勞登涉，長安事蹟如在目前，豈不快歟？老眼昏花，中間多所脫略訛錯，更竢好古博雅君予改而正之。元貞丙申中元日，藏齋遺老駱天驤引。

〔註487〕 （清）陸心源《皕宋樓藏書志》，《續修四庫全書》第928冊，上海古籍出版社1996年版，第351頁。

205. 孟奎《粗解刑統賦序》（至正庚辰〔註488〕）

按：文載張金吾《愛日精廬藏書志》卷二十一〔註489〕，錄文如下：

規矩者，刑法之體也。刑法者，規矩之用。夫人外規矩，則罹於刑法矣，蓋執法者可不知所畏哉！大抵古人用心於刑法者，莫非齊人於規矩之域歟？律學博士傳先生擇律爲賦，舉綱立法，列韻分條，對偶問答而律法可尋，贓罪輕重而尊卑易曉，使人熟讀玩味，久則自然貫通，其用心也不淺矣。前輩律士，詳論精微，發明蘊奧，或文或歌，無不備具。惜乎泥於傍蹊曲徑，巧於贅辭強解。殊使初學之士驟不能知，展轉昏晦難明而失其本意。愚也孤陋無學，敢誤後人？而以俗語粗解，故不揣也。然世之蹈規矩而明刑法者，幸勿以畫虎效顰爲哂。時至正庚辰仲夏，鄒人孟奎文卿自序。

206. 竇桂芳《針灸四書序》（至大辛亥，1311年）

按：文載張金吾《愛日精廬藏書志》卷二十二〔註490〕，錄文如下：

針灸有刼病之功，其言信矣。針必明其孔穴，灸必定其尺寸。孔穴明、尺寸定，則膏之上、肓之下何患乎厥疾之弗瘳歟？在昔孫公眞人有曰：「爲醫知藥而不知針，知針而不知灸，不足以爲上醫。必也藥與針灸三者俱通，始可與言醫已矣。」余先君漢卿公以藥與艾見重於士大夫，如雨岩吳憲與以借補憲司官醫助教之職，達齋游憲親爲書其藥室曰「活濟堂」。至元丙子以來，余挾父術遊江淮，得遇至人授以針法，且以《子午流注針經》、竇漢卿《針經指南》二書見遺，拜而受之，珍藏玩味，大有進益。且喜其姓字、醫術，與先君同也。因是作而言曰：南北有二漢卿，姓同、字同而爲醫亦同也。北之漢卿得時行道，針法精於八穴，以愈疾名顯於世，官至太師。南之漢卿，隱居求志，惟以藥與艾推而積活人濟世之陰功。由是觀之，則信矣南北氣質之不同，而達則爲相，不達則爲醫，亦其志之出處異矣。今將面授針法已驗《指南》之書、牛提舉所刊竇漢卿《針經》，二本參究，訂誤補遺，與《子午流注針經》及家世所藏《黃帝明堂灸經》、莊季裕所集《灸膏肓穴法》四者之書，

〔註488〕 孟奎《序》題署爲「至正庚辰仲夏」，然元順帝至正年間，無「庚辰」年。《愛日精廬藏書志》另載沈維時《粗解刑統賦序》，文稱「舊律學博士傳霖韻唐律爲賦，鄒邑孟氏文卿略加箋注」，題署爲「至正壬辰仲秋，前鄉貢進士沈維時謹題」。孟奎《序》中「庚辰」似爲「壬辰」之誤。至正壬辰，即至正十二年（1352）。

〔註489〕 （清）張金吾《愛日精廬藏書志》，上海古籍出版社2014年版，第340～341頁。

〔註490〕 （清）張金吾《愛日精廬藏書志》，上海古籍出版社2014年版，第357～358頁。

三復校正，一新板行，目是書曰《針灸四書》，樂與四方醫士共寶之。凡我同志，留心是書，則藥與針灸三者並通，庶可進而爲上醫之士，亦可無負於孫眞人之垂訓歟？謹書以紀此書之本末云。至大辛亥，建安後學靜齋竇桂芳序。

207. 和尼赤《活幼心書序》（泰定丁卯，1327 年）

按：文載張金吾《愛日精廬藏書志》卷二十二〔註491〕，錄文如下：

醫家惟小兒科爲尤難。蓋自其能言而被病者，猶可以問而知之，而其未能言者；不可問，不可知也。史言扁鵲入咸陽，爲小兒醫。然鵲之書多不傳其言，其言有曰：「望而知之謂之神，聞而知之謂之聖。」鵲之術固不在於書歟？信斯言也，惟鵲爲可也。夫醫不可以無書也，太倉公乃亦以醫者意耳，不肯爲書。使倉公者常有於世焉，雖無書可也，如倉公之不常有何哉？且吾聞學醫者，與學儒無異。儒者求聖賢之心法，以有聖賢之書存焉耳。醫無其書，則軒、岐之心法泯焉而不傳久矣，又何由而學之？故醫書之浩衍，與儒書相埒，殆又過之。然板行於天下，人得而有之者，往往大方脈之書爲多。彼爲小兒者，每以專科自名，或私得一方，即祖子孫相傳，世享其利，他人萬金，不顧授也。其肯與天下後世公共之哉？育溪曾君，用儒攻醫，得戴、劉二家之傳，自少至老，凡活人之幼者，枚數不知幾何人。在證處方，皆超然眾醫之表，乃以得之師傳者，廣粹精覈，爲《活幼心書》一編。既成，不以私其家，將以公之天下後世，使爲其術者，無學醫廢人之患。凡人之幼，皆有成人之望焉。厚哉育溪之用心也，人孰無此心哉？皆能以育溪之心爲心則善矣。雖然，書本陳言，心須活法，或徒泥其書而不善用，譬之兵家不知合變，膠柱而調瑟焉，吾未見其可也。昔臨安李立之者，以小兒科擅名一時。有嬰兒忽病瘖，求治之，立之令人乘高撲之地，下以一衾盛之，兒不覺大驚，遂發聲能言。問之，曰：此乳搐心也，非藥所能療。此活法之說也，因附著之。泰定丁卯閏九月朔，中議大夫前同知海北海南道宣慰使司事副都元帥和尼赤序。

208. 吳剛中《活幼心書序》（元貞乙未，1295 年）

按：文載張金吾《愛日精廬藏書志》卷二十二〔註492〕，錄文如下：

〔註491〕（清）張金吾《愛日精廬藏書志》，上海古籍出版社 2014 年版，第 365～366 頁。

〔註492〕（清）張金吾《愛日精廬藏書志》，上海古籍出版社 2014 年版，第 366～367 頁。

　　人得天地生物之心以爲心，則當視天地萬物爲一體，癢痾疾痛，舉切吾身，仁者事也。先儒謂醫家以手足痿痺爲不仁，斯言善在仁字，蓋手足痺則氣脈不相通，痛癢無所覺，心之生道息矣，烏得仁？況醫家之於嬰孩，語言未足辨，脈理未足憑，必能以心體之，然後可以察其癢痛痾疾之所在。非有志於仁者，其能若是乎？粵西曾君德顯，儒而爲醫，幼從鄉先生李月山，固已得儒學於心，稍長從世醫劉氏，又能得醫學於心傳。精讀醫經，詳味藥性，參前輩之奧議，伸自己之獨見，有求必應，不倦於貧。集其平時論證與方，名曰《活幼心書》，將與同志共之。夫作書以述其心之所用，而且克廣其傳，亦庶乎仁者之用心矣。嘗觀其書，則審證施劑，信有異乎人者。五苓散在諸家，正用之解傷寒溫濕、暑毒、霍亂，而德顯於驚風、痰搐、瘡疹等疾，通四時而用之。前同知衡州府事胡省齋因其子驚風得愈，問之曰：「五苓散何以愈斯疾乎？」德顯曰：「此劑內用茯苓，可以安此心之神。用澤瀉導小便，小腸利而心氣通。木得桂而枯，足能抑肝之氣，而風自止，所以能療驚風。」施之他證，亦皆有說。省齋深然之，此其善用五苓散也。小兒驚風搐掣，醫者視爲一病，輒以金石、腦麝、蜈、蠶、蛇、蠍等劑投之，非徒無益，反激他證。德顯則謂：「有因驚風而搐者，有因氣鬱而搐者。驚屬心，風屬肝，而鬱于氣者亦有搐，陳氏所謂蓄氣而成搐者是也，但未著其方。余於驚風則隨證施治，若氣鬱而搐者，則用寬氣飲治之，只以枳殼枳實爲主。」嘗因患搐者，倉卒求藥，教服鋪家枳殼散，而搐亦止。病者深感之，此又治搐之特見也，其他緊證，俱能究心，用藥之奇，成效之速，有未易縷述者。寄寓予家將十年，二孫藉其調護，每識證於微渺，制疾於萌芽。其用心之溥，非特於吾輩爲然。蓋其篤志於仁，重義輕利，亦自讀書中來，非可以庸俗例視也。讀其方論，因敍數語於篇端，識者倘察予言，必有知其用心者。元貞乙未上巳日，前太學篤信齋進士吳剛中謹書。

209. 羅宗之《活幼心書序》（大德丁未，1307 年）

按：文載張金吾《愛日精廬藏書志》卷二十二〔註493〕，錄文如下：

　　吾鄉月山李先生，博極群書，操行修潔，最謹於義利界限，媚學之子，翩翩從之。其誨諸生也，不止於詞藝而已，必勉以正心修身，俾之有士君子之行。德顯曾君，從遊者之一也。居無何，場屋之事廢，於是以業儒者而業

〔註493〕　（清）張金吾《愛日精廬藏書志》，上海古籍出版社 2014 年版，第 367～
　　　　　368 頁。

醫焉。昔賢達則願爲良相，窮則願爲良醫，其心均在濟人耳，醫豈細事哉？而幼幼之醫，尤不易也。蓋氣色微，勛骨脆，癢疴疾痛不可問而知。他人止於面色指紋之間揣摩投劑，德顯則切脈先之，倘證陽而脈陰，證陰而脈陽，必治脈不治證。精思詳究，探本索原。藥餌所施，百不失一。未嘗以病家之貴賤貧富而異用其心，或遇窘乏太甚之家，亦隨力捐資，濟其饘粥，以故全活者眾。德顯非饒於財者，能推是心，亦賢矣哉。業醫三十年，古今醫書讀之不輟，今取其平日閱證用藥之已效者，著爲方論，纂爲詩歌，名之曰《活幼心書》。是心也，恆心也，惻隱之心也，心誠求之之心也。對越天地神明而無愧矣。且欲鋟梓，以爲海內共之，用心廣大可敬也夫。余嘗觀趙德麟《侯鯖錄》，有人得癧疽方甚奇，寶而不傳，後爲虎所食，非天譴歟？德顯心事若茲，天必福之，以誘世人之善用其心矣。德顯，衡之烝西人，號育溪，名世榮，德顯其字也。丁未中秋，邵清遺老七十翁羅宗之巨海甫謹序。

210. 曾世榮《活幼心書序》（至元甲午，1294 年）

按：文載張金吾《愛日精廬藏書志》卷二十二〔註494〕，錄文如下：

聞之先儒曰：「天向一中分造化，人於心上起經綸。」大哉心乎！其萬事之機括乎？前乎千百世而上，爲天地立心，生民立命者，此心也。後乎千百世而下，爲往聖繼絕學，來者續師傳，亦此心也。是心也，以之活幼，則有惻隱之眞，所謂「乍見孺子將入於井，皆有怵惕惻隱」者，無非自此心中來。宋翰林侍御世醫戴克臣者（原注有云：徽宗朝，名堯道），活幼宗師也，取信當時，有聲朝野。心以傳心，得其妙者，惟烝西高原劉茂先（原注有云：名祀，自號固窮山叟）。茂先之心，其五世孫字直甫者（原注有云：名思道），又深得之。推其所得，隨施輒效，亦可以見其用心矣。然昔賢之學，固以心而傳，而昔賢之心，非書又無以衍其傳。況自開慶以來，其有散漫，戴劉二公之心傳，業不復見。予生二公之後，而無默契乎二公之心，蚤歲師事直甫於蘇有年，面命心傳，領會多矣。但念一宗醫書，方論詩決，歲月浸遠，卷帙不齊，設有危難，未易檢閱。吁！得其心者，敢不究其心哉？明窗晝薰，短檠夜雨，因就其遺書而精加編次，繁者刪之，缺者補之，書非可用不敢錄，方非已效不敢收。脫亡遺漏，存十一於千百，上探三皇前哲之遺意，下探克臣、茂先之用心，實則吾心固有之理，旁求當代明醫之法，亦姑爲活幼一助

〔註494〕 （清）張金吾《愛日精廬藏書志》，上海古籍出版社 2014 年版，第 368～369 頁。

云耳。遂名其書曰《活幼心書》。書成，客或難予曰：「醫者，意也。但觀形切脈，以意逆志，是爲得之，何必一切求法書，而且以『心書』名之哉？」予曰：「不然。予非有心於著述，而求異於人也。不過推廣劉氏數傳之貞心，以求契夫戴氏之初心耳。朱文公有言：『意者，心之所發也。』書之所述，豈非心之流行發見者乎？」客唯而退，於是乎書。至元甲午菊節，衡陽後學曾世榮德顯識。

211. 薛延年《人倫大統賦序》（皇慶二年，1313 年）

按：文載張金吾《愛日精廬藏書志》卷二十三〔註495〕，錄文如下：

夫閱人之道，氣色難辯，骨法易明。骨法者，四體之幹，有形象，列部分，一成而不可變，欲識貴賤、貧富、賢愚、壽夭，章章可驗矣。至於氣色，通於五臟之分，心爲身之君，志爲氣之帥。心志有動，氣必從，氣從則神知，神知則色見，如蜂排沫，蠶吐絲，隱現無常。欲別旺相、定休咎，於氣色則見矣，非老於是者不能。若精是術，必究是書，是書蔓延於世甚夥，苟不抉擇而欲遍覽，猶入海算沙，成功幾日？善乎金尙書張行簡《人倫大統賦》與。芟諸家之冗繁，撮百世之機要，提綱挈領，不三二千言，囊括相術殆盡。條目疏暢而有節，文辭華麗而中理，其心亦勤矣。是以初入其門者，未免鑽仰之勞。僕觸僭竊之非，以蚍聞管見，附注音釋其下，仍括諸家之善以解之，目之曰《音注集解》，庶使學者有所依藉。然而知面部分，莫知適從，亦徒勞耳。面圖世傳者，多指龜爲鼇。近獲邰陽簿李廷玉所圖面部凡六，其部分行運、氣色、骨法、紋痣，至眞且悉，其義愈明而意愈彰，可爲發蹤指示之標的也。故弁諸賦首，庶學者披圖按賦，相爲表裏，決人凶吉，如示諸掌，可謂胸中天眼不枯矣，豈無補哉？雖然，獲兔魚必由筌蹄，能樂學必興其藝，有心於是，而欲齊唐舉之肩，接許負之踵，諒亦不能不自此始爾。皇慶二年蒼龍癸丑端陽日，秋潭薛延年壽之序。

212. 安性仁《新編古今姓氏遙華韻序》（至大元年，1308 年）

按：文載張金吾《愛日精廬藏書志》卷二十六〔註496〕，錄文如下：

達觀洪先生，至元壬午處吾齋三年。觀受之際，見其蟲鏤蠶績之書，而幼不識何書也。至大戊申，先生又處吾齋，昔年書者，堆案沓幾，視之則《姓

〔註495〕 （清）張金吾《愛日精廬藏書志》，上海古籍出版社 2014 年版，第 384 頁。
〔註496〕 （清）張金吾《愛日精廬藏書志》，上海古籍出版社 2014 年版，第 429～430 頁。

韻》成書矣。惟我與爾其論衡不可，請刊以傳廣，即與集工。嗟夫，先生於是書，精神寄於歲月之茫茫，姓氏承於古今之落落，豈洸洋自恣以適己？將與千金懸之咸陽市門，求一字增損，主衣妍，籍、湜敢去？予是以述此書之本末，非跋非序。至大元年三月三日，門人安性仁題。

213. 洪景修《新編古今姓氏遙華韻序》（至大元年，1308 年）

按：文載張金吾《愛日精廬藏書志》卷二十六〔註497〕，錄文如下：

有達尊大雅問僕曰：姓氏有初乎？曰：有。姓氏源三皇，派春秋，淆濁於《河南官氏志》。黃帝二十五子，得姓十四。春秋國百二十四，爵姓具者四十有七，爵姓俱亡者三十有三，有爵無姓十有七，有姓無爵十有八。富辰曰：「管、蔡、郕、霍、魯、衛、毛、聃、郜、雍、曹、滕、畢、原、酆、郇，文之昭也；邗、刑、晉、應、韓，武之穆也。凡、蔣、邢、茅、胙、祭，周公之允也。」或地或官，或王父字諡，若柳下、展氏、南宮、司馬、魯三桓、鄭七穆是也。魏以拓跋為長孫，丘穆陵為穆，獨孤為劉，弗忸於為於。《河南官氏志》八姓勳族、四姓衣冠列為著姓。梁元時，魏九十九姓復如舊，於是古今姓氏淆濁滋甚。王通謂任、薛、王、劉、崔、盧之婚非古也，何以視譜。唐太宗命高士廉、岑文本志氏族二百九十三姓，首宗室，次外戚，褒忠良，貶奸逆。至韋述撰《開元譜》、柳沖撰《氏族系錄》、宋洪忠宣公撰《姓氏指南》，今孰從而見之？僕生晚學膚，自咸淳戊辰，敦半餘力，隨見輒筆，積歲月得姓九百有奇，抄為《姓氏遙華韻》，參章定類，稿千一百八十九姓，無其人者，不信不徵。鄭夾漈《姓氏略》太簡無倫，僕起敬忠臣孝子、義夫烈女、英雄豪傑、師友淵源、家法官箴、相業將略，有益民彝世教，必加詳錄，其有風流談諧，亦可助談資笑，開卷思齊，自省千載對面。又思死節名臣，尚宜表章，以廣唐人褒忠盛心。第慚讀書不多，讔舛曷正？惟冀達尊大雅，特賜砭愚。至大元年歲在戊申南呂月吉，臨川布衣洪景修進可拜手稽首謹誌。

214. 章鑒《周易象義序》

按：文載張金吾《愛日精廬藏書志》卷一〔註498〕、陸心源《皕宋樓藏書志》卷三〔註499〕，錄文如下：

〔註497〕（清）張金吾《愛日精廬藏書志》，上海古籍出版社 2014 年版，第 430 頁。
〔註498〕（清）張金吾《愛日精廬藏書志》，上海古籍出版社 2014 年版，第 16～17 頁。
〔註499〕（清）陸心源《皕宋樓藏書志》，《續修四庫全書》第 928 冊，上海古籍出版社 1996 年版，第 32 頁。

《易》之道其神乎？以象數則象數不可窮，以卜筮則占驗不可違，以義理則義理之妙愈求而愈邃。《象義》之作，石潭之得於《易》者深矣。或曰《易》窮理盡性以至於命之書也。近代河南氏之《易》，學者宗焉，以其根於理也。今專以象言，得無蹈諸儒一偏之失乎？噫！天下無理外之物，河圖未出，此理在太極；六爻既畫，此理在《易》象。以象觀象，則易無非象；以理觀象，則象無非理。捨象以求易不可也捨理以求象，可乎哉？善乎石潭之言曰：「不得於象，則不得於理；不得於理，則亦不得於象。」是書也，當合河南氏之《易》互觀之。至元中秋朔，杭山寓叟章鑒書。

215. 厲一鶚《唐陸宣公集跋》（至大辛亥，1311 年）

按：文載張金吾《愛日精廬藏書志》卷二十九〔註500〕、陸心源《皕宋樓藏書志》卷六十九〔註501〕，錄文如下：

唐內相陸宣公，實鍾嶠李扶輿清淑之氣，平生所志不負天子，不負所學。雖遭遇德宗時，弗克展布所蘊，然忠誠懇惻，訓辭深雅，崎嶇奉天實資翼贊。今其代言奏對，家傳人誦，自漢賈誼董仲舒諸賢，皆莫之能擬，此中朝達治體、躋顯仕者往往祖述，以為一代典章，信知宣公之文鑿鑿可見之日用，非徒託之空言也。今其宅里某水某丘已難髣髴，獨《仁義》百篇，炳如丹青，讀其書，尚友其人，至今生氣凜凜。郡學舊有《奏議制誥》凡二十二卷，歷歲幾二百，亥豕魯魚，弗便觀覽。盱眙子中王公來守是邦，一廉自律，三年政成，提綱學校，備殫乃心，拘徵逋租，增鑄祭器，踵繪從祀，惠至渥也。復念此書字畫漫舛特甚，乃以推官胡公德修家藏善本詳加讎正，重新刊梓，以幸多士。繼自今使宣公之文復大行於世，其於鄉泮亦與有榮焉。敬書卷末，以識歲月云。至大辛亥季秋，嘉興郡博士厲一鶚拜手敬書。

216. 翠岩精舍《中興奏議刊書啟》（至正甲午，1354 年）

按：文載張金吾《愛日精廬藏書志》卷二十九〔註502〕（亦載楊紹和《楹書隅錄》卷四、丁丙《善本書室藏書志》卷八），錄文如下：

《中興奏議》，本堂舊刊，盛行於世。近因回祿之變，所幸元收謝疊山先生經進批點正本猶存，於是重新繡梓。切見棘闈天開，策以經史時務。是書

〔註500〕（清）張金吾《愛日精廬藏書志》，上海古籍出版社 2014 年版，第 468～469 頁。
〔註501〕（清）陸心源《皕宋樓藏書志》，《續修四庫全書》第 929 冊，上海古籍出版社 1996 年版，第 101 頁。
〔註502〕（清）張金吾《愛日精廬藏書志》，上海古籍出版社 2014 年版，第 471 頁。

也，陳古今之得失，酌時務之切宜，故願與天下共之。幼學壯行之士，倘熟乎此，則他日敷奏大廷，禹臯陳謨，不外是矣。至正甲午仲夏，翠巖精舍謹誌。

217. 黃真輔《讒書序》（大德六年，1302 年）

按：文載張金吾《愛日精廬藏書志》卷二十九〔註503〕，錄文如下：

余少讀羅公昭諫《嚴陵釣臺遺刻》，蓋所著《讒書》之一者，氣節凜然，煜煜方冊間，每以未睹全書為恨。近客徽學，會公之遠孫雲叔來為學正，因得拜觀《讒書》及所賦詩，大抵忿勢嫉邪舒，泄胸中不平之蘊焉耳。公晚唐節士也，抱負卓犖，遭時不偶，受知吳越錢氏幕辟，歷仕給事中、諫議大夫。首勸調師勤王，問罪朱溫，雖錢不見聽，而依中國以自固，遇真主納款歸疆，終其身及其子若孫無僭竊之志，往往皆出公平日講明之素也。唐末僭偽紛起，立其朝者安食厚祿，充然無復赧容。如公沉淪下僚，氣節弗渝者幾何人？吁！士以氣節為重，而文辭特其餘事。在昔憸邪輩，豈無綺章繢句，取媚一時而泯泯莫聞？公氣節可敬可慕，凡片言隻字，皆足以傳世，況其著書垂訓者乎？新城楊令君舊嘗梓行，久而失其板，雲叔不忍廢墜，割俸重刊，亦可謂克承先志矣。讀者當知公之氣節，盡在是書，而不可徒以其文辭例視之也。大德六年仲秋後五日，前進士東嘉黃真輔德弼父書。

218. 胡元《四書發明序》（泰定三年，1326 年）

按：文載陳櫟《定宇集》卷十七〔註504〕，錄文如下：

予夙聞新安為朱文公闕里，學子必有能傳其學者。出守茲郡，聞屬邑之士休寧陳君櫟字壽翁。延祐甲寅，科舉初興，鄉試與選，將會試，以病不果，行遂老於家，得大肆其力於《四書》，一以文公絕筆更定之本為正，而發明之。儒學錄山陰王君汝錫為之校正，謂其所編能發宗旨精微，而蔑隻字冗泛，無坊本語徒詳擇不精之弊。造物尼之於前，而昌之於後，不為無意者。當今表章理學，啓迪士心，使盡得觀之而講習有助焉。提調學校，宣明教化，予職分內事也。將索而刊之，以壽其傳，其於世教亦豈小補哉。泰定三年丙寅六月朔旦，正議大夫徽州路總管兼管內勸農事邢臺容齋胡元序。

〔註503〕（清）張金吾《愛日精廬藏書志》，上海古籍出版社 2014 年版，第 468～469 頁。

〔註504〕（元）陳櫟《定宇集》，景印文淵閣四庫全書第 1205 冊，臺灣商務印書館 1986 年版，第 427 頁。

219. 龍雲《增廣通略序》

按：文載陳櫟《定宇集》卷十七〔註505〕，錄文如下：

新安俞子懋氏，典戎翰於禾川之上，暇日出其鄉先生定宇陳氏所編《通略》一帙以示予，曰：「先生此書，明白簡要，將便學史者之初，今鋟諸梓以行於時，子爲我序之云。」惟司馬文正公《資治通鑒》一書，扶持人極，有光諸史至矣備矣，而朱文公《通鑒綱目》實據夫司馬公之書，且示夫書法焉。二書行世，炳若日星。然而學者非假以年歲之積，微辭奧旨亦孰見其涯涘哉？今觀夫《通略》之編，起於伏羲之世，迄於宋祚之末。其於歷代帝王之行事，世系之源流，人品之高下，與夫治亂之跡，修短之運，莫不撮其精要之語，而繩貫之。簡則不至於脫略，易則不至於放失，使盈架之書，若可以探諸囊歷代之事，若得以指諸掌，於初學誠爲有補。雖然，陳先生者，朱夫子裹人也。子懋與先生又同里，而子懋以文士即戎於吾邑。當軍事從容之時，而獨能致力於史學，使君子之道得以淑諸人，鄉先生之書得以傳於世賢哉，子懋之用心也。吾邑有水窗先生劉益友氏，所撰《綱目書法》若干卷，有功於朱夫子昭昭矣。其書行於海內六十餘年，鄉邑遘燬，煨燼相望雲、幸以老病歸山，不能爲水窗新其板籍。收其亡書。使得與新安諸書並行於世、惜哉！今云爲子懋序之者，適有以寄愚之恨云。前福建等處儒學提舉廬陵龍雲謹序。

220. 王仲儀《與陳定宇先生書》

按：文載陳櫟《定宇集》卷十七〔註506〕，錄文如下：

某頓首再拜定宇國博同年丈：去春承附問，極感記。存累欲奉書，不知郵，便遂契濶如此。近抵槊川，知玉湖主人以文字干藻鑒，此先生餘事耳，何多讓之。有玉湖見親拜緘致懇，便望奮筆去取次第之。此理至公，質諸聖賢而無疑。悠悠之談，無足恤也。何時展晤，以罄懷仰，惟厚爲斯文，自壽，不宣。

221. 張純愚二篇

《與定宇先生書》（皇慶元年，1312 年）

按：文載陳櫟《定宇集》卷十七〔註507〕，錄文如下：

〔註505〕 （元）陳櫟《定宇集》，景印文淵閣四庫全書第 1205 冊，臺灣商務印書館 1986 年版，第 429 頁。

〔註506〕 （元）陳櫟《定宇集》，景印文淵閣四庫全書第 1205 冊，臺灣商務印書館 1986 年版，第 434 頁。

〔註507〕 （元）陳櫟《定宇集》，景印文淵閣四庫全書第 1205 冊，臺灣商務印書館 1986 年版，第 437～439 頁。

　　皇慶初元年七月下澣，晚學番陽張某謹肅拜致書於定宇陳先生秘書學士足下：某嘗聞四海神交，惟君曼一人，心切慕之，以神交爲不易逢也。及讀陳正肅公責沈篇，則知公不聞程伯淳大名，終生抱愧。矧孤陋如某，莫能神交當世奇俊，而又不自責沈諸梁，可乎？某德興吳園之張氏也，先忠定以來，紫樞黃閣帥節侯藩，代不乏人。自今視之，鐵爐步志耳。而累世所以劬躬燾後，惟在志節詞華，不許子若孫少越繩準。至於不肖承先世讀書緒業，何敢少懈。僑居星源之中云，今三世矣。郭外無田，床頭有《易》，弟兄子姪不以非道去貧，寧攜琴爲學。星源抵仙縣，僅二百里。朋友之客仙縣者不少，而定宇先生天下士，乃不相聞問，甚哉僕之羞也。近者蘭叟程君來訪，圖書所首傳，寄聲之勤且辱稱道鄙文。某何如人，蒙此齒錄衰褒，不覺魂驚神悸、面熱發赤，其視足下之博雅好學，謙恭待人，愧死萬萬。蘭叟太醫談足下文，行猶未悉，繼之希尹汪君、碧雲舒君先後相過，乃備道賢昆玉，以斯文自任，崇正辟邪，貫穿經史子學有舊矣。怡怡之間，詵詵蟄蟄之際，自爲師友。朝家舉遺逸，足下不得爲在山雲也。聞有《語解》行世，他所著述，必不下鄭夾祭之《二十略》。某何當羽身，即即恭拜，履約請問讀書作文關紐，以豁吾塵襟哉。爰自科舉廢士，以詩爲習，倘能由黃陳遡李杜，上及《選》《騷》，以達《三百篇》之旨，則得風雅正傳，豈不可和其聲以鳴國家之盛。而多逐晚唐格調，間務爲奇怪，至不可以句，奚有於涵泳之趣乎？奚足以感良心懲逸志乎？外是則或綴拾先儒陳言，或自出已見，或作像圖動，稱著書將以釣名希爵，而於格致誠正修齊治平之學，茫無實得；或又鉤章棘句，匯嵬眼傾耳等語，作爲碑銘序記，以能文辭自名，而音吐之中，不聞理致深長，徒覺語言棘人喉吻。有文句稍順者，又只循時文窠臼，無所建明，何以儲胸中之經綸，何益於後學。有益後學之道無他，開之以《四書》，實之以六經諸子史，續續而後略，不以雜書蠹其聰明，教以爲人必使爲天地所不可無之人，教以爲文必使爲天地所不可無之文。庶吾之積學及吾之所以教學者，斯無愧色。要知志節爲先，詞華爲後，實相源流，奈世之可與言此者甚寡，非足下其人不可也。親戚雲石昆仲今年託同寮，計所得於左右必多。適某出處與之參差，未得致緒論。今者蘭叟便，羽濡毫布，此聊謝寄聲，自敘責沈之愧，且恨不得之於神交也。掛一漏萬，底裏未罄。老天倘欲息吾黥，補吾劓，則拜函丈自有期。若問某平生，拙作以不可傳，俱不存稿。且晚收拾數篇，求教葉氏牧說，不記一字矣。何以沐文章家，反推許之也。先生《語解》已刊，望惠

一本，俾讀之汗出。幸甚幸甚。令東屏先生大名已耳熟之，但未下荊州之拜。小兒數年前訪雲石，辱止宿，計必參覿矣。茶次幸爲斥名。

222. 《又答先生書》〔註508〕

某昨辱程太醫傅自寄聲，私心喜得此於素不相識之人，因欲奉書以志責沈。程丈行速，繼託渠宅附達。蘭叟再來，則某所附書未呈，似而群鴻戲海之帖忽出銜袖，盥手莊誦，筆畦墨徑，宛見典刑，喜而且驚，雖獲大具南金不翅也。雲石兄昆仲未記小生之先爲銀邑人耶？伯東、伯大，吾兄也。族間之工時文如二兄者不少，而共學共經能共志，同胞同舍作同年，二兄之分然耳。至不肖輩於舉業，越人章甫，何所用哉。然講明經學，乃家庭夙訓，未嘗不介介於懷，誠有如來翰之云者。吾鄉自式車姜介軒先生開其源，式車吳菊園先生、貢士沉毅齋先生濬其流，提幹許山屋先生、考亭山長朱小翁先生、式車齊怡堂先生兄弟、太常寺簿汪溪陽先生、主簿胡餘學先生，數老先後相續，不但文辭古雅，而以《近思錄》爲四子之階梯，以四子爲六經之階梯，必使人人習之。邇來雖有較競病弄平仄者，彼自彼，此自此，不相侔也。所以自今考川胡康國捐稼田，創精舍，聘宿儒，以主明經書院，皆前輩之流風遺俗。先生賜教，有《讀易編》、《書解折衷》、《詩述傳句解》、《禮記集義句解》、《語孟口義》，富矣哉。計平生所得於經學甚侈，發明經學甚精深，鼎杵餘丹，可仙雞犬。某舊習《書經》，然於諸經自幼聞之家庭及諸老講明，《易》由伊川論理外，文公《本義》得宗旨矣。後之解如蝟毛，難以別求其緒。科舉廢，比來人說《易》者多，於是以名家又不少。要必於本易發得通貫，乃可作文公素臣。先生所謂《讀易編》，其即此乎？抑別有見乎？《書解折衷》良非易事，先生云《書》有當解者，有不必解者，有不可不解者，因其解而折衷之，其見必的。前是數年，嘗與一老友商確，欲作《書解提要》，如中星，如閏法，如地理，如九疇，徵誓之言，誥詔之旨，性命之蘊，刑罰之數，秦之悔過，魯之自治，風氣升降之分，帝王讓爭之別，華夷紛更之漸，俱要區別。只《禹貢》地理，難於臆斷者頗多。未嘗經涉，看得明白，何可擔。當三江一條，自不一其說，況其他乎，以是竟未脫稿。先生《折衷》，必有可傳者，何時得一讀之爲快。某尋常讀《詩》，只尊朱子集句，而鳥獸草木之名，參之呂《記》及嚴氏耳。外此則其何爲風、何爲興、何爲比，先生所謂《述

〔註508〕　（元）陳櫟《定宇集》，景印文淵閣四庫全書第1205冊，臺灣商務印書館1986年版，第439～440頁。

傳句解》，應有得於言外者。《禮記》非全經，不過漢儒傳會之談，先生所爲《集義句解》必有以剖其得失也。伏乞賜教。謹白。

223. 黃求心《賀定宇先生發解啟》

按：文載陳櫟《定宇集》卷十七〔註509〕，錄文如下：

眷友弟黃某右：某啓伏審較藝鄉闈，登名天府、聖天子新賢能之詔。求江浙之眞儒；老先生應俊秀之書。肇新安之盛事、斯文增重。吾道有光，恭惟定宇先生省元即會狀元。學海老龍，詞林彪虎。文韜光而復燄，四十年抱負之需時；道大明而浸昌，三千字縱橫之待對。著書垂世之雅志，講業淑人之盛心。運際休明，氣難掩抑。精一危微之旨，熟究三聖之淵源；忠恕文行之疑，大闡四書之閫奧。誥詞深厚，答問精詳。立餘子於下風，中有司之高選。渺視紛紛之輩，獨馳表表之名。乘秋月而跨飛蟾，高折廣寒桂；趁春風而驟健馬，飽看長安花。聽會試御試之蜚聲，爲大州富州而出色。風雲之會，日月以需。某幼焉筆硯之同窗，老矣雲泥之異路。盲人上郡，從俗眼之揶揄；諸公登臺，爲知心而欣忭。然此特文章之小效，從茲觀勳業之宏圖。敢進祝規，相期久遠。聞太史奏有日呈雲色之祥，看狀元歸副水打石田之讖。惟深贊慶，曷既敷宣。

224. 馮伯思二篇

《復定宇先生啟》

按：文載陳櫟《定宇集》卷十七〔註510〕，錄文如下：

安岳馮坦右：坦啓竊以遊練帶之水，尚欠摳衣；枉翠織之裾，首厪銜袖。寵賁山公之啓，許論坡老之詩。此意甚清，其禮則過。恭惟齋長新恩，出群孤鶴，瑞世一麟。道統有源，處晦翁之闕里；詩宗嫡派，稱後山之故家。月書非特占庠序之先，且評且數推鄉里之重。駒隙不堪著眼，塵談一笑掀髯。甘安吾道之窮，何羨此山之富。隱居求志，藏器待時。喜聞傑句之驚人，快覩盛名之傳世。某老無蟻夢，苦有蛩吟。吳蜀流離，慣歷江山之萬里；島郊寒瘦，堪憐風月之一錢。帚莫比金，字宜覆瓿。尚須謄稿，仰千孔筆之刪；

〔註509〕 （元）陳櫟《定宇集》，景印文淵閣四庫全書第1205冊，臺灣商務印書館1986年版，第440頁。

〔註510〕 （元）陳櫟《定宇集》，景印文淵閣四庫全書第1205冊，臺灣商務印書館1986年版，第440～441頁。

深愧閉藤，徒費郢斤之斫。眷言序謝，需意定交。謹具啓申，謝伏。惟薰慈
俯賜鑒，念不宣，謹啓。

225. 《又復啟》〔註511〕

伏以被命橫經，已蹈好爲之戒；摛文衒袖，敢當溢美之辭。圭復以還，
珍藏惟謹。恭惟新恩，僉著識高而學博，詞贍而氣宏。經籍幾百家，研究隱
奧精微之妙；上下數千載，洞明盛衰消長之幾。猶懷不自滿之心，尚欲廣下
交之益。陳安卿之居臨漳郡，君實似之；韋中立之待柳河東，吾則豈敢。愈
彰謙施，倍覺震兢。某冒據鱣堂，有愧鴻石。誦子虛之賦，徒歎逸才；贈美
人之珠，莫酬雅意。匆匆攄謝，負負矢詞。伏乞臺炤。

226. 蕭士贇《分類補注李太白詩序》（至元辛卯，1291年）

按：文載《日本曆書志補》〔註512〕，錄文如下：

唐詩大家，數李、杜爲稱首，古今注杜詩者號千家，注李詩者曾不一二
見，非詩家一欠事與？僕自弱冠知誦太白詩，時習舉子業，雖好之，未暇究
也。厥後乃得意於此間，趨庭以求聞所未聞，或從師以蘄解所未解。冥思暇
想，章究其意之所寓；旁搜遠引，句考其字之所原。若夫義之所題，概不贅
演。或疑其贗作，爲移置卷末，以俟眞眼者自擇焉。此其例也。一日，得巴
陵李粹甫家藏左綿所刊舂陵楊君齊賢子見注本讀之，惜其博而不能約，至取
唐廣德以後事及宋儒記錄詩詞爲祖。甚而並杜注內僞作蘇東坡箋事已經益守
郭知達刪去者，亦引用焉。因取其本類此者爲節文，擇其善者存之。注所未
盡者，以予所知附其後，混爲一注。《全集》有賦八篇，子見本無注，此則並
注之，標其目曰《分類補注李太白集》。吁！晦庵朱子曰：「太白詩從容於法
度之中，蓋聖於詩者。」則其意之所寓，字之所原，又豈予寡涵之見所能知？
乃欲以意逆志於數百載之上，多見其不知量矣。注成，不忍棄置，又從而刻
諸棗者，所望於四方之賢師友是正之、發明之、增而益之，俾箋注者由是而
十百千焉，與《杜注》等，顧不美歟？其毋誚以注蟲魚，幸甚。至元辛卯中
秋日章貢金精山北冰崖後人粹齋蕭士贇粹可。

〔註511〕 （元）陳櫟《定宇集》，景印文淵閣四庫全書第1205冊，臺灣商務印書館1986
年版，第441頁。

〔註512〕 楊守敬撰、王重民輯《日本曆書志補》，《續修四庫全書》第930冊，上海古
籍出版社1996年版，第763~764頁。

227. 李純仁《顏子跋》

按：文載《顏子》卷末〔註513〕，錄文如下：

先祖李公諱晞顏，字伯淵，優於理數之學，創洲岡書院。教授生徒，成材者數百。以先賢前六說及二事、二銘、二詩書於齋之四壁，常切玩心。今用附刊。孫純仁頓首拜誌。

228. 太醫院《世醫得效方題識》（至元五年，1339 年）

按：文載《世醫得效方》卷首〔註514〕，錄文如下：

南豐危亦林《世醫得效方》，編次有法，科目無遺。江西提舉司校正之。牒上於院，下諸路提舉司重校之。復白於院，院之長貳僚屑皆曰：善。付其屬俾繡梓焉。噫！是方之效，豈以此一言而遂傳歟。至元五年太醫院識。

229. 危亦林《世醫得效方自序》（至元三年，1337 年）

按：文載《世醫得效方》卷首〔註515〕，錄文如下：

工欲善其事，必先利其器，器利而後工乃精。醫者，捨方書何以爲療病之本。自《難經》、《湯液》、《靈樞》、《傷寒論》等篇出，而後之醫師著述者，殆數百家。蓋發縱指示，俾對病而知證，因證而得藥，其用心亦仁矣哉。僕幼而好學。弱冠而業醫，重念先世授受之難。由鼻祖自撫而遷於南豐。高祖雲仙，遊學東京，遇董奉廿五世孫京（按：校記云「孫京，魏家本、文津本作『醫方』」），授以大方脈，還家而醫道日行。伯祖子美，復傳婦人、正骨、金鏃等科。大父碧崖，得小方科於周氏（按：校記云「周氏，原作『周民』，據文義改」），伯熙再（按：校記云「再，原本作『載』，據本文牒文改」）進學眼科及療瘵疾。至僕，再參究瘡腫、咽喉口齒等科，及儲積古方（按：校記云「儲積古方，原作『諸積左方』，據後太醫院書改」），並近代名醫諸方。由高祖至僕，凡五世矣。隨試隨效。然而方書浩若滄海，卒有所索，目不能周。乃於天曆初元，以十三科名目，依按古方，參之家傳，昕夕弗怠，刻苦凡十稔，編次甫成，爲十有九卷，名日《世醫得效方》。首論脈病證治，次由

〔註513〕 （元）李純仁輯《新編顏子》，《續修四庫全書》第 932 冊，上海古籍出版社1996 年版，第 34 頁。

〔註514〕 （元）危亦林撰、王育學等校注《世醫得效方》，中國中醫藥出版社 1996 年版，第 1 頁。

〔註515〕 （元）危亦林撰、王育學等校注《世醫得效方》，中國中醫藥出版社 1996 年版，第 3 頁。

大方脈雜醫科以發端，至於瘡腫科而終編。分門析類，一開卷間，綱舉而目張，由博以見約。固非敢求異於昔人，直不過欲便於觀覽云耳。欽惟國朝念群黎之疾苦，惠民有局，設教有學，於醫尤切。然自愧山林鄙陋，見聞不博，妄意纂集，舛謬惟多。尤欲當道縉紳醫師，進而教之，訂其訛，補其偏，俾繡諸梓，則庶幾廣聖皇好生之仁於無窮，豈不韙歟。仍至元三年丁丑七月既望，嘉禾後學達齋危亦林拜手謹書。

230. 金居敬《書春秋附錄》

按：文載程敏政《新安文獻志》卷二十五題跋、汪舜民《弘治徽州府志》卷十一、朱彝尊《經義考》卷一百九十八《春秋》。錄文如下：

《春秋趙氏集傳》十五卷、《屬辭》十五卷、《左氏傳補注》十卷、《師說》三卷，皆居敬所校定。始資中黃先生以六經復古之說，設教九江嘗，謂近代大儒繼出，而後朱子四書之教大行，然《周易》、《春秋》二經實夫子手筆，聖人精神心術所存，必盡得其不傳之旨，然後孔門之教乃備。每患二經，學者各以才識所及求之，苟非其人，雖問弗答，其所告語亦皆引而不發，姑使自思。是以及門之士鮮能信從領會者，而當世君子亦莫克知之，唯臨川吳文正公獨敬異焉。趙先生始就外傳受《四書》，即多疑問，師答以初學毋過求，意殊不釋。夜歸別室，取《朱子大全集》、《語類》等書讀之，如是者數年，覺所疑漸解，慨然有負笈四方之意。乃往九江見黃先生稟學焉，盡得其所舉六經疑義千餘條以歸。所輯《春秋師說》，蓋始於此。嘗往淳安，質諸教授夏公。夏公殊不謂然，乃為言其先君子安正先生為學本末，甚悉久之。先生復念黃先生高年，平生精力所到，一旦不傳，可惜也。復如九江黃公，乃授以學《春秋》之要。居二歲，請受《易》，得口授六十四卦卦辭大義。後夏公教授洪都，先生再往見焉。夏公問《易象》、《春秋》書法如何，先生以所聞對，夏公猶以枉用心力為戒。特出其《夏氏先天易書》，曰此義易一大象也，又曰吾先人遺書當悉付子矣，先生敬起謝之。然於二經舊說，訪求考索未嘗少後也。遂如臨川見學士雍郡虞公，公與黃先生有世契，一見首問黃公起居，先生閒日為言黃先生著書大意，與夏公所以不然者。時江西憲私試請題，虞公即擬策問江右先賢名節文章經學及朱陸二氏立教所以異同，先生識其意，即具對，卒言劉侍讀有功聖經，及舉朱子去短集長之說，虞公大善之，授館於家，以所藏書資其玩索。袁公誠夫、吳文正公，高第弟子也。集其師說為《四

書日錄》，義多與朱子異，求先生校正其書。先生悉擿其新意，極論得失異同，與誠夫袁公多所更定，至論《春秋》則確守師說不變。先生亦以所得未完，非口舌可辨，自是絕不與人談。嘗以爲《春秋》名家數十，求其論筆削有據依，無出陳氏右者，遂合杜氏考之，悉悟傳注得失之由，而後筆削義例觸類貫通，縱橫錯綜，各有條理，此《左氏傳補注》所由作也。既歸故山，始集諸家說有合於經者，爲《春秋傳》。又恐學者梏於舊聞，因陋就簡，於交互之義未能遽悉，乃離經析義，分爲八類，辨而釋之，名曰《春秋屬辭》。蓋《集傳》以明聖人經世之志，《屬辭》乃詳著筆削之權，二書相爲表裏，而《春秋》本旨煥然復明，然後知六經失傳之旨未嘗不可更通。黃先生有志而未就者，庶可以無憾。惜乎書成，而黃先生與諸公皆謝世久矣。雖然，習實生常，雖賢者不能自免。黃先生力排眾說，創爲復古之論，使人思而得之，其見卓矣。使非先生蚤有立志公聽並觀，潛思默識，自任不回，則亦豈能卒就其業也哉。當先生避地古朗山時，居敬與妻姪倪尚誼實從山在星谿上游，高寒深阻，人跡幾絕，故雖疾病隱約而覃思之功日益超詣，有不自知其所以然者。因得竊聞纂述之意，與先難後獲之由，乃備述其說於末簡，庶有志是經者毋忽焉。其《夏氏先天易說》，先生嘗以質諸虞公。虞公復以得於前輩者授之，於是遂契先天內外之旨，而後天上下經卦序未易知也。嘗得廬陵蕭漢中氏《易說》，以八卦分體論上下經所由分與序卦之意，如示諸掌，然上無徵於羲皇成卦之序，下無考於三聖象象之辭，則猶有未然者。及《春秋本旨》既明，乃悟文王據羲皇之圖，以爲後天卦序採夏商之易，以成一代之經，蓋與孔子「因魯史作《春秋》」無異，然後知黃先生所謂《周易》、《春秋》經旨廢失之由有相似者。蓋如此，故以《思古吟》等篇及行狀附於《師說》之後，庶幾方來學者有所感發云爾。學生金居敬謹識。

231. 唐兀觷《三元延壽參贊書序》（至元辛卯，1291 年）

按：文載《三元延壽參贊書》卷首〔註516〕，錄文如下：

「達爲良相，未達爲良醫」，先正語也。輔佐天子，使膏澤沐於黎庶，宰相之職；體國惠民，使疾苦轉爲歡欣，醫者之事。然苟德澤所加，刀圭所濟，止於暫而不傳於久，則不足以稱良之名。惟夫利用厚生，天下自任，制禮作樂，佈在方冊。千萬世之下，受其賜者如親見皋、夔、稷、契、伊、周。明

〔註516〕　（元）李鵬飛編《三元延壽參贊書》，上海古籍出版社 1990 年版，第 1 頁。（按：此書另有李鵬飛自序、葉應和跋、姚轍跋，《全元文》已收）

脈病證治而密，知井俞榮經合而針具載方書，千萬世之下，受其惠者，如親見雷公、歧伯、附、俞、倉、扁。此醫相之所以爲良也歟。

余自福建道奉詔入覲，遠途頓疾，屢藥未應。至饒州石門，聞池州建德有儒醫李澄心，疾馳而召。至而診曰：「可謂果。」一藥愈。他日論養生術，曰：「已撰集《三元延壽參贊書》五卷，《救急方》一集。欲鋟諸梓，以爲天朝躋民壽域之助。」觀其書則奇而法。其用心活人如此，可謂醫之良者矣。余嘉之，就成其志，以壽其傳衛生者，宜爭先快覩云。至元辛卯冬仲上澣榮祿大夫福建等處行尚書省平章政事唐兀觯序。

232. 和元杲《三元延壽參贊書跋》（至元四年，1338 年）

按：文載《三元延壽參贊書》卷首〔註517〕，錄文如下：

夭壽不二，修身以俟之，學者事也。是編所載，皆懲忿窒欲之類。其亦修身之要歟？鋟之梓以廣其傳，讀者其勿以淺近而忽之。至元四年戊寅良月望日亞中大夫嘉興路總管兼管內勸農事和元杲跋。

233. 塔海《三元延壽參贊書跋》（至元壬辰，1292 年）

按：文載《三元延壽參贊書》卷首〔註518〕，錄文如下：

《三元延壽參贊書》，九華李澄心尋母之淮道，遇至人所授者也。既得其經，乃凡而傳之。以古聖賢神仙之語，一是本諸人情以奉天道。所謂愚不肖可以與能焉，可以與行焉。是則參贊之大則也。爰贊厥志，爲壽諸棗，以惠聖天子之元元云。至元壬辰季春上澣朝列大夫饒州路總管兼管內勸農事塔海序。

234. 周天嘯《三元延壽參贊書跋》（至元甲午，1294 年）

按：文載《三元延壽參贊書》卷首〔註519〕，錄文如下：

儒醫澄心李君教人衛生，而名其書曰《參贊》。大哉言乎！非取《中庸》所謂「贊化育，參天地」者乎？天地以生生爲心，人能助天地之生生則可與天地並立而爲三，此吾道大功用也。天下固無二道，然醫家者流本無是言。非儒而醫者，奚足以知之？世俗業醫，名爲活人，其實常欲其術之售，或盻盻然惟恐眾生之不病。今澄心之書，顧乃切切然惟恐眾生之有病。自今家有

〔註517〕 （元）李鵬飛編《三元延壽參贊書》，上海古籍出版社 1990 年版，第 1 頁。

〔註518〕 （元）李鵬飛編《三元延壽參贊書》，上海古籍出版社 1990 年版，第 2 頁。

〔註519〕 （元）李鵬飛編《三元延壽參贊書》，上海古籍出版社 1990 年版，第 2～3 頁。

是書，人用是說，各自愛其天地父母之身，則亦無所事於醫矣。眾人之醫以醫爲功，澄心之醫獨以無病可醫爲功。切意神聖工巧，雖弱秦越人、淳于意、華佗、佶澄輩，論其用心猶恐未及於是。仁矣哉！澄心之爲心也。書有諸公題跋，乃復徵於同府一語，以模寫其心事。予不能作醫家語，輒以儒家語系其後。至元甲午立多豫意周天嘯書。

235. 陳志《危氏世醫得效方序》（至正三年，1343 年）

按：文載《世醫得效方》卷首〔註520〕，錄文如下：

達齋危先生《世醫得效方》，蓋以先世秘傳及至於今，凡治療所經驗者，仿《聖濟總錄》十三科之目，類而編之，計十二帙，進之本道官醫提舉司。先生家世江西之南豐，授本州醫學教授，故用心亦勤矣。歲在壬午，先生過予書林，因得北面師之，且以全帙見授。嗟乎！千方易得，一效難求。觀乎此方，則知先生家得其傳，世守其學，用無不驗，疾無不愈，以得效名方，迨猶影響之於形聲也。活人陰德，其有涯哉！予又安敢私有，故命工繡梓，以廣其傳。庶乎先生惠濟之心，得以見於當世，嘉與民生，同躋壽域，不亦宜乎。至正三年歲在癸未仲夏，建寧路官醫提領陳志頓首謹書。

236. 虞堪《道園學古錄跋》（至正十四年，1354 年）

按：文載張金吾《愛日精廬藏書志》卷三十三〔註521〕，錄文如下：

先叔祖學士虞公詩文有《道園學古錄》、《翰林珠玉》等編，已行於世。然竊讀之，每慮其有所遺落。凡南北士夫間，輒爲搜獵，求之累年，始得詩章七百餘首，皆章章在人耳目及得之親筆者。蓋懼其以僞亂眞，故不敢不爲之審擇也。惟先叔祖鴻文巨筆，著在天下，家傳人誦。其大篇大什諸編，蓋已得其八九。此蓋拾遺補缺，庶免有湮沒之歎。方類聚成編，以便觀覽，而吾友金君伯祥乃必用壽梓，以廣其傳，命其子鏐書以入刻。伯祥之施，不其永耶。外有雜文諸賦，尚有俟於他日云。至正十四年五月甲子，從孫堪百拜謹識。

237. 羅憼《放翁詩選前集原序》

按：文載羅椅、劉辰翁《放翁詩選》卷首〔註522〕，錄文如下：

〔註520〕（元）危亦林撰、王育學等校注《世醫得效方》，中國中醫藥出版社 1996 年版，第 4 頁。

〔註521〕（清）張金吾《愛日精廬藏書志》，上海古籍出版社 2014 年版，第 647 頁。

〔註522〕（宋）羅椅、劉辰翁《放翁詩選》，景印文淵閣四庫全書第 1163 冊，臺灣商務印書館 1987 年版，第 729 頁。

「揀著吟人苦心處，吟時較易揀時難」，大父澗谷翁題趙慶御手寫唐絕句結語也，揀詩之難尚矣。人謂刪後無詩，非果無性情也，特未有刪手爾。族孫壽可以翁所選《放翁陸先生詩》刻本，撫卷圭復，涕淚盈睫。悲夫善和！書卷存者僅十一於千百，而家藏膏馥，蓋流潤人間實多有能思叔敖而繡諸梓，真亢宗事也。第放翁天才豪邁，筆勢遒勁，屬事比偶，不煩繩削。是編若圈若點，去取自有深意，非後學所能測識，謂之有取於陸集可也，謂即此以定陸集之刪削則未也。然此特翁年少遊戲細事爾，遺編殘墨，尚足得聲梁楚間。獨不知後來一變至道，亦有升堂入室而薰善良者否也？手澤在笥，願期同志切磋之。大德辛丑立夏日適孫憼百拜謹識。

238. 申屠駉《秦會稽刻石跋》（至正元年，1341 年）

按：文載明代都穆《金薤琳琅》卷二，錄文如下：

李斯書《嶧山頌》，淳化間守太常博士鄭文寶以徐鉉所授本刻於長安國學。《泰山頌》，至元間行臺侍御史李處巽獲劉跂所模本，刊於建鄴郡庠。由是其跡僅存，而所傳浸廣。予攷諸記載，始皇及二世抵越、取浙江，岑石刻頌於山，亦斯筆也。磨滅久矣，好古博雅者蓋願見而不可得。予乃以家藏舊本模勒置於會稽黌舍，庶與嶧、泰等文並貼於後。但《史記》「攸長」作「修長」、世字作三十「追道」作「追首」、又作「追守」、「軌度」作「度軌」、今則俱依石刻。至正元年辛巳歲夏五月望日，承德郎紹興路總管府推官東平申屠駉識。

239. 《跋米敷文煙巒曉景》（至正十五年，1355 年）

按：文載明代郁逢慶《續書畫題跋記》卷二、汪砢玉《珊瑚網》卷二十八，錄文如下：

昔米芾嘗謁見宋帝於宣和殿，帝乃從容顧芾，問曰：「聞卿復工畫，然乎？否乎？」芾適置友仁所筆《楚山清曉圖》在懷袖間，因即出以獻，御覽則稱羨。今觀元章墨帖，謂吳江宰同僚語陳叔達善作煙巒雲岩，吾子友仁亦能奪其善，駉遂知元章沉痼於譽兒癖矣。至正十五年乙未八月十又二日，東原申屠駉敬書於越州寓邸之戒得齋。

240. 《澧州文正公讀書堂祝辭》（元統三年，1335 年）

按：文載《范仲淹全集》附錄九〔註523〕，錄文如下：

〔註523〕　（宋）范仲淹著，李勇先、王蓉貴校點《范仲淹全集》，四川大學出版社 2002年版，第 1253 頁。

　　維元統三年歲次乙亥，六月辛亥朔，越十有六日丙寅，後學東原申屠駉巡歷至澧州路安鄉縣，詣太平興國觀先師文正范公之讀書堂，諾以三牲酒饌雜果盤蔬，敬祭而昭告曰：惟公有出將入相之才，則見諸事業；有致君澤民之志，則見乎文章。捍海濤而築巨堰，恤宗族而為義莊。駉也昔嘗拜公之像於興化，今復拜公之像於安鄉。蓋非羨公之自寒微而至通顯，乃特慕公之秉方正而備賢良也。尚饗！與祭官敦武校尉、澧州路安鄉縣達魯花赤、兼勸農事馬合謀，承事郎、澧州路安鄉縣尹、兼勸農事呂袁友，進義校尉、澧州路安鄉縣主簿夏思德，縣尉楊宏、照略案牘鄧天祐，將仕郎、吉安路儒學教授、致仕羅勉道，安鄉縣學教喻張岩，儒生李恆、周泰、劉濬、劉南昌、青陽賓，常德等處榷茶提舉司司吏魯思明。

241. 《耀州文正祠祝辭》（至正七年，1347 年）

按：文載《范仲淹全集》附錄九〔註524〕，錄文如下：

　　維大元至正七年歲次丁亥，八月辛未朔，越二十有一日辛卯，奉議大夫、奉元路耀州知州、兼管本州諸軍奧魯勸農事東平申屠駉謹以潔牲清酌、冥楮淨香，敬祭於文正范公而昭以告曰：公昔嘗寵知於耀，駉今忝知於耀。駉也黽勉焉惟前賢之是希，庶幾乎逭後人之所誚。謹告。與祭官雲南省臨安路建水州學正役詡蹇仲義，陝西省奉元路耀州同官、縣儒學教諭韓城程好問，讀祝儒生汴梁李鼎。

242. 范邦瑞二篇

《祭文正公文》（至大二年，1309 年）

按：文載《范仲淹全集》附錄九〔註525〕，錄文如下：

　　元至大二年四月，七世孫邦瑞遣八世孫國雋、宗俊、宗是齎江浙行省諮諮河南行省，河南省箚付河南府路，委自同知徐景儒率屬僚詣墓加禮致祭。邦瑞等祭墓文：

　　昔吾范氏，始於陶唐。根本深固，奕葉流芳。漢有清詔，郡園流行。唐有春官，鳳闕平章。世家河內，譜系甚詳。咸通以後，一枝渡江。爰居爰處，

〔註524〕（宋）范仲淹著，李勇先、王蓉貴校點《范仲淹全集》，四川大學出版社 2002 年版，第 1253 頁。
〔註525〕（宋）范仲淹著，李勇先、王蓉貴校點《范仲淹全集》，四川大學出版社 2002 年版，第 1247 頁。

閭閻舊邦。麗水哦松，誥牒猶藏。子孫保之，爲今甘棠。四世而後，文正挺生。少長北地，即家潁昌。學問淵海，聞望珪璋。條奏十事，嘉謀孔彰。昭陵注倚，圓之棟樑。四子顯貴，悉稱元良。監簿、忠宣，恭獻、侍郎。封胡羯末，華萼相光。父子勖業，巍巍煌煌。具載信史，代曰無雙。化窮數盈，玉藏洛踢。佳城鬱鬱，拱水蒼蒼。炎運中微，紐解皇綱。地維雲絕，南北異疆。市無寧居，後昆徬徨。離湯沐之故邑，不復敬止於梓桑。別祖父之先塋，不克時奉於蒸嘗。狐兔得以出沒，荊榛從而蕪荒。多歷年所，幾易星霜。丘壟寥闃，風悲白楊。瞻望弗及，念切羹牆。坤軸旋轉，咸歸職方。車同軌轍，衢出康莊。展敬松楸，匍匐跟蹌。恭拜墓下，我心則降。目想英靈，如侍其旁。有肴在俎，有酒在觴。幽冥感格，歆於馨香。福我後人，地久天長。

243.《歸拜辭墓文》

按：文載《范仲淹全集》附錄九〔註526〕，錄文如下：

某等自高祖、曾祖、祖父不獲拜省始祖祖禰墓域者又四世矣，抱恨終天，齎志而歿，勢使然也，時使然也，奈之何哉？今則天道好還，地軸旋轉，南北坦塗，離而復合，機會之來，間不容髮。某等匍匐至此，恭拜墓下，剪其荊棘，上以慰祖宗屬望之靈，下以盡子孫追遠之責。先憂後樂，不墜成訓。至若徼福後人，悃愊已露，不敢再犯瀆告之戒。祀事告畢，言旋言歸。回塗寧止，不能無望吾祖宗之默相也。敢告。

244. 鄭東二十篇

《資政大夫江浙等處行中書省右丞岳實珠公政績碑》

按：文載明代朱珪《名跡錄》卷一〔註527〕，錄文如下：

歷代無海漕，海漕自國朝始，歲漕東南之粟三百餘萬石。出崑山，海行走直沽，而達京師。事重以大，置漕府長、佐賓屬凡若干人，俾專厥職。必簡拔長材通習海事者。又慮其曠官弛事，皇帝歲遣江浙行省重臣使紀綱焉。至正四年，右丞岳實珠公實奉上命，恪虔勿怠。公方嚴亮直，不事表襮，嗜好寡薄，儉以愛人。至官廨，見供帳庖膳甚備，即令去之。曰吾任國家重務，

〔註526〕（宋）范仲淹著，李勇先、王蓉貴校點《范仲淹全集》，四川大學出版社 2002 年版，第 1249 頁。

〔註527〕（明）朱珪《名跡錄》，景印文淵閣四庫全書第 683 冊，臺灣商務印書館 1986 年版，第 32～33 頁。

朝夕祗畏，慮有弗稱，敢以私奉重傷民財？吏士視效，罔有需徵。漕戶力莫能葺漕具，及官與值，則窘期日，多簡陋就事。公即先數月與值，且令府長長循爲故事，祀事天妃。擇日齋祓宿於廟下，躬視祭器，牛馬充腯，百禮備好。牲酒既陳，正冠以入，進退興俯，誠敬彈盡。文武上下，不嘩不傲，神嗜飲食，告以利行。萬艘畢發。鼓鐃喧囂，棹工踊躍，謳吟滿海。相風之旗，端正北向，百示效職，海水晏伏。長鱷大鮨，不見蹤跡。則公愛人事神之誠，感召至和，不誣矣。是宜刻之貞石，用昭休績，乃繫之以詩，曰：

王畿輸粟東南疆，造舟道海行汪洋。祥飆應候不可爽，漕官飲食勿暇遑。小大執事材盡長，我公隸之孰不蘉。給供百物循故常，公獨不使民力傷。父老歌詠於道旁，永永恩德矢弗忘。我公齋潔祀孔明，陳牲以肥酒芬香。靈保歡喜神具饗，寶珓告我日月良。漕發之旦陰以暘，海之百怪俱遁藏。神來翼我靈火光，大星奕奕流中檣。開張風飆如鳥翔，萬里之海三日杭。民惟足食乂且康，禮樂可作王度彰。公歸執樞均萬方，海陬千載遺歌章。

245.《奉議大夫崑山州知州王公去思碑》

按：文載明代朱珪《名跡錄》卷一〔註528〕，錄文如下：

先聖王之有天下也，百官庶職悉用仁賢，布列中外。一有淫惡，即屏除廢置，以遠人害。故當是時，至治之澤流浹海內，無匹夫匹婦之不獲者矣。然古之爲治也易，今之爲治也難。封建未罷，上下相安，故得以督民情而通風俗，是以能相安也。後世分郡縣，置守令，一旦以楚人而臨之越人之上，民情莫能督，風俗莫能通，且長與佐賢不肖共處。吾將爲善，彼或沮焉；彼將爲不善，吾莫能御焉。苟非其人之才且賢而有能過人者，未見能善其治者也。吳之崑山，其地濱東南之海，土沃而民眾，賦重而事繁，號爲難治。至治三年，東平王公世傑實長是州。公廉亮簡直，惠以愛人。始至，亟視學宮社稷，曰：「民無教則淫，民無食則死。學社，教與食民之本也，不可緩也。」乃作講堂，以居講習。更新壇壝，以嚴祀事。初，民多入賈衒射利，公諭力本闢田凡若干頃，吏並緣爲奸，里正役常至不均，民情困敝。公即更之，人無怨言。法以四時，役民爲坊。正管庫民且當次吏搖民壞，次以取賂。歲凡數四，民不得寧，多流出境。公歎曰：「民病有若是耶？」乃屬其民富貧使自實，民不忍欺，因得品次若干戶，釐爲三等，役以不易。民喜而相慶曰：「我

〔註528〕（明）朱珪《名跡錄》，景印文淵閣四庫全書第 683 冊，臺灣商務印書館 1986 年版，第 33～34 頁。

等可相保矣。」民因書其事於大帛，群歌市過之。且持酒肴，詣拜公爲壽。公親起，與民爲主。飮民酒至一杯盡，民同聲曰：「願公百歲。」民之流徙而來歸者，相接於道。崇明爲州，遠在海上，去崑山且數百里。其民聞之，願爲崑山氓者，凡若干餘戶。甲與乙爭利，乙手臂提甲，甲以矢中乙，繫獄二年。公處得其情，出之。漕船入海遇賊，賊駈漕夫四人，過船以刃刼之，使與同事。後連捕繫獄。公以脅從，亦悉出之。公以愚民詿誤，牽連至行省，州父兄子弟慮公因沮抑棄官，至累數百人詣省門見丞相，泣且言曰：「我公無罪，願大人神明，無以毫髮加我公。」由是感動，即諭遣公還。未幾，公以母夫人卒去。去之日，民涕泣遮道，馬不能前。嗚呼！若公之才且賢，可謂能過人者矣。其施諸民者厚，而民報之亦至是，烏可以僞爲哉？彼或失其道，而曰民之無良，是亦不明之甚者也。使觀於此，亦可以少媿矣。銘曰：

皇仁如天，以莫不覆，亦無不載，如地之厚。顧瞻九州，九州茫茫，維億維兆，不遑有傷。孰協於治，曰維守臣，敷以仁義，洽於齊民。民曰父母，止生我躬。不有良牧，孰御我窮。昔公來止，重食敬教。凡百有作，去惡從好。我役孔艱，集於予毒，如病頭垢，卒用櫛沐。民罷於闌，俛俟刀斧。維心淑問，縱之圜土。民聞來歸，如彼流泉。連檣濟海，於我受廛。民愚召咎，匪公之愆。控於方伯，斯悟公賢。帝方思治，君子是使，克燕我人，　於天子。我聞公歸，請公勿亟。匪公則歸，作輔天室。

246.《海道都漕運萬戶府達嚕噶齊托音公政績碑》

按：文載明代朱珪《名跡錄》卷一〔註529〕，錄文如下：

天下之事，久而趨於敝者，勢也。任其事而不知其敝，非智也。知其敝而莫之能易，非勇也。今夫主公義而不恤小故，持己斷而不惑眾見，非其人甚智且勇、其才有遠過人者不能與也。昔我世祖皇帝既定南服，將轉其土所出之米，內充京師。上下有司百官六軍之食，道里遠阻，不可河漕陸挽也。時則有朱張氏，能用智慮，身入海水，尋其漕道。由崑山出大海，舟西北行，旬日而抵直沽，其亦利甚。歲漕米亡慮三百萬石。當是時也，漕法始立，且二家殷富不有買賣盜食，輒敢謾上。自二家廢，迄今四十五年，漕戶率衣食，於是或其家粗富，而其人畏刑，漕萬則官之萬也，漕千則官之千也一。或窘貧，則相率無賴買賣盜食，無所不至矣。朝廷以漕府吏，其風采無以服人，

〔註529〕 （明）朱珪《名跡錄》，景印文淵閣四庫全書第 683 冊，臺灣商務印書館 1986年版，第 34～36 頁。

至正十二年冬，托音公實奉命來居府長。公廉直剛果，慈惠愛人。始至則張理綱紀，修舉廢墜。漕戶彫靡者，盡削其籍。別召富民，俾共漕事。始，人甚難之。然人素服公威望重，令下無一人敢後至者。進民廳事下，從容諭之曰：「今官與汝直，且汝視直所漕米多寡有差他役且一切汝復無苦也。」民聞公言，罔敢違逆。退，相先治船，以稱塞公命。初，法漕戶有不肯躬身入海者，坐之。公以新戶多富戶，民多軟弱弗習，海第無失事，聽其用人自代，且爲常法。時府庫空匱，漕值錢莫知所出。公慮後時害事，憂見於色。會都省遣使送鈔行省，供億軍務。公聞之，馳馬至姑蘇驛。從使臣留鈔，使臣以軍務急重，不從公，曰：「我爲轉饟，顧不急且重也。」竟取鈔二十萬錠以給漕直，漕戶利焉。故事，歲春夏宰臣暨漕府長祇奉皇帝命致祀海神天妃。公虔恭齊袚，躬視牲酒肥充潔新，一如法式。比於行事進退興俯，始終恪誠，神相漕事，濤風禁息，卒以無虞。漕戶盜賣米，而徵民取償，吏役並緣爲奸。公察知之，第令坐漕戶毋縱氾濫蠹民。民免者甚眾。吳民饑，公視官廩多羨米，謂郡長吏曰：「今四方盜賊，蓋良民也。迫於饑耳。吾食厚祿，奈何坐視民饑，且死不少。願恤也。」郡長吏即盡出羨米平價大縱民糴。民甚德之。成周國有大事，則六官通職以相助。是謂官聯。故有喪荒之聯事。若公之救民饑，非出位也。且其居漕府更法易弊其智識實能以佐其勇是不謂之有遠過人之才者耶？

公嘗爲御史，出監閩憲，復貳浙東帥閫，皆大有聲。今其政績又顯著。若此，作爲銘詩，刻之貞石，以示無窮，不亦宜乎？銘曰：

於皇世祖，既受天命。奄有南服，南服孔將。有江有湖，誕殖嘉穀。有新附臣，肇啓其海。用海爲陸，乃漕其糧。上入於京，其食斯足。凡彼做法，維鮮克終。罔不有淑，彼眾漕人。乃敢用奸，勿畏於戮。皇帝曰嘻，謂公汝南。作朕心腹，公召我人。曰來共事，匪汝荼毒。復汝徭役，亦勿從海。予大矜汝，致虔神妃。沐浴齋慮，遷宿祠下。躬視潔肥，壺濯鼎鼐。羊豕牛馬，大昕公入。裸薦拜起，億萬觀者。神食馨香，馨香惟誠。匪樂巫舞，神妃效靈。漕發之旦，無暴風雨。蛟鼉遁匿，水波偃平。保有檣櫓，吳民罷饑。中心怛憂，食勿暇遑。民來貿貿，俾控邦侯。發陳於倉，民無散流。老稚飽嬉，歌於道旁。其歌維何，曰維報功。天子聖明，亟召公歸。公歸秉樞，大惠群方。

247.《崑山州重修東嶽廟碑》

按：文載明代朱珪《名跡錄》卷一〔註530〕，錄文如下：

有天下者，得通祭山川之神，蓋中天地而立，故其氣通。諸侯非其境內則不得祭，非惟不敢踰犯禮制，然亦非其氣之所能通也。嶽之列有五岱，宗在秩祀爲最隆。故唐虞巡狩，必先至其地。成周之時，其山在魯境內，故惟魯得祭。今其祠廟遍天下，則天下皆得祭之，非止於魯矣。昔楚昭王有疾，卜曰：「河爲祟。」大夫請祭諸郊。昭王曰：「三代命祀，祭不踰望。不穀雖不德，河非所獲罪也。」仲尼稱其爲知大道。然則山川非其境內不能爲禍，顧獨能爲福耶？雖然，予嘗考夫後世徧祀之故，曰「山林川谷丘陵，能出雲爲雨，見怪物，皆曰神。」公羊氏傳曰：「觸石而出，膚寸而合。不崇朝而遍雨乎天下者，惟泰山爾。」是泰山能出雲爲雨，且其雨及天下，是有功於天下。天下祀之，豈以是歟？宜他嶽不得與焉。

崑山有祠，大德初河南行省左丞朱公清所建也。中殿、後閣、前門、旁廡，規制完具。公乃延道士殷君震亨主之，且使之甲乙，以相承繼。次傳金君修德、殷君元善、楊君春澤，迨今且六十年。木之堅者日腐，土之黏者日解，丹艧之絢爛者日晦昧漫漶。春澤乃謀於師，曰：「祠廟之設，實爲茲邦之人雨晦疾厲相近之地。茲屋日就於壞，不修將何以嚴祭祀？」乃與其師盡出所儲，即興工役。邦人亦多輸錢以助。未幾，腐者以易解者以固，而晦昧漫漶者以新。時至正十二年壬辰歲也。初，震亨又別作室於祠廟之東南，曰靈寶進院。今亦春澤主焉。震亨，字在山，崇明西沙人。德業爲時所推重，宜其傳世皆賢也。余惟能福天下者，岱宗之神也；能建祠廟，使神福於一州者，朱公也；能繼其功而勿墜者，殷與楊之力也。是可書已，又爲之作爲歌章，使州人歌以事神。其詞曰：

岱宗岩岩位東方，大哉兖鎮魯所望。其色上與天蒼蒼，蒼龍七星經中央。發育萬物司青陽，夭屬不降降休祥。大雲時出冒八荒，氣闔爲雨辟爲暘。黍稷濕燥丕穰穰，民不飢餓逢屢康。中非靈示孰主張，茲義明白非渺茫。恭惟洪功浩莫量，千古萬古天同長。唐虞下暨明聖王，代隆祀望彌昭彰。秩踰四嶽禮非常，西南北中讓莫當。扶桑出日灼殿堂，木蘭斲櫟文杏梁。幼牡角握弱匪強，黃流在卣臭馨香。我卜而食時日良，飈風倏忽神來享。昭明在上何

〔註530〕（明）朱珪《名跡錄》，景印文淵閣四庫全書第683冊，臺灣商務印書館1986年版，第36～37頁。

洋洋，冕而青紘帝衣裳。山祇川後序兩旁，祝傳神指意孔臧。天子萬歲壽無疆，敷錫四海名永慶。

248.《重修靈慈宮碑》

按：文載明代朱珪《名跡錄》卷一〔註531〕，錄文如下：

海之利天下，其功用爲最大。通舟楫，濟阻遠，遷貨資之重。雖地之相遠若秦越，無乘車御馬之勞，不踰旬日，可坐而至矣。然天下惟海爲至險，況夫操不可恃之器，而陵不可測之淵。其遇卒然之變，有非人力可得而御者。不有神之智力以相左右，其能克濟哉？我元運東南之米，取道遼海，繚繞萬里而達京圻。其亦遠且艱矣！惟海神天妃，有功於國與民者甚大，舟入大海汪洋之中，上天下水，四無畔涯，彼以眇然之身，談笑而往，無少怖畏疑慮之心，以神賴也。當大風疾至，海水盡立，雷電交下，天日盡暝。同舟之人，對面不辨顏色，窮蹙危殆，叫號於神。神之檣火，爗如大星，眾叩頭再拜，舉手相賀，如得更生。其禦災捍患者，此神之得祠亦宜矣。神夙昔著靈，至宋元祐間，有功朝廷，始立祠於其地。聖堆厥後，靈跡日益顯赫，凡東南並海郡縣，悉皆置祠祀之。虔至國朝，始錫祠額，曰靈慈。崑山周涇有靈慈宮，大德間朱公清所建也。因肇啓漕道，出入海水，屢承神休，所以表著靈跡，而爲祀禱之地。當漕發之期，省臣及漕府長、佐必躬祠下，得從以行，且祇奉上命，具六牲以嚴祀。事春夏，凡四至焉。皇帝歲遣使，函香賁臨，德意優渥，曰「是宜宮祠，修潔完好，幽以事神，明以祇待王命。」至正十三年春，今漕府長托音公始至祠下，仰見殿廡榱瓦彫弊丹堊蕭瑟，大驚曰：「是雖主祠失人，亦有司之過也。」乃出公帑鈔，計凡七千五百緡。俾新之主祠道士楊春澤用掌葺治。州郡長、佐及遠近富人，皆相先出錢以佐役。未幾，舊屋皆完復。以殿之東北爲殿，以安神寢；殿北爲樓，以弭使節。至是，宮之規制始備矣。初，祠之立，實道士殷震亨主之。震亨卒，乏人，以浮屠攝焉。後至元間，主以道士張德一。公乃訪求道士之賢且才者，將俾之舉廢修墜，因得春澤。且以春澤實震亨之後，遂使之主是宮。且定爲甲乙相繼，無有變易。而春澤之勤敏果能，立事又足以彰公知人之明焉。公盡心漕政，彌滿周密，無有罅漏。及其致力於神，又復懇至，且圖久長。及神相漕事，卒底於寧，雖其昭答

〔註531〕 （明）朱珪《名跡錄》，景印文淵閣四庫全書第 683 冊，臺灣商務印書館 1986
年版，第 37～38 頁。

國家典禮之隆，然亦出於敬誠感召之故。神人相與，其亦可信也。夫既記公事神之跡，又作迎送神之歌，使歲時歌以祀神。其詞曰：

> 海之水兮實大，以長妃且出兮無方，夕歸來兮故鄉。閬靈館兮甫之陽，編貝戶兮珠房女，窈窕兮在旁。啾吹匏兮鼓簧，飲且食兮樂康。築遊宮兮婁渚，敞高堂兮疏戶。云為車兮龍為馬，妃倏忽其來下。薦廣牡兮豐黍，伐大鐘兮賁鼓。方洋洋兮翟舞，聊逍遙兮容與。載羞肴蒸，人犧酒兮。我妃孔樂，無不有兮。高濤山立，大魚吼兮。風吹玄旗，颶先後兮。火流群檣，赤圓斗兮。舟人如林，命妃手兮。嗟我欲留，終不可久兮。

249. 《大寶洲記》

按：文載明代朱珪《名跡錄》卷四〔註532〕，錄文如下：

> 靜專者，道之基；廉退者，福之原；節儉者，事之本。古之賢知之士，行高當世，不危其身，不損其名，百世之下有喜稱而樂誦之者，豈有他道哉？世之末能下技，譸張巧變，將持之以欺世而盜名。其自視為有餘，貪墨而不止，及其窮也，亦可悲已。故惟遊乎方外者，其志堅定。凡天下之可尊可貴可驚可喜，不入於心，故常超然而自遂焉。蒙泉禪師則其人也。師自韶齔歸於佛，長遊四方，從鴻師先生盡得其說。至詩書百家言，亦無不通。元統間，教府選材僧，而得住崑山報本寺。未幾，遂棄不居。由是檀越尊姓、衣冠上流、至於賈工下俚之人，向戀彌至，凡所施與無所怯。惜師勇於進修，而服食寡薄，雖古之枯槁巖穴者，無以過之。乃視其所贏，即寺之陰，別為屋若干楹。邑人章景仁，讀書好義，與師相善，又能以力相之。屋成，像佛於中，且以待四方賢者之來也。署之曰大寶洲。乃謂東曰：「子，儒氏而通於詞。願有以記之。」夫物希有而難致者，謂之寶珠玉，吾知其為貴；土苴瓦礫，吾知其為賤。小子之智，奴隸之明也。天地之間有至寶焉。智者得之，愚者失之矣。是故寶得其寶者祥，寶失其寶者殃。曰慈儉不敢為天下先，老氏之寶也；曰佛與法，佛氏之寶也。合佛與法而一之者，僧也。故僧亦寶也。夫是寶也，眾生非無，佛非獨有，眾生非欠，佛非有餘，故佛常欲與眾生公共而均有焉。居之而弗施者，謂之徒寶；失之而不求者，謂之棄寶。吁！佛亦悲之矣。今夫是洲之大，眾寶聚焉。能入其中者，行止坐臥，常不離寶，豈終有不獲者耶？而為頌曰：

〔註532〕 （明）朱珪《名跡錄》，景印文淵閣四庫全書第 683 冊，臺灣商務印書館 1986 年版，第 47～48 頁。

其洲大無量，中有眾寶聚。非金銀琉璃，珠玉諸珍等。其寶悉見前，罕有能見者。如盲眼無視，如坐暗室中。人辨五種色，疑惑不能知。惟無障礙故，而能見斯寶。充滿於大洲，無有非寶。所若有諸善，人因以求寶。至皆生大歡喜，悉能滿其心。

250. 《瑞雲精舍記》

按：文載明代朱珪《名跡錄》卷四〔註533〕，錄文如下：

崑山東陸瑤里，曰瑞雲精舍者，宋咸淳間茜涇廣孝寺，易公所作也。里有陸氏，為里中著姓。易公，陸出也。精舍之作，以近族也。按廣孝寺碑，寺始建於唐咸通中。唐末寺燬。至宋太平興國中，有高僧子瓊道清者，從汴梁來至海上，樂其地古，且得石幢草礫中，識其為故寺址也。乃重作寺，以居四方之來從者，蓋易公之初祖也。故今廣孝眠易公之徒，猶宗子也。其先師弟子之傳以次至易公，始度弟子二人。其一曰法明，為明之後者，曰可才，乃出分而至瑞雲焉。凡彼此衣鉢之儲，土田之入，由是始判然而為二矣。宋末精舍災。皇元大德間，明、才二公復作之，視昔有加焉。既又作室寺之東序之北，欲後人知其所自出也。由才而下，曰分、祥、清、潤、淨、元、希、孟、從、邑、如、以、德、鄰、智、融、若、谷、義、深、善、權，其傳皆以次。文山孟公慮其世遠而法壞，且忘前人之勤也，是不可以無記。謁文於予。嗟夫世之享富貴，有不能終其身，或僅一再傳其子孫則已寒餓而亡滅者矣。今佛真相，傳或歷三四百年而不墜者，無他道也。世人急富貴，捐禮義，故子孫常多愚而易敗。佛氏往往能慎後而擇賢宜，其能久也。予觀諸瑞雲，若孟公、鄰公，皆出世而師表於天台氏矣。是不謂之能擇賢耶？今又以賢而擇賢，則其徒宜益有賢者矣。其將相維於無窮哉！

251. 《無倪舟記》

按：文載明代朱珪《名跡錄》卷四〔註534〕，錄文如下：

客有誇其言於眾，曰：「負一鍾之粟，則用駝之力一半、馬之力五、人之力十矣。今海上之舟，挈其大則踰千弓，計其力之任則踰千鍾。用之入巨海，走汪洋，一日趨幾千里而不謂之勞。人駝牛馬強，日及百里弱，半之汗出，

〔註533〕　（明）朱珪《名跡錄》，景印文淵閣四庫全書第683冊，臺灣商務印書館1986年版，第48～49頁。

〔註534〕　（明）朱珪《名跡錄》，景印文淵閣四庫全書第683冊，臺灣商務印書館1986年版，第49～50頁。

而力盡矣。然則其爲器大，爲功多，莫若舟也。」客有在旁咥然笑之，曰：「陋哉，子之見也！吾語子以大舟乎。仰而制圓，俯而制方，崑崙块圠；莫極端倪。日月星辰之行也，山嶽河海之流峙也，九州生聚之耕作飲食也，羽之飛、毛之走、鱗介之潛伏也，蠢焉而昆蟲也，植焉而草與木也。廓以居之，力以持之，是故愈久也而不憂其壞，愈多也而不憂其隘。其爲器也，孰與其大？其爲功也，孰與其多？」客又有在旁啞然而笑，曰：「子之言幾矣。吾復語子以大舟乎。其制也方寸，及其廣也，包乎太虛，無有端倪。彼仰而制圓，俯而制方。納之吾舟之內，有餘容矣。日月星辰，使不失其行；山嶽河海，使不失其流峙；九州生聚，使不失其耕作；飲食羽毛鱗介昆蟲草木，使不失其飛走潛伏蠢植。且百世之上，吾溯其流而知其已往；百世之下，吾從其流而知其方來。然則其爲器也，孰與其大？爲功也，孰與其多？」二客憮然，久之曰：「吾知舟之爲舟，而不知天地之爲舟。吾知天地之爲舟，而不知大於天地之爲舟。幸聞先生之言，可以去吾蔽矣。」句吳白雲師，署其居室曰無倪舟。昆陽鄭東爲述三客者之辨，作《無倪舟記》。

252. 《崑山州知州史侯生祠記》

按：文載明代朱珪《名跡錄》卷四〔註535〕，錄文如下：

佛氏以慈悲弘願，汲汲拯救群物爲務，而不私恤其身。其設心竭慮，亦仁且厚矣。自其法入中國，上而萬乘之君，下而公卿大夫，至於庶人，莫不愛護而尊信其說。故能垂之千百年而勿墜也。崑山茜涇廣孝寺，建始於唐咸通間。其僧員之盛，比桉而連業。同堂而合食者，常二百餘人。蓋吳郡之東，名藍古刹也。寺舊有田若干畝，遇歲不豐，食廩輒告匱境上。富人因捐田入寺，日餉得以少裕焉。至正七年，朝廷以凡天下寺，其買田非宋金時者，令徭役與齊民等。且崑山爲州，徭役甚重以繁，爲東南州縣之最。雖多田鉅資之家，一或失計，即糜爛破壞不可復支。況僧素不習事，孱弱畏怯，而一旦加之重務？有司又低昂失平絲粟之賦刻期逼迫，故往往鬻田送官，用脫刑責。且小吏賤卒，假威上人，日持牒，踵門足跡相接。苟弗滿意欲，即造語生事，巧發上怒，動輒禍人。至必待之如尊賓貴客。雖一日數十人，不敢忤一人焉。由是寺力日就澌盡，如病羸人，僅僅骨立。時廣孝之眾，相顧無策，壯者將散之四方，老者立待於斃而已。至正九年春，朱方史公元來守崑。公廉正敏

〔註535〕 （明）朱珪《名跡錄》，景印文淵閣四庫全書第 683 冊，臺灣商務印書館 1986年版，第 50～51 頁。

亮，恕惠愛人，不立威任刑，常近民而求其所惡欲，閔閔焉若慈母，得赤子於其懷也。乃知僧之病役，而廣孝獨甚焉。惻然而愛護之甚。至，寺僧乃喜而相慶曰：「吾可免於散亡立斃之憂矣。然公之恩我若是其厚，吾無以報公，是心缺然矣。宜肖象以祠公。不惟使近佛而求，畀以盛大之福。且朝夕若親公顏面，而敬且愛焉，則亦庶幾可盡吾心乎？」乃相東序治室而慎祠焉。寺之主僧乘謂東曰：「凡人之情，於事久則怠，怠則忘之矣。願為文，刻之貞石，將使吾徒懷公於無窮哉。」古之善為治者，能勿咈夫人之情，則其政無不獲者矣。故上者常任德，下者常任刑，刑，怨之淵也；德，恩之藪也。前乎公為崑山，不知其幾人矣，未聞有能祠之者。由今觀之，刑德之應，亦大相遠矣。然則後乎公者，又能以公之德人者德之，其有不以祠公者祠之乎？公有惠愛於人，甚至崑山之民，攄摭其治跡之實而載之石，甚詳也。茲故略焉。

253. 《直沽龍祠記》

按：文載明代朱珪《名跡錄》卷四〔註536〕，錄文如下：

通州南五百里，其地曰直沽，有龍祠。龍能著靈，凡水行之人，涉危蹈險，莫不賴龍以為命者。且國家歲漕東南之米三百萬石，由海抵直沽而達京師。於時海波晏伏，雨風和平，萬艘連連，卒以無事，亦莫不賴龍以為安者，則龍之於民亦有功哉。《記》謂「能禦大菑、捍大患則祀之」，龍之有祀也固宜。又曰「山林川谷，能出雲為風雨，見怪物，皆曰神」，龍實有焉，則其有祠也又宜。吳之崑山，商者沈某海行而至直沽數數焉。其出入海水，船安楫牢，未嘗有倉卒怖愕之變，故其事神益虔。因覩祠宇撓壞，像設露處，過者狎焉。其心勿寧，且曰：「神之德我人甚厚，當其身危勢蹙，叫號於神，求哀而乞。須臾之命，將終身思報德，不敢背負。及其既寧，而遽忘之。我等小人，真少恩哉。」乃度祠屋舊制，歸擇材為屋，凡若干楹，既具，越明年，春舟載而植焉，實至正五年也。若某可謂能報神矣。夫德人而責報於人者，非也；蒙人德而忘報人者，亦非也。今神不責報而人不忘報，亦各盡其道而已。且某亦商耳，推是心，而為臣將不後其君，為子將不遺其親，為弟子將不倍其師。世之稱君子，蒙人厚德，其人一旦在患難，則計較得喪，不肯相顧者，皆是也。平居則曰彼商也，今其見義，反弗及之矣。予故書之，非惟使過客常負於神者，讀予文內愧而汗下也。昆陽鄭東造。

〔註536〕　（明）朱珪《名跡錄》，景印文淵閣四庫全書第683冊，臺灣商務印書館1986年版，第51～52頁。

254. 《曙樓記崑山》（至正十一年，1351 年）

按：文載明代朱珪《名跡錄》卷四〔註537〕，錄文如下：

之東北海上其地曰茜傒，土壤衍平廣袤，有美田深澤之利。民居聯絡比密，如縣邑然，吾友楊鍊師居之。予嘗往來，鍊師必久之而後去。然獨恨其無高山大陵可以游觀，以宣暢湮鬱之氣。雖日坐屋下，安飲且食，使人悵然不樂欲去，求車蓋諸山以望句吳之墟，太湖三江之水，則百里外不能一日而往還也。自予歸永嘉，日有山水之樂，然寂寞無人，則思其冠服修好姿骨奇岸有如鍊師者，與之相從其間，而不可得，則又有不樂者焉。且聞鍊師治樓甚雄峻弘麗，如仙者之居。予憶鍊師當秋清暑退，海月夕出，馮軒而望，思故人如餘者，散在四方與之嘯詠其上，而不可得，亦將有不樂也。今年春二月，予來吳，即過鍊師求樓登焉。而我二人相顧一笑，向所謂數者之不樂，皆釋然矣。仰觀其楣間之牓曰海曙，鍊師曰：「子試爲吾記之。」夫海之曙，吾嘗習見焉。夜過半，日將出扶桑之旁，陰氣消斂，陽光四達。於是時，起觀清明之氣，而吾之在躬者益有驗焉。況其居高臨虛而先得之者耶。吾將從鍊師於是樓之上，又聞方外之士服朝霞而能久視，必有以私授我矣。鍊師名希賢，字敬仁，善爲歌章，好鼓琴，當世賢者樂與之遊雲。今年實至正十一年月日，昆陽鄭東造並書。

255. 《元故曹母碣銘》

按：文載明代朱珪《名跡錄》卷四〔註538〕，錄文如下：

維曹元達庶母吳，年五十二歲喪於賊，而不得斂，將窆墓納棺衣而葬焉，乞銘於其友昆陽鄭東，曰：「幸不沒母善，且使後世不爲虛墓也。」於乎！元達之志可悲也已。母諱某，家世業農，居徽之休寧金竹村。母幼鞠於嫡外家汪氏，年十五從嫡歸於曹先生某。先生卒，母哭之喪明，時年二十有八。至正十一年，賊發汝穎南，延江東饒徽間。初，賊逼徽境上，家人欲負母出。母曰：「君宜盡引去，先人木主不可無守也。且賊亦人耳，顧我盲廢人，何忍殺吾？」果幸得免。十二年正月十七日，賊又卒至，家人倉皇四出，賊以刃臨母，曰：「能盡出篋藏，可無死也。」母曰：「吾家世業儒，第存先人敝廬，

〔註537〕　（明）朱珪《名跡錄》，景印文淵閣四庫全書第 683 冊，臺灣商務印書館 1986
　　　　年版，第 52 頁。

〔註538〕　（明）朱珪《名跡錄》，景印文淵閣四庫全書第 683 冊，臺灣商務印書館 1986
　　　　年版，第 57～58 頁。

及多書耳，餘無有也。」賊怒，竟殺母及其孫國賓，親戚童婢同時死者三十三人。賊退，家人歸，求遺屍，眾骨橫地，莫辨其爲母矣。初，母從嫡於曹，能任治婦事，而嫡不勞，性不喜浮飾，每服布綈，猶以爲過。曹先生卒，其兄欲奪嫁之，母指天日自誓無他。生子二人，曰天德、宜德。天德，即元達也，時皆尙幼，今其能讀書自立爲世儒，皆素教之力也。天德娶孫氏，生子二人，曰泰安、普安。女二人，宜德，出贅孫氏，生子一人，曰關住；女五人。又曰奎德者，天德之兄嫡汪所出也，生子二人，曰國寶、國定。元達及冠時，貧無以養，負奇氣，裹糧吳楚之間，從時名貴人遊。時客高郵間，賊陷饒徽，甚危急，亟至杭，遇阻不得往江淮。反覆計之，乃詣大官，請身爲士卒，由行間以往。大官見天德狀魁岸，且出言甚文，疑其爲間諜，將殺之，會有識元達者，得救免。由是竟不得歸。明年，賊破徽，家殘母已亡。於乎！命也夫。銘曰：天高高，勿可求。降淑媛，覆用仇。竟死變，子莫收。薶衣冠，垂千秋。於乎！是爲曹母之丘。

256. 《楊履齋先生墓誌銘》

按：文載明代朱珪《名跡錄》卷四〔註 539〕，錄文如下：

先生，諱天澤，字履齋，號守愚子。其先汲人。始祖扈，宋高宗南渡遂居吳之嘉定楊巷里。里始未嘗有名，其族人蕃大人以名焉。世爲儒間，有出仕至牧伯者。至先生以文行，聞於人。其里姓益著。曾祖諱椿年，祖諱文炳皆隱德勿見。父諱貴龍，入老氏法，中爲道士。性純孝。父嘗疾病，禱於上下勤，至請以身代，因而有瘳。人以田來賣，惻然語之曰：「汝獨無父母妻子耶？田賣何活？」乃發廩賑之。其人田卒不賣，至今爲富人。妣盛氏，正以從夫，義以慈子。人謂先生賢，自父母賢也。先生寬弘爽易，不肯發人過人，有小善稱之，不置口。又甚好客，每客至則樂，客多愈樂，不至則不樂也。客賢，無遠近，識、不識，雖躡屩踵門過之，一以禮貌，弗爲等級。有不賢，雖僕馬甚盛，未嘗一見焉。故客在先生之門，必賢也。嘗闢廣堂置，巨樓可市坐數十人。日就與客會飲食。客食必肉，妻子則蔬也。察客有寒色，則解裘衣之。故客在先生之門，無寒饑也。及卒之日，客無貴賤聞之，會哭於其家，盡哀而去。人往往歎曰：「惜哉！使先生有位，其待士如此，有不爲之用耶？有不樹功業，垂休光於萬世耶？惜哉！」其鄉有告以衣食、嫁娶、死葬

〔註 539〕 （明）朱珪《名跡錄》，景印文淵閣四庫全書第 683 冊，臺灣商務印書館 1986年版，第 65～66 頁。

勿具，疾病不能醫者，先生咸賑恤之。盡其鄉，無有凍餒夭閼露暴及男女過時者。甲致乙於訟，先生陰爲召甲賂之，事既解，乙勿知也。後造門謝，先生辭之曰：「告者妄耳。」終不以德乙也。客有攜其子來，其身寒露，先生顧謂其幼子曰：「此兒可憐。」其幼子即解衣與之。先生喜曰：「眞吾子哉！」其賑人率此類。讀老氏書，喜其言，遂入其法度，地立老子像。至群書，無不通悉。以資爲詩，然爲詩直以見志，不爲深刻。且喜飮酒，且從人飮酒，至暮未嘗亂。或歲時擇勝地，集賓客爲樂，曰：「人壽會有盡，身毋自苦也。」至元丙子正月己酉以痰疾卒。後十有三日庚申，葬於所居北半里先人之兆。配顧氏，生女二人。初以無子，以徐氏子爲後，曰希祖。次娶宋氏，生男五人，長曰希道，娶徐氏；次希賢，即幼時能解衣與人者也；次希遠，同希賢爲道士；次希眞，娶謝氏；希傅，娶嚴氏女，一人孫十有二人。東始踰冠時，識先生，先生將五十矣，不以年倍余，長而以爲友。今老矣，銘先生之墓，奚辭。銘曰：

可爲勿爲，維有命。勿以名殊，維考行。無位與爵，德則盛。斥餘賑之，斯亦政。古聞捉髮，且獨聖。彼氓敖怠，卒以病。我誠悅士，士乃應。應維其賢，翼以正。名聲播流，實則稱。史雖弗登，維論定。丙子之歲，日月令。父尊子卑，二穴並。綿綿其垂，罔終竟。後之觀者，視楊姓。昆陽鄭東撰。

257. 《章母墓誌銘》

按：文載明代朱珪《名跡錄》卷四〔註540〕，錄文如下：

章母，諱妙觀，吳郡張氏之女也。其家乘亡逸，世系不可考。母生而了慧，父母愛之，過於丈夫子。當行爲選佳婿，歸於崑山章處士天祐。處士沉厚果毅，才可用於世，獨不肯仕。初，家未甚裕，自母歸克，相於內，由是日以豐大。處士欲爲一善，母必勸之果，往往捐餘賑乏，惠及疏戚甚眾。故其鄉稱處士之善者，必及章母焉。母性慈厚，至御下婢亦嘗貸以色，雖甚忤意，罵詈之聲不出口。子使就學。常戒其毋嬉笑。今子麟讀書甚賢，人稱處士善教，亦必及於母。今其鄉之爲人婦與母者，取章母爲法焉。至正十三年歲癸巳八月六日己丑以疾卒。明年四月十有七日己酉，葬於州西惡安鄉致和塘北先塋之左。處士先母四年卒，至是始同葬焉。世壽七十有七。生子一人，即麟是也。娶張氏，名淑貞。庶女一人，曰德慧，適同州朱德賢。孫三，嫡

〔註540〕 （明）朱珪《名跡錄》，景印文淵閣四庫全書第683冊，臺灣商務印書館1986年版，第68～69頁。

長曰禧,次庶聖保佛住。麟嘗從永嘉鄭東遊,拜且泣曰:「麟葬母有日,願先生有以銘。」銘曰:

爰有家,家孔嬴。相夫子,宏厥聲。訓子麟,竟有成。用刻銘,詒於後。昭茲往,式視章母。

258.《鏡銘》

按:文載明代朱珪《名跡錄》卷五〔註541〕,錄文如下:

資爾融明合禮,頌美與厲。惟其公,毋物以室,無垢以蒙。嗟爾之用,唯有終。

259.《贈朱伯盛詩序》(至正十四年,1354 年)

按:文載明代朱珪《名跡錄》卷六〔註542〕,錄文如下:

士不用於當世,必有託焉而隱者。雖一藝之微、一事之卑,皆不恥爲之。故往往有託於農圃巫醫商賈群工之中,蓋惟求其可以自晦而已,又庸計其高卑可否而後處其地哉。吳郡朱珪居婁江之旁,無他嗜好,獨喜周籀秦斯篆畫之古,取《石鼓》、《嶧碑》之文習之。既久,而盡悟其法,因善爲人刻印,賢士大夫多就珪求刻焉。珪之言曰:「吾聞位高者身危,祿富者憂大,名盛者毀隨。彼有自始壯而仕,至髮落齒脫而不知止。及其遭疑忌而廢斥,觸刑辟而戮辱,於是時也,則雖深咎極悔已無及之矣。今吾耑吾意於篆畫,唯求其無部分之失,旁從之譌,而無戾夫古人制作之義,吾過亦寡矣。」若珪蓋有託焉而隱者歟。永嘉李孝光、吳郡張雨作詩以貽之珪,不絕於當世賢者,則其爲人又可知己。故予繫之以序。至正十四年四月,昆陽鄭東書。

260.《雙清樓記》(至正十四年,1354 年)

按:文載明代朱存理《珊瑚木難》卷六〔註543〕,錄文如下:

崑山茜涇廣孝寺之東偏,曰雙清樓者,寺僧元璋之所居也。元璋清偉疏爽,喜與當世之賢大夫士相往來,故賢大夫士之至茜涇者必聞元璋,且知其有是樓之美,常先往見焉。元璋欣然導之登樓,雖日接數十客,不倦也。且

〔註541〕 (明)朱珪《名跡錄》,景印文淵閣四庫全書第 683 冊,臺灣商務印書館 1986 年版,第 82 頁。

〔註542〕 (明)朱珪《名跡錄》,景印文淵閣四庫全書第 683 冊,臺灣商務印書館 1986 年版,第 83 頁。

〔註543〕 (明)朱存理《珊瑚木難》,景印文淵閣四庫全書第 815 冊,臺灣商務印書館 1986 年版,第 175~176 頁。

樓之中，几案明潔，床榻靜好。凡可以娛情釋意之物，莫不畢具。客或能吟詩、鼓琴、飲酒、奕棋、投壺，唯其所嗜，故客至必盡日而後去。然客非其人，欲入，輒大恚，曰：「彼欲穢吾樓耶。」亟遣應門之童出，止之，曰：「客何爲者？吾樓主人蚤且出，暮未知其能來歸也。客無用入可也。」故獲登元璋之樓者，無凡客也。元璋因署其樓曰雙清，蓋取杜甫心跡雙清之辭，且求予文記之。世有居山林水石之間，而其跡清矣。然外物之來，無以禦之。日膠擾其中，一食之頃，雖欲蕩滌其思意之煩，不可得已。其或處心虛靜，而能遣去外物，然其寓跡鄽市，出入於溷濁猥辱之中，日與鄉人相爾汝，若蒙污被垢而不溉濯也，是皆內外不能兼有其清者也。余嘗竊愧遊乎方之外者，天下之物既不得以塵染其心，其孤潔之跡又足以傲世而簡俗，而兼有其清焉。吾亦老矣，將歸築室於某水某丘之傍，以求吾志。苟或得之，殆亦無愧於元璋也。至正十四年龍集甲午三月望日，永嘉鄭東造。

261. 《送瞿君慧夫上青龍鎮學後序》

按：文載《鐵網珊瑚》卷七〔註544〕，《式古堂書畫匯考》卷二十，錄文如下：

夫位卑而責重，賢者不患其位而患其責。不患其位，故無諂諛以求進；患其責，故無廢官而怠事。不賢者則反是矣。吾友瞿君慧夫，爲青龍鎮學。教諭知慧夫者咸曰：「教諭下初命之士一等其位卑。以慧夫賢而多才。非所宜居。」余因解之，曰：「教諭，固小官也。在學校，其分則師也。吾見其尊，未見其卑也。峩冠大帶，坐之堂上，口誦詩、書、禮、樂，以造群士。務使人人抱道執藝，小大成器，緩急足賴爲用，其責至重也。賢者之心，盡吾責而已矣。夫庸校其位之崇卑哉？」不知青龍掛籍凡幾戶，能爲士者凡幾人。吾聞吳淞，大江出其旁，地氣清淑，必其間多秀民，知讀書向義，願爲弟子員。待慧夫之來，唯恐後者。慧夫往焉，絃歌之聲聞於鎮間。他日，吾亦往求吾子而樂觀之。昆陽鄭東序。

262. 《林屋山圖記》

按：文載《鐵網珊瑚》卷十五〔註545〕，《式古堂書畫匯考》卷五十二，錄文如下：

〔註544〕 （明）趙琦美《趙氏鐵網珊瑚》，景印文淵閣四庫全書第 815 冊，臺灣商務印書館 1986 年版，第 469 頁。

〔註545〕 （明）趙琦美《趙氏鐵網珊瑚》，景印文淵閣四庫全書第 815 冊，臺灣商務印書館 1986 年版，第 743～744 頁。

　　夫人不忘其親者，目有所接而思生焉。故春雨霜露，君子履之而有怵惕悽愴之心。由不忘也。苟其不然，見日月則不知其明，見華嶽則不知其大，見河海則不知其深。況其所接之微而能思者乎？黃君雲卿，其先世居於具區林屋山。至其父伯川君，始遷於崑山，遂爲崑山人。崑山爲市易之區，百貨坌集，可以取贏以給衣食。然其地畸褊，民廬蜂屯，無高山大澤可登臨顧眺，以宣湮鬱而曠心目。雲卿因言其父，嘗曰：「揚州之藪爲具區，其川爲三江，其浸爲五湖，其麗厚融淑之氣，皆環乎林屋之趾。吾嘗隱几而得三者之勝。心甚悅之，吾歿得歸葬於彼，無遺恨矣。」雲卿乃泫然出涕，曰：「吾雖獲從吾先子之志，然崑山去林屋且數百里，限以具區之險。歲時不能一再至墓下。吾因圖林屋，置之壁間，使目接焉以思吾親。子爲我記之。」吁！是能不忘其親者也。昔狄仁傑登太行，顧見白雲孤飛而曰：「吾親捨其下瞻悵久之。」思親之情，有同然者。然云爲動物，有時而變，能興吾思，不能以繫吾思。山則有恆，山在是吾親亦在。是則吾思親之心，不惟興於一時，且終身繫於是矣。然孝子思其親，非泛然而思也，將思其毓我以恩也，將思其教我以善也，將思其冀我繼序之弗墜也。夫是圖也，一接於目，則數者之思交集焉。其有斯須而敢忽忘也哉。他日雲卿又從容指其圖，以詔其子若孫，曰：「是丘也，女祖藏焉。女其識之。烏乎！其有不爲雲卿之思者乎？雲卿攬涕曰，「若然，殆庶幾乎。」遂爲記。昆陽鄭東。

263. 《來鶴亭詩集序》（至正戊子，1348 年）

按：文載四庫本《來鶴亭詩集》卷首〔註 546〕：

　　崑山爲州，並東南之海。夷方之物，坌集叢至。卉服鳥言之人，貿焉雜處其間。雖比屋能坐致富贏，然其民不幸，不聞禮樂文物之懿，亦日趨於愚而已。彼秀民能讀書爲士，負文藝之奇，往往見之於四方。鴻儒老生，交口相許。予雖旦暮出入廛中，其冠服修好而民莫知察也。余嘗崑山取友，得四人焉。郭羲仲、陸良貴、袁子英三人之爲詩，或雄，或雅，或溫厚，或流麗跌宕。雖或不同，要皆能去夫險阻僻陋之習。其一人則敬夫。敬夫成童時，嘗從予受學。既長，益氣夷色壯，學端識敏，自知奮厲，且工爲詩。其詞多奇麗清婉，出己意見，不肯剿取古今人言。是皆盛世治平之氣而使然耶？不然，何其聲一出於和且美也？敬夫又能取友，羲仲相與議論可否，其資亦深

〔註 546〕　（元）呂誠《來鶴亭集》，景印文淵閣四庫全書第 1220 冊，臺灣商務印書館
　　　　　1986 年版，第 571～572 頁。

矣。迺裒其爲詩若干卷，楊君廉夫敘之，其言固足以取信當世。予可略矣。然予以敬夫雖處而未仕，而楊君亦因其材質之美而許之，亦何所不可也。使他日誦敬夫之詩而徵予言，或者知其不誣矣。至正戊子春上巳日，昆陽鄭東敘。

264. 支渭興二篇

《中慶路增置學田記》

按：文載明代陳文修《景泰雲南圖經志書》〔註547〕，錄文如下：

皇元肇造區夏，武功方即，文教並修。世祖皇帝既定雲南，入繼大統，命信臣賽典赤公平章行中書省事，首建孔子廟於中慶城之北，又於官渡買田八雙以贍學。厥後朝庭名臣出爲省憲，知重道崇儒者增置水陸田至五百九十二雙有奇，且以廢城官租隸焉，俾充春秋朔望祭享及修學養士費，更數十年罔有虧失。近歲，官於學者代易靡常，賢否相半，留意出納者鮮，致多負租，亦有爲異端豪民所侵據而莫之理者。以故師生廩膳不足，春秋俎豆之薦亦或缺焉。

至正十六年秋七月，詔以正議大夫、西蜀四川道肅政廉訪副使漢中蒲機爲雲南諸路肅政廉訪使，下車舉憲綱，除民瘼，官吏震恐奉職，邊境以寧。公謂學校，風化之原，人材自出，憲政所當先也。於其勸誘之方，經理之道尤盡心焉。乃與副使禿魯、僉事阿魯溫察、王欽、幕賓經歷張懷義、知事崔有恆、照磨幹赤共議，差官遍詣州縣考正，閱實其地，凡歸侵疆以雙計者若干，得逋租以石計者若干，備書田之所在、界之所至與其雙數於籍，有司學官憲府各藏其一，且識予碑陰，以備他日取證。又總新故租，度歲用外，糶其餘以濟貧民，得中統寶鈔五百八十餘錠，移文中慶總府轉達行省，請於梁王，以市大理路趙州沒官田二百一十九雙三角。王曰：「善事也！」樂允所請，行省諸公亦贊成之。歲增租一百三十八石六斗，由是倉廩充，財用足。師勤士勵，教化大行。

今年秋，渭興忝校藝雲南，事既，祗謁學宮。提舉燮理翰、教授尹具瞻暨諸儒合辭請記其事於石。竊惟三代，學田之制無可考，列國時，齊宣王欲授孟子室，養弟子以萬鍾。即是而觀，則古人養士於學必有成法矣。國朝踵前代之制，天下郡縣皆建學，學必有田，蓋亦富而後教之意。中慶在雲南爲要路，省憲統臨於上，州縣遠夷視效於外，風化之行，人材之就，莫先於此。學田之入，

〔註547〕 （明）陳文修，李春龍，劉景毛校注《景泰雲南圖經志書校注》，雲南民族出版社 2002 年版，第 383～384 頁。

其可一日缺哉？今廉使蒲公暨同列能體聖朝建學之盛心，不以四方有警，急武功而緩文治，復橫侵於可見，責久負以必償，姦猾服義而樂輸，豪強拱手而聽命。又能以日用餘資合謀省府，稟命親王，買田以附益之，爲永久計，可謂有功於茲學，有裨於聖化，不負所託者矣。彼有視儒效爲闊疏，語及學校，曰：此非急務。惟以簿書刑獄爲先者，豈爲能備舉其職乎？誠宜記以示後繼。

自今遊於學者，飽食而安居，當朝斯夕斯講明經訓，求古聖賢所以爲學之道而力行之，孝於家，忠於國，使時流俗輩咸知儒教之有益於人。若此，庶不負買田興學之意。若徒從事於文辭之末，以決科干祿爲計，則觀斯記也，獨不大愧於心乎？尚相與勉之。

265. 《憫忠寺記》

按：文載明代陳文修《景泰雲南圖經志書》〔註548〕，錄文如下：

夫佛法以慈悲爲教，而冥昧含弘旺，若言其有，而相不可尋；若言其無，而化之者眾。能仁降跡西天，教法人於東土，自漢之唐、之宋，暨我朝隆盛崇重，天下響應。雲南去京里以萬數，而眞乘佛印與儒典並興，上自豪貴，下及賤隸，莫不頂戴欽奉。

至元十四年，忽哥赤雲南王、平章賽典赤公及郁凹麻師謀爲保國安民之計，於中慶城北隅高阜之上創建五華大殿，扁曰「憫忠寺」。其地左蟠龍，右玉案，滇池朝於前，商山聳於後。像設五如來於其中，周簷四壁繪畫諸佛、菩薩、神龍之儀形，範金塡彩，絢爛人目。其殿制高爽宏麗，重簷疊栱奇巧，異乎他構，眞一方蘭若之甲者也。又置田莊以給苾蒭之饘粥，備人戶以隸院宇之使，令旦望禪誦，祝皇帝萬萬歲以無疆。

至正癸卯春三月，紅巾賊兵乘虛入寇，陷中慶城，毀民廬以爲寨柵，梵宇神祠亦不免焉，於是寺之門廡僧房，掃地而盡，惟大殿儼然獨存。官軍克復之後，住持僧慶堂罄其衣缽修葺之，未底完美。今行省平章政事脫歡普花榮祿公嘉其志，啓奉梁王，令旨捐俸廩，增置寢殿，備金碧丹漆之飾，煥然一新，前之廢者咸復其初，而慶堂求記於予。

竊惟天下之物，成毀有數，廢興有時，而皆不離乎人。茲寺昔創於王公貴人，中更寇變，躝躒圮壞，今值榮祿公與慶堂同心協力，復葺完之，豈非人數相參而致然歟？榮祿公由本省郎中歷升首相，既用兵以靜邊境之難，輕

〔註548〕 （明）陳文修，李春龍，劉景毛校注《景泰雲南圖經志書校注》，雲南民族出版社 2002 年版，第 399～402 頁。

絲薄賦，寬裕民力，公私有餘，更新佛宇，深得昔賢先致力於民而後致於神之意。慶堂諱慧喜，乃官渡萬夫長趙天祥之伯仲昆弟，年弱冠，薙染於本空和尚，後遊江浙，歷受明師之傳，以得其教旨而歸。至正壬寅，僉議啓於梁王，固請主之，視今僅閱七年，說法度人數百餘會，受其戒牒五千餘人。噫！若慶堂者，亦可謂難遇者矣，故不辭而爲之書。

266. 楊昇《有元故醫隱賈君阡表》

按：文載雲桂榮主編《雲居寺貞石》〔註549〕，又載《新日下訪碑錄》（房山卷）〔註550〕。碑首云：「承事郎唐縣尹兼管諸軍奧魯勸農事汪希中書並篆，將仕佐郎翰林國史院編修官楊昇饌。」錄文如下：

醫之就源自軒歧，其旨邃矣。學其學者大率以世其業爲習，習必以有恆心爲本，反是日良醫，未之有也。惟賈君諱□□字道弘，世爲絳之伏翼人。曾大父某、大父某，尚醫，金源時父某第進士，釋褐伏翼丞。金季喪亂，莫知所終。君幼孤，養於其姑某郡某官某夫人。稍長自樹立，凝然如成人。姑夫人從夫遠宦，君弗克偕。既冠，思所以報，自絳陽曆訪至燕，不果見。歲時祠祀，哭之終其身。曾過房山，愛其山水風土，買田園於抱玉里，遂占籍焉。繼其祖業，深有得於仲景之書，已疾多，有聲涿易間。春秋七十有九，以至元戊子九月十五日遘疾以卒。方疾，草召所遊及家人，談笑與訣，其明於死生之際如此。越三日，子璞、壤等，奉君柩上所居西北二里許，爲塋以葬。配康氏，淶陽招討判官君委府君之女，貞順勤儉，理家有法。後君十年，以大德丁酉四月十七日卒，享年亦七十九。粵三日，祔君之塋，檻也。子男四人：和、潤、璞、壤。和、潤蚤世；璞、壤俱以學世其業，壤又從集賢孚士靜修劉公學，今爲涿州醫學學正。女三人：適田德澤、趙德造、郝德裕。男孫八人：伯溫、仲良、仲恭、叔儉、叔讓、季常、季彝、好懿。君資厚重，敦信義，善治生，推有餘以及人，親戚之無依於者，率衣食之。嘗折券鄉里食者不特起人疾．不責報也。又不特專門於所習，而有恆心也。銘曰：惶悌慈祥，俛焉自將，世其名家，善止一鄉。探九起死，有煒綠囊；壽考康寧，方其未央。奄忽斯世，九京茫茫；君德之畏，後昆其昌。時大德八年歲次甲辰二月癸卯日，嗣璞、壤立石，石局百戶楊甫進刊。

〔註549〕雲桂榮主編《雲居寺貞石》，北京燕山出版社2008年版，第196～197頁。
〔註550〕北京石刻藝術博物館編著《新日下訪碑錄》（房山卷），北京燕山出版社2013年版，第232～233頁。

267. 姜晉叔《新編陰何詩敘》（至正九年，1349 年）

按：文載陸心源《皕宋樓藏書志》卷六十七，錄文如下：

陰鏗、何遜以詩並稱，當時翕然尚之。後之說者，乃以爲綺麗靡弱而不取。麗靡固有之，然遂不取無乃甚乎？正所謂奪奚田之牛者也。昔子美有云：「李侯有佳句，往往似陰鏗。」又云；「東閣觀梅動詩興，還如何遜在揚州。」李侯謂白也，東閣指裴迪也。迪乃唐之才士，而自又甫所畏服者也。乃或以其佳句似鏗，或以其詩興如遜，蓋以其似之如之爲美也。在唐之大家，如子美而猶景仰若此。況後世淺學而可輕議易視之哉！今之學詩者所尚惟唐人，至唐人之所尚反抵棄排黜之，以爲不足法。吾於此惑焉。至正九年十月二日·豫章姜晉叔書於淡里之芳潤林。

268. 守誠齋《新編陰何詩跋》（至正乙巳，1365 年）

按：文載陸心源《皕宋樓藏書志》卷六十七，文題自擬。錄文如下：

右陰何詩鄭本，初於夏頤貞處得之，頤貞乃得陶九成者，仍借甘鄲申屠東皋舊本校對一過。鄭自跋云，「紛紛盆盎中得此古羌洸。」其愛賞之如此。至正乙巳五月十又九日，守誠齋識。

269. 鄭禧《春夢錄序》（延祐戊午，1318 年）

按：文載鄭禧《春夢錄》卷首〔註 551〕，錄文如下：

城之西有吳氏女，生長儒家，才色俱麗。琴棋詩書，靡不究通，大夫士類稱之。其父早世，治命宜以爲儒家室，女亦自負不凡。余今年客於洪府，一日，媒嫗來言：「女家久擇婿，難其人。」洪仲明公子戲欲與余求之，余辭云已娶。不期媒嫗欲求余詩詞，達於女氏，余戲賦《木蘭花慢》一闋。一日，女和前詞，附媒嫗至。乃曰：「吳氏之族，見此詞，喜稱文士之美。但母氏謂官人已娶而不可。」然女獨憐余之才，賡唱迭和。覆命乳母來觀，且述女意：雖居二室，亦不辭也。囑余託相知之深者，求啓母意歸余。然余在城之日淺，相知者少。謬囑意山長吳槐坡者，往說其母，終亦不從。有周氏子，懼余之成事，挾財以媚母氏，母乃矢於從周，遂納其定禮。女號泣曰：「父臨終命歸儒生，周子不學無術，但能琵琶耳，我誓不從周氏。」因佯狂擲冠於地，母怒歐之。女發憤成疾，病且篤，母乃大悔。懼逆其意，即以定禮付媒嫗以歸

〔註 551〕　（元）鄭禧《春夢錄》，蟲天子編《香豔叢書》（第 1 冊），人民文學出版社　1992 年版，第 925～926 頁。

于周，然女病竟無起色，因以書遺余曰：「妾之病，實爲郎也。若生不救，抱恨於地下，料郎之情，豈能忘乎？」臨終，又泣謂其青衣名梅蕊者曰：「我愛鄭郎，生也爲鄭，死也爲鄭。我死之後，汝可以鄭詩詞書翰密藏棺中，以成我意」。未幾果卒。嗚呼！文君之於相如，自昔所難，而況夫婦之間，多才相配，世之尤難者乎！夫以女之才如是，而憐余之才又如是。齊眉相好，唱和百年，豈非天下之至樂者乎！而況其家本豐殖，復有貲財者哉。乃厄母命之不從，發憤成疾，抱恨而死。嗟夫！紅顏勝人多薄命，亙古如斯，而況才色之兼全者乎！驚彩雲之易失，痛黃壤之相遺，亦徒重余之臨風悒怏耳。恨何言也，抑余非悅於色也，愛其才也，感其心也。今具錄往來詞翰於後，覽者亦必昭余之悽愴也。延祐戊午，永嘉鄭禧天趣序。

270. 武乙昌《注唐音鼓吹序》（至大戊申，1308 年）

據陸心源《皕宋樓藏書志》卷一百一十五〔註 552〕，錄文如下：

鼓吹，軍樂也。大駕前後，設仗冠百人，其器惟鉦鼓、長鳴、中鳴、觱栗，皆金革竹，無絲，惟取便於騎作。大朝會則置案於宮懸間，雜而奏之，最聲之宏壯而震厲者也。或以旌武功而殺其數，取以名書，則由高宗退居德壽，嘗纂唐宋遺事爲《幽閒鼓吹》，故遺山本之。選唐近體六百餘篇，亦以是名。豈永歌之，其聲亦可匹是宏壯震厲者乎（《全元文》作「其聲亦可齒是歟」）？嘗從（《全元文》作「疑」）遺山論詩，於西崑有「無人作鄭箋」之恨，漫不知何說，心切易（《全元文》作「竊異」）之。後聞高吏部談遺山誦義山《錦瑟》中四偶句，以爲寓意於適怨清和，始知謂鄭箋者殆是事也。遺山代人，（以下闕，誤合姚燧序）參政郝公書也。吁！《三百五篇》經刪筆之後，得毛訓鄭箋，而六義始大明於天下。漢魏而下之，詩選於蕭統，得六臣之注而候蟲時花皆能感人觀聽。若唐詩則寄興遠而鍛鍊精，持律嚴而引用邃，簡婉而不迫，豐容而有度。左轄公三十年歷登顯要，而函情鉛槧，抉隱發藏，必欲覽者開卷，了然吟諷蹈詠之餘，由是進於溫柔敦厚之教，是亦風遺俗美之基也。歌喜起於虞庭，頌猗那於周廟，又元臣輔治之極功。至大戊申淛省屬儒司以是編鍥之梓，僕實董其事，工將訖，庸公適以使事南來，命僕序。僕以諸閣老雄文在前，謝不敢。公命至再，用拜手書於編末。是年六月十又八日，蜀西武乙昌謹序。

〔註 552〕（清）陸心源《皕宋樓藏書志》，《續修四庫全書》第 929 冊，上海古籍出版社 1996 年版，第 613 頁。

271. 佚名《宣差阿思蘭公平寇碑》

按：文載清代潘辰等纂修《康熙松陵縣志》卷十《藝文志》〔註 553〕，錄文如下：

　　皇元受天命，君臨天下，薄海內外悉歸版圖。聖子神孫，重熙累洽。遐陬僻壤，沐浴膏澤。方樂太平，歡欣鼓舞，以手加額曰：聖天子勵精求治，選守令爲民師帥，而若屬得相安於田里，而無愁歎之聲者，政平訟理也。至正九年冬十月，松溪邑長征事阿思蘭祇奉明詔來監是邑。凡蠹民之政與令之不便者，悉修核詳，明使釐整就法度，吏不敢欺，民懷其惠。愷悌之風，宜於鄰壤。至正十二年，汴淮逆寇構患，以紅巾抹額爲號。所在騷動，如波之流，如蔓之延。蚩蚩愚民，靡然從之。四月，寇兵自江西逼福建，本道大府屯重兵於邵武，以鎮遏之。徵公往軍前聽調。時方擾攘，邑民賴公保障。於公之去閔焉，如農夫失歲而就於飢寒困窮。公以軍律嚴重，義不容不去。百里之民，皆我赤子，其忍去而不爲之所耶？乃規劃爲防禦計，首捐俸，募民驍勇者爲義兵。兵革貲糧，甲於別邑。事定始就征。至六月四日，逆寇由崇安陷蒲城。十有七日，寇兵至松溪，憑陵郊圻，芟刈民人，麾突叫囂。是邑竟爲所據。公於軍前聞之，重爲民憂，乃具其事請於大府。元戎中奉是其請而難其歸。適僉憲郭奉訓督兵建土，素聞公名，遂遣吏齎文召公於軍中。公聞命即日就途。既至，則悉以招捕事委公。自九月十八日征進，至十一月三日兵攻政和縣。邑民聞公歸，私相賀曰：「父母去我，民失怙恃；今公歸，父母孔邇矣。」流離之民五六百人，皆率先迎。公匕撫而慰之，以己資財給其匱乏。遂進兵邑之東關，經營圖畫，施設方略。倡義爲士卒先，衝矢石，冒鋒刃，擒殺僞總官卓七、施虎、連君用等，餘黨盡潰。越七日，縣治克復，招諭流離復業者凡一千六百七十餘戶。非信義素孚於人，疇克爾耶？時浦城寇池元甫眾猶萬人，公重念彼此接境，唇齒相屬。若不諭以大義而以甲兵臨之，萬一不下，重吾憂也。乃義不顧身，惟以二童子從，直造賊壘，叩門而進曰：「余，松溪邑長也。爾爲吾語爾帥。方今聖德天覆，輪廣悉歸。爾據是邑，特蟻垤爾。天兵南下，殆數百萬。爾死且在朝夕。噬臍其有及乎？若能挺身來歸，不惟待以不死。是乃變禍之秋也。爾其圖之。」池元甫駭懼迎拜，遂面縛吳折手等二十一

〔註 553〕　（清）潘辰等纂修《康熙松陵縣志》，《中國方志叢書》華南地區第 232 號，臺灣成文出版社 1975 年版，第 596～604 頁。

－896－

人，盡其屬以降招安。彼縣人民復業者又七百戶有奇。嗚呼！委身狗國，不戰而屈人兵如公，可謂智勇過人者矣。十二月十八日，分憲出巡，民塡道迎拜，錄公勳德以請。分憲公尤嘉異。越明年春，元甫添設松溪尹，以公招諭順從故也。已而鴟張跋扈，稔惡弗悛。公知其必將爲患，乃選兵民之義勇者，陰爲之備。三月四日，諜報甌寧縣黃村逆寇復作，元甫將爲之應。公曰：「事急矣，可不爲國爲民除害乎？」翌旦伏兵於市，邀而擊之。並其黨羽，盡殲之。士民相與歌舞於道，歡呼之聲聞於遐邇。噫！微公遠略，吾民其齏粉乎！元甫既誅，遣人覘視黃村寇，則秣馬屬兵，將我向矣。公曰：「甌寧雖在鄰邑，蠢彼囂頑，不知天威。若不一正其罪，無以懲惡。」申命義壯，出其不備，直抵巢穴，遂梟賊首葉高一、康甫，磔屍合衆而歸。公之此舉，可謂疾雷不及掩耳者矣。七月七日，浦城餘寇池惠復劫衆叛，殺戍將安吉，裒凶鞠頑，與歐（按：疑作甌）寧祝清相爲犄角。公申固捍禦，募義驍勇者奮力急攻，誓拔禍本，以清王化。未幾，大軍至，寇腹背受敵，進退失據，乃就殄滅。公讓功大府，即班師而歸。嗚呼！古人功成而不居，而公有焉。既歸視政，乃往論七里，按行田野，弔死問孤，惠鮮鰥寡。孜孜講求民瘼，推而行之。勉勵學校，勸率農桑。流離無告之民，尤加矜恤，衣以衣之，食以食之。干戈洪洞之時，民晏如也。嗟夫！蕞爾小邑，遭罹兵寇，而公以王事出使。公不去，寇雖至，無能爲也。公歸，掃平群醜，境內甫得蘇息。而釁端迭起，鄰壤瘡痍之民日就艱阻。惟公眷眷以憂國憂民爲心，刮垢爬癢，濟之以寬大之政，守之以廉潔之操。故不朞年間，克清大難，底於綏寧。使天下郡縣皆得公輩爲之守令，則寇盜不足平而堯舜其君、堯舜其民，固不難矣。癸巳十二月朔，邑士庶具公令德殊績，徵文於余，將刻於石。予不敏，敢述其事而繫以詩，俾民歌之不忘。詩曰：

於穆皇元，德教洽浹。握乾理坤，文謨武烈。功綿以延，澤周窮髮。蠢爾淮汴，敢肆奸孽。河海沸騰，波浸南國。建之松溪，實惟小邑。民罹厥艱，奔竄慄懾。孰撫綏之？賴此邦傑。帥師徂征，奉將天罰。姦臣革心，大惡翦滅。震以武功，加以文德。君臣義全，父子綱立。安我兄弟。綏我子姪，復我田廬，我疆我闢。衛我垣墉，高不我越；勵我甲兵，勁遏難敵。哺乳襁褓，安置袵席。眷此百方，微公疇式。田野蕪穢，公教其闢。禾黍桑麻，民用斯給。學校田土，公覈其實。棟樑榱桷，國材斯出。恩威並著，孚信旁達。雖

在鄰壤，同難相恤。浦南濡麻，甌東流澤。生齒日繁，戶口增益。法成令修，風移俗易。憲師維藩，聲譽彰徹。顧此邑民，銘心刻骨。何以報公，願叩天室。服以榮之，玄裘繡黼；賜以予之，彤弓玉節。自今伊始，德音罔缺。

> 按：文中稱「癸巳十二月朔，邑士庶具公令德殊績，徵文於余」，則此文當作與至正13年，即1353年。

272. 樊世《陳了翁年譜序》（大德元年，1297年）

按：文載《陳了翁年譜》卷首〔註554〕，錄文如下：

了齋先生，吾國故也。魯有孔，鄒有孟，國人知之，天下知之，千萬世而下皆知之。先生之忠肝義膽，輝爛青史，厥亦猶是。先生有文集行於世，吾邦甫惟兵火，煨燼無存。邑庠舊有《責沈》石刻，時亦散失。其雲仍松磵君諱宣子，字達觀，悉心殫力，四出搜訪，零碎收拾，迄爲完璧。今家塾有焉。前數年，世自富沙得《尊堯集》，歸語松磵，遂亟取以錄，亦不敢吝。去年春，聞訪得《了齋文集》於他郡，手自繕寫，略無惰容。每得一見，亦不忍置。今年夏，適會其姪君韶家顧，且謂前輩文各有年譜冠其首，吾祖文集獨闕是，近已編緝，畢當見之。忽一日出示此編，曰年譜畢矣。於此乎益信先生之後有人，而益敬其後人之有志。世生先生之邦，後松磵十有五年，聞道不早，幸而所見略同，而所值之時又同。其在鄉黨單學校間，多不見棄。大抵受命也介，俱未免爲強項人所願，則學了翁決不能如洵仁、洵武輩。先生有云，氣質之用狹，道學之力大。的哉斯言，吾黨不敢不勉。了齋先生實生於嘉祐丁酉之四月，今其孫松磵生於嘉熙丁酉之四月，是編之作又見於大德元年丁酉之四月，其亦偶然邪，其亦豈偶然邪！後學樊世百拜盥手書於譜後。

273. 陳宣子《陳了翁年譜序》（大德元年，1297年）

按：文載《陳了翁年譜》卷首〔註555〕，錄文如下：

了齋文凡五十餘卷，親手抄錄，幸歲全書。暇日因修家譜，自公之曾祖、祖父而下，至於公生循州之日，又由公登第入仕之始，至卒於貶所之年，凡四十六年之事蹟，隨其歲月，緝爲年譜，雖略有倫序，但中間書簡之往還，

〔註554〕 吳洪澤，尹波，舒大剛主編《儒藏》史部·儒林年譜第11冊，四川大學出版社2007年版，第521～522頁。

〔註555〕 吳洪澤，尹波，舒大剛主編《儒藏》史部·儒林年譜第11冊，四川大學出版社2007年版，第522頁。（按：文末有注文，云「此序多闕文」）

詩詞之寄送，其歲月不能詳考。撮其大而遺其細，撮其要而約其繁，固不敢方前賢年譜之萬一。但欲紀其大概，以示本族方來之子孫，於以見吾祖一點之精忠義概，一世之跋涉間關。後有仕於朝者，亦當體吾祖之立心，勿墜家聲，以期無忝可也。是編始於大德丁酉四月之既望，而畢工於六月之中瀚。中間或有先後之訛舛，後之人倘改而訂正之，亦所深望也。時大德元年威歲在丁酉六月二十有一日，七世孫宣子百拜謹書於了翁書院。

274. 陳澤《陳了翁年譜序》（至正甲辰，1364 年）

按：文載《陳了翁年譜》卷首〔註556〕，錄文如下：

了齋忠肅公著述不一，有文集四十卷，有《易說》，有《尊堯集》，有《責沈碑文》，有年譜，龜山、晦庵、南軒諸先生爲之序。我松碉翁嘗刊於祠下，俾子孫世守其家訓。至正庚子春，不幸毀於兵火，焚燎迨盡，澤嘗以爲憂。憲軺至邑，詣祠拜謁，尋訪是書不完，申命諸朝表章祠祀事，因詢貢川族人，得年譜一本，敬取抄錄，後鋟梓於祠，傳諸不朽。告於族長文繒，曰宜。至正甲辰秋七月朔，十世孫陳澤百拜謹識。

275. 朱懋子《了齋先生年譜後序》（大德甲辰，1304 年）

按：文載《陳了翁年譜》卷末〔註557〕，錄文如下：

年譜自晉、唐來，有詩文傳世者皆有之。如淵明自書甲子義熙，即其意。若昌黎、浣花詩文間自有紀年次第，後人惟萃而編之。乾淳諸老尤詳備，閩中與先生同時如龜山楊公，譜亦先成。而了齋先生忠烈如許，彤史美管，固已悉載本末矣。唯年譜最後，自嘉祐丁酉迨今二百數十年，始卒業於洒孫宣子之手。嘻！誠難矣。太史公未畢之願，盡留遷，遷竟就其志。觀於今譜，是或一道也。譜之成，乃孫年六十一。茲七十又五，尤以先公遺文恐負付託，今年成書，明年成廬，又明年成豐碑，又明年成祠宇。不惟先生年經月緯有考，而洒孫日曆亦不虛費。余生晚後，得睹成書，某年而《責沈》，某年而《尊嘉》，某年而彈章，某年而擊蔡，某年而遭石憾之厄，於是余平生無憾矣。史公稱孔子布衣，傳於數世。使其見於今，孔子何止幾數十世。吾於其孫五世而見，如君子之進退，時之治亂，可考焉。姚、宋相則開元，楊、李用而天

〔註556〕吳洪澤，尹波，舒大剛主編《儒藏》史部・儒林年譜第 11 冊，四川大學出版社 2007 年版，第 522～523 頁。

〔註557〕吳洪澤，尹波，舒大剛主編《儒藏》史部・儒林年譜第 11 冊，四川大學出版社 2007 年版，第 560～561 頁。

寶，每上下千數百年，爲之可慨者矣。觀《陳忠肅公年譜》，得以考其進退，重爲當時流涕也，豈徒紀歲月以見平生梗概而已。天下有非常之變，造物必生非常之人以便儗之。其人之得志，則變消於無形，而天下受其福而不知；其人設不得志，非常之變，莫不撲滅，不惟禍天下，且貽後世患未已也。何則？造物逆知有紹聖、元符之小人，必釀成靖康不忍言之禍，故生公於嘉祐之四月，至元豐三年，公生已二十三年，即以甲科第三人顯矣，造物正有諉於公也。以公未壯之年，際功名之善述，然則公於朝廷爲忠臣。松碉於陳氏，可以爲孝子。象麓後學廣信朱懋子功父謹書於譜後。大德甲辰十月既望，客七峰冷廨。

276. 陳某《先祖忠肅公了翁先生年譜序》

按：文載《陳了翁年譜》卷末〔註 558〕，錄文如下：

以事繫日，以日繫月，以月繫時，以時繫年，此古人記事之法也。由唐以來，文人才士傚而傚之，每於先賢文集之首，以紀其人平昔所行所爲之事，因其歲月而錄之，名曰年譜，蓋欲尊其人而景其行，其來尚矣。至宋而後，前賢往哲亦皆有之。吾祖忠肅了翁所著之文，其行於世者不一，有《合浦尊堯集》、《易說》及《了翁文》。初則有龜山、南軒、晦庵諸先生跋之於其前，近則有初心、朔齋、東崗諸名公跋之於其後，無非表我公忠謹之忱，而述其景慕之意。況我公自少年登第入仕以來，忠於愛君，忘身狗國，獨立於群小之中，一齊眾楚，當時在朝巨奸，不獨京、卞，如惇如布，如何執中、蹇序辰，如鄧洵仁、鄧洵武、薛昂、林自、安惇、蔡薿、石悈之徒，植朋結黨，專一擠排傾陷，摧折困辱，而欲寘公於死地。我公一片忠肝義膽，不畏強禦，不避誅殛，惟以愛君憂國之心爲心，確然不變，封章抗疏，至數萬言，連編累牘，幾成牛腰。言辭直捷，無所回諱，且深爲權奸所嫉，群邪所忌。今年貶海陵，明年竄嶺表，羈通州，置天台，移南康，徙山陽，轉徙流移，歲無寧日，我公安之，而不爲之撓曲。荷聖君存受，不殺言者，保而全之，不抵於死，亦萬死一生之幸。今文集之外，比諸前賢，獨無年譜，非缺典歟！耳孫宣子自大元兵革蹂躪之後，收拾殘編斷簡於煨燼之餘，又得靜得樊君歸由富沙而獲《尊堯》諸集，遂成其譜云。嗣孫某拜書。

〔註 558〕 吳洪澤，尹波，舒大剛主編《儒藏》史部・儒林年譜第 11 冊，四川大學出版社 2007 年版，第 561～562 頁。

277. 汪良臣《十七史纂古今通要序》（大德壬寅，1302 年）

按：文載中國國家圖書館藏元刻本《十七史纂古今通要》卷首〔註 559〕，錄文如下：

司馬溫公作《資治通鑒》數百卷成，復作《稽古錄》一編，朱文公稱其言如桑麻穀粟，又曰可備經筵宮僚進讀。小兒讀六經了，好令接續讀玄錄要之書不可少如此。今庭芳胡先生用工《周易》，行世且十餘年。又成《詩傳纂疏》，以其餘力復爲《史纂通要》，起自三皇，迄於五季。上下數千百年間，治亂興亡，如指諸掌。其於關涉世教之要，未嘗不諄諄然致其意焉，詎不可與《稽古錄》以相發明乎？故良臣於先生是書亦欲竊比朱夫子之言。矧《易注》之成，時蒙指授，而《詩注》、《史纂》則又訓兒輩時所輯也，容可無一語以識編述之末云？大德壬寅正月望日承務郎江南行臺監察御史汪良臣謹序。

278. 費著《成都志序》

按：文載四庫本《四川通志》卷四十四，錄文如下：

成都居全蜀上游，其名稱自漢始。按《禹貢》，蜀爲梁州之分，「岷山導江，東別爲沱」，今導江與沱名縣，鎮於成都，此三代而上地志之見書而不可誣者。文王之化，行乎江漢之域。《江有沱》，詠於二南之先。然漢統之江以朝宗，沱附於江以起興。江首四瀆，歷代祠其神於成都。故成都爲江之源，而荊揚之江特其委爾。考禹跡聲教之所被，稽文王美化之所行，征諸武王「逖矣西土」之誓言，論全蜀而泝源於成都，上游之導江，則孰有逾於詩書之爲可信而有據哉？謂三代而下，秦惠伐蜀，而後得與中國通；文翁興學於成都，而後得與齊魯比，不端本於夫子刪定之經，惟遷史之言是信，亦學者之過也。若周衰而諸侯畔，蜀據阻自安，職貢廢而文教弛，秦惠伐之而後道路通，文翁興學而後風化復，斯可也。捨詩書，斷自秦漢以論蜀，則未可也。全蜀郡志無慮數十，惟成都有志有文類，兵餘版燬莫存。蜀憲官佐搜訪百至，得一二寫本，迺參稽訂正，僅就編帙，凡郡邑沿革與夫人物風俗，亦概可考焉。遂鳩上鋟梓，以廣其傳。若文類之詳，則有待於後之好事者。至正三年二月費著序。

〔註 559〕 （元）胡一桂《十七史纂古今通要》，《中華再造善本》金元編史部，北京圖書館出版社 2003 年版。

279. 具廷臣《兩山亭記》

按：文載《萬曆紹興府志》卷九〔註560〕，錄文如下：

蓋白天目而來，其支別爲岸江之山。凡屬於吳者，飛舞欄簷之外，自秦望而來，其支別爲岸海之山；凡屬於越者，環繞窗戶之間。攢峰疊嶂，重岡複嶺，或起而伏，或斷而續。大者如宗，卑者如介，靡者如奔，隆者如蠡，缺者如鑿，銳者如削，旋者如顧，拱者如楫。出奇獻秀，戢列筆寺，不可具狀。

280. 左祥《琴堂諭俗編序》（天曆二年，1329年）

按：文載四庫全書本《琴堂諭俗編》〔註561〕，錄文如下：

余曩棲翰林，歷見累朝元老，唯齋劉公、雪樓程公、草廬吳公，每以忠厚之言告曰：「子他日爲政，當以道德齊禮、移風易俗爲先，不可習苛刻，爲俗吏態。」僕拳拳服膺。未幾，出宰廣州香山，嘗以是爲心，愧莫有以副其望。偶得《諭俗編》一書，閱之，皆齊民之道，復有感於予衷，欲刊行而未果。繼而改官潮幕，初聞是郡乃昌黎過化之地、天水所居之鄉，號稱鄒魯，喜甚。至則民俗不然，大以爲憂。嘗語諸在泮之士，有復於余曰：「民情莫不好善惡惡，在治而教之者何如耳。吾潮僻處海濱，韓、趙去遠，治人者但知有刑，治於人者不知有教。公欲拯弊扶傾，必先有以教之者。」郡學舊有三令，《諭俗編》其義本於經書，其言明白簡易，感人易入，眞化民成俗之要者。歲久無存，今是本得諸照磨東湖劉君英發，劉君得之瑞州新昌。若重鋟梓以勸邦人，誠大惠也。余喜從其請，長官僚友詢謀僉同，爰究編目。鄭令作之於前，彭令修之於後，應令又從而增益之，以廣未盡之意，凡十四篇。始於五服圖，終於積陰德。中言孝友忠信、務本節用之類，不一而足。嗟乎！使人人能讀而知之，又能行之，則皆有士君子之行，何患乎風俗之不厚哉。若廣其傳，則可爲天下勸，豈獨爲是邦勸，但惜其闕交朋友一條。昔朱子編小學書，嘗以實善行篇偶脫朋友一節爲恨。蓋朋友者，人之大倫，以之責善也，其可闕乎？愚故不揆固陋，竊取朱子之意以足之，庶幾有補於民彝之萬一云。天曆二年歲次己巳孟夏月、承直郎潮州路總管府經歷左祥謹敘。

〔註560〕（明）蕭良幹修；（明）張元忭，孫鑛纂；李能成點校《萬曆紹興府志》，寧波出版社2012年版，第207頁。

〔註561〕（宋）鄭玉道撰、彭仲剛續；（元）應俊輯、左祥增補《琴堂諭俗編》，景印文淵閣四庫全書第865冊，臺灣商務印書館1986年版，第222頁。

281. 李養吾《讀疊山北行詩跋》

按：文載謝枋得《疊山集》卷十六〔註562〕，錄文如下：

此詩與西山《易水之歌》當並行，余無暇詳焉爾矣。顧公闔門死節，皆甚偉。公絕口不一言，余不表而出之，何以示天下與來世？公季弟君澤遊太學，早有聲，詩文推本色，《彗星應詔書》尤絕出。九江潰後，惠余書曰：署爲立禮生宋仁，悲哉其爲志也。公內儒家女，諸父嘗甲第登朝。若夫慷慨就義，則甲科者視之劣矣。澤因伯氏過康廬，與謝章謀和議，落人疑忌，中械繫良久。明朝事將決，一夕暴卒。二子從母遊金陵，聞洶洶有異。殷勤撫二子，不忍釋。子既熟寐，解衣帶自經。其長弟君烈，伯姪同禍彌慘烈。婦及子婦懼傷大夫，人心不敢以凶服見。夫人見二婦不膏沐，不言不笑，曰：將無大故乎？又曰：名義至此，將何逃？信興羅幟之獄，所親如薛如詹，捐重貲得無恙。閩人居停曰：虞氏爲信所蹤跡，竟殞深圄。虞嘗注《易》，沒齒無怨言，《獨行傳》中人也。凡稱公能死者，非知公。公不捐一死，豈惟無以謝軍興？將卒，九原有家人，復何顏獨怪江左多將相，富連郡國，澤及嬰孺。雖肝腦塗地，亦不足報所天。居無何，觀光上國，廩人繼粟，大官餼酒，飲食醉飽如平時，公何闔門自苦至此？公二子亂離間，力學自立，能詞章。仲既裹父骨以歸，槁葬升東濠，徒跣奉迎，俾復其土，皆人所難者。因憶太史公素疏宕，至所謂「得其當而報漢」，談何易哉，何易哉！公不免，輕以三百口許人國危如綴旒命討俱盡，誰得執司馬法而罪之。或謂眞宰者責公言之不酬而酬之以其言是則有未易解者。余不敢沒其實，並附見以俟知者詳焉。

282. 趙孟暄《玉靈聚義序》（泰定乙丑，1325 年）

按：文載元代陸森《玉靈聚義》卷首〔註563〕，錄文如下：

粵自鴻濛判，鼇極分，輕爲天，重爲地。元氣交，龜書出，或來崑崙。自玄水騰湧，雲霧震動，河嶽風氣既開，人文攸朗。其龜之靈法事制地，其書之文輝星耀日，不知所以然而然者。《周官》不四鬼，大禹敍九疇，及《史記》詳其大義。前聖以洛龜之書，非大禹不能明之；河圖負卦，非羲皇不能畫之；卦合其象，非文王不能伸之；爻象之興，非周公不能著之。乃知龜書

〔註562〕 （宋）謝枋得《疊山集》，四部叢刊續編景明本。（按：《全宋文》第 355 冊第 59 頁有謝枋得 《與李養吾書》。）

〔註563〕 （元）陸森《玉靈聚義》，《四庫全書存目叢書》子部第 66 冊，齊魯書社 1995 年版，第 1～3 頁。

在《周易》前也。《洪範》凡言徵咎，必推五行爲之宗。自卿士至庶民，泛而大同，與天地之理通，神之歷應如影響。其書曰《玉靈聚義》，此陸氏家學之傳也。且茂林好文之士，靡不盡言於書，分爲五卷。口正蘭明，若江漢之口，秋陽之暴，皜皜乎，豈有異哉。宜秘之，昭示子孫於將來。眞所謂靈璧之玉，神光出色，與書增價者也。予細閱之，乃序篇首。泰定乙丑正月壬辰日，前翰林待制奉議大夫同知制誥兼修國史院編修趙孟暄謹序。

283. 無名氏《重修仵清池壁記》（後至元三年，1337 年）

按：見於明代樊深《嘉靖河間府志》卷一《地理志》，今據以錄文。另見於李梅賓、程鳳文修，吳廷華、汪沆纂《乾隆天津府志》卷三十四《藝文志》，據以校補〔註564〕：

至元丁亥（按：即前至元 24 年）春，董公（按：《乾隆志》有「珪」）來倅是郡，自下車履正奉公，興學養士。越明年夏，亢陽爲災，諮（按：諮，《乾隆志》作「詢」）故老以祈禱之所，杖者曰：「城之東南僅二十里，有廟曰五龍祠，有池曰仵清池，在昔守土者祀之，其（按：《乾隆志》有「於」）靈驗之跡紀在廟碑，不敢（按：敢，《乾隆志》作「必」）喋喋；即今廟貌仍在，儼然有昭顯聖后之像。獨龍池久廢，無復繼其前功，良可惜也。」公聞而喜之，明日詣（按：《乾隆志》有「於」）祠下，觀是池之舊址，喟然歎曰：「今日不葺（按：日不葺，《乾隆志》作「不修葺」），他日爲霖潦之潦（按：爲霖潦之潦，《乾隆志》作「求霖澤」），如顯應何？」於是募工度費，蠲日興工，願趨役者雲集，不日而復完，池泉沸（按：沸，《乾隆志》作「漲」）湧，不引流而深餘丈許，其後有白魚（按：《乾隆志》有「出」）遊，忽沉忽浮，須臾作龍形示現，或興雲而陞於天，或吐霧而潛於地，居民牧豎往往見之，果神靈如此其異也。公率諸僚屬以香楮之奠禱祝誠懇，雨即大澍（按：澍，《乾隆志》作「沛」），其應如響。是歲（按：《乾隆志》有「禾稼」）大稔，農民歡於野，商賈歌於市，一方咸受其賜。比者，公及瓜期，朝廷擢爲濟州牧，邦人時思慕之。（按：《乾隆志》有「一日」）郡之耆舊李君仲實暨任君器之介予曰：「先生吾鄉之名士，知池之廢興、龍之變化、神之感應，詳（按：詳，《乾隆志》有「說」）且悉也。願君爲文刻諸石（按：《乾隆志》作「願得文而刻諸堅石」），以壽其傳，使後人信之（按：《乾隆志》作「使後之人信不誣

〔註564〕來新夏、郭鳳岐主編《天津通志舊志點校卷》（上），南開大學出版社 1999
　　　　年版，第 491 頁。

矣」），如何（按：《乾隆志》無）？」余以鄉中善（按：善，《乾隆志》作「勝」）事，義不容辭，姑據實以爲之記（按：《乾隆志》作「忘其固陋，姑摭實以書之而爲記」）。至元三年三月日記。（按：《乾隆志》無）

284. 無名氏《道書援神契序》（大德九年，1305）

按：文載《道書援神契》卷首〔註565〕，錄文如下：

世之議老子教者，皆曰異端，其初本於儒，而末之流自異也。儒不可謂之教，天下常道也。堯、舜、禹、湯、文、武、周公、孔子，相繼而作，何教之云？周道衰，禮樂廢，而俗多詐，視孔子之道若與時異，因指爲教，其本諸此。老子與孔子同時，最號知禮，孔子常問以禮，老子以道莫行於亂世，潔己去國，務爲清虛。孔子憫道之不行，斯文將喪，歷聘諸國，其進退不同，衣服禮法未嘗異也。後世孔子徒之服隨國俗變，老子徒之服不與俗移。故今之道士服，類古之儒服也。至於修養性命，則本乎《易》；醮祭鬼神則本乎《周禮》「春官」、「宗伯」；符檄冠佩，又未嘗不本乎古之制也。因末流之弊，列於巫祝，作是書而大之，本其源流凡三十四條，名之曰《道書援神契》。大德九年序。

285. 無名氏《元許池龍神廟碑》（大德丙午，1306 年）

按：據《光緒嶧縣志》卷二十四《碑碣》錄文〔註566〕：

古鄫國之陰，十有二里，鄉曰鄫城，有許池龍神之廟在焉，其封號亦無所考。雖然，實曩時之名祠也。

夫龍爲陽類，與時相須，能潛能見，翕然變化，周遊六虛，威靈莫測。過旱即禱，禱而輒應，年屢豐稔，眷茲神功，豈此郡之所依？雖他邦之賴，成時代所禱之者不可勝數，豈非至神至聖者乎？

夫池，其泉有三，源流混混，不捨晝夜，散漫四郊，濯溉稻田無慮萬頃，居民受無窮之利。如是，則上不負於國家，下有潤於黎庶，長享血食之祀，不亦宜乎？

見殿宇年深，抄雨斜風，不無疏漏。邑人徐在欲爲改作。謀於有眾曰：「習陋安卑，君子所恥。許池龍神者，諸家乃祖乃父，子子孫孫感佩恩惠，茲已久矣。今摧毀若是，若不報其本而修葺之可乎？」於是同心協力，伐口谷之

〔註565〕《正統道藏》第 53 冊，藝文印書館 1977 年版，第 43146 頁。
〔註566〕（清）周鳳鳴修，王寶田纂《光緒嶧縣志》，光緒三十年刻本。

材，輦他山之石，庀徒蕆工，輪奐一新。並其塑像，凜然肅然，金碧燦然。落成之後，耆年三百，諮稟於本州州官，苟不以文紀其始末，蓋闕如也。今之事蹟大相吻合，刻石稱頌，有何不可？即日命予秉筆，用昭不朽。予初至嶧學，職分之所當爲，故不敢以辭。雖未嘗耳聞目見，如摭其所傳之實而略述之，仍作銘以侑神。其詞曰：

嶧城之陰曰許池，前人建立龍公祠。天興雷雨神主司，蔭祐合境無寒饑。嘉禾方旱望雲霓，沛然甘澤來知時。每加實惠於黔黎，烹羊宰牛誠所宜。能潛能見能騰飛，萬靈由是皆宗之。廟經歲久將欲隳，度神之居難□□。官民費□重扶持，丹青梁棟營參差。金碧塑像從新爲，珠宮睥睨同□□。神靈大抵人相依，眞誠无妄心不欺。酬恩報德鐫豐碑，千秋萬古令人思。元大德丙午年立。

286. 無名氏《雲峰胡先生家狀》

按：文載《文淵閣四庫全書補遺》第四冊《雲峰集·附錄》〔註 567〕，注「家乘」。錄文如下：

先生名炳文，字仲虎，號雲峰。行振二世，居徽州之婺源考川。始祖諱昌翼，出大唐，幼遭世變，寄姓於胡，因籍焉。以明經登進士第，義不仕。後有曰伸者，官國子司業，與同郡內翰汪藻齊名。元符太學所謂江南二寶是也。又有曰伋曰侃曰捐曰持者，皆兄弟，聊登進士，當時所謂磐水十年三進士，燕雲八世五登科是也。自是，有以學行推選屬爲鄉校正諱允濟者，爲先生曾祖；又有諱師夔者爲先生祖；諱斗元，字聲遠，師朱文公徙孫小翁，得《書》《說》《易》學之傳。肥遁翁於家道淑諸人，徙遊三百，卒諡孝善，爲先生父。故徽州之胡姓雖多聞，而獨考川之宗稱明經胡氏，自有來矣。先生生宋理宗宋淳祐十年庚戌三月十五日，自幼聰穎。至六歲即涉獵經史，十六七篇志聖學，晝夜不輟。父母恐其成疾，止之。每俟親寢，定潛以衣被蔽窗隙，默然誦達旦，日以爲常。嘗病世之學者名家專門於朱子取捨私塾《易》《詩》之說大相牴牾，故力正其非，合各家之注作《四書通》，凡辭異而理同者合而一之，辭同而旨異者析而辨之。往往發其未盡之蘊。又有《易本義通釋》、《感興詩通》、《太極圖說通》、《書通》、《西銘通》、《純正蒙求》、《大單指掌圖》、《四書辯疑》、《五經會意》、《爾雅韻語》、《雲峰筆記講義》二百篇，《文集》

〔註 567〕楊訥、李曉明編《文淵閣四庫全書補遺》第四冊，北京圖書館出版社 1997年版，第 344～351 頁。

二十卷，《朱子啓蒙》、《易五贊》皆有通釋，《詩》《書》嘗爲集釋《春秋》、《禮記》嘗爲纂述，至於陰陽星律醫卜之害，諸子百氏之文，靡不推究。性至孝友直剛，日用之同，動合規度，誨人諄諄不倦，與人交必以道義，不屈勢力，澆風薄俗，由之而敦。時有爭訟，所司積年不斷，雨自願曰：贊諸仲虎甫無悔，至於館下固不與見。一日遇諸途，先生以道義從容譬曉，兩俱感愧，立解所爭，至有終身悔悟無訟者，他又有得見仲虎甫，雖死無憾之言。先生嘗曰：謂斯時人不足用，爲善者是不即人心之訟也。時臨川吳草廬先生以道德文章著述鳴當世，自布衣以至顯宦與先生道同而志合。嘗薦先生於朝，義不就，做《隨齋記》以見其意。吳先生嘗稱「有功於聖門，莫若朱子；有功於朱子，莫若雲峰」。時遊吳門者，吳先生必拔其高弟遣歸先生，以求至當歸一之論。時，饒郡朱公遷、鄒季友、王葵初、董深山，同郡陳定宇、方盧谷、倪士毅，同邑汪紫陽、汪古逸、戴晉翁皆尊先生爲道德友，凡所論議必俟先生而後定。初任信州道一書院山長，再調蘭溪州學正，未赴。後，郡首屢聘至府庠，爲開堂試，以激勵後學。祁門汪克寬等俱與高選。至大間，族主簿澱、總管澄以四方來學益眾，請於朝，建明經書院，爲屋數百楹，澱捐田三頃以供祭膳，澄捐田五十畝，專開小學以教鄉閭子弟。草廬先生記其成，先生又慮學徒日廣，教有不敷，乃聘五經儒士朱宏齋輩以分其教，而先生爲之宗；又取古人嘉言懿行書於壁，使人知所自勵，門人江雷編次，名曰《書院壁記》。及門之士無慮數百，資有昏明，先生隨其高下而造就之。故人樂從而成材居多。當時文風之盛甲於東南，所居一室，蕭然抱道自樂。上溯伊洛以達洙泗之源。居之南，一峰高聳，有詩云：「臬頭蒼山遠，一峰上雲表」，故鄉人號曰」雲峰」，學者稱爲「雲峰先生」。元統元年癸酉，先生忽夜夢峰頭。且，先生曰：吾壽終矣。不二日，竟以微疾奄棄。時九月十三日也，享年八十有四。集賢院諡」文通先生」。葬里之弄璋橋後。卒之日，遠近如悲。親戚弟子不逮千里哭弔，墓庭又有徘徊悵望者、盧墓不忍去者。門人張存中、胡子玄、程益請於州，建祠書院奉祀。嗟夫！先生道德垂諸簡策，功業著於書院，教化播於逮通，僚約之威於堂竅者萬古如在；德容之仰於遺像者，凜有生氣。先生雖死猶不死也。拜瞻之餘，倍增景仰。敬述梗概於右，使後人得以觀感興起云。

287. 無名氏《廬陵橫溪因果院記》（後至元六年，1340 年）

按：文載高立人主編《廬陵古碑錄》〔註568〕，錄文如下：

　　長樂山因果院，在廬陵城西十里許。寺起於後唐。昔有僧，曰玄感禪師，來自浙江，頗有經行，見長樂山之勝，於是卓錫以建道場。非其德厚緣深，勤力躬行，安能成此？至於今四百有餘年矣。雖初起之時，殿堂、僚宇、佛像，莊嚴未極崇美，然燈燈相續，代不乏人哉！公皆仗名山求取禪林寶社，然觀山門，昭垂後代，是山發天地之藏，鍾江山之秀，念幽深法界清浮。

　　距東方可十里有朱姓，為望族。在昔，懷王以碩德峻功，燁然當世，其子孫繩繩相繼。山堂立，公及其後裔為落山。皇元至元己卯，甫受業焉，是為第十九代住持。橄惠池靈，克承祖蔭。種種創定，改換前規。緣弊治理，雷嚴者興。至大辛亥，始建僧堂廚庫。皇慶癸丑，備十八應真像。延祐丁巳，重理法堂寢堂。又二年己未，又佐以廊廡。至治辛酉，拮据庫廳、丈室及挹秀、樂山二亭。至順庚午，一新佛殿。元統甲戌，新法藏。後至元丙子，創普通塔於東山之上，為逝者棲神之所。戊寅，裝飾佛像，金碧輝煌。己卯，禪進之僧持繒，大災而至，延糧施捨，田常住飯僧安眾，皆上堂用意所致。然猶不能以給，遂傾圮。置田百畝。

　　然自建後，衣缽會創，置儋石傳衣，度徒為本。又綿遠計，修營創建累歲，不慮工浩力繁，思心良苦。非慮於精，洞悟明瞭，能如是乎！先是同衣有福公、海門海公東塈所為三僚，而止堂混融，一和協贊以於成。其所新佛殿，繪飾法藏，雖檀施及同流亦有功。而止堂山麓為多，（下缺）修堂完具，若上天變現，兜率莊嚴，其命交飛天龍呵護，實今日之盛事。如昔之因果（下缺）浮口以堂口施捨為寰上功德，彼佛道崇廬，法流諶寂。其說因說果，欲使人超乎三途而證實。自唐代入中國千有餘年，而晦影歸真，隱顯莫測。後之嗣其教者，要當識其旨，歸其所，利益於世甚大。今之□□□恩為親，本地所使。家圓永賴，福澤普滋。寺宇奠安，檀施均美。今生修種，即為來生果因。說「止當」根氣，不比□□究口幻貞行長契法緣，宜於此寺獨力中興而為領袖。

　　睹茲建立，功德甚深。其徒宗慶、巽謙、寶鑒皆不能忘。其共成沐勝，若不託之筆墨以傳不朽，則後之來者豈能知師之苦勤？如佛之在孤園，損己利人以成正覺也哉？於是，聞者歡喜，請書為記。

〔註568〕高立人主編《廬陵古碑錄》，江西人民出版社，2007 年版，第 57～58 頁。

止堂名本立，其以「止」號，亦在止於至善之意。儒、釋、道皆有此稱，非誑語哉。

後至元六年歲次庚辰二月吉日。

288. 彭道淵《先君彭公成之墓誌銘》（至元己卯，1339 年）

按：文載高立人主編《廬陵古碑錄》〔註 569〕，錄文如下：

先君姓彭氏，諱因，字成之。八世祖自金陵徙吉，今爲廬陵人。高祖諱合，故朝請大夫、尚書，戶部郎中，總領湖廣、江西西路財口，累贈特進。曾祖諱商老，故朝奉大夫、通判南安軍事。祖諱堯仁，故將仕郎。

先君幼失怙恃，與先伯遜齋怡怡同居，厥後□□。淳祐丙午，始築室與祖居對扁，一室曰「蒲窗」。夯石爲山，斗水爲池，植昌蒲數百根，取其清潔淡泊，有隱君子風。故雖學問之功深，而仕進之情薄也。

先君生平寡言笑，謹禮法。存心以恕，處家以儉。待親族以和，交友朋以信。里閭之間，病者藥之，死者棺之。歉歲雪寒，捐麻粟以賑之。遇人急難，必隨力以盡其情。晚歲尤嗜佛書，所至先塋，必架屋以奉佛，飯僧以掌香火，唯恐一毫有負前人之付託。識與不識，咸稱爲善人。常訓不肖孤曰：「吾老矣，汝等當勤儉持家，以詩書立門戶。謹身節用，循理畏法爲好人。」故延師接友，拳拳以教子孫爲第一事。邇年轉徙鄉居，險阻備嘗，而寄情觴泳，筆研不廢。丁丑秋，歸家山，方以三徑未荒爲喜，雖戶門多事，刻苦支持，而處之澹如也。

己卯二月晦，先君坐書室，忽忽風痰驟作，進藥旋效。翼日，親朋舉酒爲儔，飲啖如故。人子方以事親日長爲幸，夫何閱雨月餘，一夕端坐中堂，悠然而逝。嗚呼哀哉！先君棄諸孤而去，豈厭世塵而樂贍養之期邪？實不肖孤罪逆深重所致也。欲報之恩，昊天罔極，嗚呼！痛哉！

先君生於開禧丙寅三月三日，終於至元己卯五月六日，享年七十有四。初，取先妣曾氏，再取先妣曾氏，俱撙齋先生派，皆先逝。男道源、道溯、道溥，道源蚤世。女道順，適將仕郎朱傑，約山先生子。孫男：復亨、震亨、鼎享。孫女：同娘、滿娘。曾孫男：立孫。先

生有《蒲窗斐稿》四卷，《秘傳良方》一集行於世，《提要錄》二十卷藏於家。茲卜八月甲申，奉柩歸封於孺行鄉六十八都清湖之原。山水環擁，位

〔註 569〕高立人主編《廬陵古碑錄》，江西人民出版社，2007 年版，第 128～129 頁。

置次序，皆先君生前親所擇而指示之，一遵治命而已。事迫，未暇丐銘於富世大手筆。姑識歲月，納諸壙云。

孤哀子道淵泣血百拜謹書。

289. 曾祿孫《先君曾公郡事壙誌》

按：文載高立人主編《廬陵古碑錄》〔註570〕，錄文如下：

先君諱叔驥，字子德，世家廬陵之南溪。曾祖之羨，祖忠恕。父梓，號居安，濟人以恩，贈迪功郎致仕。妣趙氏，繼劉氏。子男三人，先君居幼，劉氏孺人所生。自幼穎悟，亢志不凡，嗜學不輟。癸酉歲，以登仕郎領廣東漕薦。自居安翁即世，二伯父相繼云亡，先君獨力支撐門戶，爭至能應，處置得宜，信義素嚴，人不忍犯。雖遇搶攘之際，儼若承平。喬木森森，依然如芥。邇季鄰寇蜂起，劫掠盛行，是鄉富其行衝。群寇出入，必相戒勿犯境，不煩捍護，而都民外戶不閉。鄉鄰有鬥，必審其是非，而喻以理，莫不釋忿而相遜。都內凡有官府公移、吏卒之來，先君深慮叫囂重為民撓，悉自迎遣。故民不識吏，雞犬得寧。鄉人舉手加額，更相稱賀，以是都為樂土，莫不感德思報。歲時平糶，一承先志，裁其價，三損其一。遇歉歲，必預儲蓄，以濟鄉民。里有孤遺者，給粟以養之；士有貧乏者，捐金以周之。與□□□，言而有信。故舊有難，不遠千里而赴。庚辰秋，鄉人患瘰痢，死者六七，先君惻然於懷，發念施藥。適遇明醫投以二方，修合普施，服者應手而愈。四方請者無虛日，至是歲以為常，所活甚眾。族有為強祟所凜，異怪並作，道法師巫俱莫能治。一日，其家人晝寢，夢祟相告曰：「善人來矣，焉所逃，不如引去」。夢覺未幾，而先君過其門，從此竟息。人以穩先君德重所致。

先君生平為人樂易，不爭邊幅，每為先達推重。如本心文先生□□，大傅劉先生汝礪，一見加敬。槐城王先生櫸、見心楊先生子城、□山王先生孟孫、須溪劉先生辰翁，□□雅厚。晚又見知於左丞相道山先生，剡差充左丞府詳議，後改差中害省郎事。方有大用之意，□□□已捐館矣。

先君雅意丘園，於居後闢小圃，扁名「南園」。築以臺榭，種以花竹，林巒聳翠，佳木繁蔭，以□□□之所。騷人墨客，款延不倦。座上常滿，日引壺觴，絃歌以為樂。至於家庭交際，孝友出於天性。兄□□□疾，先君不解帶而寢，露香刲股為餌。執親喪，啜粥而墨發葬，一依古禮。有女兄孀居，

〔註570〕高立人主編《廬陵古碑錄》，江西人民出版社，2007年版，第130～131頁。

迎歸侍養，臨□□□□，又有爲胥吏所撓，額外科敷，應接不暇，先君告於官，極力扶持，必使門戶清肅而後已。處兄弟□□□□□□□難，捐先疇以爲助無靳，邑人皆難之。治家教子，嚴整有法；眷愛諸侄，尤極其至。凡可□□□□□□□□，用情於鄉黨族屬和而有禮。朋友姻婭，親而不疏。以誠愨自守，最重然諾，自號「信齋」。□□□□□□□□□□□□呼祿孫等曰：「疾不可爲矣。汝當節儉以處己，和順以待人。平糶乃吾承先志，汝謹□□□□□。」□□正寢。嗚呼，痛哉！尙君言之哉！以先君善足以化強暴、振貧乏，德足以息妖怪，信足□□□□□□□止此，天邪？人邪？命邪？

先君生宋嘉定壬午八月初十日，沒於至元二十四年丁亥前二日，□□□□□□六十有六。妣趙氏，即祖妣趙氏孺人侄，先二年故。男二人：祿孫、湯孫。女一人，適淞江制幹之子□□。男孫二人：宗振、宗穎。孫女六人，長許適瀘溪蕭丞之孫，餘尙幼。

不肖孤以是年十二月十六日壬□□□□□於膏澤鄉大東塘祖塋之旁，丑艮山丁未向。宅兆鴻吉，承治命也。嗚呼！哀哉！窀穸有期，未能丐銘□□□□□□筆，姑述其平生凡概，而納諸壙。

祿孫泣血謹書。

290. 周天驥《故廬陵隱君敬齋彭公墓誌銘》

按：文載高立人主編《廬陵古碑錄》〔註571〕，錄文如下：

古今詩書忠厚之傳，其愈久愈不泯。雖人事或不可久，而以爲有天道相之者。吾觀於廬陵彭君介仲之先，有以知其必然也。方寶慶，彭君之禮、若父與君之伯兄聯翩上春官，東山楊先生恭，以詩有「百年共食，三世同科」之句，自是遠近言義方者，必推是家爲稱首。雖尙未獲取南宮第一者，君族當不丙辰見止。功名未足深論，於君平生，蓋自有感也。

君諱昭祖，鄉稱敬齋先生。自少穎悟，誦書明大義，遷以考訂是非得失爲務。壯年侍親遊官，公私利病悉究。故酬應精敏，識大體而勤小勿。自昔民間以差役任重，往往避不肯爲。君戊辰纔終醴陵府君喪，官以經界相屬，巧僞繁與，名實貿亂。君爬羅剔抉，具有僚理，貧弱免虜之。君實無所逃，其實不撓而集，同時材具，智者心昭焉，恭其犯而不校，曲而有成。雖古之能懲忿窒慾，小心畏義者，應更多愧此。世情嗜利逐便，何所不至，固有若

〔註571〕高立人主編《廬陵古碑錄》，江西人民出版社，2007年版，第131～133頁。

朝夕相笑語，相征逐而擠之又下石者，君豈不知其咺？而待之或誠。郡有幾面誠者，於君忌且嫉者，乃因以嫁禍。君豈不知其橫逆？而調娛曲盡，寧費吾財，不果求直；寧降吾志，否之傷心。其平日，君所遭似此者，又蚩少哉！不懲不尤，委順而已，惟以祖父辛勤植立凜焉、廢墜是懼。擇師取友，匪私其立，第已有之，能務學者，招徠業給，誠恐不學。用意宏闊，於本末先後，固自有見地。

君四十未有子，其後祀嗣更過之□□□崇嶺人也。不報其人，而報其人之天。積善之慶，本深者木必茂，於是猶信。平時恂之鄉黨，振貧己責，善事不可彈指，澤□□數家。樂輸獨賢盡瘁，人莫不以此懦君。隍鹿馬乘除相仍，勢兼豪奪者□□□□。至於喬木雪霜之餘，春意爛□□□□□父家，迄今每倚以集渠，又莫不以此敬君、羨君。君之子龍壽，為吾姪婿，故知君事若此。乃若其所為陽德不爽父母者，吾亦不能盡知也。君晚歲築室故居之陽，水竹瀟然可愛。勑斷家事，日與賓貴娛遊其間，時甘坐奉左右，無所不求。其步履艱苦，人間清福，亦何所復欠。

享年七十有三。生嘉定辛巳，卒至元癸巳仲夏。未易簀敷日，命諸子曰：「吾以是月六日逝矣，汝曹勉之，分貽祖考羞。」及期而去，大類避人修士、樂天知命者。祖忠孚，字子誠。父次可，字簡卿。皆以累舉奏名。子誠，官茶陵、高安；簡卿，官新喻、醴陵。俱有政聲。君初娶羅氏，繼罪氏。子男六：崇壽、雲壽、龍壽、申壽、祥壽、仁壽，申壽從老氏學。女四，俱出適。孫男：觀音、觀泰。孫女俱幼。

將以大德元年丁酉閏十二月辛酉，葬於其邑之化仁鄉永湖，戌乾山辰巽向。先葬之數月，崇壽等泣請銘。銘之，以勵薄俗之態，為善謂天道，為茫昧不可知者。銘曰：

陰功潛德，人或未知。種焉必熟，天不與欺。

光於府間，晚有多子。勿替引之，尚塋千祀。

291. 郭普奕《敬供先聖碑》

按：文載高立人主編《廬陵古碑錄》〔註572〕，錄文如下：

時大德十年丙午六月吉日，傅提通天大聖、曉了禪師、潮山四祖禪師、合部龍天雷公、岩婆婆太后一切聖眾，南無靈巖大士白衣菩薩、漁龍石紫衣

〔註572〕高立人主編《廬陵古碑錄》，江西人民出版社，2007 年版，第 225 頁。

禪師、得道仙眾，武山南北二岩陶皮仙聖、五方行雨龍王、雷霆主宰云。化緣弟子郭普奕題。

292. 胡志高《元故錄事胡君壙誌》

按：文載高立人主編《廬陵古碑錄》〔註573〕，錄文如下：

公諱瑞，字幼高，姓胡氏。其先，系開封之祥符，徙居新淦之象江。五世祖浩，富宋建炎初，以扈徒隆祐太后功，授武功大夫和州防禦使，生武經大夫、蘄州團練使邦休，是爲公之高大父，妣徐氏。曾大父森，宋武德大夫，妣陳氏。大父愈，妣董氏、陳氏。父鼎，妣陳氏。

公生宋咸淳己巳六月四日，至元中，授將士郎、肇慶路錄事，未仕而退休林壑，人稱高山先生云。娶熊氏，子男二：沂、回珠。女三：孟淑適鄧泰亨，先卒；仲淑適章士云；季淑適黎師衍。孫二：志高、崇高。初，公之長子生十二歲而夭，及仲子則亦三歲夭。志高，公長女之子也，公鞠育教誨，愛之甚於孫，及長，且命締昏於屏山曾氏。弟崇高，則公之長兄象山先生顏之孫也，咸俾爲沂後。至治辛酉嬰疾，止復革。明年七月一日終於正寢，享年五十有四。泰定丙寅九月丙午，奉樞安厝於同里百丈山陽涮竹岡之原，趾甲面庚。

嗚呼！公之碩德令行，亦既乞銘於前太史氏德機范君矣。予小子復奚足以寫之，姑紀歲月內諸幽。

承重孫志高泣血謹誌。

293. 黃辰龍《先君谿山居士壙記》

按：文載高立人主編《廬陵古碑錄》〔註574〕，錄文如下：

先君諱世明，字子文，代爲臨江新淦玉笥館市人。曾祖宗傑。祖父璋。父銃。俱隱德肥遯。妣胥氏。

先君以寶慶乙酉八月十三日生。早歲鷹門，備嘗艱阻，奮赤手整家務，於前人有光。與弟溪園友愛篤至，同產五十年無間言，叔處季，協力生財。中年殖產日廣，與萬石君等，而先君自視歉然。至元丁丑，星秋誣獄，先君直之，竟明白。庚辰，闢舊址之西新其居，扁燕居之所曰「谿山」，丞相、杭山章公書二字揭楣間。中堂冠昏賓筵，屢秩籩豆，有錢人咸豔之。生平篤意

〔註573〕高立人主編《廬陵古碑錄》，江西人民出版社，2007年版，第367頁。
〔註574〕高立人主編《廬陵古碑錄》，江西人民出版社，2007年版，第385～386頁。

義方，聘名師訓諸子，業皆有成。處族屬以禮，待鄉黨以和，姻戚故舊，皆有以得其歡心。興臺廐役，賴先君而溫裕者維多。先君娶楊氏，先九年歿。初未有嗣螟。何甥，名士蘸，早逝。晚有子三：長辰蘸；次志道，命為士龍後；次志學，溪園命為其子攀龍後。元貞丙申，溪園驟亡，先君失手足助，紫荊雙幹不可復合。大德癸卯以來，先君苦瘡疥。甲辰，遂命子若孫，各產其產。乙巳，年逾八袠，受賜帛恩。昏定晨省，晚節優游。而匕劑不能起血氣之哀，臥屙者敷年。丙午臘，孫志學夭折，哭之慟鬱。又雨月，病證日劇。丁未仲春，辰龍、志道以戶門役留州，亟令回侍，屬之家事，謂「中洞了生死」。至二十七日終於正寢，享年八十有三。以是年十二月二十三日，葬於善政鄉西坑之原，首丁趾癸。

男辰龍，娶同州宋。孫志道，娶同里何。女三：長懿恭，適同里廖文銓；次懿清，適同里習國華，期年卒；次懿眞，適同里何玉汝。曾孫瓊，闕為侄孫志學後，改名□□。女孫壽娘，曾女孫臘娘，俱幼。辰龍痛念先君以勤奮興家，以善聞州閭。將請銘當代燕許筆發揮幽潛。□封事嚴謹，攄其實納諸壙中，以誌萬古。孤哀子黃辰龍泣血謹識。

294. 謝文寶《李氏夫人壙記》（至正十年，1350年）

按：文載高立人主編《廬陵古碑錄》〔註575〕，錄文如下：

夫人，淦之登賢杞溪李氏女也。生於至元十二年乙亥歲，以至元二十一年甲申歲，歸於父配，家於里河之上。處性溫仁，克勤家道，和睦姻親。而於婦德尤閒，姆儀兼修，至於子孫昌熾，光於前烈，宜其享福永年。乃於至正九年冬，嬰疾床蓐。予侍湯□□瞑眩，至於至正十年庚寅臘月十六丁酉旭旦，終於正寢，享年七十有六。有男一人：文寶，娶莒洲楊。女三人：長適河步周；次納婿塘下劉，早世；三適周坊周。孫男二人：長必可，娶莒洲謝；次行可，娶塘下劉。孫女一人：適淦城龍。曾孫男二人：長九齡，次□保。女孫岩桂，夫友才。

茲停柩在堂，惟送死可以當大。諧吉卜地于欽風鄉二十四都桐坑先塋之傍，作丑山未向。涓以是歲臘月二十日己酉辰良，扶靈安厝，永為宅兆之所。銘曰：

〔註575〕高立人主編《廬陵古碑錄》，江西人民出版社，2007年版，第386～387頁。

古稱婦道，孟光之德。我母□□，巽□同則。胡然而仙，□焉□□。維彼桐坑，永泰吉宅。祐其後人，綿綿福澤。

天運庚寅至正十年□月□日，哀子謝文寶泣血謹書。

295. 樊士寬二篇

《方叔淵稿跋》

按：文載方瀾《方叔淵遺稿》卷末〔註576〕，錄文如下：

方叔淵先生諱瀾，莆陽人。居吳，年七十有七。今年夏六月廿三日謝世。先生自幼不娶，唯閉門讀書，訓徒以自給。平生吟詠賦述固多。然性不喜苟作。斯五言律凡若干首，亦何止於是，乃盡余所見者而已。其文章德行自有門弟子爲之作傳云。至元後己卯八月五日南陽耕夫樊士寬拜手謹書於介然堂。

296. 《續文房職方圖贊序》（元統二年，1334 年）

按：文載羅先登《續文房職方圖贊》卷首〔註577〕，錄文如下：

《毛穎傳》始於昌黎，前人謂以文滑稽者也。其後黃井、溫陶之傳不勝其繁。至宋季可山林君獨取文房所用十八人，各酬以官，圖像而贊，可謂愈出愈奇矣。倦閒秘書，又從而著名、字與號焉。僕近於友人王起善處獲觀棗本，茲復有見示石刻者，則其數又倍之。乃秋浦羅雪江追補可山之未收錄者，亦圖且贊而無名號，起善因仿傚焉，爲撰斯盡矣。僕以從遊之久，故書其梗概於後云。元統二年夏六月既望雪舟樊士寬書於介然堂。

按：《文房十八學士制》有樊士寬元統元年（1333）後序一首，與此文有關聯〔註578〕，錄於此：

余自幼讀祖父書，未嘗輟卷。雖殘編斷集亦不敢棄去。一日偶閱得墨刻數紙，有日毛中書、金法曹之類者在焉。初莫知爲何文也。去秋友人起善王君見示一編，簽日文房茶具圖贊，則知吾家所藏本即此是也。遂錄而完之。既成，繼又得羅氏十夫八仙者，考之次第，則取於茶具，悉好事者因玉川先生而出，故亦列職以爲是編，第欠其序引耳。所以失作者姓名，俟博聞者訂

〔註576〕（元）方瀾《方叔淵遺稿》，《叢書集成續編》第 108 冊，上海書店 1994 年版，第 776 頁。

〔註577〕（宋）羅先登《續文房職方圖贊》，《叢書集成新編》第 48 冊，新文豐出版公司 1985 年版，第 231 頁。

〔註578〕按：金程宇《靜嘉堂文庫所藏〈文章善戲〉及其價值》辨此序乃僞撰，載《稀見唐宋文獻參考》，中華書局 2009 年版，第 96～97 頁。

而益之，姑集爲一卷。編簽曰房闥群珍，不亦可乎？刻梓於介然堂，或可助文房談塵之萬乙，庶亦知文章家之善戲謔者也。元統改元歲暮日古雍後學樊士寬雪舟謹託名於卷末。

297. 史格《命修全真觀題記》

按：文載杜海軍輯校《桂林石刻總集輯校》〔註579〕，錄文如下：

皇帝聖旨：命廣南西道宣慰使司照驗：府東全真觀自破城之後，別無道士住持。爲此，使司勘當到元祖玉虛觀、報恩觀、沸水莊廢額田支撥於本觀，永充常住，擬令道士唐大淳安眾焚修。

298. 臧夢解《重鐫桂林府學釋奠圖記》（大德元年，1297年）

按：文載杜海軍輯校《桂林石刻總集輯校》〔註580〕，錄文如下：

桂文學魯君師道，蜀士也。一日，捧桂學釋、奠二固而前謂余曰：「曩爲金陵學官時，嘗爲平章呂公家客。歲在戊子，公以此圖見遺，某曰：『此靜江府學釋奠圖也，奚爲至我哉？』呂曰：『焉知異日先生不到靜江？』乃受而藏之。越七歲甲午，以秩滿，蒙江浙省諸保，遂調今缺。毋乃二圖之讖？有開必先邪？大德初元，始以一圖鋟梓，立於明倫堂之右，願記其事。」余即二圖而觀之，宋嘉定十年丁丑，廣西提刑吳公純臣石刻墨本也。自嘉定丁丑至至元丙子，凡六十年，而二圖燬。自至元丙子至大德丁酉，凡二十一年，而二圖復。豈數也？抑數不可逃而禮終不可泯也耶？禮存乎人心，寓乎器物，而禮之行，則實存乎人耳。《易·繫》曰：「苟非其人，道不虛行。」《中庸》曰：「禮儀三百，威儀三千，待其人而後行。」然則桂學二圖，有吳憲而聖人之教始明，有魯教而吳憲之功復著。信造物者待其人而後行也。嗚呼！吳之立此圖也，見於八十一年之前，而復於八十一年之後。魯之得此固也，藏於十年之前，而應於十年之後。非偶然之故矣。魯於是學課試諸生，恢復學田，修弊補壞，善於其職。而立圖一事，尤知立教之本者。故《書》之曰：「禮在魯。」

大德元年歲次丁酉八月白露節日，奉議大夫嶺南廣西道肅政廉訪副使臧夢解記。

〔註579〕杜海軍輯校《桂林石刻總集輯校》，中華書局2013年版，第376頁。
〔註580〕杜海軍輯校《桂林石刻總集輯校》，中華書局2013年版，第380～381頁。

299. 杜與可《靜江路修學造樂記》（皇慶元年，1312 年）

按：文載杜海軍輯校《桂林石刻總集輯校》〔註581〕，錄文如下：

皇慶聖人龍飛初元，走使誕告萬方、安南，海邦惟遐，與可在行畢事，將覆命闕下。緜邑江行，再次桂林。明日，郡庠博士鄒煥午聯學執事即驛館謁，且致辭曰：「廣右統路七、州九，於古爲侯邦。皇元統天兵，憲式大府，攸居邕、潯、柳、梧、慶遠、南丹、莫偷，維學熸於丙子兵，尋創，已簡淺不類。迄今元年壬子，歷十弍閏矣。況有丹膡，而新館、而教祀、而樂之有鐘鼓哉！番易弍軒余公璉以儒術持官，檢躬不懈，隨在得聲。臺臣騰章，命下弍憲一道。前年至大庚戌，公至，首謁學，頗瞻王宮，日淪圮隳，謂：『予職在勉勵，何敢不力？然事有不得，敷數度材計庸，請先因其岌岌莫支者，次第構葺，功敏而倍。』」率如言。迤邐就緒，復於禮殿前築堂，扁『明倫』，中正師席，朔望講說肄習，左右敞新齋室，俾諸生止有歸宿。庖湢式完，墻址載堅，差谷擬告公之勞於神。公嗛嗛言：「是予之責，蚩區區容心竊譽以自居？仰惟我元，累朝崇文育材，殆期於是乎？取人治人，青青子衿，庇此廣宇，亦□□□□藪而譁、群而嬉遊乎？若然學也，名立而實亡。校毀可也，士黜籍可也，國何資而克勤孔徒？」遂揮齒長士弍人，專職訓飭，徵士民子□□□人學，誦《詩》讀《書》，餘力學文，日廩月試，躬第其優劣，退益間行，薄賞以嘉善能。鼓舞淬勵，駸駸趨道，非復曩昔。咸公之休施，公一□□□先聖，海內通祀，式仲行禮，廁伶人於庭，命操枹聲，世俗□□□以降以迎，瀆抑甚矣。尸祭者溺習，恆安之，禮而不樂，歲不備登歌。八音內服，郡邑考古索制，蓋有作之，茲闕如，曷文而已。諸綴懷□度，特未有得夫業是藝之工。

會僉事王公蒙按部支郡還，知事書臺趙公膜由湖南憲幕改遷至，公以告。趙曰：「膜不敏，敢不翼公□□□！」請問具樂之貲奚從，公報以己祿倡，趙從而和，闔司翕若附助。帥府長也先不花、經歷岳璋、張克文，本路總管梁國棟，詣學自訟，祭典不舉，有司所宜爲，今怠曠失職，上以煩部使者，尙忍旁睨，厚自增忸怩邪？誠欲效尺寸，聽下風，用贖不逮之弍力並錢，定計得六□。書臺以歌樂重經校讎，稍希古，叶音節，今無逾長沙，爲故宣慰平遠先生趙淇嘗究心事其事，爲馳弍介，持直移文湖南憲司督之□茶茶集矣。弍閱月，樂果訖工。琴、瑟、鍾、鼓、柷、敔計六十弍

〔註581〕杜海軍輯校《桂林石刻總集輯校》，中華書局 2013 年版，第 383～385 頁。

事，延師授徒。甫月，學者盡得所師之學。貯樂不可無所，明倫東南陬更
闢前口之堂三間，榱桷棟楹，皆取給總管，公董役力居多。仲秋四日上丁
始獻奏用饗，式章成儀，荒封索居，實徹黌贖。天其或　者王人惠來，謹
敘弍軒廉使盛舉本末，及列諸大夫士口贊之名。再拜，煩下執事。文之堅
瑉，昭熇無窮。獲岡鄙謬，悠遂請學。斯幸矣。」僕鞍馬萬里之餘，耗眊
飄忽，神不保宅，其何能發揚弍軒先生之美？乃進而語之曰：「《記》不云
乎：『文武之政，佈在方策，其人存則其政舉，其人亡則其政息。』所謂其
人，豈弍蹄之辟哉？自宰相暨方伯連率有民人，社稷皆然。政則又有小大、
有源委，未必止刑法、賞蜀期、會簿書之謂。刑法賞罰，亦未必必於不用
也。小也，枝葉，委口溝瀆也。風教、禮樂，其大之岱宗，源之河海與。
風教明，禮樂張，風俗以美，天神人之氣以和亦安。歲豐、敉攘，流徙之
患息。用之而因有所不用也。用之而至有所不用，堯舜禹湯之聖，皐夔稷
契伊尹周公之賢，遠識其大與源故也。弍軒先生富學業道行，爲政皆舉，
而口之宜乎。識大者源者，而急先務。否則，弍以柱下、惠文，孰不其能？
小子無述矣。」煥午欣然願即此語記。僕曰：「諾。」書臺予友愛，多歷年
口同掾，行臺閥閱詩禮之裔，有文有節者也。斯役與有功：憲史程輔、謝
裕德等。余名書於碑陰。元年八月日記。

300. 酈露《釋奠位序儀式圖記》（延祐五年，1318 年）

按：文載杜海軍輯校《桂林石刻總集輯校》〔註582〕，錄文如下：

　　釋奠有圖，尚矣！桂林自秦漢沿唐歷宋，爲嶺南大藩，故學校之興，文
物之隆，有自來矣。延祐丙辰冬孟，今憲使嘉議公來司皋事，始至，即率先
風教，曰：「望天子興學，有詔進士有科，此太平用文之時也。眄茲學兵火以
來，廟設雖嚴而禮典不備，生徒雖列，而儀架未修。自非祇若宣明，其何以
昭聖上尊崇樂育之美？」遂申飭有司，凡禮文未肅，則稽古考圖，摹勒而肄
習之。士氣未厲，則崇師同道，懋勉而作新之。樓宇未構，則鳩工聚材，經
始而營度之。廩帑未富，則節費積贏，經理埋沒而規運之。於是爲祀事贍養
之餘，猶積統楮九千餘緡，率俸易書，得九經、全史、諸子千有餘卷，聚書
樓。材木株二百五十有奇。又明年三月，釋奠儀式器服圖成。教授昭武高道
孫請曰：「桂泮之興，斯文得不朽者，公之力也。合附石紀諸。」

〔註582〕杜海軍輯校《桂林石刻總集輯校》，中華書局 2013 年版，第 387～388 頁。

按二圖乃宋嘉定丁丑提刑番禺吳公緝勒，朱文公訂正本也。歷甲子一周，石燬於兵。又二十一年，郡博士蜀魯師道自金陵攜其圖來歸，以得石艱，請於憲副魯山臧公姑序正梓於學。又二十一年，木朽漫漶，而公復刻於石。今圖器服與儀一依舊式，配享十哲，從祀未附，則自郕沂二國公、陳公、濂洛諸子以下，各隨諡列焉。

於戲！《記》稱：「禮儀三百，待其人然後行。」其信乎！況是禮，上而天子朝廷郊祀，下而有司釋奠飲射，均此敬也，此誠也。飲射禮廢久矣，朝廷之禮，又非遠民得瞻，其可見者，學校釋奠禮耳。孔子曰：「安上治民，莫善於禮。」今公是舉也，廣海之民，來遊來觀，其孝悌之心，忠愛之念，豈無油然興起於其同者？將人材彬彬，輩出率土之民，皆樂而歸善。其於省刑薄罰，豈小補云乎哉？然則公之率先風教，可謂知大體矣！公名重福，世為西夏唐兀人，性朗烈，嗜書敬士，尤長於政事，故所至有能聲。子溥華，領江西省延祐四年進士第五名。舉《詩》曰：「無言不讎，無德不報。」故並書，以為來者勸云。

延祐五年三月吉日，將仕郎嶺南廣西道肅政廉訪司照磨盧陵鄺露撰。

301. 趙鼎新、周剛善等《劉仙岩題記》

按：文載杜海軍輯校《桂林石刻總集輯校》〔註583〕，錄文如下：

嶺表宜人，獨稱八桂。去城東南六里許，山崖巉秀，洞穴深窈。世相傳有到氏仙跡，白龍隱焉。泰定丙寅花朝，閩幕汴人趙鼎新白口、臨江周剛善□□、長沙王楚榮應景，偕掾屬清江彭萬里萬柱、茶陵譚君弼希說、陳徵叔元秀，簡書之暇，覽遊是間。

時春氣駘蕩，草木蔥蒨，日光水影，交映互發。仙跡有無，不必遠稽，山川騰概，亦足樂也。因刻石紀歲月。

從遊者幕史馬元孫、申有祿、秦福也。

302. 趙鼎新、周剛善等《劉仙岩題記》

按：文載杜海軍輯校《桂林石刻總集輯校》〔註584〕，錄文如下：

嶺表宜人，獨稱八桂。去城東南六里許，山崖巉秀，洞穴深窈。世相傳有到氏仙跡，白龍隱焉。泰定丙寅花朝，閩幕汴人趙鼎新白口、臨江周剛善

〔註583〕杜海軍輯校《桂林石刻總集輯校》，中華書局 2013 年版，第 389 頁。
〔註584〕杜海軍輯校《桂林石刻總集輯校》，中華書局 2013 年版，第 389 頁。

□□、長沙王楚榮應景，偕掾屬清江彭萬里萬柱、茶陵譚君弼希說、陳徵叔元秀，簡書之暇，覽遊是間。

時春氣駘蕩，草木蔥蒨，日光水影，交映互發。仙跡有無，不必遠稽，山川騰概，亦足樂也。因刻石紀歲月。

從遊者幕史馬元孫、申有祿、秦福也。

303. 無名氏《全真建造道院記》

按：文載杜海軍輯校《桂林石刻總集輯校》〔註585〕，錄文如下：

時泰定五年，歲次戊辰，六月甲子吉辰，開山師祖全眞績老同唐就陽、泰福靜、唐氏善素、唐隱陽發心起口（錄者注：中段被毀）。

西靈道院，全眞常住（錄者注：此字與上文可能不屬同碑）。

304. 都祿彌、釋海涯、劉宗說等《七星岩題記》（至順二年，131年）

按：文載杜海軍輯校《桂林石刻總集輯校》〔註586〕，錄文如下：

嶺南庚西道肅政廉訪使都祿彌釋海涯正齋，劉宗說傅之，偕幕賓經歷李執中允元、照磨楊瑛智夫郊行問俗，遊憩至此。

時至順二年辛未歲清明日也。從行憲史李珣、高約、秦重、張汝楫、王宗敏、俺篤刺欽、達實怙睦爾、許信、黃宏。

305. 無名氏《隱真岩建閣施捨題名碑》（壬申，1332年）

按：文載杜海軍輯校《桂林石刻總集輯校》〔註587〕，錄文如下：

竊謂桂林靈秀。東江現有七星岩谷隱眞福地，儼然一派峰攢碧玉，水帶青蘿，萬物墅新。施爲作家修緝，一連起蓋，豈無壁石高昂事出，點爲道傅仙境。肇自唐時開山，不知幾百年同，又於嘉熙元年，師長盛圓明住持，後傅師弟及僧道七員。於丙子劫，建殿堂不有，各行星散，只存秦吉興、廖善應二人。至丁丑年，開化到功德主樑總軫、十字街李大惠重新鼎建。殿堂不存。於己亥化到主緣莫氏、秦子旦眾信建立帝殿。於甲辰年開化到莫益娘、秦四妻、黃氏小、化首黃明遠，眾坊善信，各施齋寶鈔，眾自建造。玉皇口會口圓或開碑立石，山祝皇帝萬歲，道脈通流，逐代崇修者：

〔註585〕杜海軍輯校《桂林石刻總集輯校》，中華書局2013年版，第390頁。
〔註586〕杜海軍輯校《桂林石刻總集輯校》，中華書局2013年版，第391頁。
〔註587〕杜海軍輯校《桂林石刻總集輯校》，中華書局2013年版，第395～396頁。

　　主緣功德主美石城十字街秦子昌同妻蘇氏少三娘施鈔□□兩入眾建立帝殿，命工粧塑上帝一尊，金童玉女二位，合龍帳一所，洪鐘一口，休靈一坐；又施鈔□、米□、磚同建主賓閣。男秦福六施鈔半定，次男秦福三施鈔十五兩，孫秦進子施鈔十兩。周伯三施鈔兩定，造玉皇一尊。莫氏仲仲娘施紗□□□，莫明□□□五兩，木四僚。莫士□□□六十兩，米□五十斗。李大伯娘施鈔一兩，米一石。南關翟寄楚施鈔半定。城隍廟前楊百曾妻周氏三娘施鈔六兩伍。李小四施鈔伍兩。莫乃一施鈔伍兩。王季八施鈔伍兩。李氏四娘施鈔二兩。李氏妙靜施鈔九兩五。龍□教施鈔米□□兩。蔣仁甫施二十兩。龍九哥施鈔二十兩。莫百四施鈔二十二兩五。秦人放施鈔十兩。王乙施鈔□□兩。秦九三、黃伯娘各施鈔半兩。周貴才、黃十六各施鈔□兩。王山土、李孟、王萬七等各施鈔五兩。張有地施鈔十兩。劉小三施鈔十兩。余進甫施鈔五兩。楊千一施鈔五兩。李昌八施鈔五兩。莫有七施鈔二兩五。蔣百四施鈔五兩。莫老九施鈔十兩。蔣仁甫、熊義甫同妻梁氏施鈔各十兩。游南顏、朱德施鈔各二兩。李二施鈔二兩五。朱氏一娘施鈔五兩。莫己酉、文丁乙、朱桂、楊氏二娘、周師傅、秦五、冷四哥、李小六、秦明甫各施鈔五兩。龍千施鈔□□兩。劉萬玉施鈔三兩。李生一施鈔二兩。潘小生施鈔五兩。莫伯三施鈔五兩。莫李二施鈔五兩。莫氏小娘施鈔五兩。周文二施鈔二兩。毛氏十八娘施鈔五兩。秦興一施鈔三兩。雷氏一施鈔二兩五。周季三、樟小地、周有才、毛氏七娘、龍元三、龍福三、鄂大娘、莫四哥各施鈔三兩。

　　壬申年二月□□日桂□東重開工益□□□□。

306. 常玨《宣聖廟釋菜碑》

按：文載杜海軍輯校《桂林石刻總集輯校》〔註588〕，錄文如下：

　　元統甲戌十月朔，憲使常公釋菜宣聖廟，時湖廣行省都事宣聖五十四代孫思迪因贊鉞平蠻，興徒謁禮畢，咸躋堂。憲使進校官諸儒而告之曰：「我皇元張文治，襃孔道。上而聖父聖母暨元媲，下而顏、曾、思、孟暨二程，各頒制加封，輝前而光後。聖門荷茲寵榮，黌宮益刻金石以揚休命。」

　　於是校官諸儒退而鑱石，復稽首獻頌曰：

　　於皇聖道，如天蕩蕩。如日杲杲，疇焉啓聖。考妣積祐，禱尼協應。疇焉合德，並官有女。翁和琴瑟，疇焉繼統。顏曾思孟，闡道體用。寥寥千禩，

道運疇振。諮哉程氏，彝倫是植。化育是贊，聖功罔極。皇曰考妣，爵號之尊。素王是視，皇曰元妣。載錫褘衣，益裕厥世。皇曰四配，爰暨二程。崇封是賚，帝命孔侈。神心孔洽，穰穰降祉。泗水波躍，岱宗雲騰。蔥蔥彼洛，皇化日昌。人文日賁，億載無疆。

前教授臣民李口口頓首謹頌。

前學正臣趙、直學臣盧口口口口口口口，靜江路儒學教授臣梁口口、學正臣何大興，靜江路經歷臣趙口口、知事臣魏口口、照磨臣陳口口等，頓首立石。

靜江路德管府推官臣張、靜江路總管府推官臣呂、中議大夫同知靜江路總管府事臣高、朝散大夫靜江路總管兼管內勸農事臣口、正議大夫靜江路總管達魯花赤兼管內勸農事，頓首書。

通事……奏口臣黃。

書吏臣……王。

從仕郎嶺南廣西道肅政廉訪司照磨兼管勾承發架閣臣李、徵事郎嶺南廣西道肅政廉訪司知事臣李、徵事郎嶺南廣西道肅政廉訪司經歷臣郭、亞中大夫嶺南廣西道肅政廉訪司副使臣王、奉直大夫嶺南廣西道肅政廉訪副使臣口、通議大夫嶺南廣西道肅政廉訪使臣常、正議大夫嶺南廣西道肅政廉訪使臣……

307. 郭思誠《新開西湖之記》（丁丑，1337 年）

按：文載杜海軍輯校《桂林石刻總集輯校》〔註589〕，錄文如下：

湖之為言瀦，水之澤也。雖唐大之不同，其名則一也。天下郡有西湖，因束坡顯名者三：杭、潁、惠也。余備員海北，憲幕雷陽，近城有西湖一區，坡翁昔謫寓於此，亦嘗詠歌之。雷守番禺，陳大震因題詩云：「天下比來幾西子，水中曾見百東坡。」

西湖所在，皆勝概也。桂林郡城相去數里許，亦有西湖，水源自夾山鯰魚洞而出，環繞隱山潛洞，南隔陽江。唐宋名賢帥此邦者，建立亭閣洲嶼於湖山，皆有著跡於郡志。惟南軒先生張公改置放生池於此，非特遊賞之所也。

桂林為郡，山有餘而水不足，此湖綿亙數頃，天造地設，非人力穿鑿所就。寬可維舟，深可為淵，宣洩風土鬱蒸之氣，潤澤城廓。地接資慶蘭若，

〔註589〕杜海軍輯校《桂林石刻總集輯校》，中華書局 2013 年版，第 401～402 頁。

號爲五峰。龍脈所聚，爲一郡山川形勝，豈偶然哉？歸附後，曩歲憲宣二司養魚，利甚博，以助公用。繼有猾徒周其姓者，蒙蔽緣寅邑吏，請佃湖面爲由，累石塞源，於流杯池開渠泄水，於陽橋江芟荷蓮而長葑菲，築堰壩而圍田塍，掩爲己產，立券售於市戶曾、唐、李、王、禇五姓，歲收禾利肥家。湖之湮塞，使郡之地脈枯燥，官府失於檢察。後至元乙亥，余叨長憲幕。次年，因編集《桂林郡志》，歷覽近城山川岩洞，詢及此湖爲田，非舊志也。亟命帥掾攝縣事廬陵劉宗信踏勘覆實，塞其渠而疏其源，撤其磊而鋤其堰，追索私立契據，□□人嶺申府聞達帥閫。□□村下給禁治，以絕後弊。湖面乾涸，積有年矣。不數月，水痕如故。是夏，芙藻荇藻復生，遠邇人皆歡喜，亦繫乎數也。

丁丑季秋，淇川郭思誠謹誌。

308. 俺普《疊采山記》（至正丙午，1366 年）

按：文載杜海軍輯校《桂林石刻總集輯校》〔註590〕，錄文如下：

桂林山川清淑，城池壯麗。城西北因山爲城，中有風洞，佛相存焉。翠閣參差，綺霞照耀，千狀萬態，宛在圖畫。比因公暇，登臨周覽，嘯詠留憩，眞一晴之勝概也。

至正丙午正月乙巳日，嶺南廣西道肅政廉訪司經歷俺普、知事傅居信、照磨張祐謹誌。

309. 秦約〔註591〕五篇

《分韻詩序》（至正十二年，1352 年）

按：文載《玉山名勝集》卷上〔註592〕，錄文如下：

至正十二年季秋十有三日，予偕汝陽袁子明子英、河南陸仁良貴訪玉山於界水之上，握手道契濶已，即相與班席列坐，而蘭陵周履道適先予至。履道蓋嘗與予神交翰墨者也。翌日夜分，玉山張席於可詩齋。時故人於匡山、岳季翁咸在焉。言論該博，意氣款洽。酒既半，玉山作而言曰：「古人驅馳戎馬間，覽物興懷，未嘗不託之賦詠。每讀周公東征，宣王六月，江漢常武，

〔註590〕杜海軍輯校《桂林石刻總集輯校》，中華書局 2013 年版，第 416 頁。
〔註591〕按：徐兵、冀家政、沈茂華整理《秦約詩文集》（上海社會科學院出版社 2015 年版）輯錄其文 14 篇。
〔註592〕（元）顧瑛輯，楊鐮、葉愛欣整理《玉山名勝集》，中華書局 2008 年版，第 132 頁。（按：四庫本錄於卷 4。）

下迨兩漢六朝唐人諸詩，其有及於亂離者，竊有感焉。昔則見於詩，今則身踐之風景艱棘，山川險阻。諸君相會，良不易得可無賦詠，以紀興乎？」遂以《小雅‧鹿鳴》「我有嘉賓，鼓瑟吹笙」分韻。詩皆次第而成，予得我字，餘皆有屬玉。山且俾予序其首焉。淮海秦約文仲書。

310. 《與顧瑛書》

按：文載《玉山名勝集》卷下〔註593〕，錄文如下：

約頓首再拜上玉山徵君尊契文侍：一節病目，略不能奉回人之書於記室，極切馳情。近聞龍門山開士、水竹居主者咸集玉山草堂，想日有歌詠之樂也，不勝懸懸。良貴來，聞欲得趙文敏所篆淡香二字，區區得之外家久矣。但未有一亭一臺，以稱斯顏，遂欣然歸之玉山，益以驗是物之有所遭也。他日更當率吾儕賦之。未晚辰下，秋高萬惟，善自加愛，為斯文珍重，不具。八月十九日，秦約再拜。

311. 《來龜軒辭》

按：文載《玉山名勝集》卷下〔註594〕，錄文如下：

何為兮中墀，俠神氣兮聿來（來，四庫本作「□」）。被玄文兮五色，粲瑤光兮陸離。鸞廻兮鶴顧，睆夫君兮嫩且婍。天允錫兮爾禎宜，蕃昌兮胤祚。表茲軒兮佳名，厥德植兮兆其徵。蘄噓吸兮永久，介三壽兮作朋。

312. 《題崔氏友竹卷》

按：文載明趙琦美趙氏鐵網珊瑚卷10，錄文如下：

猗竹有操，君子所尚。歲寒挺然，與冰雪抗。鳳翥龍騫，霄漢之上。鮮飈度空，靈響振盪。玉節金奏，比德斯凷。維其友之，若丈人行。嗟彼蕭艾，何所依仗。軒居笑傲，與君同諒。載歌淇澳，於以自況。淮海秦約造。

313. 《崑山州修圍政績序》（至正壬辰，1352年）

按：文載《吳中水利全書》卷二十三，錄文如下：

《禹貢》揚州之域「厥土惟塗泥，厥田惟下下，厥賦下上，上錯」，考之簡冊，則今日吳郡東南之地具是也。然吳素號澤國，其稻糧樹藝之區，一或

〔註593〕（元）顧瑛輯，楊鐮、葉愛欣整理《玉山名勝集》，中華書局2008年版，第316～317頁。（按：四庫本錄於卷7。）

〔註594〕（元）顧瑛輯，楊鐮、葉愛欣整理《玉山名勝集》，中華書局2008年版，第351頁。（按：四庫本錄於卷5。）

隄防不固，潴泄不時，則歲之豐凶非但繫之天時，抑亦責之人事焉。故國家守令之選，必以農事繫銜，重邦本也。每歲東作將興之時，所在州縣必擇官一員，專職修圍，蓋慮水潦之災而預爲之備也。是以丁寧告戒，使其父子兄弟盡力畎畝，以驗天時，以服民事，豈古所謂田大夫勸農之官者歟？吳郡之屬州曰崑山，田多污下，賦實繁夥，嘗時修圍之官，往往不過奉行典故而已，豈知斯民根本之所在。今通守郜侯尤以軍食民命爲急，跋履川原，衝冒風雨，故其勸勉程督，民皆欣欣然。具畚鍤，荷蓑笠，父詔其子，兄告其弟，樂於趨事赴功，莫不以侯之心爲心。噫！以一人究心而其農事有成，若此則人存政舉，概可知矣。是以侯之爲政，較之常歲，修圍之外，其增墾露田若干畝，計賦若干石，回視食人之祿，玩歲而愒日者，大有間矣。侯才器宏博，歷練優爲，嘗參贊江浙行省平章政事王公幕府，籌策居多。今膺是職，不過小試其大用之才爾。樞庭藩省，不日可以昇華進秩矣。大夫士嘉其政績，咸爲歌詩美之，吾友玉山顧君仲瑛書來賓館，俾予序次其事。若其能守官箴，勵志操，此特士君子平昔所當爲者，茲不書。侯名蕭，字彥清，山東人。至正壬辰夏六月朔，淮海秦約序。

314. 徐顯《后載妻傳》

按：文載《吳郡文編》卷一百四十五〔註595〕，錄文如下：

　　后載妻某氏者，平江人也。始爲妾，侍后妻周氏，能卑順以承意。周氏卒，嗣爲正室，生一女一子。年未三十，姿色殊麗。后爲郡史，賴其內助。至正丙申春正月，后行役如東口。妻與子獨居二月。城陷，后與予爲鄰。某氏先屬其子女於他戚里，過予舍，將啓水關，欲入水。予令家人勸止之。某氏曰：曩吾夫居室時，每論婦人失節事，妾嘗笑之。今吾夫在遠而罹此大變，使幸而免，尚不能爲夫不幸爲所辱，雖欲免不可得矣。妾寧捐妾身，以全吾心，他日尚有以見吾夫於地下也。語未絕，外兵攻予門甚急。予前往視，比兵入，則某氏已赴水死矣。

　　論曰：夫婦以義合。義，天性也。世衰，夫婦之義薄，至有公相棄背者矣，況其夫之在遠而以身殉義者乎？是其發於其性者也。然某夫徒知其死，而不知其所以死。向使其生，必不能自明以免於怨憎。彼誠知所處，可不謂之賢矣乎？

〔註595〕　（清）顧沅《吳郡文編》第 4 冊，上海古籍出版社出版 2011 年版，第 512 頁。

315. 沈壽寧《清寧居士碑記》（延祐七年，1320年）

按：文載《吳郡文編》卷一百七十五，復見卷一百八十一〔註596〕，錄文如下：

䓫城東甫里鎮之南鄉曰吳宮地，曰張林。徐氏，古之望族也，枝葉豐茂，瓜趚綿延。清寧居士，徐族之偉人也，抱負不群，倜儻弘毅，明理識時，有四方之志。早年嘗遭羊腸，九折而馳馬，莫不器其才略，咸信任之。遇事不避難，見義勇為，屬風波而不驚。雖閱困乏，未嘗屑屑於名利，故其心泰然，了無榮辱。宗族推其尊，畏而愛之；鄉黨慕其德，親而敬之。安時而處順，子女婚嫁畢，自悟曰：嘗聞知足不辱，知止不殆。先賢所戒，我則行之。厭市井之囂，而高山林之興。於大德甲辰（有注：元成宗八年。當係顧沅所注）卜地於此山之陽，剪荊榛，除瓦礫，結屋數間，蕭然出塵，無利欲相。所居後創亭，以供普陀像，晨香夕燈，趺坐習定。又即山卜次，為身後計。旁構一齋，曰無礙。對葉二亭於前，東曰怡聞，西曰蒙泉。鑿池，屈曲之引流種樹，以為休息之所。公乃幅巾杖屨，童鶴相隨，徜徉林壑。佳時令節，必會親朋，治酒共談笑，悠哉遊哉，意自足也。公素崇三教，若名士、若高僧、若羽流，皆虛襟延納。雖老，以好善著聞，方外三十八代張真人聞而嘉之，錫以清寧處士之號。因以所居為庵，名曰清寧，本無相，子昂趙侯書扁。夫清寧之義大矣，即天地之妙用也，人之一身肖乎天地，而公之生平心清而體寧，由是晚年康強，四世團圞，乃公之德也。公嘗囑余紀其經始之由，鑱之貞瑉，將以永其傳。繼而公於延祐丁巳二月微疾告終，享年七十七。是月葬於山下之穴。噫！死生之事可謂備矣。公子嗣嫡子文禮字和甫，克紹其裘，遵父之隱操，棄謝世緣，繼居此山，遂廬其墓，酬先志。復狠余記，余曰：昔公創立基業，以此傳之後嗣，惟子子孫孫毋忘先公之志可也。於是乎書。時延祐七年歲在庚申中秋日。

按：《吳門補乘》卷五《人物補》據陳惟中《甫里志》補徐清寧，稱：「徐清寧，大德間隱居張林西山。子文禮，字和甫，父歿，廬墓。沈壽寧有碑記，相傳趙孟頫書，今斷碑置山上文昌廟壁。」〔註597〕沈壽寧之碑記，當即此文。

〔註596〕（清）顧沅輯《吳郡文編》第5冊，上海古籍出版社2011年版，第328、413頁。

〔註597〕（清）錢思元輯，（清）孫珮輯：朱琴點校《吳門補乘・蘇州織造局志》，上海古籍出版社2015年版，第205頁。

316. 劉中孚《雲陽集序》

按：文載陸心源《皕宋樓藏書志》卷一百○八〔註598〕，錄文如下：

　　予與希蘧李先生定交，爲莫逆舊矣。聞先生提舉江浙文臺，退居姑蘇，以母憂扶喪還鄉里。壬辰兵起，所在相煽爲亂，莫能禁止。先生與人言，必勉以忠義，不可亂；與諸將言，必勸以堅守，爲陳君臣大義，尊獎朝廷不可有異志。每聞他將不守、及觀望要功者，輒憤切食不下嚥，談論國家事，至流涕不自勝。雖無官守而憂國之心，造次不忘如此。先生平生長於詩文，雄傑偉嚴，自成一家，而皆本於道德仁義之實，詩有一飯不忘君之意。予嘗及見其承平時諸作，有雅正之音，有華藻之章，無歎沁之態，無鄙野之習眞，所謂「鏘然韶鈞鳴，蔚然虎鳳躍」者也。彼雌聲學語，與夫嘔心出之以爲巧者，豈能希其萬一哉。予又記昔者苦熱疾累日，忽得先生書及和予詩。予喜而讀之，讀未既，如啜玉川茶，啖玉井藕，不覺肌骨清而沉屙痊。因念老杜詩辟瘧鬼，孔璋檄愈頭風，信不誣矣。每欲與先生結詩社，更唱和以爲樂，而宦輒背馳，每不可得。老年歸鄉，一日先生之子位持吾州太守費侯書至，泣而言「吾父已棄我矣」。余聞而頓足流涕，曰：「平生知我惟先生，今不可復得。嗚呼！痛哉！然猶見先生之有令子，如見先生。先生爲不亡矣。」及讀費侯書，則知先生未歿時，永新總制俞侯懋齊以先生詩文將命工刻之，期以傳遠。先生既歿，而俞侯之意不變而愈，猶以先生平日詩文近千篇，遭世變無一存者。學者所抄錄，皆兵後數年來田里之作。又或掇拾於煨燼之餘，或得於眾人傳。至之語其間完文無幾，以爲大恨。余謂先生平日詩文，固知其美，然不可復見矣。觀今存者，雖喪亂之作，且殘蝕不完，然一語一句悉忠義所發，如老杜夔後、東坡海上，正人心、關世教，刻而傳之，使學者有所矜式，非小補也。夫得於殘斷掇拾之餘，尚能使人誦之，而興起況乎？遭際盛時，春容和平，大雅之音，其感發於人者，當何如也。惜哉！費侯複道先生之子之意，謂先生平日故人惟余在，俾爲序。嗟乎！予不識俞侯，然其尊賢下士之實，聞四方久矣。今又能使先生之詩之文獲傳於後世，則余雖不必識侯，而自可以使人遐想遠慕，不能自己也。然則先生之詩之文，於學者

〔註598〕　（清）陸心源《皕宋樓藏書志》，《續修四庫全書》第929冊，上海古籍出版社1996年版，第533～534頁。（按：文末題署「老友八十四翁廬陵中孚序」，未提姓氏。明代李東陽《雲陽集跋》中云：「次以舊序若干篇，惟劉中孚序隸字多闕，無從質」。可知其姓氏。參楊訥、李曉明編《文淵閣四庫全書補遺（集部）》（第4冊）《雲陽集》，北京圖書館出版社1997年版，第850頁。）

固非小補儜。非侯之力，則士何由而傳哉？予雖老耄，不能爲文，然於侯知所深敬矣。故爲序之，並著先生文章忠節大概，使後有所考云。老友八十四翁廬陵中孚序。

317. 無名氏〔註599〕《四聲等子序》

按：文載陸心源《皕宋樓藏書志》卷十七〔註600〕，錄文如下：

切詳夫方殊南北，聲皆本於喉舌；域異竺夏，談豈離於脣齒。由是切韻之作始乎陸氏，關鍵之設肇自智公。傳芳著述，以先知覺後知，以先覺覺後覺，致使玄關有異，妙旨不同。其指玄之論，以三十六字母，約三百八十四聲別爲二十圖，畫爲四類。審四聲開闔，以權其輕重；辨七音清濁，以明其虛實，極六律之變，分八轉之異。遞用則名和音（原文有注：徒紅切東字。下同），傍求則名類隔（補微切非字），同歸一母則爲雙聲（和會切會字），同出一類則爲疊韻（商量切商字），同韻而分兩切者謂之憑切（求人切神字，丞眞切脣字），同音而分兩韻者謂之憑韻（巨宜切其字，巨祁切祁字），無字則點窠以足之謂之寄聲韻，缺則引鄰韻以寓之謂之寄韻。按圖以索二百六韻之字，雖有音無字者猶且聲隨口出，而況有音有字者乎？遂得吳楚之輕清就聲而不濫，燕趙之重濁剋體而絕疑，而不失於大中至正之道，可謂盡善盡美矣。近以《龍龕手鑒》重校《類編》，於《大藏經》函帙之未復慮方音之不一，脣齒之不分。既類隔假借之不明，則歸母協聲，何由取準，遂以此附龍龕之後，令舉眸識體，無擬議之惑。下口知音，有確實之決，冀諸覽者審而察焉。

318. 無名氏《五行類事占序》

按：文載陸心源《皕宋樓藏書志》卷五十一〔註601〕，錄文如下：

天生箕子，不爲殷也，與周而演九疇；天生子房，不爲秦也，與漢爲受三略。二子獨不欲瑞於殷耶？獨不欲瑞於秦耶？蓋商澤息矣，《洪範》不得不

〔註599〕《四聲等子》，丁仁《八千卷樓書目》卷3、瞿鏞《鐵琴銅劍樓藏書目錄》卷7、陸心源《皕宋樓藏書志》卷17著錄此書，均稱「不著撰人名氏」。錢曾《讀書敏求記》謂「劉鑒所作之《切韻指南》，曾一經翻刻，特易其名。」錢大昕《元史藝文志》載「劉鑒《史正音切韻指南》一卷。一名《四聲等子》。字士明，陝西人。」《四庫全書總目》著錄《四聲等子》，《提要》稱「今以二書校之」，發現諸多不同之處，認爲「此書實非鑒作也」。

〔註600〕（清）陸心源《皕宋樓藏書志》，《續修四庫全書》第928冊，上海古籍出版社1996年版，第193頁。

〔註601〕（清）陸心源《皕宋樓藏書志》，《續修四庫全書》第928冊，上海古籍出版社1996年版，第557頁。

瑞於周；嬴政寒矣，黃石不得不瑞於漢。矧聖人首出，景命天開，乾轉坤旋，日燭月霽，烏知不如二子者爲瑞於今也。切見歷代赫興，占天彌謹，默與神契，灼骨代龜，繇此清臺，時爲要選。司天臺張正之重黎代職，輸藻世儒，六龍狩南，一星拱北，再入青錢，新選宴爲王國舊賓，凡一時感遇特達也如此。即著書一編，曰《五行類事占》。其言簡而嚴，其事精而核，不爲占天而已，是亦文字中俊偉者。昔所著《祛惑鈐》，大丞相賞音久矣。愚不敢僭議，今此書之出，亦異周瑞及漢者乎？

> 案：《祛惑鈐》，即《六壬祛惑鈐》。錢大昕《元史藝文志》五行類載「張居中《六壬祛惑鈐》。字正之」。大丞相，乃耶律楚材，撰有《司天判官張居中六壬祛惑鈐序》（《全元文》1／218）。錢曾《讀書敏求記》卷三五行類著錄「《五行類事占》七卷」，稱「宋司天臺張正之輯。其言簡，其事覈。正之嘗著《祛惑鈐》，為史丞相所賞，今不可得而見矣。」因張正之為宋人，而誤大丞相為史丞相。
>
> 　《皕宋樓藏書志》於此無名氏序後，附有案語，稱：「張之正，仕履無考，似是宋人而入元者。《讀書敏求記》著錄。」而耶律楚材《序》稱「予故人張正之，世掌義和之職·通經史百家之學·尤長於三式，與予參商且二十年矣。癸巳之春，既克汴梁，渠入覲於朝，形容變盡，惟語音存耳。乘間，因出書一編，曰《六壬祛惑鈐》」。黃虞稷《遼金元藝文志》據此斷定張正之乃金人。

319. 無名氏《顏子序》

按：文載元代李純仁輯《新編顏子》卷首〔註602〕。其後另有姚雲序（《全元文》失收，已輯）、吳澄序（14／334）。此文殘缺，錄文如下：

　　人言顏子貧尚有負郭田五十畝，簞瓢固以自樂。諸子皆有書，唯顏子以蚤世無傳。勤哉！純仁之用心也。經史子傳，萃而成書，如一家言。勤哉！純仁之用心也。純仁李姓，蓋飽學（下缺）

320. 無名氏《飲膳正要序》

按：文載陸心源《皕宋樓藏書志》卷五十四〔註603〕，錄文如下：

〔註602〕（元）李純仁《新編顏子》，《續修四庫全書》第932頁，上海古籍出版社1996年版，第2頁。

〔註603〕（清）陸心源《皕宋樓藏書志》，《續修四庫全書》第928冊，上海古籍出版社1996年版，第589～590頁。

天之所生，地之所養。天地合氣，人以稟天地氣生，並而爲三才。三才者，天地人。人而有生，所重乎者心也。心爲一身之主宰，萬事之根本，故身安則心能應萬變，主宰萬事，非保養何以能安其身。保養之法，莫若守中，守中則無過與不及之病。調順四時，節慎飲食，起居不妄，使以五味調和五臟。五臟和平則血氣資榮，精神健爽，心志安定，諸邪自不能入，寒暑不能襲，人乃怡安。夫上古聖人治未病，不治已病，故重食輕貨，蓋有所取也。故云：食不厭精，膾不厭細。魚餒肉敗者，色惡者，臭惡者，失飪不時者，皆不可食。然雖食飲，非聖人口腹之欲哉！蓋以養氣養體，不以有傷也。若食氣相惡則傷精，若食味不調則損形。形受五味以成體，是以聖人先用食禁以存性，後製藥以防命。蓋以藥性有大毒，有大毒者治病，十去其六：常毒治病，十去其七；小毒治病，十去其八；無毒治病，十去其九。然後穀肉果菜，十養一盡之，無使過之，是以傷其正。雖飲食百味，要其精粹，審其有補益助養之宜，新陳之異，溫涼寒熱之性，五味偏走之病。若滋味偏嗜，新陳不擇，製造失度，俱皆致疾。可者行之，不可者忌之。如妊娠婦不慎行，乳母不忌口，則予受患。若貪爽口而忘避忌，則疾病潛生，而中不悟。百年之身，而忘於一時之味，其可惜哉！孫思邈曰：謂其醫者，先曉病源，知其所犯，先以食療，不瘥，然後命藥，十去其九。故善兼養生者，謹先行之。攝生之法，豈不爲有裕矣。

小　結

　　劉達科先生指出：「總集和叢書匯輯多種文獻，按一定目的、原則、體例和規範編成。它們反映某一時代、某一文體、某一地區或某一流派的文學創作概貌、時尙和水平，爲讀者查找作品、使用文獻、進行研究提供方便。其史料價値歷來受到人們的重視。〔註1〕」正是基於其價値的考慮，斷代文章、詩歌總集的編纂方興未艾。在清代，即有《全唐詩》、《全唐文》、《全宋文》、《全上古三代秦漢三國六朝文》等詩文總集的編纂。近人在此基礎上又有新的補充。《全元文》、《全元詩》作爲元代的文章、詩歌總集，其編纂意義和價値不言而喩。

　　一方面，如劉先生所言，《全元文》、《全元詩》可以「爲讀者查找作品、使用文獻、進行研究提供方便」，以便更爲便捷的從事元代詩文研究。更爲重要的是，煌煌巨冊的《全元文》、《全元詩》的出版，有力的彰顯了元代文化的發達，對前人輕視、污蔑元代文化的態度和成見應該也有相當的回擊。

　　就《全元文》而言，囿於多方面的原因，以致該書的編纂依然存在不少問題，這是不容諱言的事實。針對該書的各方面問題，有針對性的進行補正，也是勢在必行的需要。對此，《全元文》的編者也在著手相關的準備。李修生先生在《元朝別集珍本叢刊‧序》中指出了下一步的設想，即是編寫《全元文補正》、或是出版《全元文》修訂本〔註2〕。這是一個浩大的過程，並非一蹴而就即可完成，尚需時日，以便不斷完善。

〔註 1〕 劉達科《遼金元詩文史料述要》，中華書局 2007 年版，第 11 頁。
〔註 2〕 （元）戴表元著，李軍、辛夢霞校點《戴表元集》，吉林文史出版社 2008 年版，第 2 頁。

　　職此之故，筆者選擇《全元文》作爲研究選題，就其中的問題進行了相關的補正，不無裨益。然而，面對《全元文》這部斷代總集，筆者也深感個人力量的渺小。這不僅有個人時間、精力、見聞的限制，同時其他的一些因素，諸如書籍的流通、獲取等也有很大的制約。因此，對於《全元文》的問題，筆者只是完成了其中一小部分內容的考訂，更多的問題只能付之闕如（例如《全元文》點校、卷次編排等），留待將來。

附錄一：《全元文》學界輯佚成果彙編

　　自《全元文》編纂之後，學界不斷有相關的輯佚成果〔註1〕。然而，相關的成果之間，偶有重複。今將相關篇目匯錄如此。

黃建榮《揭傒斯佚文兩篇及其考證》〔註2〕

1. 《董氏衣冠襲慶圖》又跋
2. 《無題》

汪桂海：《〈全元文〉「張仲壽」條補遺》〔註3〕

1. 《墨譜》後序
2. 《定武蘭亭》五字不損本跋之一

〔註1〕按：筆者曾發表相關論文數篇，因所輯佚文均載入本書，故不再羅列佚文篇目，僅附論文題目及刊物信息於此：《〈全元文〉失收汪澤民佚文八篇輯補》（《皖西學院學報》2015年第4期，第108～111頁）；《〈皕宋樓藏書志〉的輯佚價值——〈全元文〉佚文補目166篇》（《湖州師範學院學報》2016年第1期，第24～32頁）；《〈全元文〉失收鄭東佚文二十篇輯補》（《重慶第二師範學院學報》2016年第2期，第78～85頁）；《〈全元文〉補遺十一篇》（《興義民族師範學院學報》2016年第2期，第32～36頁）；《〈全元文〉補遺十篇》（《江蘇大學學報》2016年第3期，第31～35頁）；《〈全元文〉漏收盧熊佚文十八篇輯補》（《楚雄師範學院學報》2016年第7期，第29～36頁）；《〈全元文〉佚文輯補十六篇》（《重慶第二師範學院學報》2016年第6期，第86～91頁）；《汪仲魯詩文輯存——補〈全元文〉〈全元詩〉之闕》（《古籍研究》2016年第2卷，第214～227頁）；《四庫本〈牧庵集〉所收〈唐詩鼓吹注序〉辨誤，《中國典籍與文化》2016第4期，第50～54頁》；《〈愛日精廬藏書志〉的輯佚價值——〈全元文〉佚文補目50篇》，《常熟理工學院學報》2017第1期，第107～111頁；《〈全元文〉補遺十二篇——基於陳櫟〈定宇集〉的考察》（《宜賓學院學報》2017年第4期，第70～76頁）；《〈全元文〉鄭淵佚文輯補五十四篇》（《古典文獻學術論叢》第六輯，第52～87頁）

〔註2〕《江西師範大學學報》（哲學社會科學版），1999年第1期，第89～92頁。

〔註3〕《中國典籍與文化》，2007年第2期，第119～121頁。

　3.　《定武蘭亭》五字不損本跋之二

　4.　重興新安洞眞觀碑

　5.　《定武蘭亭》五字不損本跋之三

　6.　《臨〈定武蘭亭〉》跋

　7.　《定武蘭亭》五字不損本跋之四

　8.　《臨羲之〈別帖〉跋》

　9.　《定武蘭亭》五字不損本跋之五

　10.　題《開元宮志》

王樹林：《〈全元文〉中宋禧漏收文拾輯及生平著作考》〔註4〕

　1.　《求放心齋銘》

　2.　《心一齋記》

　3.　《雪篷齋記》

　4.　《劉仁本羽庭集序》

　5.　《上省都事書》

　6.　《靈密山明眞寺序》

　7.　《文章緒論》

　8.　《跋文章緒論後》

張立敏：《全元文》拾補10篇〔註5〕

　1.　口文龍《句容縣重修學記》

　2.　釋圓滿《僧覺春題名》

　3.　無名氏《捨田記碑下題名》

　4.　無名氏《祈澤治平寺捨田之記》

　5.　劉一夔、董經、劉天錫《孔子小影書後》

　6.　無名氏《常熟令孔文貞去思碑》

　7.　無名氏《解脫王氏捨田記》

　8.　無名氏《文明禪寺檀越巢氏捨修造田記》

　9.　何南卿《芮王廟記》

　10.　無名氏《三清閣石星門記》

〔註4〕　《南通大學學報》（社會科學版），2007年第5期，第78～82頁。
〔註5〕　《古籍整理研究學刊》，2007年第5期，第78～81頁。

王樹林：《〈全元文〉中程文漏收文拾輯及生平著作小考》〔註6〕

1. 《存齋記》
2. 《君子齋外記》
3. 《尚有齋記》
4. 《先志齋記》
5. 《容膝齋記》
6. 《雪夜舟齋記》
7. 《寶硯齋記》
8. 《西有堂記》
9. 《尚志齋銘》
10. 《進修齋箴》（爲舒城汪仲暹作）
11. 《祭外甥文》
12. 《貢泰甫東軒集序》
13. 《鄭彥昭行役小稿序》
14. 《蚊雷小稿自序》
15. 《跋金臺集後》
16. 《題虞邵庵酬答翼之答翰》
17. 《跋忠勇西夏侯穆爾古蘇公墓銘》

曹剛華《明代佛教方志及作者考——〈全元文〉補遺》〔註7〕

1. 楊維楨《清涼尊者傳》
2. 危素《獅子林記》
3. 太尉沈王璋疏請，趙子昂書《高麗眾檀越布施增置常住田土碑》
4. 《大功德主沈王請疏》
5. 吉剌實思《捨田看閱大藏經志》
6. 《長生天氣力裡》
7. 釋大圭《紫雲開士傳序》
8. 釋大圭《息見閣記》
9. 元竹屋淨法師《上天竺寺歷代住持題名碑序》
10. 釋元熙《鄧峰西庵塔銘》

〔註6〕 《中國典籍與文化》，2008年第1期，第57～63頁。
〔註7〕 《黑龍江民族叢刊》，2008年第6期，第100～105頁。

11. 元僧本暢《廣利莊記》

12. 元僧悟逸《樵隱塔銘》

牛貴琥、李潤民《全元文補遺二篇》〔註8〕

1. 李謙撰孫拱碑

2. 元明善撰孫謙碑

王豔《讀〈全元文〉輯補三篇》

1. 陳黃裳《戒子通錄序》

2. 崔棟《戒子通錄序》

3. 曾福昇《戒子通錄序》

陳磊：《〈全元文〉「俞希魯」序文補遺》

1. 《曾子子思子全書原序》

2. 《楊氏集古印譜序》

3. 《辯惑編原序》

李新宇《〈全元文〉「辭賦作品」闕誤考述》〔註9〕

艾雲中：《金馬門賦》

鮑恂：《龍馬圖賦》

陳高：《銅柱賦》

陳基：《悼鶴》（並序）、《弔岳武穆文》、《弔徐節孝先生文》、《歸鶴解》（並序）

陳奎：《天馬賦》

陳麟：《九章賦》

陳孟賓：《荊山璞賦》

陳時中：《碧瀾堂賦》

陳誼高：《雲夢賦》

陳元明：《江漢朝宗賦》

〔註8〕 《山西大學學報》（哲學社會科學版），2008年第1期，第55～59頁。

〔註9〕 李新宇《〈全元文〉「辭賦作品」闕誤考述》，載南京大學古典文獻研究所編《古典文獻研究》第9輯，鳳凰出版社2006年版，第105～112頁，另載李新宇《元代辭賦研究》，中國社會科學出版社2008年版，第27～33頁。（按：文章羅列的劉基、宋濂、蘇伯衡、徐一夔等均有別集傳世，一般做明人。）

陳中：《龍馬圖賦》

陳祖仁：《嘔谷賦》

程從龍：《櫻桃賦》

馮獎翁：《金馬門賦》

馮福可：《雲夢賦》

馮翼翁：《陽燧賦》

傅若金：《楚漁父渡伍胥辭劍陶歌》、《黃鵠歌爲劉母王氏作》、《寄題袁氏
　　　　具慶堂》、《松澗引》並敘、《歸來三曲送李建中》、《芳草辭爲杜
　　　　若洲作》、《芝草歌》

高啓：《鶴瓢賦》、《聞早蛩賦》

何城：《暘谷賦》

何槐孫：《太常賦》

胡炳文：《送鄒雲樵歌》

胡斗元：《彭蠡賦》

胡翰：《於勞於歌》

胡一中：《無逸圖賦》

黃沼：《白雲辭》

黃元實：《大弋山賦》

金綱：《禹門賦》

李庚：《暘谷賦》

李廉：《黃鍾賦》

李孝光：《箕山操和鐵崖先生首唱》

李哲：《蒲輪車賦》

林弼：《石泉操》、《望雲亭辭》、《風樹亭辭》、《梁溪辭》（有序）、《蓉峰
　　　宋先生些辭》

林溫：《浙江賦》、《天爵賦》

凌雲翰：《彤弓賦》

梁國：《憫麟操》、《東山操》

梁思立：《岱宗賦》

劉桂隱：《銅雀臺賦》

劉基：《述志賦》、《弔諸葛武侯賦》、《弔祖豫州賦》、《弔岳將軍賦》、《弔

臺布哈元帥賦》、《伐寄生賦》並序、《九歎》九首、《秋日慘淡》、《思
歸引》、《松筠軒歌》、《漁父歌》、《麥舟圖歌》、《山陰王景回友樵齋
辭》、《柳橋漁唱二首爲黃中立作》、《獲麟操》、《在陳操》、《白雲歌
爲良上人作》、《秋山圖歌》、《通天台賦》並序、《龍虎臺賦》、《懷
龍門辭》

劉將孫：《寒岩詞》

劉敏中：《思蘭辭》二首

劉聞：《繭館賦》

劉於：《彭蠡賦》

羅謙：《蒲輪車賦》

馬祖常：《國陽》、《發淮浦》、《天碧辭》、《閩中山水》、《九成宮圖》、《華
清宮圖》、《我思操》

歐陽朝：《玉燭賦》

邵公任：《嚦谷賦》

邵憲祖：《明堂賦》

沈貞：《樂神曲》中的《城隍》、《風伯》、《雨師》、《社公》、《太湖神》、《境
上神》、《五聖》、《野鬼》、《兵傷》、《鄉厲》、《青苗神》、《迎神》、《送
神》

宋濂：《思攲人辭》、《青山辭》、《雲中辭》、《碧嵯亭辭》、《著存軒辭》（並
序）、《孤憤辭》、《東湖先生方君招魂辭》、《奉旨撰蟠桃核賦》、《崆
峒雪樵賦》、《雲中辭》

蘇伯衡：《鉤勒竹賦》、《雲林辭》（並序）

陶安：《大成樂賦》、《大成殿賦》、《孔廟賦》並序、《柏山賦》、《天爵賦》

王逢：《孔子琴操》四首、《顏子琴操》、《吳季子琴操》、《衛女琴操》、《席
帽山辭》、《懷燕操》、《西日操》、《望鄉操》、《精衛辭》、《涵泳齋辭》
（有引）、《題俞氏錦野亭詩意圖》（有序）、《題徐孺子小像》、《懷
賢》、《懷德》、《秦孝友先生迎享送神辭》有引（《梧溪集》卷二）、
《小山招隱辭》（有引）、《繆孝子》（有引）、《葵蘭贈孫孝子彬》（有
引）、《雲山萬重辭》（有引）、《白雲一塢辭》（有引）、《山舟辭》（有
引）、《漪南草堂辭》（有引）、《秋風露琴辭》（有引）、《沉宅辭》、《笋
無頭》（有引）、《書儉德堂左斷石》、《最閒園東復辟荒地以荣麥名

曰青圃作青園辭》、《我田》、《擷於晡》、《炎風》、《登鍾賈山淨行寺靜初上人樓雲樓爲題辭》、《題楊士中別業》、《味易杯》（有序）、《貪山歌聞門生薛復田盧其下懷歸感昔賦以寄之》、《林泉民歌贈無錫張相夢辰樞明經修行累辟病辭》、《題戴崧先府君良才諱善行號蒼山處士小像》（有序）、《懷歸》、《哀尹伯奇一首寄楊鐵崖》（有序）、《知愧吟》、《後最閒園辭》、《澄懷三迭》（有序）、《懷哲操》（有序）、《題複姓卷》（有引）、《懷先民賦》（有序）、《林屋餘清洞賦》有序、《言歸吟》、《六歌》（有序）、《隱憂六章》、《古懷》、《採芝辭》（有後序）、《瓢湖月夜舟中短歌》

王禮：《反招魂》、《紉蘭軒辭》、《雲屋辭》（有引）

王廷揚：《登瀛洲賦》

王秫：《九誦》（並序）

王允耘：《金馬門賦》

王元裕：《彤弓賦》

文桂發：《石渠閣賦》

危素：《鳳之飛爲北庭安嚕丁縣丞母撰》騷體一首

魏初：《三秋霽賦》（並序）

吳澄：《約離騷》

吳浩：《石渠閣賦》

吳師道：《至治四御史詩成憲甫廉使徵賦》

蕭應麟：《雲臺賦》

謝思順：《學生謝思順賦》

熊太古：《金馬門賦》

徐恢：《九章賦》

徐一夔：《夢鶴辭》、《望雲辭》

楊維楨：《方竹賦》、《盤所歌》並敘、《履霜操》並引、《箕山操》、《湘靈操》（並引）、《野雉詞》、《唐姬飲酒歌》（並引）、《芝秀軒詞》、《醴泉辭》、《泳水辭》、《梟蘆辭》、《龍虎辭》、《狗馬辭》、《義鴿三章》（並序）、《警雕》三章、《唐姬飲酒歌》、《祀蠶姑火龍詞》（並序論）、《前旌操》、《殘形操》

佚名：《燕山八景賦》四首

佚名：《龍虎山賦》

應才：《清廟瑟賦》

虞執中：《暘谷賦》

袁裒：《求志賦》（有序）

張師曾：《清廟瑟賦》

張天與：《玉燭賦》

張養浩：《哀流民操》

張雨：《潭上行吟觀潭中樹影》、《題黃子久畫》

趙麟：《玉山草堂賦》、《禹門賦》

周伯琦：《石鼓賦》

周權：《覽勝賦》（並序）、《弔梁洪賦》、《植菊賦》（並序）、《憫松賦》（並序）

周尚之：《凌煙閣賦》

朱德潤：《臨東賦》

朱升：《賀平浙江賦》、《賀制大成樂賦》、《前東園賦》、《後東園賦》、《南山道院賦》、《東岩賦》

朱晞顏：《用中賦》（並序）、《龍溪賦》

朱元薦：《憶庾嶺梅花賦》

莊文昭：《蒲輪車賦》

劉洪強《〈全元文〉補目 160 篇》〔註10〕

1. 周晚伯《湛淵靜語序》

2. 俞希音《辨惑編序》

3. 洪焱祖《爾雅翼序識》《爾雅翼跋》

4. 揭法《難經本義序》

5. 張蟲《難經本義序》《跋仇近仁山村圖卷》

6. 葉英《題丹溪重修脈經》

7. 王好古《祭神應王文》《陰症略例後序》《陰症略例後序》

8. 硯堅《衛生寶鑒序》

9. 羅天益《衛生寶鑒自啓》

〔註10〕 《古籍整理研究學刊》2009 年第 3 期，第 49～59 頁。

10. 和元昇《河防通議後序》

11. 晉衍《周秦刻石釋音》《晉文春秋跋》

12. 夏溥《學古篇序》

13. 李齊《衍極序》

14. 劉有定《衍極敘》

15. 江應孚《衍極後敘》

16. 陳旅《給鄭構書》《此山堂題詠》

17. 孟惟誠《給鄭構書》

18. 柯謙《集賢大學士息齋李公竹譜序》

19. 牟應龍《竹譜詳錄序》

20. 張幽《古今畫鑒小引》

21. 夏文彥《圖繪寶鑒序》

22. 周伯琦《圭塘欸乃集序》

23. 許有壬《圭塘欸乃集引》、《圭塘雜詠序》

24. 段天裕《圭塘欸乃集跋》

25. 周溥《圭塘欸乃集跋》

26. 哈剌臺《圭塘欸乃集跋》

27. 丁文昇《圭塘欸乃集跋》、《圭塘欸乃集跋》

28. 黃尋《圭塘欸乃集跋》

29. 趙恆《圭塘欸乃集跋》

30. 張守正《圭塘欸乃集跋》

31. 王翰《圭塘欸乃集跋》

32. 陸煥然《圭塘欸乃集跋》

33. 王國寶《圭塘欸乃集跋》

34. 房棋《河汾諸老詩集後序》

35. 王諱《九靈山房遺稿原序》

36. 桂彥良《九靈山房遺稿原序》

37. 王可宗《祭青村先生文》

38. 陸文圭《靜春堂詩集序》

39. 郭麟孫《靜春堂詩集序》

40. 鮮于樞《靜春堂詩集遺翰跋》

41. 龔璛《靜春堂詩集遺翰跋》

42. 陳子方《靜春堂詩集遺翰跋》

43. 姚安道《靜春堂詩集遺翰跋》

44. 顧瑛《玉山璞稿跋》

45. 汪澤民《梧溪集序》

46. 至仁《丁鶴年集跋》

47. 陸輔之《詞呂序》

48. 楊璃《山居新話後序》

49. 常陽《女工餘志小引》

50. 龍輔《女工餘志卷上識語》、《女工餘志卷下識語》

51. 郭畀《客杭日記》

52. 羅大己《灤京雜詠》

53. 陳祖仁《戰國策校注序》

54. 馬良佐《續後漢書後序》

55. 周明《平宋錄序》

56. 邵景、劉之美《孟子墓碑後記》、《孟母墓碑後記》

57. 古景亮《尚敏致祭孟子祠記》

58. 高克明《王鵬南和尚拜渴孟廟記》

59. 王思誠《子思書院學田記》

60. 陳繹曾《致嚴堂記》

61. 鄭質《鄒國亞聖公廟興造記》、《思本堂記》、《斷機堂鄒國宣獻夫人新像記》

62. 李洞《重建孟母斷機堂記》

63. 李之彥《達實帖睦爾請孟思言代祀亞聖公記》

64. 楊惠《太師右丞相過鄒祀孟子之碑》

65. 趙守寬《忽篤祿抵渴鄒國亞聖公廟記》

66. 張珝《柏妙寺碑文》

67. 公孫輔《朝陽寺記》

68. 昝子和《昭格行祠記》

69. 翟思忠《詩傳旁通序》

70. 宇文公涼《說文字原序》

71. 吳當《說文字原後敘》

72. 金綱《楊員外郎傳》

73. 林清源《蕭景茂傳》、《烈婦蔡三玉傳》

74. 孫作《謝氏北墅八詠序》、《遊鍾山記》、《南村輟耕錄敘》

75. 鄭元祐《紀遊》

76. 牟巘《白雲集前序》

77. 趙孟若《白雲集題辭》

78. 洪喬祖《牧潛集跋》、《高峰原妙禪師行狀》、《高峰原妙禪師禪要序》

79. 俞希魯《跋仇山村贈盛元仁手書詩卷》

80. 蘇霖《山村遺集跋》

81. 樊士寬《方叔淵遺稿後序》

82. 王東《方叔淵遺稿後序》

83. 袁桷《此山先生集序》

84. 歐陽玄《此山堂題詠》、《中原音韻後序》

85. 范椁《貞一稿序》

86. 歐陽應丙《朱煉師文集序》

87. 吳全節《貞一稿序》

88. 李敏《一山文集序》

89. 鄭允端《肅瀾集題辭》

90. 杜寅《肅瀾集後序》

91. 朱穎遠《高峰原妙禪師禪要序》

92. 釋正澄《月明和尚語錄序》

93. 清茂《月江和尚語錄跋》、《海印昭如禪師語錄跋》、《天目明本禪師雜錄》跋 2 篇、《重拈雪竇舉古一百則跋》

94. 紹義《月江和尚語錄跋》

95. 徑海《月江和尚語錄跋》

96. 靈石如芝《月江和尚語錄序跋》

97. 夢真《月磵和尚語錄序》

98. 佛心老叔《月磵和尚語錄跋》

99. 陳展《雲外和尚語錄序》

100. 李惆《海印和尚塔銘》

101. 曾德裕《海印和尚塔銘》

102. 希陵《海印昭如禪師語錄跋》、《天目明本禪師雜錄跋》

103. 祖順《元故天目山佛慈圓照廣慧禪師中峰和尚行錄》

104. 宋本《有元普應國師道行碑》

105. 馮子振《天目明本禪師雜錄跋》、《古林和尚語錄序》

106. 妙道《元雯端禪師語錄後跋》

107. 劉儀《岱嶽廟創建香臺記》

108. 劉士昭《創修露臺記》

109. 元凱《重修會應土廟記》

110. 楊元禮《□□感應碑記》

111. 譙正《牛王廟元甾碑記》

112. 虞集《中原音韻序》

113. 周德清《中原間韻序》、《中原間韻後序》

114. 羅宗信《中原音韻序》

115. 陶宗儀《西廂記跋》

116. 朱武《青樓集跋》

117. 張擇《青樓集敘》

118. 夏庭芝《青樓集志》

119. 夏邦彥《青樓集跋》

120. 邵元長《青樓集後序》

121. 陸友《續齊諧記跋》

122. 沈天祐《夷堅志序》

123. 宋元《續夷堅志跋》

124. 皆窳叟《續夷堅志跋》

125. 石岩《續夷堅志跋》

126. 孫道明《續夷堅志跋》

127. 周達觀《誠齋雜記敘》

128. 王漸《穆天子傳序》

129. 錢孚《鬼董狐跋》

130. 韗然子《扮掌錄自序》

131. 孫道易《扮掌錄跋》、《晉文春秋跋》

132. 李銳《徐公孝思之記》

133. 梅宗說《張弘綱墓誌》

134. 佚名《古佛造像刻石文》

135. 佚名《介陽龍池山定林禪寺後古剎修飛輪寶藏之記》

136. 佚名《復興寶珠山東嶽行祠記》

137. 佚名《重修顯聖土廟記》

138. 佚名《施緣功》

金程宇《靜嘉堂文庫所藏〈文章善戲〉及其價值》〔註11〕

1. 宋無《文房十八學士制》十八篇

2. 無名氏《擬進芹表》、《擬進百子圖表》、《竹夫人降充青奴制》、《擬竹封渭川侯制》、《玉局將軍破氏王露布》、《韓奕傳》

劉洪強：《〈全元文〉補目 300 篇》〔註12〕（據《叢書集成新編》與《禪宗全書》）

1. 周晾伯《湛淵靜語序》

2. 俞希音《辨惑編序》

3. 洪焱祖《爾雅翼序識》、《爾稚翼跋》

4. 揭汯《難經本義序》

5. 張翥《難經本義序》

6. 葉英《題丹溪重修脈經》

7. 王好古《祭神應王文》、《陰症略例後序》

8. 硯堅《衛生寶鑒序》

9. 羅天益《衛生寶鑒自啟》

10. 和元異《河防通議後序》

11. 吾衍《周秦刻石釋音》

12. 夏溥《學古篇序》

13. 李齊《衍極序》

14. 劉有定《衍極敘》

〔註11〕 金程宇《稀見唐宋文獻叢考》，中華書局 2008 年版，第 101 頁。

〔註12〕 朱萬曙主編《古籍研究》（2008 卷下），安徽大學出版社 2009 年版，第 152～160 頁。

15. 江應孚《衍極後敘》

16. 陳旅《給鄭杓書》

17. 孟惟誠《給鄭杓書》

18. 柯謙《集賢大學息齋李公竹譜序》

19. 牟應龍《竹譜詳錄序》

20. 張雨《古今畫鑒小引》

21. 夏文彥《圖繪寶鑒序》

22. 周伯琦《圭塘欸乃集序》

23. 許有壬《圭塘欸乃集引》、《圭塘雜詠序》

24. 段天祐《圭塘欸乃集跋》

25. 周溥《圭塘欸乃集跋》

26. 哈剌臺《圭塘欸乃集跋》。

27. 丁文昇《圭塘欸乃集跋》

28. 黃㝷《圭塘欸乃集跋》

29. 趙恆《圭塘欸乃集跋》

30. 張守正《圭塘欸乃集跋》

31. 王翰《圭塘欸乃集跋》

32. 陸煥然《圭塘欸乃集跋》

33. 王國寶《圭塘欸乃集跋》

34. 房棋《河汾諸老詩集後序》

35. 王偉《九靈山房遺稿原序》

36. 桂彥良《九靈山房遺稿原序》

37. 王可宗《祭青村先生文》

38. 陸文圭《靜春堂詩集序》

39. 郭麟孫《靜春堂詩集序》

40. 鮮于樞《靜春堂詩集遺翰跋》

41. 龔璘《靜春詩集遺翰跋》

42. 陳子方《靜春堂詩集遺翰跋》

43. 姚安道《靜春堂詩集遺翰跋》

44. 顧瑛《玉山璞稿跋》

45. 汪澤民《梧溪集序》

46. 至仁《丁鶴年集跋》

47. 陸輔之《詞旨序》

48. 楊踽《山居新話後序》

49. 常陽《女工餘志小引》

50. 龍輔《女工餘志卷上識語》、《女工餘志卷下識語》

51. 郭畀《客杭日記》

52. 羅大己《灤京雜詠》

53. 陳祖仁《戰國策校注序》

54. 馮良佐《續後漢書後序》

55. 周明《平宋錄序》

56. 月江和尚

（1）碧雲禪寺錄（2）澱山禪寺錄（3）南禪興國禪寺錄（4）鍛山禪寺再住錄（5）道場禪寺錄（6）阿育王山廣利禪寺錄（7）明教大師墨蹟（8）大慧禪師衡陽示密首座貼（9）曾德符榮送佛照住徑山序（10）眞歇和尚墨蹟（11）峰塗毒墨蹟（12）癡絕和尚赴法華請示專使長褐（13）又完陰墨蹟（14）應庵和尚與鳥巨書（15）山谷贊枯禪師墨蹟（16）放翁法華顯應錄序

57. 月酬和尚

（1）住信州鵝湖仁壽禪寺語錄（2）饒州天寧禪寺語錄（3）饒州薦福禪寺語錄（4）再住薦福禪寺語錄（5）跋無境法語（6）跋宏智語（7）跋修背吳道子地獄圖（8）寶嚴寶長老請贊（9）題丹青燒木佛圖（10）跋宋諸老墨蹟（11）題析古智語（12）跋程唯叔風稿（13）題龍岩盧山行卷（14）題華嚴經後（15）題破庵和尚帖後（16）題楞嚴十二類後（17）題敬首座圓通褐（18）題無準和尚三自省（19）爲東山跋圓覺經（20）跋石田書（21）跋北碼書（22）跋癡翁書（23）跋西岩和尚墨帖（24）跋東山崇長老語錄（25）題無準和尚住焦山時法語（26）跋無準和尚與清涼長老法衣墨蹟（27）跋玉田頌

58. 雲外雲帕

（1）住智門禪寺語錄（2）南遊集序（3）東歸集序（4）跋備用消規

59. 樵隱悟逸

（1）再住雪峰崇聖禪寺語錄（2）甲跋癡絕和尚書心經（3）題禪會圖

（4）題過水羅漢圖（5）題佛心和尚墨蹟與淵藏主（6）癡絕和尚白雲和尚山居詩卷後（7）玄峰通書記房扁一七家村民卷後（8）題三生圖（9）龍藏主請跋大慧書後（10）題趙庸齋鼇山閣真跡（11）題司馬溫公帖（12）文維那請題先師佛心石田行（13）源藏主請題宿桑卷首（14）跋通書記南路火帳後（15）跋輔藏主悼頌（16）妙喜和尚與妙空大師書（17）用上人大機軸後（18）權上人號用衡（19）華嚴指掌圖（20）悼幽岩中山和尚頌後（21）悼子玄通書記卷後（22）悼萬山鎰首座軸後（23）甲笑翁霍山雲泉書（24）石湖首座四題軸後（25）琛上人血書楞嚴（26）斷雲軸後

60. 海印昭如

（1）住哀州木平興化禪寺語錄（2）臨江瑞摘山慧力禪寺語錄（3）饒州東湖薦福禪寺語錄（4）佛照和尚書帖南岡長老求跋（5）跋癡絕書伯夷頌（6）明極西堂南遊省已行請跋

61. 天目中峰

（1）答沈王弓（2）與嗣沈王（3）答高麗白尚書（4）與海粟居士（5）與大覺長老（6）跋慈受和尚般若心經注（7）題圓悟和尚心要（8）甲題東坡居士大悲閣記（9）題列子（10）題十牛圖（11）跋天日禮禪師墨蹟（12）跋牛腰佛頌軸（13）題十八尊者圍棋圖（14）山房夜話（上、中、下）（15）東語西話（上、下）（16）東語西話續集（上、下）（17）甲勉學賦並序（18）大覺寺無盡燈記（19）寂寂庵記（20）空明軒記（21）人同庵記（22）平江幻住庵記（23）牟山幻住庵記（24）圓照庵記（25）旅泊室記（26）貪瞋癡箴（27）戒定慧箴（28）喜箴（29）怒箴（30）哀箴（31）樂箴（32）雲居庵銘（33）懶禪室銘（34）鐵圍室銘（35）西來井泉銘（36）送宗遇上人省親序（37）送明然上人居山序（38）止止堂褐序（39）設利褐序（40）觀音菩薩捕陀嚴示現渴序（41）觀行菩薩瑞相渴序（42）示善助道者居山序（43）一華五葉序（44）一華五葉後序（45）般若說（46）真際說（47）止源字說（48）雲谷號說（49）月舟字說（50）無濟字說（51）定坐字說（52）無念字說（53）無方字說（54）祭鹿嚴初禪師文（55）祭玄鑒首座文（56）祭泰長老文（57）二祭瞿運使文

62. 元叟行端

（1）湖州翔鳳山資福禪寺語錄（2）杭州中天竺萬壽禪寺語錄（3）杭州靈隱景德禪寺語錄（4）杭州徑山興聖萬壽禪寺語錄（5）題聖凡融會圖（6）題英宗.場帝手沼泊蘇子酷小帖（7）題徽宗泉帝墨寶（8）題云居即庵和尚人院佛事遺稿（9）跋張紫岩及圓悟宏智諸老墨蹟（10）題趙伯駒畫隋侯救蛇圖（11）題照律師遺墨（12）題靈隱寺重幾岡譚津文集後（13）跋高前山所藏竺亭並無禪諸老墨蹟（14）題縣藏主拆襪線集（15）題浮山遠禪師小帖（16）題東林十八賢圖（17）題華光墨梅（18）題龍頭（19）題圓悟帖（20）題紫岩張魏公所書心經（21）跋癡絕所書草堂法師示道璋書授其徒惠派（22）題糞翠岩羅漢圖（23）書大慧答常禪師書後（24）題毛氏放龜圖（25）書鏡岩頌軸後（26）題梅詩十君子圖（27）題四皓唱歌四之鼓腹圖（28）題雪岩語（29）題癡絕示眾舉跡（30）題子弗趙學｝：所書巾峰和尚鍾銘（31）書友山頌軸後（32）題錢舜舉垃圾圖（33）題大慧示大禪師法語（34）題圓悟帖（35）跋覺範寄黃孽佛智禪師書（36）書義門頌軸後（37）書梅隱頌軸後（38）二重鐫蔡君漠記徑山遊題其後云（39）題張義祖墨蹟（40）題癡絕轉轡（41）跋宏智石窗自得張漢卿諸老墨蹟（42）書顏聖徒手抄四人稿後（43）跋則無範禮塔得舍利頌軸後（44）蔣氏子書蓮經請題（45）跋一村僧帖（46）題舊作詩後（47）跋心遠同知五峰參政題高前山詩卷墨蹟（48）跋人慧墨蹟（49）跋癡絕贊遍項羽二墨蹟（50）題方山和真淨二褐（51）跋大慧癡絕天日僵溪晦岩斷橋象潭叔凱諸老墨蹟（52）跋石田寄盂無庵辭世頌（53）題莊子畫像（54）題鹽官犀牛扇圖（55）跋名公帖（56）書子昂千獺唱西州詩後（57）題裁縫頌軸後（58）題堯民鼓腹圖（59）跋愜溪墨蹟（60）松江明上人口端血書九經請題（61）題無拖頌軸（62）題孔門諸子圖（63）跋瞎堂利尚墨蹟（64）題藏變所作愜溪茶湯榜遺稿（65）題羅漢圖（66）題香山九老圖

63. 即休契了

（1）祭元史和尚文（2）祭李檀越文（3）祭靖明仁善處士（4）祭龍翔笑隱和尚文（5）祭甘露無傳和尚文（6）祭獨孤和尚（7）祭別岸和尚文（8）祭焦山桂提點文（9）祭曇芳和尚（10）靜上人之京師序（11）題五尊宿書卷（12）跋密庵和尚嗣法書（13）跋獨孤為華藏別岸和尚上

堂（14）南雄魏處士集金剛經眾解跋（15）大金東庵眞濟二老手帖跋（16）
題東山長老法雲送行卷後（17）圓伊庵記（18）靖明居上舍鈔蓋殿薦二
親記（19）西資海印禪寺記（20）大鑒禪師舍利塔銘（21）獨山說（22）
龍華悟宗主血一書華嚴經（23）化金塑飾佛像（24）滄海長溪二和尙同
幀

64. 石屋清琪《嘉興府福源禪寺啓語錄》

薛瑞兆：《〈全元文〉校讀》（「文章輯佚或失悉心」一節）〔註13〕（僅列
目）

羅振玉：《金石萃編未刻稿》二卷，卷上部分；王博文《題名》、陳萬里
《蕪湖縣學重修學記》、釋普瑞《圓濟蘭若碑題記》、佚名《西
行記》、閻復等《敕贈漢陽大別山禹廟碑》、許有壬《敕贈漢陽
大別山禹廟碑陰題記》、孔克堅《大元敕賜曲阜孔廟田宅記》、
陳思忠《時公重刊王輔嗣墓碑》、釋普祥《創建妙湛寺碑記》、
賈文昌《古緱氏縣重修泰山廟記》。

卷下部分：佚名《重繪聖像記》；孔思立《代祀記》；錢公輔《義田記》；
唐道明《璽書碑陰題記》；孔克堅《濟寧路重修文廟碑》；賈
貢《晉寧鎮靖明惠夫人忠烈廟記》；釋圓護《妙觀和尙道行碑
銘》、《建感通峨嵋蘭若記》等。

《（成化）山西通志》

卷 12：秦執中《樂平重修宣聖廟記》、席公舉《代州重修廟學記》、趙永
禧《永和縣重修廟學記》、陳繹曾《沁州麟山孔子廟記》、房希文
《夏縣重修宣聖廟記》、《神龍祠記》、元凱《高平縣學田記》、王
士元《首陽書院記》、《澤州高平縣永祿里學館記》、蔣堂《首陽
山賦》；王利用《故鎮國上將軍絳州節度使劉公墓碑》。

卷 14：呂夢得《重修晉文公祠記》、夏以忠《中鎮祀香記》、杜敏《中鎮
祀香記》、王武《中鎮祀香記》、王緯《重修武安土廟記》、《重修
鹽池神廟碑》、郝翔《重修芮王廟記》、李好文《代祀河瀆記》、
木寅《故宋樞密使狄武襄公祠堂記》、任戩《高平尹郭先生畫像
記》、宋紹昌《高平縣尹郭先生祠堂記》。

〔註13〕《古籍整理研究學刊》2010 年第 4 期，第 24～25 頁。

卷 15：呂思誠《壽聖寺記》、《天寧寺重修大悲閣記》、《重修清微觀記》、《玉眞觀記》、張翼《重修慈廣寺碑文》、劉怡《崇玄觀記》、耿元益《關虎左轄二公勳德之碑》、劉英《改正翼城縣繆事》。

《元文類》（或稱《國朝文類》）

　　卷 9 徒單公履《建國號詔》、卷 10《皇太子冊文》、卷 38《書張侯言行錄後》、卷 18 李泂《潘雲谷墨贊》、卷 45 修端及其《辨遼宋金正統》、卷 47 康煜及其《謝嚴東平賜馬啓》等等。

臺北成文出版社編印的《中國方志叢書》

（1）《（民國）新修閿鄉縣志》卷 20《文徵》所載楊英《夢遊軒記》

（2）《（乾隆）杞縣志》卷 21《藝文志》所載傅汝庸《建廨營碑記》、楊惠《誰樓記》

（3）《（乾隆）秦州志》卷 12《藝文》所載喬宗亮《三皇廟記》

（4）《（道光）武陟縣志》卷 21《碑碣志》所載王承式《創建商湯王廟三門記》

（5）《（康熙）隆德縣志》卷上所載忽都魯沙《黑水龍王湫廟記》

李潤民、牛貴琥《全元文補遺三篇》〔註14〕

1. 郝采麟撰孫撖碑
2. 姚匡弼撰孫撫碑
3. 姚匡弼撰孫撝碑

崔志偉、李超《全元文補遺十篇——翻檢〈宋遺民錄〉偶得》〔註15〕

1. 歐陽玄一則（無題，楊維楨《弔謝翱文並序》之後）
2. 楊維楨《弔謝翱文並序》《玉帶生傳》
3. 揭汯一篇
4. 陳基一篇
5. 胡翰一篇
6. 詹載采一篇
7. 趙文一篇
8. 李玨一篇
9. 鄭元祐《林義士事蹟》

〔註14〕 《山西大同大學學報》（社會科學版），2010 年第 2 期，第 40～42 頁。
〔註15〕 《古籍整理研究學刊》2010 年第 6 期，第 39～42 頁。

谷春俠、劉慧《全元文拾遺 7 篇》〔註 16〕

   1. 卬長老《滿公菩薩重開古井等記》

   2. 陳秀民《崑山州重修三皇廟記》

   3. 何鶚《秦安重修文廟碑》

   4. 胡芳叔《崇明寺羅漢院奉祀田記》

   5. 忽欲里赤西石路記

   6. 倚南海牙《小金山寺記》

   7. 金鑰《玉晨觀記》

羅海燕《全元文補遺三篇》〔註 17〕

   1. 李俊民《新修玉虛觀記》

   2. 姬志眞《創建清夢觀記》

   3. 黃庭諫《懸壺眞人廟經始之記》

崔瑞萍《全元文失收墓誌七篇補遺》〔註 18〕

   1. 無名氏《范楫墓誌》

   2. 孫琰《有元承直郎嘉興路經歷王公墓誌銘》

   3. 張元《故郭公墓誌銘》

   4. 王沂《故處士鄔公墓誌銘》

   5. 秦元高《故南山處士張公墓誌銘》

   6. 范庭珪《宋太府丞史公墓誌》

   7. 顧信《元故樂善處士顧公壙誌》

羅海燕《全元文佚文十四篇及其價值》〔註 19〕

   1. 李俊民《新修玉虛觀記》

   2. 董懷英《創建廣禪侯廟壁記》

   3. 周思忠《北嶽廟代祀記》

   4. 姬志眞《創建清夢觀記》

   5. 元惟一《廣禪侯廟碑》

〔註 16〕　《古籍整理研究學刊》2010 年第 6 期，第 37～38 頁。

〔註 17〕　《玉林師範學院學報》，2010 年第 6 期，第 65～67 頁。

〔註 18〕　《古籍整理研究學刊》2011 年第 1 期，第 42～44 頁。

〔註 19〕　《古籍整理研究學刊》，2011 年第 3 期，第 85～90 頁。

6. 黃庭諫《懸壺眞人廟經始之記》

7. 王公威《重修傘蓋山總聖仙翁廟記》

8. 張執《清化寺壁記》

9. 程砥《重修湯王廟記》

10. 韓溪《敕賜舍利山開化寺清公塔銘》

11. 韓溪《重修特賜開化禪院碑》

12. 景國禎《宣聖廟記》

13. 宋鱗《淵靈廟祈雨記》

14. 元世祖《大元皇帝敕諭碑》

羅海燕《現存元人碑刻資料及其作者考略──〈全元文〉補目 42 篇》〔註20〕

1. 李俊民：《新修玉虛觀記》《重修眞澤廟記》《陽城縣臺底村岱嶽觀記》《元修會眞觀記》

2. 董庭諫《懸壺眞人廟經始之記》

3. 姬志眞《創建清夢觀記》《七眞圖像跋》

4. 元世祖《大元皇帝敕諭碑》

5. 丘處機《長春眞人規榜》《博州戰姑庭楸詩引》《世宗挽詞引》

6. 楊宏道　《弔元老詩序》《別鳳翔治中艾文忠詩序》

7. 段成己《梓人遺制序》

8. 劉祁《太古集序》

9. 歐陽玄《河西老索神道碑銘》

10. 周思忠《北嶽廟代祀記》

11. 任戩《金峰靈巖院記》《高平尹郭先生畫像記》

12. 元凱《高平縣學田記》

13. 宋士常《創建神農太子祠並子孫殿記》

14. 宋鱗《淵靈廟祈雨記》。

15. 郭良《大元國澤州高平縣舉義鄉話壁村翠屏山重修眞澤行宮之記》

16. 程砥《重修湯王廟記》

17. 韓溪《重修特賜開化禪院碑》《敕賜舍利山開化寺清公塔銘》《昭覺寺記》

18. 董懷英《創建廣禪侯廟壁記》

19. 元惟一《廣禪侯廟碑》

〔註20〕《古籍整理研究學刊》，2011 年第 5 期，第 96～98 頁。

20. 王公威《重修傘蓋山總聖仙翁廟記》

21. 張執《清化寺壁記》

22. 李友恭《重修萬壽宮記》

23. 景國禎《宣聖廟記》

24. 范□《跋淄川縣學講堂詩刻》

25. 呼延伯起《重修宣聖廟記》

26. 釋文海《資聖寺創興田土記》

27. 袁萬財《十方慈教院施地記》

28. 僧善暉《十方慈教院施地記》

29. 無名氏《仙姑祠壁記》

30. 無名氏《舍利山開化寺創修聚公和尚塔銘》

31. 《資聖寺合同文書碑》

梁志斌：《〈全元文〉未收十二篇輯考》〔註21〕

1. 郭麟孫《高士圖題跋》《靜春堂詩集序》

2. 姚安道《靜春堂詩集遺翰跋》《跋趙松雪書過秦論》《跋趙孟頫書》
   陳方文《靜春堂詩集遺翰跋》《雲林小像贊》《跋蘭亭舊刻》《跋文天祥
   亂離歌並簡》《跋趙文敏書洛神賦》《黃楊集序》

3. 鮮于樞文《靜春堂詩集遺翰跋》

邵麗光《全元文補遺兩篇》〔註22〕

1. 歐陽玄《元禮儀院判昔李公墓誌銘》

2. 王沂《元宋氏世德褒嘉之碑》

鄒虎《〈全元文〉輯佚六篇》〔註23〕

1. 袁應椿《新昌縣重修儒學記》

2. 王應及《新昌縣學大成樂記》

3. 景坤厚《景陵重修儒學記》

4. 金吾《重修嘉興路總管府記》、《嘉興路儒學歸復田租記》

5. 盧懋《大元國大寧路義州重修大奉國寺碑並序》

〔註21〕 《安慶師範學院學報》（社會科學版），2012 年第 2 期，第 23～25 頁。

〔註22〕 《古籍整理研究學刊》，2012 年第 3 期 ，第 75～77 頁。

〔註23〕 《樂山師範學院學報》，2013 年第 3 期，第 68～72 頁。

鄒虎《〈全元文〉拾遺六篇》〔註24〕

1. 鄭衝霄《許文正公祠堂記》
2. 陳革《明倫堂記》
3. 楊東《重修懷吉馬欄華陽觀記》
4. 李天祿《□山廟記》
5. 孟由義《許坊創建廟學記》、《重修觀音院記》

趙鵬翔《〈全元文〉補遺四篇》〔註25〕

1. 楚樟《重修東嶽行宮碑記》
2. 晶柔中《金故顯武將軍張公墓表銘》
3. 寧禎《棄山泉廟碑》
4. 馬豫《有元故中順大夫大名路開州尹致仕左公墓誌銘》

譚平《〈全元文〉補遺四篇》〔註26〕

1. 高元子《故少府蔡公墓誌銘》
2. 釋智泰《重建清源純陽洞記》
3. 常視遠《重修扶風縣學記》《郭儒林遺愛記》

羅海燕《〈全元文〉佚文五則考釋》〔註27〕

1. 呼延伯起《重修宣聖廟記》
2. 尼志堅《資聖寺創興田土記》
3. 無名氏《仙姑祠壁記》
4. 袁萬財、僧善暉《十方慈教院施地記》
5. 韓溪《昭覺寺記》

羅鷺《〈虞集全集〉補遺》〔註28〕

1. 《學士院勸清竹居可公長老住持聖壽禪寺爲國開堂老疏》
2. 《乞解職請馬祖常自代疏》
3. 《致柯九思書》

〔註24〕　《安陽師範學院學報》，2013 年第 1 期，第 74～77 頁。
〔註25〕　《語文知識》，2013 年第 2 期，第 92～95 頁。
〔註26〕　《重慶科技學院學報》（社會科學版），2013 年第 5 期，第 102～104 頁。
〔註27〕　《內蒙古民族大學學報》（社會科學版），2013 年第 3 期，第 48～51 頁。
〔註28〕　羅鷺《虞集年譜》附錄三，鳳凰出版社 2010 年版，第 264～309 頁。

4. 《致白雲法師書》

5. 《奉覆子牧孝廉賢侄書》

6. 《奉敕跋柯九思藏《〈定武蘭亭〉五字損本》

7. 《奉敕跋《〈鴨頭丸帖〉》

8. 《跋宋燕肅《〈春山圖〉》

9. 《跋趙孟頫行書陶靖節詩》

10. 《跋趙子昂行書靈隱大川濟禪師塔銘》

11. 《跋何澄〈歸莊圖〉》

12. 《題松雪翁畫圖》

13. 《跋〈二祖調心圖〉》

14. 《題紀行集後》

15. 《題李伯時畫》（《全元文》已收）

16. 《跋薛紹彭臨蘭亭敘》

17. 《跋趙孟頫書高上大洞玉經》

18. 《跋馬遠三教圖》

19. 《跋黃山谷書釋典法語》

20. 《跋海天旭日》

21. 《書東平王士熙次韻馬祖常題云江所藏息翁風竹後》

22. 《跋趙孟頫〈耕織圖詩〉》

23. 《跋柯九思〈晚香高節圖〉》

24. 《跋宋李公麟畫揭鉢圖》

25. 《跋趙孟頫書〈道德經〉》

26. 《跋趙孟頫畫張公藝九世同居圖》

27. 《題吳璀畫梅竹》

28. 《跋宋郭忠恕雪齋江行圖》

29. 《跋趙子昂補唐臨右軍二帖》

30. 《題宋李咸熙〈寒林探芝圖〉》

31. 《題米芾〈蕭閒堂記〉帖》

32. 《贈一公藏主歸蔣山序》

33. 《重刻禮樂書序》（《全元文》已收）

34. 《武當嘉慶圖序》（《全元文》已收）

35. 《中原音韻序》
36. 《杜工部詩范德機批選序》
37. 《景霄雷書後序》
38. 《玄玄棋經序》
39. 《論歷代宮闕制度》
40. 《浩然樓記》
41. 《世美堂記》(《全元文》已收)
42. 《朱宜人吉氏墓碣銘》(《全元文》已收)
43. 《大元故奉國上將軍行中書省參知政事廣東道宣慰使都元帥劉公(垓)神道碑銘》
44. 《大元冀國忠肅董公神道碑銘》

李舜臣《揭溪斯佚文二篇》〔註29〕

1. 《此山詩集跋》(按：此文見《全元文》28／401)
2. 《中書省刑部題名記》

王媛《鄭柏〈續文章正宗〉所載〈全元文〉失收文輯錄》〔註30〕

1. 徒單公履《皇太子冊文》
2. 僧德儒《日月周天論》《分野辨》
3. 王旭《上魯齋先生書》
4. 胡翰《議論》
5. 虞集《方壺畫記》《玉笥山萬壽丞天宮碑》《贈里安知州王公墓誌銘》
6. 歐陽玄《道濟書院記》《僕隱趙公詩序》
7. 危素《舜風樓記》《送歐陽延玉序》《煮雪窩記》《友義卷序》《送周大雅詩序》《柳舜舉送行詩序》《曹士宏墓表》
8. 王餘慶《濟美堂記》
9. 陳樵《間巇記》《吟所記》《朱氏迎筆樓記》
10. 李存《藏一齋記》
11. 程文《看竹山房記》《雪夜舟齋記》《嬛中意齋記》《送朱士謙序》《雪松巢記》《高生壽親詩序》《江月樓詩序》

〔註29〕 《南京師範大學文學院學報》，2005 年第 2 期，第 52 頁。
〔註30〕 王媛《鄭柏〈續文章正宗〉所載〈全元文〉失收文輯錄》，《元代文獻與文化研究》第一輯，中華書局 2012 年版，第 96～100 頁。

12. 鄒矩《虛直軒記》

13. 陳剛《適齊記》《遂初齊文稿序》《手植松記》《飛雨洞流觴詩序》

14. 張耔《梅溪序》

15. 葛元喆《寓軒記》

16. 盧摯《樗隱趙公詩序》《釣臺辭》

17. 王沂《六藝類要序》

18. 龍仁夫《周易集傳序》

19. 胡炳文《古賦辨體序》

20. 韓性《湛然居士文集序》

21. 吳炳《草右集序》

22. 黃叔英《送張叔寶序》

23. 陳繹曾《文筌序》

24. 趙汸《春暉堂詩序》

25. 鄭淵《續文類序》《繼善堂記》

26. 劉有慶《題許魯齋文集》《跋交信錄序》

27. 柳貫《孝思庵記》

28. 揭傒斯《喜樹軒記》《龍伯興先生墓碑》《陶然翁墓碑》《范斗文墓誌》《黃居士傳》

29. 應奎翁《鄭氏義門志》《東明書舍聽琴詩序》

30. 戴良《雙節堂記》

31. 蘇天爵《送李子威出守江州序》

32. 揭汯《送鄭叔車序》

33. 李桓《送張御史詩序》

34. 李孝光《王貞婦詞碑》

35. 王武《譚汝楫傳》

杜春雷《揭傒斯佚文十七篇及其考證》〔註31〕

1. 《題〈靜心本定武蘭亭禊飲敘〉後》

2. 《題歐陽玄〈臨溪記〉文後》

3. 《題程文〈石君世家〉文後》

〔註31〕 杜春雷《揭傒斯佚文十七篇及其考證》，《元代文獻與文化研究》第一輯，中華書局 2012 年版，第 303～314 頁。

4. 《王右軍〈破羌帖〉跋》

5. 《化度寺邕禪師塔銘跋》

6. 《趙孟頫雜書跋》

7. 《淵明歸去來圖跋》

8. 《與太虛書》

9. 《送張懋史歸省吳興序》

10. 《贈筆工溫國寶序》

11. 《章子端字說》

12. 《許旌陽鎮蛟鐵柱銘》

13. 《吳全節〈青城像〉贊》

14. 《代祀南鎮記》

15. 《天一池記》

16. 《歙令鄭君墓道之碑》

17. 《貞白里門碑》

杜春雷《〈全元文〉佚賦輯考》〔註32〕

1. 朱同：《雲賦》、《琴書樂趣爲汪士素賦》、《悼女賦》、《雲麓書隱賦送休簿何士明歸鄂州》（並序）

2. 呂浦《太極賦》、《金蓮炬賦》、《酷熱賦》、《鱸魚賦》、《蜀鳥賦》、《井蛙賦》

3. 胡長孺《谷仙賦》

4. 釋明本《勉學賦》

5. 徐汝士《石鼓賦》

6. 王與玉《石鼓賦》

7. 陳祖義《石鼓賦》

8. 李路《石鼓賦》

9. 吳舜凱《石鼓賦》

10. 蘇弘道《石鼓賦》

11. 唐元嘉《方明賦》

12. 釋曇噩《驃騎山賦》

〔註32〕 《西南農業大學學報》（社會科學版），2013 第 7 期。

13. 舒泰《玉德殿賦》

14. 佚名《語溪賦》

李超《〈全元文〉失收程人九篇輯佚》〔註33〕

1. 錢以道《江浙鄉試詩義》

2. 祝彬《江浙鄉試詩義》

3. 劉嘯《湖廣鄉試詩義》

4. 傅斯正《江西鄉試詩義》

5. 張觀《江西鄉試擬漢詔》

6. 汪澤民《江浙鄉試擬唐誥》

7. 張師曾《江浙鄉試擬唐誥》

8. 章士堯《江浙鄉試擬唐誥》

李成晴《〈全元文〉補遺 12 篇》〔註34〕

1. 李源《重修玉皇宮記》

2. 吳曔《融堂先生墓表記》

3. 林仲節《四靈賦》

4. 趙雍《跋坡公像》

5. 林希元《潘信之字說》

6. 陳時中《碧瀾堂賦》

7. 孟詡《重修靈泉廟記》

8. 張山翁《杏壇記》

9. 釋悟傳《檀越鄭氏捨田記》

10. 田九壽《仙溪志序》

11. 李可《菊平子詩集序》

12. 戴德琳《菊平子梁伯大傳》

任江《元〈處士胡堂墓誌〉考述》〔註35〕

1. 梁載《處士胡堂墓誌》

〔註33〕 《蘭臺世界》，2014 年第 28 期，第 63～64 頁。

〔註34〕 《殷都學刊》，2014 第 3 期，第 46～50 頁。

〔註35〕 《東南文化》，2014 年第 4 期，第 100～105 頁。

陳鴻亮《〈全元文〉補遺 4 篇》〔註36〕

1. 胡一桂《史纂通要序》
2. 汪良臣《史纂通要序》
3. 丁思敬《元豐類稿後序》
4. 王理《修辭鑒衡序》

陳鴻亮《〈全元文〉拾補 4 篇》〔註37〕

1. 許謙《徐見心先生史詠序》
2. 張樞《徐見心先生史詠後序》
3. 徐津《史詠集跋》
4. 戴洙《金佗稡編後序》

杜志勇《〈元故太常博士敬君墓碣銘並序〉的價值》〔註38〕

1. 盧摯《元故太常博士敬君墓碣銘》（並序）

馬建民《元代固原〈重修顯靈義勇武安英濟王廟三門記〉疏證》〔註39〕

1. 《重修顯靈義勇武安英濟王廟三門記》

張應斌《〈全元文〉元文學家范梈佚文補輯》〔註40〕

1. 《與虞伯生書》
2. 《朱思本〈貞一稿〉序》
3. 《臨高縣高山毗耶神禱雨有應記》
4. 《請敕封臨高縣毗耶神》

武波《〈全元文〉補遺八篇：趙孟頫（附趙雍）書法遺文》〔註41〕

1. 趙孟頫《與鮮于樞尺牘》
2. 趙孟頫《跋褉帖源流考小楷卷並信跋》
3. 方回《故總管張公墓誌銘有序》
4. 牟巘《湖州妙嚴寺記》
5. 趙孟頫《先妻帖》

〔註36〕《綿陽師範學院學報》，2014 第 7 期，第 102～104 頁。
〔註37〕《樂山師範學院學報》，2014 第 6 期，第 133～135 頁。
〔註38〕《河北師範大學》（哲學社會科學版），2014 年第 5 期，第 43～46 頁。
〔註39〕《圖書館理論與實踐》，2014 年第 7 期，第 88～93 頁。
〔註40〕《宜春學院學報》，2015 第 1 期，第 75～80 頁。
〔註41〕《古籍整理研究學刊》，2015 第 3 期，第 43～45 頁。

6. 趙孟頫《致季博札》

7. 趙孟頫《論裴行儉帖》

8. 趙雍《高峰禪師像傳贊》

蘇成愛《〈述善集〉所見元文及其作者考略——〈全元文〉補目 23 篇》〔註 42〕

1. 唐兀達海《龍祠鄉社義約》

2. 唐兀崇喜 7 篇：《自序》《報效軍儲》《節婦後序》《祖遺契券志》《爲善最樂》《觀德會》《勸善直述》

3. 羅逢原《龍祠鄉鄉社義約贊》

4. 張楨《知止齋銘》

5. 杜秉周《錫號崇義書院中書禮部符文》

6. 無名氏《中書禮部護持學校文榜》

7. 危素《贈武威處士楊象賢序》

8. 曾堅《龍祠鄉社義約贊》

9. 劉讓《自述》

10. 張以寧 5 篇：《賦一首》《濮陽縣孝義鄉重建書院疏》《知止齋後記》《書唐兀敬賢孝感後序》《送楊象賢歸澶淵序》

11. 程許 2 篇：《崇義書院學田記》《知止齋箴》

12. 陶凱《送楊公象賢歸澶淵序》

王開春《〈全元文〉漏收申屠駉其人及文考》〔註 43〕

1. 《宋故淮南夫子陳公墓誌銘》

2. 《跋秦會稽刻石》

3. 《題米敷文煙巒景圖》

楊紹固、李中耀《〈全元文〉佚文二十八篇輯考——元代高昌籍偰氏、廉氏家族相關佚文輯考》〔註 44〕

1. 元成宗《贈布魯海雅儀同三司大司徒上柱國封魏國公諡孝懿制命》

2. 元成宗《贈廉希憲母魏國一品太夫人制命》

〔註 42〕 《學理論》，2015 年第 23 期，第 106～108 頁。

〔註 43〕 《古籍研究》2016 年總第 63 卷，第 167～171 頁。

〔註 44〕 《古籍整理研究學刊》，2016 年第 2 期，第 28～32 頁。

3. 元成宗《元贈魏國公諡文正廉希憲本身並妻制命》

4. 元仁宗《元晉贈恆陽王廉希憲璽書》

5. 元泰定帝《追贈廉希賢光祿大夫太子太傅禮部尚書制命》

6. 史天澤《魏國公諡孝懿像贊》

7. 揭傒斯《贈大司徒上柱國達甫廉公像贊》

8. 許衡《恆陽王廉文正公像贊》

9. 商挺《齊國公諡忠定廉公像》

10. 張翥《范陽郡侯諡恭穆廉公像贊》

11. 趙孟頫《浙江等處行中書省平章政事贈上柱國薊國公諡忠靖廉公像贊》

12. 杜本《漁陽郡侯諡貞惠廉公像贊》

13. 王恂《禮部尚書恤贈太子太傅達甫廉公像贊》

14. 董文忠《贈禮部尚書中山郡侯諡忠惠廉公像贊》

15. 黃溍《通議大夫樂安廉公像贊》

16. 趙良弼《翰林承旨知制誥同修國史中書平章政事孝安廉公像贊》

17. 元明善《贈太尉開府儀同三司上柱國魯國公諡忠獻廉公像贊》

18. 陶宗儀《翰林學士承旨知制誥兼修國史公亮廉公像贊》

19. 蘇天爵《廉訪西臺御史金陵廉公像贊》

20. 廉希憲《陳大計勸進》

21. 廉希憲《請改革世官之制》

22. 廉惠山海牙《活幼心書決證詩賦序》

23. 偰列篪《白牛岩牛伯琦詩刻序》

24. 偰遜《金元吉名字說》

25. 偰斯《堯臣公傳》

26. 偰斯《祭忠烈公文》

27. 普顏不花《忠烈公遺書》

28. 盧熊《元故遷善先生郭君墓誌銘》

楊匡和《全元文失收序文補目（一）》〔註45〕

李俊民 18 篇：

《雨雹詩序》《和秦彥容韻序》《贈出家張翔卿序》《趙倅司馬山謝雨

〔註45〕《古籍整理研究學刊》，2016 年第 2 期，第 97～99 頁。

詩序》《夜雨詩序》《段侯行春顯聖觀喜雨詩序》《謁秦吳二王廟序》《中
秋夜夢詩序》《遊青蓮分韻得春字序》《贈陳仲和詩序》《光武廟詩序》《夫
人城詩序》《遊碧落詩序》《掃晴婦詩序》《彩樓詩序》《遊濟源詩序》《河
橋成詩序》《一字題示商君祥序》

耶律楚材 31 篇：

《題西庵歸一堂序》《釋奠詩序》《西域寄中州禪老士大夫一十五首
序》《蒲華城夢萬松老人詩序》《寄德明序》《寄用之侍郎序》《再過西域
山城驛詩序》《夢中偶得序》《除戎堂詩序》《醉義歌序》《次韻黃華和同
年九日詩十首序》《和劉子中韻序》《用張道亨韻序》《彈廣陵散終日而成
因賦詩五十韻序》《吾山吟序》《從龍溪乞西岩香詩序》《勉景賢詩序》《琴
道喻五十韻以勉忘憂進道序》《示忘憂序》《用曹楨韻序》《怨浩然詩序》
《贈高善長一百韻序》《和潤之韻序》《遺龍岡鹿尾二絕序》《和冀先生韻
序》《戲秀玉詩序》《和張敏之詩七十韻序》《扈從冬狩序》《謝西方器之
贈阮杖詩序》《冬夜彈琴頗有所得亂道拙語以遺猶子蘭序》《戲景賢詩序》

元好問 14 篇：

《臨汾李氏任運堂二首序》《范寬秦川圖序》《宛丘歎序》《密公寶章
小集序》《送崔夢臣北上詩序》《贈張潤之詩序》《汾亭古意圖序》《送張
書記子益從嚴相北上詩序》《贈答雁門劉仲修詩序》《記夢詩序》《姨母隴
西君諱日作三首序》《李仲華湍流高樹圖二首序》《雲峽詩序》《過寂通庵
別陳丈序》

段成己 3 篇：《蕭少府挽詞引》《張信夫夢庵詩引》《次韻鷺藤序》

耶律鑄 11 篇：

《哭尊大人領省序》《玉泉新墨序》《奉答翠華仙伯序》《贈坐竿道士
詩序》《戰三峰詩序》《答客問詩序》《拜書尊大人領省甕山原塋域寢園壁
詩序》《蜀道有難易詩序》《謹次尊大人領省火絨詩韻序》《留題大防山孔
水詩序》《月宮遊詩序》

郝經 16 篇：

《義士詩序》《贈劉茂之序》《和陶詩序》《贈長沙公族祖序》《答龐
參軍序》《勸農詩序》《命子詩序》《花蕊夫人詞序》《遊靈巖寺序》《渡江
書所見序》《楷木杖笏行序》《巴陵女子行序》《武昌詞三首序》《靈泉行
二首序》《書磨崖碑後序》《後聽角行序》

王惲 112 篇：

《擬古序》《聽講呂刑諸篇序》《泛漳篇序》《靈光塔詩序》《鋤鏤詩序》《牛升哥詩序》《聞談劉齊王故事序》《十月牡丹詩序》《湧金遊詩序》《三勒漿歌序》《吳娃行序》《義士姜侯歌序》《商鼎歌序》《歸夢謠序》《春溪小獵行序》《哀老殷辭序》《憫雨行序》《星聚鳳池硯歌序》《題桃源圖後序》《紀夢詩序》《河冰篇序》《樂閒老人歌序》《醉道士歌序》《雙峰歌序》《過宋義墓詩序》《中秋吟序》《二俊歌序》《題任南麓畫華清宮圖後序》《賀雨詩序》《礜硯詞序》《送外弟韓茂卿北上詩序》《送忠翁南歸詩序》《哀曹府君序》《朱干玉戚詩序》《哀尚書高公序》《聞清湯池留題序》《贈欒子英詩序》《和仲常牡丹序》《王氏拜慶詩序》《過楚卿子冠軍宋義墓詩序》《題開封府後堂壁詩序》《挽呂權漕子謙序》《陳季淵挽章三首序》《聞丞相史公受開封之拜詩引》《懷舊詩序》《寄贈德長老詩序》《贈友人張彥魯詩序》《哭張總判行甫序》《送李觀還壽春幕府詩序》《嘉禾篇序》《筠溪軒詩卷補亡序》《喜雨詩序》《瑞麥詩序》《敧器詩三首序》《老境六詠序》《朱砂餅菊詩序》《龍教授哀挽序》《左丞史公哀辭序》《同簽趙公挽辭序》《追悼參政李公仲寔詩序》《遊鼓山五首序》《掃晴婦詩序》《競渡詩引》《過顯軒先生林墓序》《良宵散步詩序》《餞中丞羲甫還闕下詩序》《僮哀序》《朝謁柳林行宮二詩序》《輔提刑正臣挽詩序》《秋日宴廉園清露堂詩序》《大賢詩三首序》《送總統佛智師南還詩序》《送安參政南還汴梁詩序》《贈中山賈仲器詩序》《送曠秀才奎東還廬陵詩序》《題無名亭序》《贈道者李雲叟詩序》《送僧印東還鍾離詩序》《送荊書記幹臣北還詩序》《董氏家庭拜慶詩序》《解州廳壁題示詩序》《蒲中十詠爲嚴卿師君賦序》《題花光墨梅二絕序》《故開府儀同三司中書左丞相贈太尉諡忠武史公挽詞序》《題開州驛亭壁序》《李相師詩序》《贈唐縣李縣尹詩序》《張九元帥哀辭序》《淵明漉酒圖序》《雅歌一十五首序》《義門任氏詩序》《過朱家府序》《水仙萱草三詠序》《題胡笳十八拍圖序》《題竹林七賢序》《野莊圖序》《王泉岩詩序》《重遊王泉序》《襲美堂詩序》《汲冢懷古序》《飛豹行序》《羽林萬騎歌序》《夢陳節齋序》《滹沱流澌行序》《義俠行序》《紫藤花歌序》《辭長樂先壟序》《大行皇帝挽詞八首序》《夢昇天詩序》《西池幸遇詩序》《洛中吟序》《農里歡序》

方回 85 篇：

《獨遊塘頭五首序》《寄題佛智忠禪師實庵序》《贈滕君必紹詩序》《懷秋崖詩序》《立春日馬上遇黃國寶應犀詩序》《雖然吟五首序》《次韻李太白序》《夢東坡先生詩序》《題會眞道堂序》《題觀妙軒序》《李寅之招飲同登九江城序》《生日戲歌序》《送羅架閣弘道詩序》《釋臨卬記方物戲作序》《同楊明府華父夜宿鸕鷀源序》《讀張功父南湖集序》《三弔吟四首序》《次韻汪以南閒居漫吟十首序》《紅雲亭即事五首序》《次韻贈道士汪庭芝二首序》《擬詠貧士七首序》《九日無酒詩序》《三貪歎序》《寓樓小飲序》《西齋秋感二十首序》《丁亥元日二首序》《故太學徐君應鑣哀辭序》《辨淵明詩序》《後苦雨行序》《續苦雨行序》《旅悶十首序》《小飲張季野宅分韻得張字序》《寄許太初詩序》《舟行青谿道中入歙十二首序》《題孝猿圖序》《次韻贈上饒鄭聖予序》《次韻滕君賓日序》《次韻徐贊府蜚英八首序》《哭從兄良遇序》《寄還程道益道大昆季詩卷序》《題吳山長文英野舟五首序》《贈朱師裕詩序》《美許孝子詩序》《上南行十二首序》《歲盡即事三首序》《寄題桐君祠序》《贈程君以忠楊君泰之並序》《題來將軍括蒼送行詩卷序》《贈方太初三首序》《哭川無竭禪師二首序》《寄壽牟提刑獻之爐序》《贈癡庵柴頭陀詩序》《寄題呂常山平章錦繡香中序》《送繆鳴陽六言詩序》《趙氏鄮山書院序》《哭鮑景翔魯齋序》《題陳學正巨源萬竹序》《寄題云屋趙資敬啓蒙亭風雩亭二首序》《次韻全君玉和高士馬盧中道院序》《爲合密府判題趙子昂大字蘭亭序》《題廬山白蓮社十八賢圖序》《題徐仲彬達觀亭序》《題沈伯雋所藏趙子昂墨蘭序》《臘月菊詩序》《寄贈介石沉高士詩序》《題劉養晦練江詩序》《次韻吳僧魁一山序》《送張伯起入都二首序》《送徐君奇入燕詩序》《重贈王相士詩序》《送凌應蘭玉傳詩序》《題郎川紀勝圖序》《寄題陳公輔聽雨軒序》《義犬行序》《學詩吟十首序》《詩思十首序》《題寒山拾得畫像序》《寄題暢上人文溪別業序》《題葉蘭坡居士蘭序》《劉子華儒吏詩序》《劉子敬吟卷序》《重陽吟序》《次韻劉元輝初寒夜坐序》《苦雨行序》《木棉怨序》《雪中憶昔詩序》

牟巘 9 篇：

《九日詩序》《聚星堂詩序》《送陳正德長慈湖詩序》《送周東甫教授餘干詩序》《餞留忠齋丞相詩序》《絕句五言序》《絕句七言序》《夢會圖詩敍》《題淵明圖序》

魏初 5 篇：

《順聖溫泉留題序》《白塔遇表兄劉君序》《寄商左山序》《望漢王城序》《許左丞哀挽序》

金履祥 2 篇：《遊三峰山序》《龍井詩序》

戴表元：《浴蠶沙溪水詩序》

劉因 15 篇：

《和有會而作序》《宋理宗書宮扇詩序》《記夢詩序》《過鄉縣西方古故居序》《李伯堅宣慰荊南詩序》《蠡吾王翁畫像詩序》《先天漆硯詩序》《宣慰孫公慶七十詩序》《劉仲文挽章序》《贈趙文八十詩序》《哭母族李涑陽詩序》《道士孫伯英容城故居序》《翟節婦序》《送徐生還鄂序》《郭翁詩序》

吳澄 18 篇：

《贈地理者詩序》《題忻州嘉禾圖序》《方壺圖序》《題趙氏先德碑序》《贈楊教授詩序》《美王彥飛父母受贈官詩序》《別李燦然詩序》《送龔舜諮南歸詩序》《題陳西樓記詠集末序》《贈朱法師詩序》《和答枝江令何朝奉序》《登孤山詩序》《題敗荷序》《贈遊遜仲詩序》《登撫州新譙樓序》《贈道士劉季榮詩序》《龜室詩序》《彭澤遇成之之京都序》

吳當 4 篇：

《致亭詩序》《琴鶴雙清亭詩序》《吳原廟龍津亭詩序》《再和康武一百五十韻序》

程鉅夫 9 篇：

《次韻趙方塘序》《題九方皋相馬圖後序》《送王子厚詩序》《送陳笠峰詩序》《次疎堂中丞詩韻序》《次劉雲卿御史同達勒達御史遊鼓山詩韻序》《與郭西野詩序》《白鶴歌序》《重送戴道士序》

陳櫟 10 篇：

《送石棋盤醉歸分韻得邊字序》《送徐春野序》《題翰墨十八輩封爵圖序》《和方虛谷上南行十二首序》《送汪希道入都詩引》《贈葉君訥詩序》《題春先亭序》《次汪稱隱府判退休言懷序》《和程伯玉遊普陀韻序》《題洪氏西園隱微館序》《次韻吳義夫營壽藏序》《贈臨溪程玄子詩序》《寄鄭耕岩序》

任士林 3 篇：

《送石棋盤醉歸分韻得邊字序》《送徐春野序》《題翰墨十八輩封爵圖序》

趙孟蠦 3 篇：

《海子上即事與李子構同賦序》《烈婦行序》《題李仲賓野竹圖序》

趙奕：《玉山佳處分得解字序》

仇遠 4 篇：

《送劉煉師歸序》《送許君起赴餘干教授二首序》《三學士圖序》《題高房山寫山村圖卷序》

馮子振 4 篇：

《題郭主簿模摩詰本輞川圖卷引》《題趙承旨白鼻騧圖序》《題趙鷗波高士圖序》《題趙仲穆臨李伯時鳳頭驄圖序》

劉將孫 11 篇：

《題南鄭尹氏四序堂四詠序》《淮之水序》《送五羊區善叔買書詩序》《送王實甫詩序》《爛柯圖為福寧州尹殷周卿作序》《僉事崔公彥材臨發索詩序》《九日和彭明叔登高序》《遊白紵山後序》《呈敬軒公序》《浴乎沂後序》《玉堂今夜涼後序》

陳普：《古田女詩序》

鄧文原 7 篇：

《奉題延祐宸翰序》《李思訓妙筆序》《陸探微層巒曲隖圖序》《吳道玄五雲樓閣圖序》《危太樸集八大家序》《顧愷之秋江晴嶂圖二首序》《王洽雲山圖序》

劉詵 16 篇：

《石洞雜賦序》《和高師周序》《前采薇序》《貴賤吟序》《冷熱吟序》《山月亭讌飲和梁景行諸公序》《感舊行序》《天馬歌贈炎陵陳所安序》《萬戶酒歌序》《哭王鼎翁內舍三首序》《挽羅見大二首序》《贈曾伯璋歲晚歸重侍下詩序》《題李鶴田穆陵大事記後序》《謁蕭定基墓二首序》《秧老歌五首序》《哭蕭孚有七首序》

張養浩 12 篇：

《寓興和序》《有示詩序》《待鳳石詩序》《萬年松詩引》《秀碧石詩

序》《天屏歌序》《木榻詩序》《爲孔明解嘲詩序》《詠史詩序》毛良卿送牡丹序》《贈劉仲憲詩序》《惜鶴十首序》

楊匡和《〈全元文〉失收序文 303 篇補目》〔註46〕

盧摯 5 篇：

《嶽麓書院捨菜禮成引》《戲贈李廉訪參道引》《茅山作序》《遊茅山五首序》《集句餞張知事子中序》。

尹廷高 2 篇：《銀嶺書懷序》《巢燕行序》。

袁易：《白海青詩序》。

馬臻 10 篇：

《送陳子振歸姑蘇序》《中秋詩序》《送蔣月屋歸富春序》《送王可受之京序》《題聯句詩卷後序》《贈句曲山李方外高士序》《和黃瀑翁寄弔龔岩翁畫馬詩序》《徐州寫望序》《至節即事序》《西湖春日壯遊即事序》

袁桷 10 篇：

《芳思亭詩序》《煮茶圖詩序》《句曲山迎眞送眞詞二章序》《開平第一集序》《開平第三集序》《開平第四集序》《與德平東湖聯句後序》《張孝子序》《徐母表閭序》《秋闈倡和序》

蒲道源 3 篇：

《爲西軒先生賦冬日葵花引》《賀白良甫兵後再聚序》《題南襃草亭圖手卷序》。

虞集 42 篇：

《味經堂詩序》《送李彥方閫憲序》《題柯敬仲畫序》《題灤陽胡氏雪溪卷序》《送張尙德序》《送陳碩序》《題子昂春江聽雨圖序》《題蔡端明蘇東坡墨蹟後序》《萬戶張公廟堂詩序》《送呂教授還臨川序》《題東平王與盛熙明手卷序》《送道士趙虛一歸金陵序》《秋堂詩序》《冰雪相看亭詩序》《寄陳奉常詩序》《書武進縣學記後詩序》《題致爽樓詩序》《鶴詩序》《送王公輔遠遊序》《夜宿周氏簡饒復心李伯宗詩序》《贈朱萬初之官建寧序》《題樓攻媿織圖序》《柏堂詩序》《櫃軒詩序》《玉壺堂詩序》《夢舊遊諸友序》《賦神蛙序》《龍興黃堂隆道宮西華太姆元君飛茆詩序》《郎官

〔註46〕《古籍整理研究學刊》，2017 年第 4 期，第 28～31 頁。

湖李白祠詩序》《次韻劉伯溫送王止善員外四首序》《送道士危亦樂歸臨川序》《雙檜軒詩序》《書蕭母傳後詩序》《黃節婦詩序》《題河東李集賢個詩後序》《聽劉元彈琴序》《題劉伯溫行卷序》《贈徐元度序》《與侯頤軒詩序》《次韻竹枝歌答袁伯長序》《題贈葉梅野序》《題夢良梅序》

薩都刺 9 篇：

《蛾眉雲謝照磨李伯貞遺白石詩序》《贈別鷲峰上人序》《題淮安王氏小樓序》《相逢行贈別舊友治將軍詩序》《鸚鵡曲序》《寄朱舜諮王伯循了即休五首序》《吳山女道士詩序》《憶觀駕春搜二首序》《溪行中秋玩月序》

揭傒斯 12 篇：

《去婦詞序》《四友詩序》《柏堂詩序》《題文瑞圖序》《從他痛辭序》《遊麻姑山五首序》《李宮人琵琶引序》《孔林圖序》《題桃源圖序》《我我亭詩序》《贈吳主一序》《硯山詩序》

貫雲石 3 篇：《桃花岩詩序》《觀日行詩序》《蘆花被詩序》

楊維楨 68 篇：

《送薛推官序》《壽愷詩序》《送康司業序》《送趙季文都水書吏考滿序》《聯句書桂隱主人齋壁序》《凝香閣詩序》《盤所閣詩序》《杵歌序》《江西鐃歌序》《鐵崖古樂府》《別鵠操引》《精衛操引》《湘靈操引》《桓山鳥詩引》《結襪子詩引》《易水歌引》《唐姬飲酒歌引》《馮家女詩引》《紅牙板歌序》《李卿琵琶引序》《張猩猩胡琴引序》《周郎玉笙謠引》《望洞庭詩序》《登華頂峰詩序》《沙堤行序》《地震謠序》《三男詞序》《樗蒲行序》《金溪孝女歌序》《楊佛子行序》《金處士歌序》《陳孝童詩序》《強氏母詩序》《奉使歌美達爾瑪氏也序》《傅道人歌序》《洪州矮張歌序》《秀州相士歌序》《壽岩老人歌序》《義鴿三章序》《佛郎國進天馬歌序》《履霜操序》《雉朝飛序》《石婦操序》《獨祿篇序》《烏夜啼序》《城西美人歌序》《龍王嫁女詞序》《修月匠歌序》《蘆山瀑布謠序》《花遊曲序》《南婦還詩序》《冶師行序》《五禽言詩序》《白翎鵲辭二章序》《殺虎行序》《西湖竹枝歌序》《絕句漫興七首序》《宮詞十二首序》《香奩八詠序》《老鐵梅花夢二十首序》《謝呂敬夫紅牙管歌序》《題月山公九馬圖手卷爲任伯溫賦序》《璚花珠月二名姬詩序》《李鐵槍歌序》《鐵城謠序》《銅將軍詩序》《周鐵星詩序》《蔡葉行序》《金盤美人詩序》

張雨 8 篇：

《元日雪霽早朝大明宮和辛良史省郎廿二韻序》《廬疏齋集序》《玄洲唱和序》《燈花聯句序》《四賢帖詩序》《和坡仙寒食詩序》《贈姜彥翁秀才序》《牧之水榭詩序》

歐陽玄：《喜門生中狀元詩序》《出試院有作寄諸弟序》

釋大圭 7 篇：

《題遠綠亭序》《哀惠廓上人詩序》《次韻詹生謝許氏兄弟餽訪序》《哀阮信道詩序》《壽母歌序》《定公生焚詩序》《次韻王季鴻遊九日山序》

吾丘衍 3 篇：《贈宋道夫序》《洞山吟序》《尚方連環歌爲孫康侯徵君作序》

李孝光 11 篇：

《書窈窕圖後序》《再賦怡雲序》《有翼詩序》《岐山詩序》《原田詩序》《古詩序》《憶升州學序》《次潘尊師韻序》《瓶有粟序》《擇木爲婁所性作序》《贈林泉生兄弟序》

周霆震 30 篇：

《停雲師友吟序》《豫章吟序》《宜春將軍取印歌序》《孤隼歎序》《征西謠序》《丁馬謠序》《悲東姚序》《送吳縣丞赴江西省掾序》《郁孤驄馬行序》《題奔子溫南城抱關遺稿序》《誌感詩序》《喜康子至序》《紀事詩序》《詔至詩序》《述懷二首序》《書所見序》《喜東宮受冊序》《紀事序》《寇至序》《城西放歌序》《紀實序》《宿州歌序》《古金城謠序》《李潯陽死節歌序》《普顏副使政績歌序》《喜雪詩序》《虎墮井序》《埋冤樹序》《延平龍劍歌序》《楊柳枝詞四首序》。

成廷珪 6 篇：

《槎山歌爲胡雲夫作序》《題劉孝子傳後序》《題崔原亭竹深處序》《送尹敬思令尹歸青州序》《題海陵張孝子傳序》《安慶大節堂序》

黃公望 8 篇：

《方方壺松岩蕭寺圖序》《顧愷之秋江晴嶂圖序》《荊洪谷楚山秋晚圖序》《題關全層巒秋靄圖序》《王維秋林晚岫圖二首序》《題李成所畫十冊序》《趙令穰秋村暮靄圖序》《曹雲西畫卷序》

陳旅 6 篇：

《送謝仲連爲小鹿巡檢序》《送龔立民還江南序》《送熊太古還豫章序》《送李中父使征東行省序》《送潘澤民還江南序》《崇碧軒詩序》

許有壬 19 篇：

《送蕭孚有歸廬陵序》《送界畫林一清赴台州序》《醫臺行序》《劉竹溪手植松歌序》《送吳雄甫赴肇慶經歷序》《遊青山十首序》《贈萬國卿郎中序》《桂林翁挽詩序》《九日登石頭城序》《題沙木斯迪音成之去思碑序》《復科呈原功序》《哭甥縣寄秉彝序》《送張困亮煉師序》《喜逢口詩序》《上京十詠序》《水木清華亭宴集十四韻序》《送馬明初教授南歸二十韻序》《圭塘欸乃集引》《圭塘雜詠序》

鄭元祐 4 篇：

《贈制筆溫生序》《古牆行序》《月夜懷十五友詩序》《學詩齋聯句序》

李存 3 篇：《登金盤山詩序》《贈道士毛士原序》《題寒青亭詩序》

郭曉燕《補〈全元文〉趙汸遺文三篇》〔註47〕

1. 《寄上蘇伯修》
2. 《對問江右六君子策》補缺
3. 《九思堂記》之缺漏

夏令偉《〈全宋文〉〈全元文〉補遺》〔註48〕

1. 徐元瑞《習吏幼學指南序》
2. 石抹允敬《吏學指南序》
3. 潘時《司皁箴》
4. 佚名《提刑箴》
5. 徐琰《吏員三尙》

都劉平《〈全元文〉輯補 11 篇》〔註49〕

1. 胡長孺《顏樂齋原鈔引》
2. 胡長孺《吳用晦墓誌銘》
3. 胡長孺《崇寧萬壽禪寺楊氏施田記》
4. 胡長孺《滴露齋記》
5. 胡長孺《丘可行墨銘並序》
6. 胡長孺《古窯爐銘》

〔註47〕 《古籍整理研究學刊》，2017 年第 4 期，第 32～34 頁。
〔註48〕 《江蘇大學學報》，2017 年第 5 期，第 16～20 頁。
〔註49〕 《古籍整理研究學刊》，2017 年第 5 期，第 30～35 頁。

7. 胡長孺《何君祖皐墓誌銘》

8. 陳繹曾《增修集仙宮記》

9. 陳繹曾《文筌序》

10. 熊朋來《重修廣州路學大成殿記》

11. 石瑞《王博文題名》

張明強《〈全元文〉佚文十三篇輯考》〔註50〕

1. 雷機《尚書通考序》

2. 齊履謙《春秋諸國統紀目錄跋》

3. 齊履謙《周易本說序》

4. 高恥傳《群書鉤玄序》

5. 佚名《群書鉤玄序》

6. 劉世常《白虎通德論跋》

7. 王璿《釋氏稽古略序》

8. 念常《釋氏稽古略序》

9. 至通《釋氏稽古略序》

10. 劉錦文《詩經疑問序》

11. 劉錦文《書義主意序》

12. 劉錦文《〈伯生詩續編目錄〉題識》

13. 陸森《校正玉靈聚義序》

張明強《〈全元文〉佚文十六篇輯補》〔註51〕

1. 胡雲龍《諸子集要序》

2. 趙汸《春秋師說題辭》

3. 趙汸《上蘇參政天爵書》

4. 趙汸《上蘇參政天爵書》

5. 汪澤民《婺源三梧鎮汪端公祠堂碑》

6. 汪澤民《春秋胡氏傳纂疏序》

7. 汪文《春秋師說跋》

8. 李秀發《節孝先生像贊》

〔註50〕 《廣西社會科學》，2017 年第 9 期，第 207～212 頁。
〔註51〕 《古籍整理研究學刊》，2018 年第 1 期，第 49～54 頁。

9. 孟昉《集古樂府序》

10. 黃清老《皇元風雅集序》

11. 葉曾《東坡樂府序》

12. 夏文彥《圖繪寶鑒序》

13. 陸友《閒居錄跋》

14. 陸友《題蘭亭舊刻》

15. 陸友《題趙魏公二帖》

16. 陸友《李士弘臨右軍帖跋》

都劉平《元儒汪澤民佚文輯存與生平交遊考》〔註52〕

1. 《春秋胡傳附錄纂疏序》

2. 《梧溪集序》

3. 《江東憲司題名記》

4. 《錢翼之四體千文卷跋》

5. 《汪尙書手札下及帖》

6. 《朱熹〈致程允夫書〉跋》

7. 《龍驤將軍文和公像贊》

8. 《黟令道猷公像贊》

9. 《題石鏡》

10. 《章氏環川八景圖》

〔註52〕 《中國書法》，2018 年第 2 期，第 150～157 頁。

附錄二：元人別集所收《全元文》佚文篇目彙編

　　元代別集不斷整理出版，成果豐富。將這些別集與《全元文》相比，可以發見裏面有部分文章爲《全元文》失收。今匯錄篇目如此。

烏斯道〔註1〕：

1. 《植芳堂銘》
2. 《戴良像贊》
3. 《元音序》
4. 《天辨》
5. 《劉職方詩集序》
6. 《王敏功詩集序》
7. 《送張履順入胄監序》
8. 《周皞齋墓銘》
9. 《宜晚樓記》
10. 《送錢仲山赴春官會試序》
11. 《小像自贊》

張可久〔註2〕：

1. 《小山樂府跋》
2. 《題楚山清曉圖》

〔註1〕（元）烏斯道著、徐永明點校《烏斯道集》(浙江文叢)，浙江古籍出版社 2012年版，第 247～258 頁。
〔註2〕（元）張可久著；呂薇芬，楊鐮校注《張可久集校注》，浙江古籍出版社 2012年版，第 543～545 頁。

管道昇（21／732）〔註3〕：

1. 《修竹圖卷自識》
2. 《竹卷後跋》
3. 《平安家書》

趙雍（54／600）〔註4〕：

1. 《跋蘭亭舊刻》

虞集（26～27冊）〔註5〕

1. 《豆腐三德贊》（並序）
2. 《金蓬頭先生畫像贊》
3. 《跋晦翁書後》
4. 《題范德機書》
5. 《題吳草廬先生登撫州新譙樓詩後》
6. 《題袁靜春詩集》
7. 《題宋燕穆之山居圖》
8. 《飲膳正要序》
9. 《承天仁惠局藥方序》
10. 《經世大典序》（應制）
11. 《撫州路相山重修保安觀記》
12. 《集慶路方山重修定林寺記》
13. 《延平路新修宣聖廟學記》
14. 《杭州路淨慈報恩寺記》
15. 《江州路重建東林寺記》
16. 《溫州路玄妙觀碑銘》
17. 《茶陵州青霞萬壽宮碑銘》

〔註3〕 （元）趙孟頫《趙孟頫集》附錄《管道昇集》，浙江古籍出版社 2012 年版，
第 493、495 頁。（按：《趙孟頫集》雖後出，然收文不全。《全元文》第 19 冊
「趙孟頫卷」有《送子訥年丈晉秩寧國路序》、《與錢舜舉論士夫論士夫畫》、
《太湖石贊》，《趙孟頫集》失載）

〔註4〕 （元）趙孟頫《趙孟頫集》附錄《趙雍集》，浙江古籍出版社 2012 年版，第
508 頁。

〔註5〕 （元）虞集著，王頲點校《虞集全集》，天津古籍出版社 2007 年版，第 339
～1034 頁。

18.《敕賜玄教宗傳碑銘》

19.《□□崔氏世德碑銘》

張以寧〔註6〕：

1.《賦一首》

2.《濮陽縣孝義重建書院疏》

3.《崇義書院記》

4.《知止齋後記》

5.《書唐兀敬賢孝感後記》

6.《送楊象賢歸澶淵序》

7.《愛理堂記》

8.《春秋春王正月考序》

黃溍〔註7〕：

1.《貞節堂銘》（並序）

2.《也列里術兀追封雲安王制》

3.《帖木迭兒追封威寧王制》

4.《帖木迭兒妻伯亦忒迷失追封追封威寧王夫人制》

5.《純直海加贈宣忠協力崇仁佐運功臣太傅開府儀同三司上柱國追封定西王改諡武穆制》

6.《也速觲兒妻忽都魯追封安慶夫人制》

7.《國子監賀聖節表三首》（其三）

歐陽玄〔註8〕

1.《辰州路重修郡學記》

2.《江浙行省興造記》

3.《張將軍祠記》

4.《創建黑龍潭廟碑記》

5.《羊公碑陰之記》

6.《金華宋氏石刻世系記》

〔註 6〕 游友基編《翠屏集——張以寧詩文集》，鷺江出版社團 2012 年版。

〔註 7〕 （元）虞集著，王頲點校《黃溍全集》，天津古籍出版社 2008 年版，第 121 頁。

〔註 8〕 （元）歐陽玄撰，湯銳點校整理《歐陽玄全集》，四川大學出版社 2010 年版。

7. 《重修九宮山欽田瑞慶宮記》

8. 《春暉堂記》

9. 清風堂後記

10. 《廬山記》

11. 《永新良坊賀氏譜序》

12. 《旌德呂氏家譜序》

13. 《法書考序》

14. 《經世大典序錄·憲典》

15. 《漢泉漫稿序》

16. 《楚國文憲公雪樓程先生文集序》

17. 《蒲庵集敘》

18. 《扈從集序》

19. 《雙峰舒先生文稿序》

20. 《送傅參政安陽公謁告南歸詩敘》

21. 《送浮雲先生之湖廣副提舉序》

22. 《夜話亭序》

23. 《大元重建河南嵩山少林禪寺蕭梁達磨大師碑敘》

24. 《大元敕賜故順天路達魯花赤河西老索神道碑銘》

25. 《涿郡歷代名賢碑》（有序）

26. 《大元敕賜先師袞國復聖公新廟碑銘》

27. 《韓尚書世德碑銘》

28. 《慕容氏先塋碑》

29. 《敕賜滕李氏先塋碑銘》（並敘）

30. 《中書右丞相領治都水監政績碑》

31. 《元贈鄱陽縣君宣文閣授經郎周君伯琦曾祖妣宋封安人方氏墓道碑銘》
（有序）

32. 《故增中順大夫禮部侍郎王公墓碑》

33. 《秦長卿傳》

34. 《皇太子玉冊文》

35. 《徵辯室銘》

36. 《清泰堂銘》

37. 《見心字說》

38. 《此山說》

39. 《仁山說》

40. 《題勤安居士詩文》

41. 《跋王盧溪手簡》

42. 《跋六一公自書詩文稿》

43. 《跋桂里家藏六一公遺墨錄本》

44. 《弔謝翱文跋》

45. 《難經跋》

46. 《留耕堂跋》

47. 《宋參知政事少師范文穆公像贊》

48. 《宋直徽猷閣湯公像贊》

49. 《宋瀏陽知縣呂公像贊》

50. 《楚國程文憲公小像贊》

另：《歐陽玄集‧輯佚》〔註9〕：

1. 《春暉堂記》

2. 《楚國文憲公雪樓先生文集序》

3. 《中書參知政事許公文過集序》

4. 《歸詩敘公謁告南送參政安陽》

5. 《法書考序》

6. 《送傅與礪之廣州儒學序》

7. 《致事帖》

8. 《麟鳳帖》

9. 《見心字說》

10. 《徵辯室銘》

11. 《清泰堂銘》

12. 《元禮儀院判昔李公墓誌銘》

13. 《蒲城義門王氏世德之碑》

14. 《盧山記》（以下爲殘篇）

〔註9〕 （元）歐陽玄撰，魏崇武、劉建立校點《歐陽玄集》，吉林文史出版社 2009
年版，第 264～330 頁。

15. 《涿郡名賢碑記》

16. 《蒲庵集序》

17. 《至正集序》

18. 《長卿傳》

19. 《王清獻公神道碑》

戴表元〔註10〕

1. 《宛溪南遊詩序》

2. 《作文之立意法》

鄭元祐

《元代別集叢刊》本〔註11〕：

1. 《贈虞勝伯序》

2. 《跋趙孟頫千文》

3. 《題魏鍾繇薦季直表》

4. 《寫蕭元泰詩序後懷達兼善》

5. 《題文丞相詩帖》

6. 《遊仙詞卷》

7. 《可詩齋銘》

8. 《虞邵庵小像題贊》

9. 《林義士事蹟》〔註12〕

《浙江文獻集成》本〔註13〕：

1. 《跋文丞相詩帖》（重複）

2. 《贈虞勝伯序》（重複）

〔註10〕 （元）戴表元著、李軍、辛夢霞校點《戴表元集》，吉林文史出版社 2008 年版，第 589～590 頁。

〔註11〕 （元）鄭元祐著，鄧瑞全、陳鶴、童曉峰校點《鄭元祐集》，吉林文史出版社 2010 年版，第 197～200 頁。

〔註12〕 按：據《南村輟耕錄》錄文。又載楊訥、李曉明編 《文淵閣四庫全書補遺·集部》宋元卷第 3 冊《霽山集·附錄》。此傳實乃鄭元祐《遂昌山人雜錄》之文（中華書局 1991 年版，第 6～7 頁）。

〔註13〕 （元）鄭元祐撰，徐永明校點《鄭元祐集》，浙江大學出版社 2012 年版，第 351～360 頁。

  3. 《題魏鍾繇眞跡一帖》（重複）

  4. 《呂氏春秋序》

  5. 《送張吳縣之官嘉定分題詩序》

  6. 《趙孟頫蘭竹圖卷題跋》

  7. 《趙孟頫靈隱大川濟禪師塔銘題跋》

  8. 《趙孟頫雪岩和尚拄杖歌題後》

  9. 《題王繹楊竹西小像》

  10. 《宋米芾書易義題跋》

  11. 《趙孟頫書千文題跋》（重複）

  12. 《蘇軾杜甫檜木詩題跋》

  13. 《王淵秋塘立鷺圖題跋》

  14. 《郭畀雪竹題跋》

  15. 《平江路總管周侯興學記碑》

  16. 《溪漁帖》

  17. 《跋蔡襄行書黃庭經卷》

  18. 《跋趙孟頫明妃出塞圖》

劉將孫〔註14〕：

  1. 《朱子成書序》

  2. 《豫章先生遺稿跋》

陳基〔註15〕：

  1. 《遊上方紀遊詩並序》

  2. 《玉山佳處後記》

  3. 《跋西臺慟哭記注後》

姚燧〔註16〕：

  1. 《高麗國王封曾祖父母父母制》

〔註14〕 （元）劉將孫著，李鳴、沉靜校點《劉將孫集》，吉林文史出版社 2009 年版，第 269、275 頁。

〔註15〕 （元）陳基著，邱居里、李黎校點《陳基集》，吉林文史出版社 2009 年版，第 456、457、458 頁。

〔註16〕 （元）姚燧著，查洪德編輯校點《姚燧集》之《牧庵集輯佚》，人民文學出版社 2011 年版，第 581～622 頁。

2. 《淇陽惠穆王妻啜思蠻公主封王夫人制》
3. 《先聖像贊》
4. 《金同知沁南軍節度使楊公傳》
5. 《沖虛眞人郝公道行碑》
6. 《玉陽體玄廣度眞人王宗師道行碑（並序）》
7. 《洞觀普濟圓明眞人高君道行碑》
8. 《岳氏宗塋之碑》
9. 《有元重修玉清萬壽宮碑銘（並序）》
10. 《襄陽廟學碑》
11. 《有元故中奉大夫福建等處行中書省參知政事焦公神道碑銘（並序）》
12. 《有元故奉訓大夫同知威楚開南等路總管席君神道碣銘（並序）》
13. 《有元故中奉大夫江東宣慰使珊竹公神道碑銘（並序）》
14. 《潞國忠簡趙公神道碑銘（並序）》
15. 《袁氏墓誌銘》
16. 《大元朝列大夫騎都尉弘農伯楊公神道碑銘》
17. 《菊磵集序》
18. 《跋疇齋書〈歸去來辭並序〉》
19. 《論魯齋之學》
20. 《永春大夫》

仇遠〔註17〕：

1. 《山中白雲詞敘》
2. 《跋李西臺書》
3. 《跋求志齋陸仲覽居》
4. 《跋顧德謙畫卷》
5. 《跋東坡書楚人頌帖》
6. 《跋倪元鎮秋林山色圖》

〔註17〕 （元）仇遠著、張慧禾校點《仇遠集》，浙江大學出版社2012年版，第219、221～222頁。（按：《全元文》第19冊錄仇遠文11篇，有二篇爲《仇遠集》未收：《題手書自作律詩三十八首後》、《求志齋銘並序》）

劉應李〔註18〕：

1. 《回啓》
2. 《回定啓》
3. 《祭姑文》
4. 《祭姊文》
5. 《沖和道院上樑文》
6. 《語孟集疏序》

王惲〔註19〕

1. 《木齋銘》
2. 《宣慰張公行狀》

秦約〔註20〕

1. 《花雨軒記》
2. 《方寸鐵頌》
3. 《知州劉侯生祠記》
4. 《城南佳趣堂記》
5. 《玉山嘉宴序》
6. 《可詩齋夜集詩序》
7. 《名跡錄序》
8. 《溧陽縣學教諭秦君自誌》
9. 《賦傀儡湖》
10. 《賦三江》
11. 《夜集聯句詩序》
12. 《秦淮海簡一通》
13. 《道安集譜序》
14. 《春雨祠碑記》

〔註18〕 仝建平《劉應李詩文輯存》，《〈新編事文類聚翰墨全書〉研究》附錄三，寧夏人民出版社 2011 年版，第 242～245 頁。

〔註19〕 （元）王惲著；楊亮、鍾彥飛點校《王惲全集匯校》，中華書局 2013 年版，第 4433～4439 頁。

〔註20〕 秦約等著，徐兵、龔家政、沈茂華整理《秦約詩文集》（外三種），上海社會科學院出版社 2015 年版，第 41～53 頁。

參考文獻

一、古籍

1. 經部

1. （清）阮元校刻《十三經注疏》，中華書局 1980 年版。

2. （元）胡一桂《周易啓蒙翼傳》，景印文淵閣四庫全書第 22 冊，臺灣商務印書館 1986 年版。

3. （元）胡一桂《易附錄纂注》，景印文淵閣四庫全書第 22 冊，臺灣商務印書館 1986 年版。

4. （元）李清菴《周易尚占》，《叢書集成初編》第 706 冊，中華書局 1985 年版。

5. （北宋）歐陽修《詩本義》，景印文淵閣四庫全書第 70 冊，臺灣商務印書館 1986 年版。

6. （宋）車垓《內外服制通釋》，景印文淵閣四庫全書第 111 冊，臺灣商務印書館 1986 年版。

7. （元）王充耘《書義主意》，《四庫未收書輯刊》拾輯第 1 冊，北京出版社 1997 年版。

8. （元）葉時《禮經會元》，《叢書集成續編》第 66 冊，新文豐出版公司 1989 年版。

9. （元）盧以緯著，劉燕文校注《語助校注》，中州古籍出版社 1986 年版。

10. （元）陰時夫《韻府群玉》，明萬曆刻本。

11. （元）包希魯《說文解字補義》，《續修四庫全書》第 202 冊，上海古籍出版社 1996 年版。

12. （元）保巴著，陳少彤點校《周易原旨·易源奧義》，中華書局 2009 年版。

13. （元）俞皋《春秋集傳釋義大成》，景印文淵閣四庫全書第 159 冊，臺灣商務印書館 1986 年版。

14. （元）趙汸《春秋屬辭》，景印文淵閣四庫全書第 164 冊，臺灣商務印書館 1986 年版。

15. （明）丘濬《朱子解的》，《丘濬集》第 7 冊，海南出版社 2006 年版。

16. （清）謝啓昆《小學考》，《續修四庫全書》第 922 冊，上海古籍出版社 1996 年版。

17. （清）朱彝尊撰，林慶彰、蔣秋華、楊晉龍等點校《經義考新校》，上海古籍出版社 2010 年版。

18. （清）閻若璩《尚書古文疏證》，上海古籍出版社 2010 年版。

19. 楊伯峻《春秋左傳注》，中華書局 2009 年版。

2. 史部

1. （西漢）司馬遷著、（宋）裴駰集解、（唐）司馬貞索隱、張守節正義《史記》，中華書局 1959 年版。

2. （東漢）班固著、（唐）顏師古注《漢書》，中華書局 1962 年版。

3. （宋）范曄撰、（唐）李賢等注《後漢書》，中華書局 1965 年版。

4. （晉）陳壽撰、（宋）裴松之注《三國志》，中華書局 1959 年版。

5. （唐）魏徵、令狐德棻撰《隋書》，中華書局 1973 年版。

6. （後晉）劉昫《舊唐書》，中華書局 1975 年版。

7. （北宋）歐陽修、宋祁《新唐書》，中華書局 1975 年版。

8. （元）脫脫等撰《宋史》，中華書局 1977 年版。

9. （北宋）司馬光《資治通鑒》，中華書局 1956 年版。

10. （明）孫承澤《元朝典故編年考》，景印文淵閣四庫全書第 645 冊，臺灣商務印書館 1986 年版。

11. （清）談遷《國榷》，古籍出版社 1958 年版。

12. （清）徐乾學《資治通鑒後編》，景印文淵閣四庫全書第 345 冊，臺灣商務印書館 1986 年版。

13. 徐元誥《國語集解》，中華書局 2002 年版。

14. （元）袁桷《延祐四明志》，景印文淵閣四庫全書第 491 冊，臺灣商務印書館 1986 年版。

15. （元）王元恭修；王厚孫，徐亮纂《至正四明續志》，《宋元方志叢刊》第 7 冊，中華書局 1990 年版。

16. （明）陳文修，李春龍，劉景毛校注《景泰雲南圖經志書校注》，雲南民族出版社 2002 年版。

17. （明）李侃、胡謐纂修《成化山西通志》，《四庫全書存目叢書》史部第 174 冊，齊魯書社 1996 年版。

18. （明）黃潤玉《成化寧波府簡要志》，《四庫全書存目叢書》史部第 174 冊，齊魯書社 1996 年版。

19. （明）陳讓，夏時正纂修《成化杭州府志》，《四庫全書存目叢書》史部第 175 冊，齊魯書社 1996 年版。

20. （明）柳瑛《成化中都志》，《四庫全書存目叢書》史部第 176 冊，齊魯書社 1996 年版。

21. （明）汪舜民《弘治徽州府志》，《天一閣藏明代方志選刊》本。

22. （明）盧希哲《弘治黃州府志》，《天一閣藏地方志選刊》本。

23. （明）莫旦《弘治吳江志》，《中國史學叢書》三編第四輯，臺灣學生書局 1987 年版。

24. （明）唐錦《弘治上海志》，明弘治刻本。

25. （明）陳威，顧清纂修《正德松江府志》，《四庫全書存目叢書》史部第 181 冊，齊魯書社 1996 年版。

26. （明）唐錦纂修《正德大名府志》，《天一閣藏明代方志選刊》本。

27. （明）熊相《正德瑞州府志》，《天一閣藏明代方志選刊續編》本。

28. （明）王鏊《正德姑蘇志》，景印文淵閣四庫全書第 493 冊，臺灣商務印書館 1986 年版。

29. （明）陳威、顧清纂修《正德松江府志》，《四庫全書存目叢書》史部第 181 冊，齊魯書社 1996 年版。

30. （明）陸釴《嘉靖山東通志》，明嘉靖刻本。

31. （明）顏木《嘉靖隨志》，《四庫全書存目叢書》史部第 186 冊，齊魯書社 1996 年版。

32. （明）陳洪謨《嘉靖常德府志》，《天一閣藏明代方志選刊》本。

33. （明）杜思，馮惟訥纂修《嘉靖青州府志》，《天一閣藏明代地方志選刊》本。

34. （明）李汛《嘉靖九江府志》，《天一閣藏明代地方志選刊》本。

35. （明）樊深《嘉靖河間府志》，《天一閣藏明代方志選刊》本。

36. （明）王崇《嘉靖池州府志》，天一閣藏明代地方志叢刊本。

37. （明）高廷愉《嘉靖普安州志》，《天一閣藏明代方志選刊》本。

38. （明）楊珮《嘉靖衡陽府志》，《天一閣藏明代方志選刊》本。

39. （明）黃紹文《嘉靖廣德州志》，明嘉靖十五年刊本。

40. （明）劉節《嘉靖南安府志》，《天一閣藏明代方志選刊續編》本。

41. （明）陳洪謨《嘉靖常德府志》，《天一閣藏明代方志選刊》本。

42. （明）劉繼先《嘉靖武定州志》，《天一閣藏明代地方志叢刊》本。

43. （明）張良知《嘉靖許州志》，《天一閣藏明代地方志選刊》本。

44. （明）聞人詮修，陳沂纂《嘉靖南畿志》，《中國史學叢書》三編第四輯，臺灣學生書局 1987 年版。

45. （明）沈朝宣《嘉靖仁和縣志》，清光緒刻武林掌故叢編本。

46. （明）劉松《隆慶臨江府志》，明隆慶刻本。

47. （明）張國維《吳中水利全書》，景印文淵閣四庫全書第 578 冊，臺灣商務印書館 1986 年版。

48. （明）王圻《萬曆青浦縣志》，明萬曆刊本。

49. （明）侯大節纂修《萬曆衛輝府志》，中州古籍出版社 2010 年版。

50. （明）徐學謨纂修《萬曆湖廣總志》，《四庫全書存目叢書》史部第 195 冊，齊魯書社 1996 年版。

51. （明）胡漢纂修《萬曆郴州志》，《天一閣藏明代方志選刊》本。

52. （明）曹金《萬曆開封府志》，明萬曆十三年刻本。

53. （明）韓晟修，毛一鷺纂《萬曆遂安縣志》，《中國史學叢書》三編第四輯，臺灣學生書局 1987 年版。

54. （明）栗祁《萬曆湖州府志》，明萬曆刻本。

55. （明）范淶修、章潢纂《萬曆新修南昌府志》，《日本藏中國罕見地方志叢刊》，書目文獻出版社 1985 年版。

56. （明）韓濬等修《萬曆嘉定縣志》，《中國史學叢書》第三編第四輯 43，臺灣學生書局 1987 年版。

57. （明）蕭良幹修，（明）張元忭、孫鑛纂；李能成點校《萬曆紹興府志》，寧波出版社 2012 年版。

58. （明）于慎行《兗州府志》，齊魯書社 1985 年版。

59. （明）李正儒創修，（清）賴於宣重輯、汪度續修《稿城縣志》，《中國方志叢書》華北地方 161 號，成文出版社 1968 年版。

60. （明）黃仲昭《八閩通志》，福建人民出版社 2006 年版。

61. （明）謝肇淛《北河紀》，景印文淵閣四庫全書第 576 冊，臺灣商務印書館 1986 年版。

62. （明）佚名《無錫縣志》，景印文淵閣四庫全書第 492 冊，臺灣商務印書館 1986 年版。

63. （明）李賢《明一統志》，景印文淵閣四庫全書第 472～473 冊，臺灣商務印書館 1986 年版。

64. （明）談遷《海昌外志》，方志出版社 2009 年版。

65. （清）白潢等修，查慎行等纂《康熙西江志》，《中國方志叢書》華中地方第 783 號，成文出版社 1989 年版。

66. （清）潘辰等纂修《康熙松陵縣志》，《中國方志叢書》華南地區第 232 號，臺灣成文出版社 1975 年版。

67. （清）楊振藻、高士龘修，錢陸燦等纂《康熙常熟縣志》，《中國地方志集成》江蘇府縣志輯 21，江蘇古籍出版社 1991 年版。

68. （清）鄭僑等纂《康熙上虞縣志》，《中國方志叢書》華中地區第 545 號，臺灣成文出版社 1983 年版。

69. （清）王基鞏纂修《康熙安鄉縣志》，《日本藏中國罕見地方志叢刊》第 28 冊，書目文獻出版社 1990 年版。

70. （清）郎遂《康熙杏花村志》，清康熙二十四年刻本。

71. （清）杜詔、顧瀛纂《雍正山東通志》，四庫全書本。

72. （清）黃廷桂《雍正四川通志》，景印文淵閣四庫全書第 559～561 冊，臺灣商務印書館 1986 年版。

73. （清）嵇曾筠《雍正浙江通志》，景印文淵閣四庫全書第 524～525 冊，臺灣商務印書館 1986 年版。

74. （清）王士俊《雍正河南通志》，景印文淵閣四庫全書第 536 冊，臺灣商務印書館 1986 年版。

75. （清）謝旻《雍正江西通志》，景印文淵閣四庫全書第 513～518 冊，臺灣商務印書館 1986 年版。

76. （清）金鉷《雍正廣西通志》，景印文淵閣四庫全書第 565～568 冊，臺灣商務印書館 1986 年版。

77. （清）趙宏恩《乾隆江南通志》，景印文淵閣四庫全書第 508 冊，臺灣商務印書館 1986 年版。

78. （清）陳洪書修，王錫侯、陳啓光纂《乾隆望都縣新志》，《四庫禁燬書叢刊》史部第 73 冊，北京出版社 1997 年版。

79. （清）胡德琳修、李文藻等纂《乾隆歷城縣志》，《中國地方志集成》山東府縣志輯 4，鳳凰出版社 2004 年版。

80. （清）孟思誼纂修《乾隆赤城縣志》，《中國方志叢書》塞北地區第 22 號，成文出版社 1968 年版。

81. （清）錢維喬修、錢大昕纂《乾隆鄞縣志》，《續修四庫全書》706 冊，上海古籍出版社 1996 年版。

82. （清）周碩勳《乾隆潮州府志》，《中國方志叢書》第 46 號，成文出版社 1967 年版。

83. （清）徐觀海修纂《乾隆將樂縣志》，廈門大學出版社 2009 年版。

84. （清）徐景熙修、魯曾煜纂《乾隆福州府志》，清乾隆十九年刊本。

85. （清）朱偓、陳昭謀修纂《嘉慶郴州總志》，嶽麓書社 2010 年版。

86. （清）周樹槐纂修《吉水縣志》，《中國方志叢書》華中地方第 767 號，成文出版社 1989 年版。

87. （清）劉光輝修、任鎮及纂《嘉慶息縣志》，清嘉慶四年刊本。

88. （清）阮元《道光廣東通志》，清道光二年刻本。

89. （清）鮑作雨、張振夔總修《道光樂清縣志》，線裝書局 2009 年版。

90. （清）文齡、孫文俊修，史策先纂《同治隨州志》，清同治八年刻本。

91. （清）李銘皖等修，馮桂芬等纂《同治蘇州府志》，《中國方志叢書》華中地方第 5 號，成文出版社 1970 年版。

92. （清）史澄《光緒廣州府志》，清光緒五年刊本。

93. （清）阿麟修、王龍勳等纂；何向東、習光輝、黨元正等校注《新修潼川府志校注》，巴蜀書社 2007 年版。

94. （清）沈葆楨等修、何紹基等纂《光緒重修安徽通志》，清光緒四年刻本。

95. （清）鄭鍾祥、張瀛修，龐鴻文等纂《光緒常昭合志稿》，《中國地方志集成》江蘇府縣志輯 22，江蘇古籍出版社 1991 年版。

96. （清）王棻《光緒永嘉縣志》，清光緒八年刻本。

97. （清）周鳳鳴修，王寶田纂《光緒嶧縣志》，光緒三十年刻本。

98. （清）張之洞《光緒順天府志》，清光緒十二年刻本。

99. （清）沈葆楨等修、何紹基等纂《光緒重修安徽通志》，清光緒四年刻本。

100. （清）錢大昕《廿二史考異》，上海古籍出版社 2004 年版。

101. （清）周廣業《經史避名匯考》，臺灣明文書局 1986 年版。

102. （清）許鳴磐《方輿考證》，民國濟寧潘氏華鑒閣本。

103. （清）趙紹祖《安徽金石略》，《續修四庫全書》第 912 冊，上海古籍出版社 1996 年版。

104. （朝鮮）鄭麟趾《高麗史》，《四庫全書存目叢書》第 161 冊，齊魯書社 1996 年版。

105. （越）黎崱著；武尚清點校《安南志略》，中華書局 2000 年版。

106. （元）元明善撰、（明）張國祥、張顯庸續撰《續修龍虎山志》，《四庫全書存目叢書》史部第 228 冊，齊魯書社 1996 年版。

107. （明）李安仁，（明）王大韶，（清）李揚華撰《石鼓書院志》，嶽麓書社 2009 年版。

108. （明）李濂《汴京遺跡志》，中華書局 1999 年版。

109. （明）李詡《續吳郡志》，《中國方志叢書》華中地方第 445 號，臺灣成文出版社 1983 年版。

110. （明）陳鎬《闕里志》，明嘉靖刻本。

111. （明）彭簪撰《衡嶽志》，《四庫全書存目叢書》史部第 229 冊，齊魯書社 1996 年版。

112. （明）釋廣賓《上天竺講寺志》，《中國佛寺史志彙刊》第 1 輯第 26 冊，明文書局 1980 年版。

113. （明）都穆《吳下冢墓遺文》，《四庫全書存目叢書》史部 278 冊，齊魯書社 1996 年版。

114. （明）郭棐撰，黃國聲、鄧貴忠點校《粵大記》，中山大學出版社 1998 年版。

115. （明）釋廣賓《西天目祖山志》，《中國佛寺史志彙刊》第 1 輯第 33 冊，明文書局 1980 年版。

116. （清）仇巨川纂，陳憲猷校注《羊城古鈔》，廣東人民出版社 1993 年版。

117. （清）婁近垣《重修龍虎山志》，乾隆庚申年棲碧堂刊本。

118. （清）于敏中等編纂《日下舊聞考》，北京古籍出版社 1985 年版。

119. （明）何喬遠《閩書》，福建人民出版社 1994 年版。

120. （清）宋廣業《羅浮山志會編》，《續修四庫全書》第 725 冊，上海古籍出版社 1996 年版。

121. （清）陸宗楷《欽定國子監志》，景印文淵閣四庫全書第 600 冊，臺灣商務印書館 1987 年版。

122. （清）孫治初輯、徐增重修《武林靈隱寺志》，杭州出版社 2006 年版。

123. 何清谷《三輔黃圖校釋》，中華書局 2005 年版。

124. （清）錢思元輯，（清）孫珮輯；朱琴點校《吳門補乘·蘇州織造局志》，上海古籍出版社 2015 年版。

125. （清）沈鑅彪《雲林寺續志》，《中國佛寺史志彙刊》第 1 輯第 25 冊，臺北明文書局 1980 年版。

126. （清）釋超備《翠山寺志》，杜潔祥主編《中國佛寺史志彙刊》第 3 輯第 13 冊 ，（臺北）丹青圖書有限公司 1985 年版。

127. （元）王士點、商企翁編次，高榮盛點校《秘書監志》，浙江古籍出版社 1992 年版。

128. （明）俞汝楫《禮部志稿》，景印文淵閣四庫全書第 597～598 冊，臺灣商務印書館 1986 年版。

129. （明）卜大有《明刻珍本史學要義》，中國公共圖書館古籍文獻珍本彙刊，中華全國圖書館文獻縮微複製中心 1999 年版。

130. （清）顧祖禹《讀史方輿紀要》，中華書局 2005 年版。

131. （元）楊維楨《史義拾遺》，《四庫全書存目叢書》史部第 281 冊，齊魯書社 1996 年版。

132. （清）阮元《山左金石志》，《續修四庫全書》第 910 冊，上海古籍出版社 1996 年版。

133. （清）胡聘之《山右石刻叢編》，《續修四庫全書》第 908 冊，上海古籍出版社 1996 年版。

134. （清）畢沅《關中金石記》，叢書集成初編第 1525 冊，中華書局 1985 年版。

135. （清）成瑾纂《鄒平金石志》，石刻史料新編第三輯第 25 冊，臺灣新文豐出版公司 1982 年版。

136. （元）危素《臨川吳文正公年譜》，《北京圖書館藏珍本年譜叢刊》第 36 冊，北京圖書館出版社 1999 年版。

137. （元）鄧文原《運使復齋郭公敏行錄》，宛委別藏本。

138. （元）鄧文原《編類運使復齋郭公敏行錄》，《續修四庫全書》第 550 冊，上海古籍出版社 1996 年版。

139. （明）焦竑《國朝獻徵錄》，《續修四庫全書》第 527 冊，上海古籍出版社 1996 年版。

140. （明）廖道南《楚紀》，《北京圖書館古籍珍本叢刊》第 7 冊，書目文獻出版社 1990 年版。

141. （明）過庭訓《本朝分省人物考》，《續修四庫全書》第 534 冊，上海古籍出版社 1996 年版。

142. （明）孫承澤《元朝典故編年考》，景印文淵閣四庫全書第 645 冊，臺灣商務印書館 1986 年版。

143. （明）何喬遠《名山藏》，江蘇廣陵古籍刻印社 1993 年版。

144. （明）張昶《吳中人物志》，臺灣學生書局 1969 年版。

145. （明）徐象梅《兩浙名賢錄》，北京圖書館珍本古籍彙刊第 18 冊，書目文獻出版社 1987 年版。

146. （明）雷禮《國朝列卿紀》，明萬曆徐鑒刻本。

147. （明）黃宗羲《宋元學案》，中華書局 1986 年版。

148. （明）王兆雲《皇明詞林人物考》，《四庫全書存目叢書》史部第 111 冊，齊魯書社 1996 年版。

149. （明）馮從吾《元儒考略》，景印文淵閣四庫全書第 453 冊，臺灣商務印書館 1986 年版。

150. （明）毛憲《毗陵人品記》，《四庫全書存目叢書》史部第 110 冊，齊魯書社 1996 年版。

151. （清）錢謙益《列朝詩集小傳》，上海古籍出版社 1983 年版。

152. （清）錢謙益《國初群雄事略》，中華書局 1982 年版。

153. （清）潘檉章《松陵文獻》，《四庫禁燬書叢刊》史部第 7 冊，北京出版社 2005 年版。

154. （清）王汝楫《郝文忠公年譜》，《北京圖書館藏珍本年譜叢刊》第 36 冊，北京圖書館出版社 1999 年版。

155. （清）李清馥著，徐公喜、管正平、周明華點校《閩中理學淵源考》，鳳凰出版社 2011 年版。

156. （元）黃裳等編《西湖書院重整書目》，《叢書集成續編》第 67 冊，上海書店出版社 1994 年版。

157. （明）高儒《百川書志》，古典文學出版社 1957 年版（清）吳壽暘《拜經樓藏書題跋記》，上海古籍出版社 2007 年版。

158. （明）祁承爜《澹生堂藏書目》，清宋氏漫堂鈔本。

159. （明）朱睦㮮《萬卷堂書目》，清光緒至民國間觀古堂書目叢刊本。

160. （明）楊士奇《文淵閣書目》，商務印書館 1937 年版。

161. （清）錢曾撰；章珏，管庭芬校訂《讀書敏求記校證》，上海古籍出版社 2007 年版。

162. （清）孫星衍《平津館鑒藏書籍記》，上海古籍出版社 2008 年版。

163. （清）丁仁《八千卷樓書目》，《續修四庫全書》第 921 冊，上海古籍出版社 1996 年版。

164. （清）永瑢《四庫全書總目》，中華書局 1965 年版。

165. （清）盧文弨《常郡八邑藝文志》，《續修四庫全書》第 917 冊，上海古籍出版社 1996 年版。

166. （清）楊紹和《楹書隅錄》，《續修四庫全書》第 926 冊，上海古籍出版社 1996 年版。

167. （清）丁丙《善本書室藏書志》，《續修四庫全書》第 927 冊，上海古籍出版社 1996 年版。

168. （清）陸心源《皕宋樓藏書志》，《續修四庫全書》第 928 冊，上海古籍出版社 1996 年版。

169. （清）陸心源《皕宋樓藏書志》，《續修四庫全書》第 929 冊，上海古籍出版社 1996 年版。

170. （清）陸心源著，馮惠民整理《儀顧堂書目題跋彙編》，中華書局 2009 年版。

171. （清）繆荃孫等撰，吳格整理點校《嘉業堂藏書志》，復旦大學出版社
　　 1997 年版。

172. （清）蔣光煦《東湖叢記》，遼寧育出版社 2001 年版。

173. （清）莫友芝《宋元舊本書經眼錄》，中華書局 2008 年版。

174. （清）沈德壽《抱經樓藏書志》，中華書局 1990 年版。

175. （清）孫詒讓《溫州經籍志》，上海社會科學院出版社 2005 年版。

176. （清）范邦甸《天一閣書目》，上海古籍出版社 2010 年版。

177. （清）翁方綱撰、吳格整理《翁方綱纂四庫提要稿》，上海科學技術文獻
　　 出版社 2005 年版。

178. （清）瞿鏞《鐵琴銅劍樓藏書目錄》，上海古籍出版社 2000 年版。

179. （清）朱彝尊《曝書亭序跋》，上海古籍出版社 2010 年版。

180. （清）張金吾《愛日精廬藏書志》，上海古籍出版社 2014 年版。

181. （清）阮元《文選樓藏書記》，上海古籍出版社 2009 年版。

3. 子部

1. （戰國）莊周著，（清）郭慶藩集釋，王孝魚點校《莊子集釋》，中華書
　　 局 2012 年版。

2. （戰國）荀況著，（清）王先謙集解《荀子集解》，中華書局 1988 年版。

3. （戰國）韓非著，陳奇猷《韓非子新校注》，上海古籍出版社 2000 年版。

4. （漢）劉向撰、向宗魯校證《說苑校證》，中華書局 1987 年版。

5. （宋）汪晫編《曾子全書》，景印文淵閣四庫全書第 703 冊，臺灣商務印
　　 書館 1986 年版。

6. （元）李純仁《新編顏子》，《續修四庫全書》第 932 冊，上海古籍出版
　　 社 1996 年版。

7. （晉）郭璞《葬書》，景印文淵閣四庫全書第 808 冊，臺灣商務印書館 1986
　　 年版。

8. （宋）王明清《揮塵錄》，上海書店出版社 2001 年版。

9. （明）陳邦俊《廣諧史》，《四庫全書存目叢書》子部第 252 冊，齊魯書
　　 社 1997 年版。

10. （明）詹景鳳《古今寓言》，《四庫全書存目叢書》子部第 252 冊，齊魯
　　 書社 1997 年版。

11. （宋）王應麟《玉海》，上海書店出版社、江蘇古籍出版社 1990 年版。

12. （明）唐順之《荊川稗編》，景印文淵閣四庫全書第 952～955 冊，臺灣
　　 商務印書館 1986 年版。

13. （明）張九韶《理學類編》,《叢書集成續編》第 77 冊,上海書店出版社 1994 年版。

14. （清）陳夢雷《古今圖書集成》,上海中華書局 1934 年版。

15. （明）凌迪知《萬姓統譜》,景印文淵閣四庫全書第 956~957 冊,臺灣商務印書館 1986 年版。

16. （明）汪砢玉《珊瑚網》,景印文淵閣四庫全書第 818 冊,臺灣商務印書館 1986 年版。

17. （明）郁逢慶《書畫題跋記》,景印文淵閣四庫全書第 816 冊,臺灣商務印書館 1986 年版。

18. （明）孫鳳《孫氏書畫鈔》,涵芬樓秘笈景舊鈔本。

19. （明）楊慎《譚苑醍醐》,中華書局 1985 年版。

20. （明）張丑《清河書畫舫》,景印文淵閣四庫全書第 817 冊,臺灣商務印書館 1986 年版。

21. （清）卞永譽《式古堂書畫匯考》,景印文淵閣四庫全書第 827 冊,臺灣商務印書館 1986 年版。

22. （清）高士奇《江村銷夏錄》,景印文淵閣四庫全書第 826 冊,臺灣商務印書館 1986 年版。

23. （清）陸時化《吳越所見書畫錄》,《續修四庫全書》1068 冊,上海古籍出版社 1996 年版。

24. （清）乾隆敕撰《石渠寶笈》,景印文淵閣四庫全書第 824~825 冊,臺灣商務印書館 1986 年版。

25. （清）張照等編纂《秘殿珠林》,景印文淵閣四庫全書第 823 冊,臺灣商務印書館 1986 年版。

26. （清）陸心源《穰梨館過眼錄》,《續修四庫全書》第 1087 冊,上海古籍出版社 1996 年版。

27. （清）吳升《大觀錄》,《中國歷代書畫藝術論著叢編》第 30 冊,中國大百科全書出版社 1997 年版。

28. （清）倪濤《六藝之一錄》,景印文淵閣四庫全書第 835 冊,臺灣商務印書館 1986 年版。

29. （明）李日華《六研齋筆記》,鳳凰出版社 2010 年版。

30. （北宋）許洞《虎鈐經》,叢書集成初編第 946 冊,中華書局 1985 年。

31. （南宋）王應麟著、（清）翁元圻注《困學紀聞注》,《續修四庫全書》第 1142 冊,上海古籍出版社 1996 年版。

32. （南宋）洪邁《容齋隨筆》,上海古籍出版社 1978 年版。

33. （元）郭翼《林外野言》,《叢書集成續編》第 110 冊,上海書店 1994 年版。

34. （元）劉祁《歸潛志》，景印文淵閣四庫全書第 1040 冊，臺灣商務印書館 1986 年版。

35. （元）李文仲《字鑒》，中華書局 1985 年版。

36. （元）李衎《竹譜》，中華書局 1985 年版。

37. （元）陶宗儀《書史會要》，景印文淵閣四庫全書第 814 冊，臺灣商務印書館 1986 年版。

38. （元）陶宗儀《南村輟耕錄》，中華書局 1959 年版。

39. （元）陸友仁《研北雜志》，中華書局 1991 年版。

40. （明）郎瑛《七修類稿》，上海書店 2001 年版。

41. （明）葉盛《水東日記》，中華書局 1980 年版。

42. （明）都穆《都公談纂》，《明代筆記小說大觀》第一冊，上海古籍出版社 2005 年版。

43. （明）朱國楨《湧幢小品》，中華書局 1959 年版。

44. （明）沈壽民《閒道錄》，《四庫全書存目叢書》子部第 15 冊，齊魯書社 1995 年版。

45. （清）王士禛《居易錄》，《王士禛全集》，齊魯書社 2007 年版。

46. （清）陳芳生《疑獄箋》，《續修四庫全書》974 冊，上海古籍出版社 1996 年版。

47. （清）文廷式《純常子枝語》，廣陵書社 1990 年版。

48. （清）俞正燮《癸巳存稿》，商務印書館 1937 年版。

49. （清）王鳴盛《蛾術編》，上海書店 2012 年版。

50. （元）曉山老人《太乙統宗寶鑒》，《四庫全書存目叢書》子部第 67 冊，齊魯書社 1995 年。

51. （元）陸森《玉靈聚義》，《四庫全書存目叢書》子部第 66 冊，齊魯書社 1995 年版。

52. （明）楊崇喜著，焦進文、楊富學校注《述善集校注》，甘肅人民出版社 2001 年版。

53. （清）葉昌熾《語石》，上海書店出版社 1986 年版。

54. （清）趙翼《陔餘叢考》，河北人民出版社 2007 年版。

55. （清）姚瑩撰，黃季耕點校《識小錄》，黃山書社 1991 年版。

56. （清）孫衣言《甌海軼聞》，上海社會科學院出版社 2005 年版。

57. （清）葉德輝《書林清話》，復旦大學出版社 2008 年版。

58. （清）趙吉士《寄園寄所寄》，黃山書社 2008 年版。

59. （清）褚人獲《堅瓠集》，《筆記小說大觀》第 15 冊，江蘇廣陵古籍刻印社 1983 年版。

60. （宋）陳直原著，（元）鄒鉉增續，張成博等點校《壽親養老新書》，天津科學技術出版社 2003 年版。

61. （元）沙圖穆蘇《瑞竹堂經驗方》，《當歸草堂醫學叢書》本，江蘇廣陵古籍刻印社 1982 年版。

62. （元）尚從善《傷寒紀玄妙用集》，《中醫古籍孤本大全》，中醫古籍出版社 2008 年版。

63. （元）王好古《陰證略例》，江蘇科學技術出版社 1985 年版。

64. （元）危亦林撰、王育學等校注《世醫得效方》，中國中醫藥出版社 1996 年版。

65. （明）李濂《醫史》，廈門大學出版社 1992 年版。

66. （清）王宏翰《古今醫史》，清鈔本。

67. （元）鄭禧《春夢錄》，蟲天子編《香豔叢書》（第 1 冊），人民文學出版社 1992 年版。

4. 集部
楚辭類

1. （南宋）洪興祖《楚辭補注》，中華書局 1983 年版。

總集類

1. （梁）蕭統編、（唐）李善等注《六臣注文選》，中華書局 2012 年版。

2. （元）蘇天爵《元文類》，商務印書館 1936 年版。

3. （元）汪澤民、張師愚《宛陵群英集》，四庫全書本。

4. （元）顧瑛輯，楊鐮、葉愛欣整理《玉山名勝集》，中華書局 2008 年版。

5. （元）蔣易《皇元風雅》，元建陽張氏梅溪書院刻本。

6. （元）傅習《元風雅》，景印文淵閣四庫全書第 1368 冊，臺灣商務印書館 1986 年版。

7. （明）黃宗羲《明文海》，景印文淵閣四庫全書第 1453～1458 冊，臺灣商務印書館 1986 年版。

8. （明）孫原理《元音》，景印文淵閣四庫全書第 1370 冊，臺灣商務印書館 1986 年版。

9. （明）程敏政《皇明文衡》，四部叢刊本。

10. （明）程敏政《皇明文衡》，景印文淵閣四庫全書第 1373～1374 冊，臺灣商務印書館 1986 年版。

11. （明）程敏政《新安文獻志》，景印文淵閣四庫全書第 1375～1376 冊，臺灣商務印書館 1986 年版。

12. （明）錢穀《吳都文粹續編》，景印文淵閣四庫全書第 1385～1386 冊，臺灣商務印書館 1986 年版。

13. （明）賀復徵《文章辨體匯選》，景印文淵閣四庫全書第 1409～1410 冊，臺灣商務印書館 1986 年版。

14. （明）王錫爵《皇明館課經世宏辭續集》，《四庫全書禁燬叢書》集部第 92 冊，北京出版社 2005 年版。

15. （明）陳鳴鶴《東越文苑》，清同治十二年刻本。

16. （明）董斯張《吳興藝文補》，《四庫全書存目叢書》集部 377 冊，齊魯書社 1997 年版。

17. （明）周希夔《姑蘇雜詠合刻》，《四庫全書存目叢書》集部 290 冊，齊魯書社 1997 年版。

18. （清）陳焯《宋元詩會》，景印文淵閣四庫全書第 1363～1364 冊，臺灣商務印書館 1986 年版。

19. （清）沈宸垣、王奕清等編《御選歷代詩餘》，景印文淵閣四庫全書第 1493 冊，臺灣商務印書館 1986 年版。

20. （清）劉肇虞輯評《元明八大家古文》，《四庫禁燬書叢刊》集部第 171 冊，北京出版社 2005 年版。

21. （清）曾燠《江西詩徵》，清嘉慶九年刻本。

22. （清）鄭傑《閩詩錄》，清宣統三年刻本。

23. （清）顧嗣立編《元詩選》（初集），中華書局 1987 年版。

24. （清）顧嗣立編《元詩選》（二集），中華書局 1987 年版。

25. （清）顧嗣立編《元詩選》（三集），中華書局 1987 年版。

26. （清）錢熙彥編次《元詩選補遺》，中華書局 2002 年版。

27. （清）董誥《全唐文》，中華書局 1983 年版。

28. （清）陳元龍輯《歷代賦匯》，江蘇古籍出版社、上海書店 1987 年版。

29. （清）錢謙益《列朝詩集》，清順治九年毛氏汲古閣刻本。

30. （清）陳衍《元詩紀事》，上海古籍出版社 1987 年版。

31. （清）陳田《明詩紀事》，上海古籍出版社 1993 年版。

32. （清）朱彝尊《明詩綜》，中華書局 2007 年版。

33. （清）朱彝尊《詞綜》，嶽麓書社 1995 年版。

34. （清）唐時《如來香》，《四庫未收書輯刊》7 輯第 13 冊，北京出版社 2000 年版。

35. （清）曹本榮《古文輯略》，《四庫全書存目叢書》集部第 392 冊，齊魯書社 1996 年版。

36. （清）顧沅《吳郡文編》，上海古籍出版社 2011 年版。

37. （清）羅汝懷編纂《湖南文徵》，嶽麓書社 2008 年版。

38. （清）王先謙《駢文類纂》，浙江古籍出版社 1998 年版。

39. （清）汪森《粵西文載》，景印文淵閣四庫全書第 1465～1467 冊，臺灣商務印書館 1986 年版。

別集類

1. （唐）韓愈著，馬其昶校注《韓昌黎文集校注》，古典文學出版社 1957 年版。

2. （北宋）范仲淹著，李勇先、王蓉貴校點《范仲淹全集》，四川大學出版社 2002 年版。

3. （北宋）梅堯臣《宛陵集》，景印文淵閣四庫全書第 1099 冊，臺灣商務印書館 1986 年版。

4. （北宋）梅堯臣著，朱東潤《梅堯臣集編年校注》，上海古籍出版社 1980 年版。

5. （北宋）黃庭堅著，屠友祥校注《山谷題跋》，上海遠東出版社 1999 年版。

6. （南宋）范浚《范香溪先生文集》，《四部叢刊續編》本。

7. （南宋）范浚《香溪集》，中華書局 1985 年版。

8. （南宋）方鳳《存雅堂遺稿》，《叢書集成續編》第 132 冊，新文豐出版公司 1988 年版。

9. （南宋）謝枋得《疊山集》，景印文淵閣四庫全書第 1184 冊，臺灣商務印書館 1986 年版。

10. （南宋）眞德秀《西山先生眞文忠公文集》卷三十六，《四部叢刊》本。

11. （南宋）羅從彥《豫章羅先生文集》，《宋集珍本叢刊》第 32 冊，線裝書局 2004 年版。

12. （南宋）方鳳《存雅堂遺稿》，《叢書集成續編》第 132 冊，新文豐出版公司 1988 年版。

13. （南宋）陳瓘《四明尊堯集》，《續修四庫全書》第 448 冊，上海古籍出版社 1996 年版。

14. （南宋）柴望《柴氏四隱集》，景印文淵閣四庫全書第 1364 冊，臺灣商務印書館 1986 年版。

15. （南宋）林景熙《霽山文集》，景印文淵閣四庫全書第 1188 冊，臺灣商務印書館 1986 年版。

16. （南宋）林景熙《霽山先生文集》，《宋集珍本叢刊》第 90 冊，線裝書局 2004 年版。

17. （南宋）方逢辰《蛟峰集》，景印文淵閣四庫全書第 1375～1376 冊，臺灣商務印書館 1986 年版。

18. （南宋）朱松《韋齋集》，景印文淵閣四庫全書第 1133 冊，臺灣商務印書館 1986 年版。

19. （元）黃玠《弁山小隱吟錄》，《四明叢書》本。

20. （元）周砥，馬治《荊南倡和詩集》，景印文淵閣四庫全書第 1370 冊，臺灣商務印書館 1986 年版。

21. （元）僧英《白雲集》，《禪門逸書》初編第 6 冊，明文書局 1981 年版。

22. （元）張雨《句曲外史集》，景印文淵閣四庫全書第 1216 冊，臺灣商務印書館 1986 年版。

23. （元）鄭玉《師山集》，景印文淵閣四庫全書第 1217 冊，臺灣商務印書館 1986 年版。

24. （元）周霆震《石初集》，陶福履、胡思敬原編《豫章叢書》集部第 7 冊，江西教育出版社 2004 年版。

25. （元）陳旅《安雅堂集》，景印文淵閣四庫全書第 1213 冊，臺灣商務印書館 1986 年版。

26. （元）郭豫亨《梅花字字香》，商務印書館 1936 年版。

27. （元）馬祖常《石田文集》，景印文淵閣四庫全書第 1206 冊，臺灣商務印書館 1986 年版。

28. （元）姚燧《牧庵集》，中華書局 1985 年版。

29. （元）姚燧著、查德洪整理《姚燧集》，人民文學出版社 2011 年版。

30. （元）陳櫟《定宇集》，景印文淵閣四庫全書第 1205 冊，臺灣商務印書館 1986 年版。

31. （元）胡一桂《雙湖先生文集》，《續修四庫全書》第 1322 冊，上海古籍出版社 1996 年版。

32. （元）郝經《陵川集》，山西古籍出版社 2006 年版。

33. （元）何中《知非堂稿》，《北京圖書館古籍珍本叢刊》第 94 冊，書目文獻出版社 1998 年版。

34. （元）虞集《道園遺稿》，《北京圖書館古籍珍本叢刊》第 94 冊，書目文獻出版社 1998 年版。

35. （元）劉壎《劉彥昺集》，景印文淵閣四庫全書第 1229 冊，臺灣商務印書館 1986 年版。

36. （元）吳景奎《藥房樵唱》，景印文淵閣四庫全書第 1215 冊，臺灣商務印書館 1986 年版。

37. （元）盧琦《圭峰集》，景印文淵閣四庫全書第 1214 冊，臺灣商務印書館 1986 年版。

38. （元）錢惟善《江月松風集》，《叢書集成續編》第 136 冊，臺灣新文豐出版公司 1988 年版。

39. （元）錢惟善《江月松風集》，《叢書集成續編》第 110 冊， 上海書店出版社 1994 年版。

40. （元）吳澄《草廬吳文正公全集》，清乾隆丙子刻本。

41. （元）虞集《道園遺稿》，《北京圖書館古籍珍本叢刊》第 94 冊，書目文獻出版社 1998 年版。

42. （元）李繼本《一山文集》，景印文淵閣四庫全書第 1217 冊，臺灣商務印書館 1986 年版。

43. （元）白珽《湛淵靜語》，景印文淵閣四庫全書第 866 冊，臺灣商務印書館 1986 年版。

44. （元）熊太古《冀越集》，《四庫全書存目叢書》子部第 239 冊，齊魯書社 1995 年版。

45. （元）張養浩《歸田類稿》，景印文淵閣四庫全書第 1192 冊，臺灣商務印書館 1986 年版。

46. （元）張養浩《張養浩集》，吉林文史出版社 2008 年版。

47. （元）張可久著，呂薇芬、楊鐮校注《張可久集校注》，浙江古籍出版社 1995 年版。

48. （元）郝經《陵川集》，山西古籍出版社 2006 年版。

49. （元）劉詵《桂隱文集》，景印文淵閣四庫全書第 1195 冊，臺灣商務印書館 1986 年版。

50. （元）朱右《白雲稿》，景印文淵閣四庫全書第 1228 冊，臺灣商務印書館 1986 年版。

51. （元）曹伯啓《漢泉曹文貞公詩集》，《北京圖書館古籍珍本叢刊》第 94 冊，書目文獻出版社 1998 年版。

52. （元）楊翮《佩玉齋類稿》，景印文淵閣四庫全書第 1220 冊，臺灣商務印書館 1986 年版。

53. （元）杜本《清江碧嶂集》，臺灣學生書局 1973 年版。

54. （元）趙汸《東山存稿》，景印文淵閣四庫全書第 1221 冊，臺灣商務印書館 1986 年版。

55. （元）劉夏《劉尚賓文集》，《續修四庫全書》第 1236 冊，上海古籍出版社 2002 年版。

56. （元）蘇天爵《滋溪文稿》，中華書局 1997 年版。

57. （元）歐陽玄著，湯瑞校點整理《歐陽玄全集》，四川大學出版社 2010 年版。

58. （元）王逢《梧溪集》，中華書局 1985 年版。

59. （元）孫作《滄螺集》，《叢書集成續編》第 137 冊，新文豐出版公司 1989 年版。

60. （元）倪瓚《清閟閣全集》，景印文淵閣四庫全書第 1220 冊，臺灣商務印書館 1986 年版。

61. （元）何中《知非堂稿》，《北京圖書館古籍珍本叢刊》第 94 冊，書目文獻出版社 1998 年版。

62. （元）沈夢麟《花溪集》，《叢書集成續編》第 168 冊，新文豐出版公司 1985 年版。

63. （明）宋濂著，羅月霞主編《宋濂全集》，浙江古籍出版社 1999 年版。

64. （明）蘇伯衡《蘇平仲集》，四部叢刊景明正統本。

65. （明）李東陽《李東陽集》，嶽麓書社 1985 年版。

66. （明）周如砥《青黎館集》，《四庫全書存目叢書》集部 172 冊，齊魯書社 1997 年版。

67. （明）文徵明《文徵明集》，上海古籍出版社 1987 年版。

68. （明）單宇《菊坡叢話》，《四庫全書存目叢書》集部第 416 冊，齊魯書社 1997 年版。

69. （明）王守誠《周南太史王公遺集》，《四庫未收書輯刊》5 輯 22 冊，北京出版社 2000 年版。

70. （清）朱鶴齡《愚庵小集》，華東師範大學出版社 2010 年版。

71. （清）沈垚《落帆樓文集》，民國吳興叢書本。

72. （清）全祖望《全祖望集匯校集注》，上海古籍出版社 2000 年版。

73. （清）阮元《揅經室集》，中華書局 1993 年版。

74. （清）孫星衍《岱南閣集》，《叢書集成初編》第 2524 冊，中華書局 1985 年版。

詩文評類

1. （明）俞弁《逸老堂詩話》，丁福保輯《歷代詩話續編》，中華書局 1983 年版。

2. （清）朱彝尊《靜志居詩話》，人民文學出版社 2006 年版。

3. （清）陶元藻《全浙詩話》，中華書局 2013 年版。

二、近人著述

1. 專著

1. 閻鳳梧，康金聲主編《全遼金詩》，山西古籍出版社 1999 年版。

2. 閻鳳梧主編《全遼金文》，山西古籍出版社 2002 年版。

3. 李修生主編《全元文》（1～10 冊），江蘇古籍出版社 1998 年版。

4. 李修生主編《全元文》（11～15 冊），江蘇古籍出版社 2000 年版。

5. 李修生主編《全元文》（16～25 冊），鳳凰出版社 2001 年版。

6. 李修生主編《全元文》（26～60 冊），鳳凰出版社 2004 年版。

7. 鳳凰出版社編《全元文索引》，鳳凰出版社 2005 年版。

8. 曾棗莊，劉琳主編《全宋文》，上海辭書出版社、安徽教育出版社 2006 年版。

9. 楊鐮主編《全元詩》，中華書局 2013 年版。

10. 張志哲主編《中華佛教人物大辭典》，黃山書社 2006 年版。

11. 李國玲編纂《宋人傳記資料索引補編》，四川大學出版社 1994 年版。

12. 昌彼得等《宋人傳記資料索引》，臺灣鼎文書局 2001 年版。

13. 王德毅、李榮村、潘柏澄《元人傳記資料索引》，中華書局 1987 年版。

14. 牛貴琥、楊鐮《金代人物傳記資料索引》，三晉出版社 2012 年版。

15. 臺灣中央圖書館編《明人傳記資料索引》，中華書局 1987 年版。

16. 吳洪澤、尹波主編《宋人年譜叢刊》，四川大學出版社 2002 年版。

17. 王慶生《金代文學家年譜》，鳳凰出版社 2005 年版。

18. 汪世清《藝苑疑年叢談》，紫禁城出版社 2002 年版。

19. 劉達科《遼金元詩文史料述要》，中華書局 2007 年版。

20. 祝尚書編《宋集序跋彙編》，中華書局 2010 年版。

21. 傅璇琮主編《中國古代詩文名著提要》（金元卷），中華書局 2009 年版。

22. 莎日娜主編《蒙古學金石文編題錄》，內蒙古大學出版社 2005 年版。

23. 蕭啓慶《元代進士輯考》，臺灣中央研究院歷史語言研究所 2012 年版。

24. 傅增湘《藏園群書經眼錄》，中華書局 2009 年版。

25. 胡玉縉《四庫全書總目提要補正》，中華書局 1964 年版。

26. 胡玉縉撰，吳格整理《續四庫提要三種》，上海書店出版社 2002 年版。

27. 余嘉錫《四庫提要辨證》，中華書局 2007 年版。

28. 王叔岷《斠讎學》，中華書局 2007 年版。

29. 楊守敬撰、王重民輯《日本曆書志補》,《續修四庫全書》第 930 冊,上海古籍出版社 1996 年版。

30. 雒竹筠編著,李新乾編補《元史藝文志輯本》,北京燕山出版社 1999 年版。

31. 姜亮夫《歷代人物年里碑傳綜表》,中華書局 1959 年版。

32. 謝巍《中國畫學著作考錄》,上海書畫出版社 1998 年版。

33. 李新宇《元明辭賦專題研究》,中國社會科學出版社 2011 年版。

34. 李新宇《元代辭賦研究》,中國社會科學出版社 2008 年版。

35. 張正男《戰國策初探》,臺灣商務印書館 1984 年版。

36. 高明《高明小學論叢》,黎明文化事業股份有限公司 1980 年版。

37. 楊訥、李曉明編《文淵閣四庫全書補遺(集部)》,北京圖書館出版社 1997 年版。

38. 黎傳記、易平《江西方志通考》,黃山書社 1998 年版。

39. 羅忼烈《兩小山齋雜著》,中國和平出版社 1994 年版。

40. 陳垣《二十史朔閏表》,中華書局 1962 年版。

41. 方詩銘《中國歷史紀年表》,上海人民出版社 2007 年版。

42. 陳久金《中朝日越四國歷史紀年表》,群言出版社 2008 年版。

43. 柯劭忞《新元史》,《元史二種》,上海古籍出版社 2012 年版。

44. 譚其驤主編《清人文集地理類彙編》,浙江人民出版社 1990 年版。

45. 周鴻度等編著《范仲淹史料新編》,瀋陽出版社 1989 年版。

46. 龔烈沸編著《寧波古今方志錄要》,寧波出版社 2001 年版。

47. 馬蓉、陳抗、鍾文、樂貴明、張忱石點校《永樂大典方志輯佚》,中華書局 2004 年版。

48. 劉緯毅主編《山西文獻總目提要》,山西人民出版社 1998 年版。

49. 張彬《中國古今書畫家年表》,文物出版社出版 2006 年版。

50. 馬延岳、徐正編著《中國書畫家名號》,山東美術出版社 1995 年版。

51. 瞿冕良編著《中國古籍版刻辭典》,蘇州大學出版社 2009 年版。

52. 南京大學中國語言文學系《全清詞》編纂研究室編 《全清詞·順康卷》第 3 冊 ,中華書局 2002 年版。

53. 羅鷺《〈元詩選〉與元詩文獻研究》,巴蜀書社 2010 年版。

54. 金程宇《稀見唐宋文獻叢考》,中華書局 2009 年版。

55. 姚繼榮《元明歷史筆記論叢》,民族出版社 2015 年版。

2. 論文

（1）論文集

1. 陳高華《兩種〈三場文選〉中所見元代科舉人物名錄——兼說錢大昕〈元進士考〉》，《中國社會科學院歷史研究所學刊》第 1 輯，社會科學文獻出版社 2001 年版。

2. 北京師範大學古籍與傳統文化研究院編《中國傳統文化與元代文獻國際學術研討會會議論文集》，中華書局 2009 年版。

3. 羅鷺《〈全元文〉虞集卷佚文篇目輯存》，《古典文獻研究》（總第 8 輯），鳳凰出版社 2006 年版。

4. 周清澍《元代文獻輯佚中的問題——評〈全元文〉1～10 冊》，《蒙古史研究》第 6 輯，內蒙古人民出版社 2000 年版。

5. 韓格平，魏崇武主編《元代文獻與文化研究》（第一輯），北京師範大學出版社 2012 年版。

（2）學位論文

1. 蘇顯雙《李溥光〈雪庵字要〉研究》，吉林大學碩士論文，2002 年。

（3）期刊論文

1. 肖燕翼《張雨生卒年考——兼談三件元人作品的辨偽》，《故宮博物院院刊》，1998 年第 1 期。

2. 黃建榮《揭傒斯佚文兩篇及其考證》，《江西師範大學學報》（哲學社會科學版），1999 年第 1 期。

3. 武懷軍《〈全元文〉辭賦作品校讀》，《中國韻文學刊》，2001 年第 1 期。

4. 劉曉《〈全元文〉整理質疑》，《文獻》季刊，2002 年第 1 期。

5. 丁雪豔《關於張雨生卒年及其句曲外史之得名問題》，《欽州師範高等專科學校學報》，2004 年第 4 期。

6. 李舜臣《〈全元文〉誤收吳澄集外文一篇》，《江海學刊》，2005 年第 2 期。

7. 焦印亭《獻疑〈全元文〉第十卷「趙文的生卒年」》，《陝西師範大學學報》（哲學社會科學版），2006 年第 3 期。

8. 孫良同《林右著述及其文學思想考論》，《青島大學師範學院學報》 2006 第 3 期。

9. 汪桂海《〈全元文〉「張仲壽」條補遺》，《中國典籍與文化》，2007 年第 2 期。

10. 王樹林：《〈全元文〉》中宋禧漏收文拾輯及生平著作考，《南通大學學報》（社會科學版），2007 年第 5 期。

11. 張立敏《〈全元文〉拾補 10 篇》，《古籍整理研究學刊》，2007 年第 5 期。

12. 王樹林《〈全元文〉中程文漏收文拾輯及生平著作小考》,《中國典籍與文化》,2008 年第 1 期。

13. 牛貴琥、李潤民《全元文補遺二篇》,《山西大學學報》(哲學社會科學版),2008 年第 1 期。

14. 鄧淑蘭《〈全元文〉》所收趙孟頫文辨誤四則 (《暨南學報》(哲學社會科學版),2008 第 1 期)。

15. 張立敏《〈全元文〉》誤收重收三則,《淮南師範學院學報》,2008 年第 1 期。

16. 曹剛華《明代佛教方志及作者考——〈全元文〉補遺》,《黑龍江民族叢刊》,2008 年第 6 期。

17. 余未明《元代文人胡助卒年考》,《文學遺產》,2008 年第 6 期。

18. 蘇成愛《〈全元文〉》所見重出陳澔佚文考校,《文教資料》,2008 年第 29 期。

19. 劉洪強《〈全元文〉補目 160 篇》,《古籍整理研究學刊》,2009 年第 3 期。

20. 王樹林《元末詩人葉顒考論》,《中國文化研究》,2009 年第 3 期。

21. 薛瑞兆《〈全元文〉校讀》,《古籍研究整理學刊》,2010 年第 4 期。

22. 潘榮生《〈全元文〉諸失補蟑》,《古籍整理研究學刊》,2010 年第 1 期。

23. 薛瑞兆《〈全元文〉校讀》,《古籍整理研究學刊》,2010 年第 4 期。

24. 李潤民、牛貴琥《全元文補遺三篇》,《山西大同大學學報》(社會科學版),2010 年第 4 期。

25. 陳磊《〈元文〉「俞希魯」序文補遺》,《華章》,2010 年。

26. 谷春俠、劉慧《全元文拾遺 7 篇》,《古籍整理研究學刊》,2010 年第 6 期。

27. 羅海燕《全元文補遺三篇》,《玉林師範學院學報》(哲學社會科學),2010 年第 6 期。

28. 王豔《讀〈全元文〉輯補三篇》,《華章》,2010 年。

29. 崔志偉、李超《〈全元文〉補遺十篇——翻檢〈宋遺民錄〉偶得》,《古籍整理研究學刊》,2010 年第 6 期。

30. 崔瑞萍《〈全元文〉失收墓誌七篇補遺》,《古籍整理研究學刊》,2011 年第 1 期。

31. 左鵬《〈全元文〉趙孟頫卷補校百例》,《古籍整理研究學刊》,2011 年第 3 期。

32. 余來明《〈中國文學家大辭典·遼金元卷〉元代文學家生卒年補正》,《民族文學研究》,2011 年第 3 期。

33. 羅海燕《〈全元文〉佚文十四篇及其價值》,《古籍整理研究學刊》,2011 年第 3 期。

34. 羅海燕《現存元人碑刻資料及其作者考略——〈全元文〉補目 42 篇》,《古籍整理研究學刊》,2011 第 5 期。

35. 羅海燕《現存元人碑刻資料及其作者考略——〈全元文〉補目 42 篇》,《古籍整理研究學刊》,2011 年第 5 期。

36. 王超、王福利《補〈全元文〉缺字百例——以石刻文獻資料爲據》,《北方文物》,2011 年第 1 期。

37. 梁志斌《〈全元文〉未收十二篇輯考》(《古籍整理研究學刊》,2012 年第 2 期。

38. 邵麗光《全元文補遺兩篇》,《古籍整理研究學刊》,2012 年第 3 期。

39. 黃仁生《陸居仁卒年考》,《武陵學刊》,2012 年第 5 期。

40. 晏選軍《元明之際東南地區文人行年考辨三則》,《中南大學學報》(社會科學版),2012 年第 6 期。

41. 鄔虎《〈全元文〉缺字補校百例——以明清地方志爲據》,唐山學院學報,2013 年第 4 期。

42. 鄔虎《〈全元文〉輯佚六篇》,《樂山師範學院學報》,2013 年第 3 期。

43. 李傑榮《〈全元文〉所收趙孟頫〈跋所臨馬和之毛詩圖〉辨僞》,《古籍整理研究學刊》,2013 年第 3 期。

44. 杜春雷《〈全元文〉佚賦輯考》,《西南農業大學學報》(社會科學版),2013 年第 7 期。

45. 鄔虎《〈全元文〉拾遺六篇》,《安陽師範學院學報》,2013 第 1 期。

46. 羅海燕《〈全元文〉佚文五則考釋》,《內蒙古民族大學學報》(社會科學版),2013 第 3 期)。

47. 潘榮生《〈全元文〉泐字掇補》,《古籍研究》,2013 年。

48. 譚平《〈全元文〉補遺四篇》,《重慶科技學院學報》(社會科學版),2013 第 5 期。

49. 趙鵬翔《〈全元文〉補遺四篇》,《語文知識》,2013 年第 2 期。

50. 彭萬隆《元代文學家盧摯生平新考》,《浙江工業大學學報》(社會科學版),2013 第 3 期。

51. 杜春雷《〈全元文〉佚賦輯考》,《西南農業大學學報》(社會科學版),2013 第 7 期。

52. 李超《〈全元文〉失收程人九篇輯佚》,《蘭臺世界》,2014 年第 28 期。

53. 李芳《王修與詒莊樓藏書》,《圖書館研究與工作》2014 年第 3 期。

54. 李成晴《〈全元文〉補遺 12 篇》,《殷都學刊》,2014 第 3 期。

55. 任江《元〈處士胡堂墓誌〉考述》,《東南文化》,2014 年第 4 期。

56. 杜志勇《〈元故太常博士敬君墓碣銘並序〉的價值》,《河北師範大學》(哲學社會科學版),2014 年第 5 期。

57. 蘇顯雙《元書家李溥光及其書、論考述》,《古籍整理研究學刊》2014 年第 5 期。

58. 陳鴻亮《〈全元文〉拾補 4 篇》,《樂山師範學院學報》,2014 第 6 期。

59. 陳鴻亮《〈全元文〉補遺 4 篇》,《綿陽師範學院學報》,2014 第 7 期。

60. 張應斌《〈全元文〉元文學家范梈佚文補輯》,《宜春學院學報》,2015 第 1 期。

後　記

　　自從去年十月動筆撰寫論文以來，每天的日記裏就多出了「校元文」這樣一個詞匯，上午、下午、晚上，天天都是如此，幾無間斷。其實，「校元文」的工作早在 13 年即已開始。六十冊的皇皇巨著，成了那一時期我最親密的朋友，昕夕相對。不知不覺，時光已經定格到了 15 年的三月。想想身邊的那些事兒吧，桂子山頭多日的皚皚白雪、樹樹紅梅，春天的鶯歌燕舞、晴空豔陽，一切都彷彿與我無關。正如朱自清先生所言：「熱鬧是它們的，我什麼也沒有。」五個月來，每天宛如時鐘的鐘擺一般，「滴答」「滴答」地重複著同樣的節奏，遊走在宿舍、文學院之間，生活可謂單調至極。一個人早出晚歸，走在瘋狂逐夢的路上，無心顧及雲卷雲舒、花開花謝。一個人的閱讀、一個人的思考、一個人的寫作，恰似「孤舟泳海，弱羽憑天」，那是一種怎樣的孤獨、無助和無奈！

　　坐在文學院資料室固定的位子，日復一日地翻檢古籍，敲打鍵盤，重複著機械的生活。如同拉磨的驢子，走著同樣的路，轉著同樣的圈。只是一直往前走，卻不知道那個圈什麼時候才能轉完。論文的撰寫是個漫長的過程，眞眞是「如獨入古墓、如長征沙漠」，似乎充滿了各種苦楚。然而，與其說是苦楚，還不如說「痛並快樂著」更爲形象。治學如攻城，每每有所發現，總會激起些許的興奮，讓人沉浸在其中，霎那間忘掉了周遭所有的苦楚。

　　論文的選題，離不開導師楊慶存先生、戴建業先生的支持與鼓勵。導師開放性的培養方式，讓我有了寬鬆的閱讀範圍和自由的選題機會。從碩士階段的先秦文學一下子跳到了素不瞭解的元朝散文，對我而言，確乎始料未及。面對困惑，少不了老師的開導；而在學習中每年有一些小的發現時，更多的

則是老師的激勵和表揚。然而，慚愧的是，小子不敏，囿於時間、精力、見聞等限制，寫就的論文不愜人意的地方還很多。這大概就是劉勰所謂的「方其搦翰，氣倍辭前；暨乎篇成，半折心始」吧。

文學院資料室的高景老師、王洪波老師熱情周到的服務，使得資料室宛如一個溫馨的家庭，讓那段原本煩悶、枯燥、單調的時光多了幾道斑斕的色彩，冬天不再寒冷，春天更加溫煦。還有圖書館八樓古籍室的老師們，不厭其煩地為我找尋、搬挪厚厚的古籍，非常感謝！

三年前，碩士畢業，我從沙湖之濱的湖大，考入華師。雖然和母校相隔不遠，然而我卻極少回去。碩士導師何新文教授，卻依然記掛著我這個不成器的劣徒。何師每次來華師參加古典文獻專業的博士論文答辯，都會告知我見面。還記得，何師曾經打來的電話，熟悉的聲音，語重心長。幾乎每次都是一個多小時，討論的話題總還是我那些淺薄的文稿。恩師一次又一次的諄諄教誨，讓我感受到老師對學生的厚愛，同時也讓我發見自身的孤陋，因而警醒自己要不斷努力。每每翻檢曾經的碩士論文初稿，看見上面恩師所作的累累的批註，就會想起在沙湖的那一幕幕無比親切的往事，如同暖流一般，湧上心頭，難以忘懷。如若沒有六年前何師開設的「中國文學目錄學」的課程，讓我對文學文獻初窺門徑的話，眼下這一本文獻考辨的論文自然也是無法完成的。

三年來，忘不了水碧秦園的舊友，更離不開桂子山中的新知。我曾在碩士論文後記中說起室友黃冠、袁文舉及其他同學，感謝他們對我生活學習上的關心。華師的新朋們同樣給予了我無私而博大的關愛。三年的博士生活，相處最多的是室友陳京軍博士。對於我們的讀博生涯，「平生風義兼師友」這句話，我想應該是最貼切不過的形容了罷！老陳如同循循善誘的老師，答疑解惑；又彷彿親密無間的朋友，一起「吃喝玩樂」。老陳對學術的嚴謹、生活的樂觀、思考問題的理性，面對壓力的坦然使我曾經的草率、迷茫、偏激、緊張悄悄遁形。曇摩耶舍云：「道假眾緣，復須時熟。」如若不是開學的那次不經意的調換宿舍，也就不可能和老陳成為室友，之後的一切當然也都不可能發生。珍惜三年的同舍生活，感謝你的幫助！博士師姐賈平、博士同年邢國海、陳麗莉、陳利娟、鄭志華、碩士師妹魏敏，在讀博期間對我亦多有幫助。所謂「友直、友諒、友多聞」，遇到你們，是人生莫大的幸運！

　　當然，最應該感謝的是年邁的父母。歲月的刻刀在不斷地鐫劃，剝蝕著世上的一切，留下累累的痕跡。父母的鬢角已然斑白、額頭日現皺紋、軀體漸趨傴僂。然而，他們每天依然起早摸黑地揮灑著汗水，勤勤懇懇，爲他們永遠「長不大」的子女們操勞。每年生日，父母打來的電話；每次的風雨雷電，父母發來的短信——那一聲聲叮囑，一句句問候，傳遞著他們無盡的牽掛，讓迷途中的孩子，不論走在哪裏，總享有家的溫暖。或許他們不明白我從事的研究，然而他們始終在默默的付出，支持我做的一切。他們沒有絲毫的奢求，只是希望自己的孩子能夠健康、快樂的學習、成長、成人——這一切，總讓我想起「可憐天下父母心」的古訓。每每聽到筷子兄弟那首名爲《父親》的歌：「總是向你索取，卻不曾說謝謝你」，總是那麼的感人，爲的只是那份無私而偉大的愛！恰似肖復興《母親》中所說：「孩子沒有一個是省油的燈，大人的心操不完！」

　　三年的博士生活，充滿了快樂，也夾雜著無奈、怨恨和憂傷。然而，喜也好，悲也罷，在旅程完結的時候眸然回首，不過也只是如過眼雲煙一般，隨風而逝。曹雪芹不是說過「悲喜千般同幻渺」麼，在時光之梭來回穿織的節奏中，這所有的一切即將變成「匆匆那年」。然而，桂子山中的那些人、那些事，卻已經成爲了我人生的追憶，一定也會歷久彌新。

陳開林

2015 年 3 月 13 日寫於華中師範大學文學院資料室

出版後記

　　當再次翻開這部書稿的時候，我的身份已經從一個在讀博士生變成了一位高校教師。屈指算來，這已是博士畢業後的第三個年頭了。回想起讀博期間那一段美好的讀書時光，雖然有論文發表的壓力，但畢竟沒有其他雜事纏身，可以安靜地呆在文學院資料室的某個角落，一坐就是一天，日復一日，在典籍的海洋裏自由地遨遊。三年的時光，寫成了一本博士論文，和四十餘篇小論文，儘管在今天看來，還不太盡如人意。但反觀工作後的學術成果，則足以讓人掛懷了。讀《徐兆瑋日記》，看到這樣一段話：

　　　雜覽既博，工夫不進，明知此病頗深，而一時不能禁格，且生平以書爲命，不可一日無此君也，而已蹈宋儒玩物喪志之誚矣。昔人所謂放下屠刀，立地成佛，是何等斬釘截鐵氣象？非稍涉大雄氏藩籬，決不能割慈忍愛也。張、朱大儒而始皆精通梵理，其以此夫？

　　不禁會心一笑。這說的不就是我嗎？古人云：「身不飢寒，天未曾負我；學無長進，我何以對天？」工作後的物質條件，遠較讀書時爲好，然而馬齒徒增，學不加修。每一念及，眞的讓人羞愧萬分。

　　在這羞愧之中，最讓我感到震撼的，則是時光的流逝。「二毛凋一半，百歲去三分」，已然是活脫脫的事實。時光是晝夜不停地去了，然而留給我，乃至所有人的，只有無盡的感慨。這也正應證了前幾年流行的一首歌：《時間都去哪兒了？》時光，這個世上最殘酷的殺手，足以摧毀一切，毫不留情。三年來，我的學術興趣再一次發生了轉移。從博士選題的《全元文》，沿著時代的脈搏，向下移到了明清乃至近代。基本再也沒有寫過關於《全元文》的文章，但依然還在關注學界的動態。

　　現在翻看這本即將付梓的書稿時，心中不竟感慨萬千，彷彿是舊友重逢，感慨隨之，藏掖了許久的話終於再也抑制不住，迫不及待地要噴薄而出了。

　　碩士階段跟隨何新文教授學習先秦文學，論文做的是《〈左傳〉賢相研究》。對於元代文學的認知，基本上只是停留在文學史的水平上。雖然《全元文》在湖北大學圖書館見過，多次經過那一排書架，但從未翻覽。博士入學之後，就在思考論文選題的問題。爲此還打印了一大疊期刊目錄，翻檢了許久，然而「踏破鐵鞋無覓處」，總也沒能找到滿意的題目。所謂滿意，當時的感覺就是自己能夠愉快地做，而且還得有一點學術價值。有那麼一陣子，每晚躺在床上，在深夜裏思考這個問題，輾轉反側，難以入睡。寢而不寐，成了生活的常態，爲此一度還開始懷疑自己，覺得自己不是那塊做學問的料兒，選擇讀博絕對是一個錯誤的決定。

　　日子就在這種沉悶、陰鬱的心境中度過。直到有一天，我在翻檢《群書考索》尋找賦論材料時，偶然發現了一篇葉適的佚文，眞可謂意外的收穫。在給戴老師彙報時，他就讓我寫成文章。由於學術寫作缺乏訓練，寫成的初稿，老師明顯不滿。因我本科學習的是管理學，沒有文學理論的修養，再加上我興趣廣泛，喜歡看雜書的毛病，老師便建議我做文獻考辨。並且引章學誠「高明者多獨斷之學，沉潛者尚考索之功」的話，指明文獻是個「笨」工夫，只要掌握了方法，肯下死工夫，「找一個點，死搞死搞」，總能搞出東西來。那時的我，對文學和文獻都還比較懵懂。老師大概是覺察到我作爲古代文學的學生，去做古典文獻學似乎有點「名不副實」，又或者是怕我覺得文獻死氣沉沉的，不如文學「光鮮明亮」。於是，他又說人有能有不能，有人長於考證，有人長於思辨。又引章學誠《答沈楓墀論學書》「人生難得全才」的話來開導我，再引《又答沈楓墀論學書》「居布帛者不必與知米粟，市陶冶者不必愧無金珠」之說來打消我的疑慮，指出文學和文獻是一對孿生兄弟，並無高下之分。他教導我要多讀書，不要急著找題目，並重點推薦了余嘉錫《四庫提要辨證》，讓我好好研讀。「屁股底下要坐幾本書」，這是他的碩導教導他的話，他同樣拿來教導我。

　　在此之後，我著實啃了幾本文獻書。有一次，在一本不記得名字的書上看到有人推薦《陳垣史源學雜文》，頗多讚譽之詞。於是迅速在網上購置一冊，迫不及待地打開閱讀。然而，篇幅短小，言簡意賅，點到爲止，讀了一兩篇卻一知半解，有點雲裏霧裏的感覺，瞬間興致全無。後來，硬著頭皮將這本

小薄冊子讀過四遍，逐字逐句揣摩，才發現字字珠璣，實乃度人金針。如果說後來我在文獻考訂上有那麼一點小發現的話，那麼，這本書才是我眞正的啓蒙老師！——也是對我學術影響最大的一本書。隨後，我又發現了《明人小傳》係抄襲朱彝尊《明詩綜》這一情況，這更堅定了他讓我做文獻的決心，也進一步加強了他對我做文獻的信心。然而，題目呢？我仍然還在糾結這個問題。大概是 2013 年暑假，我在讀《本草綱目》時，發現了裏面的一些魏晉文獻，就給他打電話。於是，他很興奮地說：「我現在就給你一個題目。你就做南朝文獻吧。」

在接下來的日子裏，我相繼看了《梁書》《陳書》及《全上古三代秦漢三國六朝文》的部分。但後來得知學界已經有人在著手相關的修訂工作，加上自己對南朝所知不多，原本心中就沒譜兒的我只能選擇放棄，於是再次陷入到沒有題目的困境。我又一次撥通了他的電話，在電話裏我表達了我的焦慮。然而他卻很淡定，輕描淡寫地說：「你不要急。南朝有人搞，那就往後推撤。《全唐文》有人做了，《全宋文》太多。要不你做《全元文》吧。」題目就這樣定下來了。

接著就是購買《全元文》，開始漫長的補正工作。凝望著塞滿兩個書架的《全元文》，該如何展開考訂，該考訂什麼東西，其實心裏一片茫然。也只能是摸著石頭過河，慢慢摸索。好在每天都在堅持，每天都有新的發現。一條條的札記、一篇篇的文本，慢慢彙集起來，就是這個書稿的雛形。很多人說讀博是一個「剝皮抽筋」的過程，但我卻沒有這樣的體驗，因爲龐大的寫作任務被持續分配到了每一天，於是寫作就宛如吃飯睡覺一樣自然，已經變成了日常生活不可缺少的一部分。

華師的博士論文實行的是教育部盲評制度。隱去單位、作者等信息的「裸文」提交之後，接著就是等待評審結果，心中頗有一些忐忑。因爲博士論文基本上有固定的套路，像我這樣寫博士論文的，好像沒有。按照戴老師的說法，這是「一次偉大的嘗試」。生性樂觀的他反覆告訴我，「不要擔心，絕對沒有問題」。而結果呢，則是三個盲評專家都打的是 90 分，這多少有一些令我驚喜。畢竟，論文盲評三票全優的情況並不多見，更何況三個分數還是一樣的。我至今不清楚當年是哪三位專家評審我的論文，或許這輩子都不可能知道，但我眞心地感謝他們！是他們讓我看到了曾經那段「青燈照壁」「冷雨敲窗」的讀書生活是值得的，自己的付出終於沒有白費。

　　論文答辯組由武漢大學鄭傳寅教授、湖北大學何新文教授、華中師範大學王齊洲教授、譚邦和教授、戴建業教授、湯江浩教授組成，鄭教授擔任答辯組長，王煒教授擔任答辯秘書。由於那天上午只有我一個人參加答辯，時間很是充足，各位老師談的很多。何師最先發言，一個人足足講了近四十分鐘。各位老師也都暢所欲言，答辯意見也很豐富，爲論文的修訂提供了不少真知灼見。

　　在這裡，我需要特別感謝上海社會科學院歷史研究所的司馬朝軍研究員（原爲武漢大學中國傳統文化研究中心教授、博士生導師）。初聞司馬老師之名，是在讀碩士的時候。那時何師講授目錄學，因查找目錄典籍，得知司馬老師是武漢大學信息學院教授，著有《四庫全書總目研究》、《四庫全書總目編纂考》、《四庫全書總目精華錄》等書，隨即就有報考他的博士生的想法。後來查看武漢大學博士招生簡章，發現信息學院不招收轉專業博士生，於是只好打消了念頭。直到後來有機會和司馬老師交談時，才知道其實那時他已經離開信息學院，而是在武漢大學傳統文化研究中心工作。

　　葉適佚文那篇文章的初稿交給戴老師時，他閱後寫過一個批語：「輯佚要懂得辨僞。武漢大學司馬朝軍教授正在從事辨僞研究，你可以看看他的書。」這個初稿我至今留存著。因而那陣子認真讀過司馬老師的《文獻辨僞學研究》。博士二年級的時候，偶然翻看他的《國故新證》，裏面有一篇《〈經義考·通說〉疏證》，於是仿傚他的做法，對其中的未盡之義加以補充，寫成了《〈經義考·通說〉引文考辨十則》、《〈經義考·通說〉引文續考》。另有《〈經義考·通說〉疏證訂補》一文。文章寫成後，我通過郵件發給他，並順便詢問他是否還有《四庫全書總目研究》的存書，因爲無從購置。他便電話約我見面。那是一個陽光明媚的下午，在他家小區門口的酒店大廳裏，我們聊了二個多小時。當時，我還帶著《明人詩品》的打印本，並向他說明了這本書存在的問題，他便告訴我這類文章應該如何論證，其成品便是後來發表的《〈明人詩品〉考論》一文。談話結束時，老師還送了我三本書，並問我是否願意到武漢大學做博士後。然而，由於一些其他的原因，這件事最終未能如願。

　　後來，我又仿照他的《擬卦考略》，寫了《擬卦續補》、《擬卦再續》等文。總之，和老師的交往越來越多，特別是去年暑假和他一起在武漢大學整理課題材料那一段日子。十天左右的時間，我們每天上午和下午在武大圖書館看

書，午飯後就在校園裏散步，晚飯後就到東湖邊散步，邊走邊聊。聊的時間很長，聊的話題很多，多半都是關於學術。老師對學術的虔誠、對典籍的嫻熟，眼界的開闊、思維的敏銳，讓我無比的佩服，也對我的思路有著很大的啓發作用，有種「腦洞大開」的感覺。博士畢業後，我沒有繼續做《全元文》，而是發生了轉移，研究領域一直游移不定，「東北一榔頭，西邊一棒子」，類似游擊作戰，沒有根據地。因爲學校的科研任務，我便稀裏糊塗地報了一個《經義考》的課題。就《經義考》而言，原本以爲已經到了山窮水盡的地步，但經老師一點撥，卻豁然開朗，充滿了柳暗花明，實乃無盡藏也。

這部書稿的出版也是司馬老師給的建議。雖然沒有在課堂上聆聽他的教誨，不是他眞正意義上的學生，但我受益於他實在太多，這大概就是「不是學生，勝似學生」吧。

出版也得到了何師的肯定和支持。在聯繫出版社時，何師曾發來一條短信，附載於下：

> 開林，出版的這本書，你要認眞嚴格地整理，不能出現知識性或理論上的錯誤，不能出現學術糾紛，引用他人觀點要詳注出處，不能有抄襲、掠美嫌疑，參考文獻等形式方面要規範。總之，不能爲了趕時間而犧牲質量，要不出版以後，問題多了，你會後悔一輩子，而且沒辦法改變的。所以寧可慢一點，一定要花充分的時間，把它打磨到自己能力所及的最好標準。否則，寧可不出。
>
> 何新文 2018. 3. 3 於武昌。

收到短信的那一刻，我的眼中浸滿了淚水，心裏的感動無法言說。本來有很多話要跟他說，然而回覆的內容只有七個字：「好的，謝謝何老師！」從讀碩士到讀博士、從寫碩士論文到寫博士論文，我沒少麻煩過他。直到現在書稿要出版時，卻依然要他掛懷。這是一位老師對自己學生的愛護，也是保護！堅守良知，精益求精，這也是一位知識分子對學術的尊重！

論文在撰寫過程中，曾將部分內容整合成小文章，通過郵件發給導師楊慶存老師，征詢他的意見。如曾就《全元文》誤收其他朝代作家一案，草成《〈全元文〉誤收作家舉隅》，楊老師在看完稿件後，將題目改爲《〈全元文〉誤收作家考甄》，並逐字逐句地修改了文章引言部分和「誤收唐代作家作品」「誤收宋代作家作品」兩節，並囑咐我依照他修改的體例來進行以下部分的行文。通過對比，揣摩老師修改後的精煉老到的文字，眞是獲益良多。

　　我很慶幸，在我求學問學的路上，能夠遇到這麼多的好老師！他們的言傳身教，提攜指引，讓我體味到了學術的魅力和老師的偉大。我不能報答他們什麼，當然，他們原本就不圖什麼回報。他們樂於看到的，只是自己的學生能夠成長、成才。但他們給與我的恩惠，我將永遠銘記於心。

　　同時，要感謝父母對我的支持。多年來一直在外讀書，輾轉在幾個城市。如今畢業了，工作的地方也是離家很遠，每年也就寒暑假才能回去，和他們有一段短暫的共處時光。而從小到大，他們一直尊重我的選擇，比如高中時讀文科還是讀理科，比如讀研讀博，都是讓我自己作決定，從未加以干涉，只是無怨無悔地默默地爲我付出，做好後勤保障工作。而我呢，卻爲他們什麼也不能做。年邁的他們依然閒不住，每天傴僂著身子，仍然在田間地頭勞作，爲的只不過是不想增加子女的負擔。想到這些，不禁心中一陣酸楚。父母對孩子的愛，這天底下最無私、最偉大的愛，又該如何敘說呢？又怎是筆墨所能說清的呢？

　　我的日常就是買書看書寫文章，感謝妻子鄒永紅主動承擔了家務，忙碌的工作之餘讓家裏窗明几淨，讓我免去了後顧之憂。家裏四處是書，對於平時喜歡乾淨清爽的生活環境的她，花了很多精力幫我歸置，收納，讓原本狹小的蝸室更有秩序，也增添了更多的生活氣息。同時，對於小家庭建設，大到買房裝修，購置家具，小到我的穿衣裝扮，每日飲食，我往往不願意花心思，她也默默地承擔了。我沒有陪她逛街、陪她購物、陪她旅遊，對於她的煩惱，也常常沒有耐心去傾聽，而她從無怨言！我欠她的實在太多，同時也驚訝於女人的堅忍和耐心。

　　曾經有首歌詞這樣說道：「青春如同奔流的江河，一去不回來不及道別，只剩下麻木的我沒有了當年的熱血。」當我再次翻覽這部書稿時，昔日的點點滴滴瞬間湧上心頭，歷歷在目，分明就像是昨日才發生的事情。那時的我，多少有點「無知者無畏」的心境，面對自己毫無基礎的元代文學、面對六十巨冊的《全元文》，卻敢於把它作爲博士論文選題。若是換成現在，雖然癡長了三歲，卻再也沒有勇氣去觸碰這一「龐然大物」。也難怪人們常感歎：年輕真好！年輕，不止意味著年齡上的青春絢麗，也蘊含著「初生牛犢不怕虎」的魄力。

　　王闓運在《論文答陳深之》中說：「余少學爲文，思兼單復。及作《桂陽圖志》，下筆自欲陵子長，讀之乃顧似《明史》，意甚惡焉。」高才俊逸的湘

綺老人尙且如此,更何況我輩凡夫俗子。博士論文在開題時,曾經計劃了很多內容,但由於精力和聞見的限制,最後有些章節不得不刪掉。論文寫好後,曾通過郵件發給楊慶存老師。嗣後,他打來電話,提出了論文中的「十大問題」,有待修改和完善。針對他的意見,有的我進行了改正,而有的則付之闕如。比如關於人物索引,則至今未能編出,這是一件很遺憾的事情。

關於選題,還要再囉嗦幾句。姚瑩曾就讀書發表過一個看法:「讀書當求於我有益處,不當求書中疵處而辨勝之。」然而這個選題正是「求書中疵處而辨勝之」,針對《全元文》諸失而發。從作家作品誤收、作家小傳補正、作品繫年、佚文輯校等方面做了一些糾繆補闕的工作,但這絲毫不影響《全元文》的價值,正如余嘉錫先生在《四庫提要辨證·自序》裏所講:「然而紀氏之爲《提要》也難,而余之爲辨證也易,何者?無期限之促迫,無考成之顧忌故也。且紀氏於其所未讀,不能置之不言,而余則惟吾之所趨避。譬之射然,紀氏控弦引滿,下雲中之飛鳥,余則樹之鵠而後放矢耳。易地以處,紀氏必優於作《辨證》,而余之不能爲《提要》決也。」補正其闕失,使其更加完備,才是著者初衷所在。博士論文原題《〈全元文〉編纂考索》,答辯時諸位專家一致建議用「補正」爲好,與論文內容更加契合,今改爲此題。論文中的部分內容曾經抽出來在國內的一些期刊上發表過。這次又重新加以修正,多有增刪之處。雖然遺憾難免,但是不管怎麼說,這樣一部不太成熟的作品有幸能夠出版,也算是對自己曾經學習的一個總結,希望不至於災梨禍棗!

在這個讀書人越來越少,人文學科日趨邊緣化,學術著作市場狹小,出版困難的年代,如我輩從事文獻考辨的短釘之見,正應了李漁所謂的「著書惟供覆瓿之用」。感謝花木蘭文化事業有限公司免費出版拙著!他們這種傳承文化的精神著實令人敬佩!

拉雜地寫了這麼多,就此打住。既然選擇了學術這條道路,那就安心地做一條遊走在典籍裏的小書蟲吧。「窮年弄筆知何事,芸葉香中作蠹蟲」。所有滄桑,獨自承受。雖然寂寞,但是快樂!或許這就是《藍蓮花》歌中吟唱的那樣:

> 穿過幽暗的歲月
> 也曾感到彷徨
> 當你低頭的瞬間
> 才發覺腳下的路

夜正長，路也正長，前路漫漫，「依約前生是蠹魚」的我唯有奮然而前行！
手機只要有來電，就會響起這首歌，那就用它來結尾吧：

　　黑夜給了我黑色眼睛
　　我卻用它去尋找光明
　　汗水凝結成時光膠囊
　　獨自在這命運裡拓荒
　　單槍匹馬與世界對飲
　　歷經磨難亦不忘初心
　　做自己榮耀的騎士
　　勇敢追逐夢想的紅日
夢想也好，人生也罷，不過是——
苦中作樂，忙裏偷閒。
自在隨緣，如是我願！

　　　　　　　　　　　　陳開林寫於鹽城師範學院東村寓所
　　　　　　　　　　　　2018 年 3 月 8 日初稿
　　　　　　　　　　　　次日改定